金融和每个人、每个家庭都有着不可分割的联系。
金融学渗透于生活的方方面面。学点金融学知识，洞察经济的玄机。

就像著名的金融学家那样思考！
懂点金融知识，多份财富保障。

每天学点金融学大全集

刘 挥 ◎ 编著

立信会计出版社

图书在版编目（CIP）数据

每天学点金融学大全集/刘挥编著. —上海：立信会计出版社，2011.4

（超值金版）

ISBN 978-7-5429-2837-5

Ⅰ.①每… Ⅱ.①刘… Ⅲ.①金融学—通俗读物 Ⅳ.①F830-49

中国版本图书馆CIP数据核字（2011）第037899号

策划编辑　蔡伟莉
责任编辑　赵新民
封面设计　久品轩

每天学点金融学大全集

出版发行	立信会计出版社
地　　址	上海市中山西路2230号　　邮政编码　200235
电　　话	（021）64411389　　传　　真　（021）64411325
网　　址	www.lixinaph.com　　电子邮箱　lxaph@sh163.net
网上书店	www.shlx.net　　电　　话　（021）64411071
经　　销	各地新华书店
印　　刷	廊坊市华北石油华星印务有限公司
开　　本	787毫米×1092毫米　　1/16
印　　张	24.75
字　　数	475千字
版　　次	2011年4月第1版
印　　次	2017年3月第9次
书　　号	ISBN 978-7-5429-2837-5/F
定　　价	29.00元

如有印订差错，请与本社联系调换

前　言

　　在一个几乎人人皆知的金融学概念里，其实蕴藏着一系列非常深刻的道理，它可以贴切地解释我们遇到的各种金融学现象。但是，非经深入研究透彻了解，并不容易明白其中的奥妙，这正是我们喜欢金融学的理由，同时也正是金融学被大多数人所滥用及误解的原因。

　　在现实中，我们的生活时刻被金融学的影子所萦绕，日常生活的点点滴滴都与金融学有着或远或近的关系，每一件小事背后其实都有一定的金融学规律和法则可循，我们的生活已经离不开金融学。用金融学的原理来反观我们的生活，其实我们就是生活在一个金融学乐园里，人生时时皆金融，生活处处皆金融。

　　其实，金融学并不像远远挂在天边的月亮，可望而不可即；金融学也并不只有复杂的理论，高深的原理以及抽象的数学符号。在本书里，金融学仅仅是和我们现实生活密切相关、不可分离的、妙趣横生的事实。

　　金融学是一门不可不知的学问。CPI上涨和我们的生活有什么关系？为什么报刊新闻总是大谈GDP？欧元区到底是怎么一回事？买游戏币为什么还要缴税……这些都是与我们生活密切相关的小知识，了解了这些，再看财经报道你就会理解得更透彻。

　　金融学是一门非常有趣的学问。"热钱"为什么大量涌入中国？为什么美元比人民币值钱？人民币升值对我们有什么好处？加息后，怎样不让你的财富被负利率吞噬？米油面酒菜果通通涨价，如何让你的钱"生"钱……金融知识的储备和积累可以扩大你的视野，增加你的谈资。

　　金融学是一门非常实用的学问。金融学存在于每个人的日常行为中，每个人在生活中都在有意无意地运用金融学规律进行选择和取舍，消费、投资、理财、融资、借贷都是一种金融活动。存款准备金率上调说明了什么？怎样用期货做套期保值？怎样利用复利积累财富？黄金投资是不是对抗通胀的最佳选择……金融与我们每个人一生的幸福都息息相关。

金融学是一门非常智慧的学问。懂得一些金融学知识，可以帮助我们更深刻地了解那些存在我们身边的，关乎我们幸福和成功的生活现象背后的本质和真相，以便让我们在面临某些问题时能够更加睿智、理性地作出决策。减少人生的沉没成本，以最小的投入获得最大的收益。

总之，无论你是管理企业还是个人投资理财，都不得不掌握一些金融知识。只有掌握了金融知识，才会对金融政策产生敏感，进而及时把握政策导向，促进企业做大做强；同时也有利于投资者个人及时调整投资理财结构，规避投资理财风险，促进资产的保值增值。

《每天学点金融学大全集》是一本通俗的金融学读物，全书共分四篇，从金融学名词、原理、货币信用、银行利率、资本运作、金融机构、金融热点等方面系统讲述了金融学的基本理论知识及其在现实社会生活中的应用。以浅显的语言普及经济学常识，以轻松的笔墨回答经济学问题，是我们的编写宗旨。书中没有令人费解的图表和方程式，也没有艰深晦涩的金融学行话，而是以金融学的基本结构作为骨架，以生活中的鲜活事例为血肉，将金融学内在的深刻原理与奥妙之处娓娓道来，让读者在快乐和享受中，迅速了解金融学的全貌，并学会用金融学的视角和思维观察、剖析种种生活现象，指导自己的行为，解决生活中的各种难题，从而更快地走向成功。

每天学点金融学，做一个能看懂经济现象、灵活运用金融学规律服务生活的现代人。在轻松阅读的过程中，我们一定会发现：自己在生活中已经变得更加清醒，在工作中也更加懂得抉择与挑战，在消费中更加理性，在投资中更加明智。

编　者

目录

入门篇　开启金融之门

第1章　这年头没有人讲中文了，都讲CPI
——每天学点金融学名词 ···················· 002
国家经济状况的"晴雨表"GDP ················ 002
GNP体现国家的经济水平 ···················· 005
不谈冰冷数据只说市民账本上的CPI ············ 007
CPI增长很惨，CPI负增长更惨 ················ 009
CPI涨幅为何与你的感受存在落差 ·············· 012
CPI牵动你的股票涨跌 ······················ 014
国家经济的"体温计"PPI ···················· 016
生活水平的衡量尺度基尼系数 ················ 018

第2章　浅谈，Q币究竟是货币还是商品
——每天学点金融学原理 ···················· 021
当Q币遭遇人民币 ·························· 021
看不见的钱也会通货膨胀 ···················· 025
虚拟交易也要缴税 ·························· 027
欧元：不可能三角与最优货币区理论的实践 ······ 029

基础篇　走进金融世界

第3章　看透了钱的本质，你就了解了金融的真谛
——每天学点货币知识 ······················ 036
在一个没有货币的世界里 ···················· 036

目录

无法抵挡的金灿灿的诱惑 ·············· 038

劣币驱逐良币与良币驱逐劣币 ·············· 041

纸币是让一个国家繁荣的最好方法 ·············· 044

一年后的1元钱已不同于今天的1元钱 ·············· 047

货币供应中神秘的M0/M1/M2 ·············· 049

我们走出布雷顿森林了吗 ·············· 052

社会运转究竟需要多少钱 ·············· 054

货币流通速度快与慢 ·············· 056

让你钱包更瘪的"货币幻觉" ·············· 058

第4章 没有信用,金融市场就失去了基础
——每天学点信用知识 ·············· 061

信用评级:金融界的"天气预报" ·············· 061

国际金融市场上的三大"评委" ·············· 063

国家信用:国债热销的背后 ·············· 065

为什么把钱存在银行最放心 ·············· 067

银行也不得不防的信用风险 ·············· 070

不良贷款:银行业的阿喀琉斯之踵 ·············· 072

商业信用:商业合作的基础 ·············· 074

最古老的高利贷信用 ·············· 077

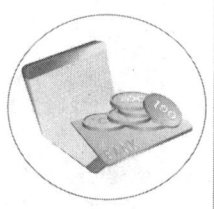

个人信用:你的专属金融身份证 ·············· 079

第5章 要想游泳,必须先知道水有多深
——每天学点金融市场知识 ·············· 082

股票市场:涨涨跌跌的诱惑 ·············· 082

债券市场:金融市场中的"短腿" ·············· 084

基金市场:储蓄安全转化为投资 ·············· 086

期货市场:在盛宴与豪赌之间徘徊 ·············· 090

外汇市场:全球最大的金融市场 ·············· 093

保险市场:给未来拉上一根"安全绳" ·············· 095

期权市场：期待中的期市创新 …………………… 098

第6章　谁在负责处理我们的"钱"
——每天学点金融机构知识 …………………… 101
商业银行：遍布全国的金融脉络 …………………… 101
政策性银行：期待一个华丽转身 …………………… 106
保险公司：无形保险有形保障 ……………………… 109
投资银行：一个时代的结束 ………………………… 112
财务公司：未被充分注意的金融力量 ……………… 114
信托投资公司：受人之托代人理财机构 …………… 116
证券交易所：让证券持续不断地流通 ……………… 118

第7章　最终的放贷者，金融体系的"神经中枢"
——每天学点中央银行知识 …………………… 122
最后的贷款人中央银行 ……………………………… 122
中央银行：货币的发行者 …………………………… 124
中央银行独立性：微妙的轻重 ……………………… 127
美联储归谁所有 ……………………………………… 130
中央银行货币乘数 …………………………………… 133
中央银行的三大"法宝" …………………………… 135
干预外汇：中央银行的手能伸多长 ………………… 138

第8章　不可忽视的金融体系调节器
——每天学点利息和利率知识 ………………… 141
名正言顺的利息 ……………………………………… 141
去留两难的利息税 …………………………………… 143
利率：使用资本的应付代价 ………………………… 145
利率市场化的前提基准利率 ………………………… 147
用利率杠杆撬起整个社会经济 ……………………… 149

目录

操作篇　打理金融生活

第9章　怎样让钱生钱，存银行还是投资
——每天学点投资理财知识 ············ 154

投资理财让钱生钱 ············ 154
个人理财要在负利率时代跑赢CPI ············ 156
复利：被美国政府赖掉的账 ············ 159
无处不在的马太效应 ············ 161
用黄金投资挽救缩水钱包 ············ 164
股票投资选择一只成长股 ············ 166
基金：安全而又稳定的投资 ············ 169
储蓄的近亲债券投资 ············ 172
把握先机的期货投资 ············ 174
高门槛高回报的信托产品 ············ 176
房产投资怎样才能扩大收益 ············ 178
以小博大的保险理财 ············ 181

第10章　缺钱时怎么办，怎样成为资本运作高手
——每天学点融资知识 ············ 187

洗钱：将钱由"黑"变"白" ············ 187
私募基金领跑中国私募舞台 ············ 189
票据贴现：不可小视的融资工具 ············ 192
债权融资：风生水起的中短债投资机会 ············ 195
蔚然成风的股权融资 ············ 196
金融租赁：古老产业与现代金融的结合 ············ 198
巧用典当让资产流动起来 ············ 201
买壳上市：融资的借尸还魂术 ············ 205

第11章　谁来保护"钱"，关注"看不见的手"
　　——每天学点金融监管和调控知识 ………… 211
当亚当·斯密遇上凯恩斯 …………………………… 211
财政政策与宏观调控 ……………………………… 214
拉弗曲线：画在餐桌上的抛物线 …………………… 217
充当调控主角的存款准备金 ………………………… 219
个人所得税：收入分配调节器 ……………………… 221
财政赤字：影响国家经济的债务 …………………… 223
金融统计：为宏观经济"把脉" ……………………… 226

第12章　世界财富是如何转移的
　　——每天学点金融中心的演变情况 ………… 229
三城记：金融中心变迁史 …………………………… 229
逐鹿亚洲：金融中心花落谁家 ……………………… 232
美元贬值：毫无遮掩的抢劫 ………………………… 237
国际炒家抢夺财富 …………………………………… 240

第13章　从梧桐树下开始的证券买卖
　　——每天了解一点世界著名的证券交易所 …… 245
纽约证券交易所：从"梧桐树协议"起家 …………… 245
纳斯达克证券市场：设在屏幕上的证券交易所 …… 247
伦敦证券交易所：从咖啡馆开始的交易所 ………… 250
东京证券交易所：第二大证券交易市场 …………… 251
巴黎证券交易所：法国第一交易所 ………………… 253
香港联合交易所：亚洲的金融霸主 ………………… 254

第14章　谁也逃不掉的金融危机
　　——每天了解一点金融危机的真相 ………… 256
1929年大崩盘：十年萧条的序幕 …………………… 256

目录

次贷危机：风起于青萍之末 …………………… 260
回眸日本金融危机 …………………… 264
美国的泡沫经济 …………………… 266
无法逃开的经济周期 …………………… 270
被捏碎的非理性投机泡沫 …………………… 272
经济过热：谁是最后一个贷款人 …………………… 275

第15章 警惕，金融衍生品惹的祸事
——每天学点金融衍生品知识 …………………… 279

金融衍生品创新，是天使还是魔鬼 …………………… 279
远期合约：最简单的金融衍生品 …………………… 282
掉期：灵活有效的避险工具 …………………… 285
股票指数期货：最主流的非主流投资 …………………… 288
举足轻重的金融衍生品期权 …………………… 291

第16章 搅动世界的那些人
——每天了解一点国际金融巨头 …………………… 295

富过八代的罗斯柴尔德家族 …………………… 295
打上世界财富标记的洛克菲勒财团 …………………… 298
金融海啸背后的操纵人高盛公司 …………………… 301
摩根财团：华尔街的"拿破仑" …………………… 303
花旗集团：无限风光的全能金融超市 …………………… 307
伦敦塔上的瑞士再保险公司 …………………… 310
从收购中起家的苏格兰皇家银行 …………………… 312
索罗斯：尽管老了，还是条"鳄鱼" …………………… 314
股神巴菲特的财富人生 …………………… 318

热点篇　与金融大事面对面

第 17 章　昔日可买一房，今日只抵一瓶酒
——关注通货膨胀要学的金融学 …………… 324

通货膨胀与我们的生活 ………………………………… 324
世纪回眸：我国的通货膨胀 …………………………… 326
通货膨胀从何而来 ……………………………………… 329
与通货膨胀对决 ………………………………………… 332
CPI不完全等于通货膨胀 ……………………………… 335
反膨胀斗士：通货膨胀的缘起缘灭 …………………… 337

第 18 章　汇率上升，对我们的生活有影响吗
——关注国际贸易要学的金融学 …………… 340

汇率：博弈乱局中的焦点 ……………………………… 340
一路走来的汇率决定理论 ……………………………… 343
参透购买力平价的奥秘 ………………………………… 346
人民币汇率升值意味着什么 …………………………… 347
人民币为什么会持续升值 ……………………………… 351

第 19 章　楼市调控下，房价是向左还是向右
——关注房地产走向要学的金融学 ………… 355

中国房改路线图 ………………………………………… 355
被按揭唤醒的购房需求 ………………………………… 357
横空出世的炒房大军 …………………………………… 359
城市化不能为房价上涨买单 …………………………… 362
别迷恋调控，调控只是一个传说 ……………………… 364
人民币升值：全球资本搅动中国楼市 ………………… 366

目录

第20章 追问，中国经济被绑架了吗
——关注我国经济走向要学的金融学 ………… 369
小心，"热钱"疯狂来袭 ……………………………… 369
巨量外汇储备：被迫担负起的职责 ………………… 372
热点：房地产绑架中国经济 ………………………… 375
"家电下乡"背后的经济顽症 ……………………… 377

入门篇
开启金融之门

随着经济发展，金融学也渗透到了我们生活的方方面面。在金融知识的广袤世界中，除了我们最常用到的银行储蓄，还有国人议论不休的GDP，政府每月通报的CPI，及网上热议的Q币属性……这些词汇正在编织着一个无形而又实在的世界，把我们网罗在其间。这是一个金融的世界，人人难以置身其外。即使你自认是金融"门外汉"也不要紧，深奥的金融学知识也可以用浅显的语言来解释，那么请跟我们一起打开金融之门，去了解一些你早该知道的金融学名词及金融学原理。

第1章 这年头没有人讲中文了，都讲CPI
——每天学点金融学名词

国家经济状况的"晴雨表"GDP

小镇上，一个荒淫的富人死了。全镇的人都为他哀悼，当他的棺材被放进坟墓时，四处都是哭泣、哀叹声，就连教士和圣人死去时，人们都没有如此悲哀。第二天，镇上的另一个富人也死了，与前一个富人相反，他节俭禁欲，只吃干面包和萝卜。他一生对宗教都很虔诚，整天在豪华的研究室内学习法典，当他死后，除了他的家人外，没有人为他哀悼，葬礼冷冷清清。

一个陌生人对此迷惑不解，就问道："请向我解释一下这个镇上的人为什么尊敬一个荒淫的人，而忽略一个圣人。"

镇上的居民回答说："昨天下葬的那个富人，虽然他是个色鬼和酒鬼，却是镇上最大的施舍者。他荒淫奢侈，整天挥霍自己的金钱，但是镇上的每一个人都从他那儿获益。他向一个人买酒，向另一个人买鸡，向第三个人买奶酪，小镇的GDP因为他不断增长。可死去的另一个富人又做了什么呢？他成天吃干面包和萝卜，没人能从他身上赚到一文钱。当然没有人会想念他的。"

请思考，GDP究竟是如何产生的呢？

GDP（国内生产总值）是一个国家或地区，所有常住单位在一定时期内，所生产和提供的最终产品和劳务价值总和。说白了，就是一个国家或地区一年内创造的新的物质财富。GDP被誉为"经济的世界语",它也是衡量一个国家经济状况的最直观的晴雨表。

在我们已经知道的所有的经济指标中,GDP是最基本也是最重要的一个。美国商业部长威廉·戴利说过:"当我们要寻找商务部的先驱们创造的对美国影响最伟大的成就的时候,国民经济账户——今天称之国内生产总值或GDP——的发明则当之无愧。"而保罗·萨缪尔森更是总结说:"GDP是20世纪最伟大的发现之一。"在他看来,与太空中的卫星能够描述整个大陆的天气情况非常相似,GDP能够提供经济状况的完整图像,帮助总统、国会和联邦储备委员会判断经济是在萎缩还是在膨胀,是需要刺激还是需要控制,是处于严重衰退还是处于通胀威胁之中。没有像GDP一样的灯塔般的总量指标,政策制定者就会陷入杂乱无章的数字海洋而不知所措。

最近20多年,我国比世界上任何其他地方都更关注GDP,追逐GDP。我国发展的重大战略目标(如翻两番,达小康等)都与GDP挂上了钩,国家战略目标的确定,以及相应采取的财政政策、金融政策,都和对GDP的判断有关。作为中国经济的第一指标,GDP名副其实。

那么,GDP究竟该如何统计呢?

经济学家确定GDP最普遍的方法是,核算给定年度一国境内生产的所有最终产品和劳务的市场价值。那么实际中的GDP如何统计呢?让我们从下面这个家具的例子开始:

某林场每年采伐大量树木,并将木材以1 000元每米的价格卖给家具公司;接下来,家具公司将木材截取,打磨抛光后制成家具,然后以2 500元的价格卖给家具零售商。最后,家具零售商再赚500元,以3 000元的价格卖给消费者。那么我们来算一下,在这个过程中,共创造了多少GDP呢?

你可能会将每一项交易的价格累积起来1 000+2 500+3 000=6 500元,但是这样的结果夸大了实际的产出,因为它将木材的价值计算了三次,而将木工工作的价值计算了两次。

避免重复计算的一个好办法就是只关注每个生产阶段的附加值:

由于林场将自己砍伐的木材以1 000元的价格售出,并未购入任何原材料,所以它为整个经济增加了1 000元的价值。

既然家具公司支付了1 000元的原材料投入,并最终产出了2 500元的家具,因此家具公司增加了1 500元的价值。

最后销售公司花费了2 500元购买家具,又以3 000元出售从而增加了500元的价值,因此最终价值500元的产出被创造出来。

因此,根据每个部分新增价值就是:1 000+(2 500-1 000)+(3 000-2 500)=3 000元。

但是这个计算还是太繁琐,如果这个流通过程更复杂呢?于是聪明的经济学家想到了一个更为简便的办法,只关注最终的销售额。既然消费者为最终产品的桌椅而支付了3 000元,那么价值3 000元的总产出被创造出来。这种方法被称作支出法。今天的经济学家们发现了很多统计GDP的方法,但是上面这种支出法是最常用的一种,得到了最为广泛的应用。

特别需要指出的是,GDP是算不"精确"的。GDP反映的是国民经济的总体和总量,而现实中国民经济总是处在不断地变化中,总是有一些新兴行业和新兴企业,由于产生时间短,统计不规范,很难纳入到国民经济核算中,如当前的技术咨询业、商务服务业、娱乐业等经济活动很难准确纳入GDP核算中,所以任何一个时点上的GDP只能是相对准确数据。由于新兴行业、企业的不断规范,核算条件的不断完善,GDP历史数据会经常作出一些必要的调整,这是国民经济核算的一个特殊现象。

GDP也不是万能的,GDP不衡量社会成本(即本来应该由企业承担却让外部承担的成本),不反映资源耗减和环境损失。人们采伐森林、把污染排放到空气和水中,这些活动实际上减少了社会总资源和净财富,但在现实核算中却可以增加GDP。

有些GDP实际上是无用的。这个意思很简单,搞建设的和搞破坏的在计算GDP时不会正负抵消,反而会负负得正。听起来像是奇谈怪论,但事实就是如此。比如某地投资1亿元建了一座商业大厦,此项建设产生GDP3 000万元,但不久后由于道路工程需要,这座商业大厦必须炸毁异地重建。于是GDP随之而来:爆破费用200万元,爆破前必要的拆卸费用200万元,再花1亿重建商业大厦又产生GDP3 000万元……拆了又建,建了又拆,产生的GDP是无用的——国家财富毫无增长。

GDP有时甚至是有害的。比如两辆车在路上行驶,如果一切正常,是不会产生GDP的。但如果发生车祸,好,GDP随之而来:伤者的医疗费用、亡者的丧葬费用，汽车的维修费用，保险公司的赔付等。但这样产生的GDP对社会财富的增长作出贡献了吗？我们只看到单位或个人蒙受巨大财产损失，人员伤亡损失。

总之，GDP是很重要的，但盲目崇拜GDP是不对的。错不在GDP本身，而是人们对GDP的理解和追求方式。为求GDP的增长不择手段，必将陷入"增长的异化"——没有发展的增长，虚假无效的增长，短期行为的增长，不能持续的增长，结构失衡的增长，配置失灵的增长，危害社会的增长。

GNP体现国家的经济水平

某地有这样一个家庭，夫妻二人各有各的事业：妻子在家里经营养牛场，一年的产值是10 000元，丈夫在外地做建材生意，一年的产值是20 000元。此外，他们还有一个商铺出租给一个公司做中介公司，该公司一年的产值是100 000元。我们知道，GDP和GNP的关系是：GDP=GNP+（外资生产总值—本国国民在外国的生产总值）。那么，这个家庭的"家民生产总值"（GNP）就是丈夫和妻子的生产总值，就应该是30 000元；这个家庭的"家内生产总值"（GDP）就是这个妻子和那个公司的生产总值，即GDP=30 000+100 000-20 000=110 000元。

请思考一下，GNP与GDP有何区别、联系？究竟哪一个更能真实地反应国民生活水平呢？

相比GDP，大家对GNP都感到很陌生，很大一部分人甚至不知GNP为何物，但事实上GDP（国内生产总值）在1980年代中期才开始采用，之前我国一直使用的就是GNP（国民生产总值）。

前面已经说过GDP指的是一定时期内（一般是一年内）一国国境之内所有最终产品价值和所有劳务价值的总和。要注意的是：这里指的是不管是国内企业的价值还是国外企业的价值，只要在该国国境内发生就都应该统计在内。由于GDP的这一定义，很多人都相信它具有统计学上的偏颇性，尤其在经济全球化日甚的今天，这种天然的偏颇性就显得更加严重。因此，很多国家衡量一个国家的经济富裕程度，都采用了"国民总收入"，即GNP指标。GNP国际上称"国民总收入"，在中国叫做"国民生产总值"，它是指一个国家或地区的所有常住单位在一定时期内在国内和国外所生产的最终成果和提供的劳务价值。

从根本上而言，GDP、GNP两者并不存在着本质的区别，它们都是对一国一定时期内产出水平的衡量。但从GDP和GNP的含义仍然可以看出，它们之间存在的区别，主要体现在前者是根据属地原则来衡量一国财富的，后者则是根据属人原则来衡量一国财富的。这一点从我们前面的小故事中就可以很清楚地看到。

一般情况下，当一国处于资本流入大于流出的发展阶段时，它的GDP会大于GNP；反之，当一国处于资本流出大于流入的阶段时，GDP则会小于GNP。就当前世界的主要资本流动方向来看，欧美日发达国家是主要的资本净流出国，而发展中国家则是主要的资本净流入国。这意味着，对于大部分发展中国家而言，用GDP统计出来的产出水平，会大于用GNP统计出来的产出水平。

也就是说，如果外资在这个国家内的生产总值和它在外国的生产总值相等，那么这个国家的GDP就等于它的GNP。如果这两个值相差不大，那么这个国家的GDP也就约等于GNP。如果一个国家，外资在这个国家内的生产总值远远大于它在外国的生产总值，那么这个国家的GDP就远远大于它的GNP。如果一个国家，外资在这个国家内的生产总值远远小于它在外国的生产总值，那么这个国家的GDP就远远小于它的GNP。

那么，GDP和GNP，究竟哪个能比较真实地反映一国国民的生活水平呢？一部分人认为是GNP。因为GNP是本国国民生产的总产值，而外资在该国的产值再大，也不是该国的。

但现在也有另一种观点认为，GNP反映的是一国常住者留在本国的总收入，它与国籍没有直接关系，不是中国人的总收入。GNP强调常住者，这个常住者与国籍无关。如果一个外商投资企业在中国生产，只要它赚取的利润没有汇回去，也没有进行再投资，这部分收入仍计入我国的GNP，只有当它把利润汇回国，或者在本国进行再投资，这部分利润才从本国的GDP上扣减，形成GNP。同样的，我们也要把本国在国外投资获取的利润且汇回本国的部分加在本国的GDP上，形成GNP。这样一来，GNP虽然是一个收入概念，但并不是只反映了国人的总收入，而是常住者的总收入。

最后，再让我们来看一下GNP的计算方法是怎样的？

第一，生产法，是从各部门的总产值（收入）中减去中间产品和劳务消耗，得出增加值。各部门增加值的总和就是国民生产总值。

第二，支出法，即个人消费支出+政府消费支出+国内资产形成总额（包括固定资本形成和库存净增或净减）+出口与进口的差额；

第三，收入法，是将国民生产总值看作为各种生产要素（资本、土地、劳动）所创造的增加价值总额。因此，它要以工资、利息、租金、利润、资本消耗、间接税净额（即间接税减政府补贴）等形式，在各种生产要素中间进行分配。这样，将全国各部门（物质生产部门和非物质生产部门）的上述各个项目加以汇总，即可计算出国民生产总值。

不谈冰冷数据只说市民账本上的CPI

内陆某个城市里有A、B、C三个人，A在较好地段有3套房，不上班，靠收房租就可以舒适地生活；B有一套房，上班赚工资；C没有房，在菜场卖菜维持生活。

忽然有一天要收房产税了，C说："太好了，我没房，收那帮炒房人的税，我全力支持，房价大跌了，我就可以买房了。"B说："没关系，我只有一套，收那帮炒房人的税，我支持，房价大跌了，我可以再买一套。"A说："哦，房产税收多少？1%对吧，下个月房租涨5%。"

房租上涨了，C很郁闷，想换个房子，发现大家房租都涨了，只好忍。不过也不能吃亏，明天菜价也涨5%，嗯，就这么干。B和A去买菜，发现菜价涨了，很郁闷，想换个菜场，发现菜价都涨了，只好少吃点了。

一句话，对收入稳定的民众来说，CPI升高了，你的生活水平就这样下降了。

2010年经济生活中使用最频繁的热点词就是CPI。那么什么是CPI呢？CPI就是消费者物价指数,主要反映消费者支付商品和劳务的价格变化情况,它也是一种度量通货膨胀水平的工具,以百分比变化为表达形式。如果CPI升幅过大,表明通胀已经成为经济不稳定因素,因此CPI过高的升幅往往不被市场欢迎。而一般情况下,除非经济生活中有重大的例如金融危机之类的突发事件,否则CPI是不可能大起大落的。

从宏观经济管理来讲,CPI的转正标志着我国经济已经渐渐摆脱金融危机的阴影,是经济形势回升的好兆头;对专家学者来说,CPI转正或许是判断我国防紧缩和防通胀的转折点;那么对于直接受其深远影响的百姓来说,CPI的转正意味着什么?

首先要肯定的一点是,CPI的转正表明经济向好的方向发展,对于百姓来说最大的利益就是增加就业机会,减少对失业和就业难的担心。如几十个大学生争抢一个工作岗位的局面或许可以有所缓解,在心理上得到一些安慰和稳定。但是另一方面来说,CPI的回升也更多地增加了生活上的压力,在收入得不到增长,收入的水平赶不上物价上涨水平的情况下,人们的实际生活水平会出现下降。

现在CPI的普及、认知率已经到了令人咋舌的地步,就连赶早市买菜的大爷、扫地的大婶都能张口就来,而且说得头头是道。CPI之风以猛烈的姿态,迅速刮进了千家万户。CPI并不是一个冷冰冰的数据,它来自于老百姓日常生活,同样也会影响我们的生活。

对于普通大众来说,CPI这三个英文缩写的字母正实实在在地衡量和影响着篮子里的菜品搭配。年初,绿豆、黑豆等杂粮的价格开始上涨,绿豆价格甚至一度飙升到每斤10元,尽管后来在国家调控之下,绿豆价格有所回落,但相比往年每斤才三四元的价格,绿豆的价格依然属于居高不下。紧接着,大蒜的价格也一路飙升,最高达到每斤10元,卖出肉价。就在大家都在戏说"豆你玩"、"蒜你狠"之际,生姜也加入涨价行列,接着鸡蛋、奶粉等涨价的消息不绝于耳。菜贵了,蛋贵了,油贵了,肉贵了,跟吃有关的东西都贵了。这场餐桌上的涨价由粮食起,被猪肉推动,最后发展成整个食品类价格的上涨,食品价格玩起了"撑竿跳"。而这些必需品的价格变动最终体现在CPI上,进而使得CPI成为一个举国上下都关注的数值。

为什么这里重点说食品呢?要知道食品消费在CPI构成中占有34%的权重,

近期的价格上涨直接影响到民众的"菜篮子"。CPI上升一个百分点,与民众消费支出的增加有着直观的同向关系,而与民众生活质量的下降又有直观的反向关系。

让我们来看看下面生活中的例子:

外出就餐:在2002年,100元足够在一个中档餐馆点六个菜,可以满足四个人的就餐要求;而在2010年100元只能在同样的餐馆点三个菜,满足两个人的就餐要求。

罐装液化气:2002年的时候,100元能灌2罐煤气;2010年只能灌1罐煤气。

大米:2002年1斤大米1块钱,100元能买100斤大米;而在2010年,大米已经2块多一斤,100元钱甚至连50斤大米也买不来。

啤酒:2002年时啤酒1.2元/瓶,100元钱能买83瓶;如今,啤酒2.5元/瓶,100元只能买到40瓶啤酒。

CPI不是一个冰冷的数据,它牵动着社会民生的许多个环节,它的波动带来的影响无人可以估计。人总得要买米买菜吧?人总得要有房子住吧?人总得要使用水电气和其他公共服务吧?再说远一点,人总得要在基本的生活满足以后,有一个更高层面的精神追求吧?比如在节日能有休息,能和家人团聚,能在合理承担的范畴里,旅游、锻炼、读书……但是在上涨的物价面前,很多和精神消费有关的项目已经被取消。而更多的人,已经开始对"水涨船高"的物价和"蜗牛爬行"的工资,失去了往日有多少收入就有多少消费的"安全感"。

当CPI不断上涨时,物价上涨的压力短期内可能无法减轻,对一个普通消费者来说,应对CPI上涨一定要做好长期打算,一方面要勤俭节约,合理调整家庭消费支出;另一方面还是要形成投资理财习惯,大财可以理,小财也可以理,良好的理财方法可以减轻目前的物价压力。

CPI增长很惨,CPI负增长更惨

让我们随着2008年诺贝尔经济学奖得主保罗·克鲁格曼,去看看曾经在国会山托儿所中发生的故事。

斯威尼夫妇把孩子送进了这样一个托儿所，孩子的父母大多是在国会上班的人，总共约有150对夫妇，大家彼此都愿意照顾孩子，这些年轻的夫妇们共同组成了这家国会山托儿所，故事也就从这里发生了。

这么大的组织管理起来也不容易，最大的难点在于，必须确保每对夫妇都公平地作贡献，像许多类似机构一样，这家国会山托儿所以发行凭证的方法解决管理问题。

托儿所使用的凭证是一种票券，每张票券的持有者有权得到一小时的照顾婴儿服务，代人照顾婴儿的人在完成工作后，会根据工作时间从婴儿家长那里得到相应数量的票券。显然，这样做的好处就是避免有人推卸责任，它会自动确保，随着时间的推移，每对夫妇提供的托儿服务时间，恰好等于他们得到的托儿服务时间。

真正有意思的故事情节刚刚开始……

很快人们发现，这一体系需要有大量的凭证投入流通。连续几天晚上有空又暂时没有外出计划的夫妇，将会努力积累票券，以备未来之需，而在他们积累的时候，其他夫妇的票券储备肯定会相应减少。时间一长，各对夫妇一般都想保留足够多的票券储备，以便在不代人照顾婴儿的时候，能够连续外出几天。

另一些夫妇担心自己的票券储备将会不够，于是很想代人照顾婴儿，而不大愿意外出。于是代人照顾婴儿的机会变得稀少了，这使各对夫妇更加注意维持自己的票券储备，除非情况特殊，否则不愿意轻易使用，这又使得让代人照顾婴儿的机会更为稀缺……

结果，突然之间，票券的流通量变得不够了，婴儿仍然是同样多，父母也没有变化，可是流通的票券却变少了，少得难以满足托儿所的需要了，国会山托儿所，这个最微小的经济体，陷入了"通货紧缩"和"衰退"之中……

看来通缩好像比通胀更难解决，不是吗？

没有一个词比CPI更适合做2010年的经济热词之首了，从2007年风传的通缩到今年的通胀，中国人忽然发现自己的生活正在通缩和通胀之间荡秋千。CPI大幅上升则通胀，大幅下跌则通缩，于是CPI这个纯粹的金融术语就在各种各样的预测分析中，把国人一会儿带到价格齐涨的半空，一会儿又扔进更加黑暗的通缩泥潭。

我们都知道，CPI过快上涨会带来通货膨胀，而通胀则意味着自己会被"抢劫"。比如说在过去12个月，消费者物价指数上升2.3%，这就意味着，生活成本比12个月前平均上升2.3%。当生活成本提高，你的金钱价值便随之下降。也就是说，一年前收到的一张100元纸币，今日只可以买到价值97.70元的货品及服务。可是你是否知道CPI负增长导致通缩意味着什么吗？通缩总是跟经济不景气联系在一起。通缩将引起消费疲软、就业机会减少、居民收入减少、社会消费能力下降等恶性循环。如果出现严重通缩，房地产等大宗商品有可能大幅贬值成为"负资产"。

对于老百姓来说，CPI大幅下降短期意味着消费品、生活用品价格降低，生活成本下降。但是社会商品、能源、劳务等由于供过于求，价格会持续下降，企业盈利水平也处于下降通道，市民工资收入水平也受到很大影响。同时，通缩意味着持有的资产实际价值在缩水，债务负担加重，因而消费者处于消极消费的状态。因此尽管通缩带来了消费品价格的降低，但由于经济不景气造成的通缩，对老百姓来说并不是件好事。

那么这一过程是怎样的呢？不要大段的理论说明，让我们用一个简单的比喻来解释：假设12个月之前自由市场上的原始利率的高度是5%，现在由于借贷市场上货币供应的减少，市场毛利率被拔高到7%（不考虑风险成分）。因此，从真实的时间偏好角度来看，7%的利率是过高的，这个高利率直接地影响到企业家的生产计划。如果说，在5%的利率之下，企业家可以兴建一个100人的工厂，那么在7%的利率下，他可能只能兴建80人的工厂。也就是说，他低估了可用的储蓄。本来有1万个单位的资本可供利用，可是由于利率的攀高，他认为，好像只有7000个单位的资本才是可用的。减工之后紧跟着的就是减薪，薪水减少了，接下来就是消极消费……也就是说首先实质债务加重→贷款人减少开支、出售资产→企业获利下降进而删减劳工成本、贷款人收入与资产价格下降→贷款人实质贷款增加、经济需求减少（恶性循环开始）。此外通货紧缩还会带来一些负效应：企业利润减少；个人预期收入降低；宏观经济悲观衰退；价格下降；币值上升；金融秩序混乱等。

通货紧缩更深远的影响是使人们对经济产生悲观情绪，持币观望，使消费和投资进一步萎缩,加速经济的衰退。其次,物价的下降会使实际利率上升;企业不敢借款投资,债务人的负担加重,利润减少,严重时引起企业亏损和破产。由于企业经营的不景气,银行贷款难以及时回收,出现大量坏账,并难以找到盈利的好项目,经营也会出现困难,甚至面临"金融恐慌"和存款人的挤兑风险,从而引起银行破产,使金融系统面临崩溃。再次,经济形势的恶化与人们的预期心理相互作用,会使经济陷入螺旋式的恶性循环之中。同时这种通货紧缩还会通过国际交往输出到国外,而世界性的通货紧缩又会反过来加剧本国的通货紧缩局面。

因此,就像上面说的那样,在某种意义上通缩比通胀更有危害性。

CPI涨幅为何与你的感受存在落差

在一家私营企业上班的黄女士,下班回家路过超市门口,没经得住卤味的诱惑,拐进去看了看。

说句实话,黄女士对这家卤味馆很是有些"意见":往年总是每隔一段时间就搞点特价、打折促销,但是今年卤味馆不仅没有一点表示,还把本地的卤菜价格又抬上了一个新台阶。

"泡萝卜都要8元钱一斤,卤牛肉也要34元一斤,以前这个超市只卖26元呢。"黄女士嘀咕着,最终还是挑了一块猪肘过秤。

"18元5,就这么一小块!"黄女士翻了翻钱包,零钱不够,只好掏出了一张100元,嘴里再次嘀咕起来:"唉,100元钱一找散,撒手就没了。不是说CPI涨了2.3%,怎么菜就涨了这么多?"

这也是很多市民的疑问:为什么公布的上涨幅度和我们感受到的有差距?

统计局公布的CPI与我们在生活中的直观感受有距离是正常的。要知道,统计部门发布的主要是宏观数据,与个体感受存在差异。不要说普通人,就是经济学家的感受也不一样。对此,既不能说人们的直观感受"不对",也不能说统计数据"错了"。假如全国有一个平均海拔数,那么生活在青藏高原上的人们会认为这个数低了，而生活在东南沿海的人会觉得这个数值高了。

在做具体解释之前，先要说明CPI数据是如何出炉的。

CPI的计算公式是CPI=（一组固定商品按当期价格计算的价值）÷（一组固定商品按基期价格计算的价值）×100。CPI告诉人们的是，对普通家庭的支出来说，购买具有代表性的一组商品，在今天要比过去某一时间多花费多少。例如，若1995年某国普通家庭每个月购买一组商品的费用为800元，而2000年购买这一组商品的费用为1 000元，那么该国2000年的消费价格指数为（以1995年为基期）CPI=1 000÷800×100=125，也就是说上涨了25%。

我国统计的CPI，由食品、烟酒及用品、衣着、家庭设备、医疗保健、交通通信、娱乐教育文化、居住八大类产品价格构成，包括251个分类，涵盖了衣食住行各个方面。八大类产品在CPI中的权重不一样，最高的是食品，占34%，其他的分别为：娱乐教育文化用品及服务14%、居住13%、交通通讯10%、医疗保健个人用品10%、衣着9%、家庭设备及维修服务6%、烟酒及用品4%。

国家统计局调查员每个月要对各个调查点的各种商品和服务项目进行物价调查，鲜肉、鲜蛋等鲜活产品每5天要调查一次，其他商品则每10天调查一次。调查员采集价格时，不暴露身份，采取暗访的形式。选取的商品价格必须是成交价。对于鲜活产品，不能选取早晨的高价和晚上的低价，必须选择中间价。

采集完成后，整理价格资料过程包括审核录入价格、计算月平均价格、计算规格品价格指数、计算基本分类价格指数、计算类指数和总指数。国家统计局有一个专门的软件，只要把调查员报上的原始数据经严格的审核后录入电脑。好了，CPI数据就这样生成了！

就像经济学家说的那样，没有哪个物价指数能够完全准确衡量通货膨胀水平，CPI也一样，它并非包罗万象，比如住房之类投资品的价格就不能及时反映。按照国际统计惯例，房价不能纳入居民消费价格调查范畴，而是属于投资，因为房屋属于一次性购买、多年使用，购买和消费在时间上是脱节的。居民消费价格调查中的居住类价格主要包括房租、水电燃料、房屋装修等。此外，研究还表明，CPI还有偏高的倾向，一般会高估通胀率一个百分点。

上面说过了CPI是根据居民普遍消费的商品和服务价格加权计算得来的。但是在生活中，每个人的消费结构和生活方式是千差万别的，像中国这样收入差距明显、各地消费习惯迥异的国家，不可能用一种CPI准确反映每个人的实际情况。例如，猪肉在中国CPI计算中所占权重非常高，据估算约占总体CPI的9%。但由于喜好素食或宗教文化等原因，有些人从不吃猪肉。对于高收入的人群，猪肉在其消费结构中不可能占那么高的比例，汽油涨价对这部分人的影响可能更大些。

还有一个问题是CPI无法解决对新产品的处理，新产品只有在投入市场足够长的时间之后，才被并入CPI的计算中，因此，CPI经常无法捕捉到急速下降的产品价格。

因此百姓感受到"生活压力大"，其实很多情况下是有CPI之外的因素在起作用。CPI只是反映价格总体水平的相对变动情况，但价格本身的高低、消费的总体水平，是CPI不能反映的。因为即使价格不变，消费数量、类型增加，质量提高也会给家庭的支出带来压力。例如，在教育支出方面，如果学杂费、课本费等价格不变，就对CPI没有影响。

平均收入的高增长在抵消了物价的低增长后，仍多出的部分显示了低物价、收入高增长的格局，只是由于消费者往往喜欢拿较小范围商品及服务价格来与统计局公布的价格指数比较，比如，仅仅看到食品、肉类、鸡蛋、水电、燃气的价格，就会感到价格在上涨。而对市场上许多工业制品如：服装、家电、汽车、电脑、通讯产品等不断降价的商品，消费者往往视而不见。至于商品房的价格上涨，则按国际标准列入投资类，与CPI无关。所以，习惯只看部分商品的涨价幅度的质疑者显然"以偏概全"了。

CPI牵动你的股票涨跌

刚刚入市不久的股民小李发现，自己除了要恶补炒股基本知识和方法外，还需要对CPI这个股票技术体系之外的指标给予高度关注。他说："我也不太清楚到底是怎么回事，只是听老股民说，对CPI（居民消费价格指数）的高低预测会成为许多股民操作的依据。过高则考虑暂时做空，低了或者合理数值则可以看多。"

他的这种看法正确吗？CPI与股票的涨跌到底有什么联系呢？

股市是一个让人幻想无限的舞台，它的波动既造就了一批又一批暴富者，同时也湮没了一个又一个投资的神话。正因为投资股市的风险大，其收益的可能性也会相应加大，长期投资和价值投资其实是股市的真谛所在，为投资者提供财富机会，创造财产性收入，是股市永恒的魅力之一。

关注股市，以往更多想到的可能是MACD（平滑异同移动平均线）、KDJ（随机指标）、布林线这些技术指标，但是现在每到一个月的下旬和次月的上旬，股民们越来越显得惴惴不安，大家都在焦急地等待着一个重要的信息，即经济运行数据的公布。人们越来越关心CPI数据将对股票市场未来的走势产生何种影响？

从表面上看来，股票价格似乎与CPI毫无关系，因为一个是资产价格，是人们投资的对象，而另一个是总体意义上的商品价格，反映的是人们消费对象的价格。然而，不要忘了，CPI是反映经济状况的一个重要指标，它在正常水平基础上的上涨或者下落，能够直接反映出经济是过热还是过冷。它上涨和下落的快慢，也能够在短期内反映出经济中所酝酿的风险。同样的，股票价格在一定程度上也能够反映出经济的状况。上市公司的经营状况好还是不好，也决定了经济的走向。

一般而言，在经济增长平稳期，商品价格出现缓慢上涨，且幅度不是很大，但物价上涨率大于借贷利率的上涨率时，公司库存商品的价值上升。由于产品价格上涨的幅度高于借贷成本的上涨幅度，于是公司利润上升，股票价格也会因此而上升。

而当商品价格上涨幅度过大，股价没有相应上升，反而会下降。这时因为，物价上涨引起公司生产成本上升，而上升的成本又无法通过商品销售而完全转嫁出去，从而使公司的利润降低，股价也随之降低。

物价上涨，商品市场的交易呈现繁荣兴旺时，有时是股票正陷于低沉的时候，人们热衷于及时消费，使股价下跌；当商品市场上涨回跌时，反而成了投资股票的最好时机，从而引起股价上涨。

物价持续上涨，引起股票投资者的保障意识的作用增加，因此使投资者从股市中抽出来，转投向动产或不动产，如房地产、贵重金属等保值性强的物品上，带来股票需求量降低，因而使股价下跌。

如果CPI每年上涨一旦达到8%以上，持续时间很长不见回落，就会产生严重通货膨胀，这时作为一名投资者就要时刻注意了，严重的通胀一定会使物价上涨飞快，企业人员工资上涨，生产基础原料价格上涨，银行利率也会上涨，这样政府就会加更大的力度进行调控，迫使通胀降下来。

但是接踵出台的调控政策会对股市造成相当程度的影响，股市系统性风险来临股市调整在所难免。而且政府调控的力度越大给企业带来的影响越大，因为出厂产品提价受限，而企业从银行贷款利率的提高造成利润空间越来越小或根本不赚钱，导致企业的效益就会下降，盈利能力下降，最后反应到每股收益上，就会最终影响到股票估值。

还有一个股民非常关心的问题：CPI与股票价格是否一定会表现出同步性呢？答案是未必。因为引起股票价格上涨的因素通常是预期因素。这种预期因素可能是企业的资产重组、重大政策的发布、外部资金的注入、被其他企业并购等，甚至有时是一些不切实际，但却能使人相信的谣言。这些因素虽然可导致个别股票价格的上涨，但却与当前的物价水平并不相干。例如有利于股票市场投资环境改善的政策出台会振奋投资者的信心，引起股价整体上涨，但这些因素并不能影响当前老百姓消费商品的价格水平；再比如，政府出台利好股市的降低税率的政策可能是出于挽救经济、拉动经济的目的，如果人们预期这些政策会产生显著效果，那么股票价格会发生上涨，但当前的商品价格却未必会上涨，甚至还会继续下降。一言以蔽之，引起股价上涨的主要是预期因素，而这些因素未必会对当前的商品价格有什么影响。

机构常言"通胀比通缩好"，其实指的是通胀初期比通缩初期好。我们另外要补充一句："通缩末期比通胀末期好"！最恶劣时期莫过于通胀末期与通缩初期的交接期！

国家经济的"体温计"PPI

2007年PPI统计数字显示：工业品出厂价格上涨3.1%，其中生产资料价格上涨3.2%，生活资料价格上涨2.8%。原材料、燃料、动力购进价格上涨4.4%。农产品生产价格上涨18.5%。

这一年某地农民张某种了约20亩棉花，由于夏天的雨灾，收成比去年下降了1/3，此前一年棉花价格的上涨让他笑逐颜开，但这一年棉价的下跌又让他有些失望。"今年的收成比去年减少了，化肥、人工等成本却比去年提高不少，如果价格再上不去，估计明年棉花的种植面积还会下降。"

在这个故事中PPI跑赢CPI，说明生产者的成本增加速度明显超过了终端消费品的提价速度，这无疑会给企业经营带来巨大经营压力。

虽然每月国家统计局都会发布PPI。不过，对于大多数人来说，PPI还是一个十分陌生的概念，PPI到底是什么？代表了什么呢？它与CPI又有什么关系呢？

PPI可以称得上是了解国家经济发展状况的"体温计"。通过PPI的变化，我们就能大体判断国家经济的运行状况，并可由此预判未来国家的宏观经济政策。

那么什么是PPI呢？PPI是生产者物价指数的英文缩写，它是站在生产者的角度来观察不同时期货物和服务商品价格水平变动的一种物价指数，反映了生产环节价格水平，也是制定有关经济政策和国民经济核算的重要依据。PPI描述对生产产品和服务的国内生产厂商长期获得的销售价格的平均变化的度量，这些商品大多消费者不会购买，而是从卖主的角度衡量价格的变化，由于补贴、税收和分销成本，卖主价格跟购买者价格不一定相同。一般而言，商品的生产分为三个阶段：完成阶段：商品至此不再做任何加工手续；中间阶段：商品尚需作进一步的加工；原始阶段：商品尚未做任何的加工。

而在我国，PPI一般指统计局公布的工业品出厂价格指数，目前我国PPI的调查产品有4000多种，包括各种生产资料和生活资料，涉及调查种类186个。其中，能源原材料价格在PPI构成中占较大比重。通常情况下，PPI走高意味着企业出厂价格提高，因此会导致企业盈利增加；但如果下游价格传导不利或市场竞争激烈，走高的PPI则意味着众多竞争性领域的企业将面临越来越大的成本压力，从而影响企业盈利，整个经济运行的稳定性也将受到考验。

虽然PPI指数并不时直接度量消费者物价的指数，它仍然非常重要。由于它包括生产阶段之初的半成品，因此可以用来对通货膨胀进行初期预测，理由很简单，企业成本上升时，企业通常会提高价格。一般而言，当生产者物价指数增幅很大而且持续加速上升时，该国央行相应的反应是采取加息对策阻止通货膨胀快速上涨，则该国货币升值的可能性增大；反之亦然。

对于老百姓来说，PPI通常作为观察通货膨胀水平的重要指标。由于食品价格因季节变化加大，而能源价格也经常出现意外波动，为了能更清晰地反映出整体商品的价格变化情况，一般将食品和能源价格的变化剔除，从而形成"核心生产者物价指数"，进一步观察通货膨胀率变化趋势。

我们在报章上常看到PPI与CPI被联系在一起，那么两者有什么关系呢？根据价格传导规律，PPI对CPI有一定的影响。PPI反映生产环节价格水平，CPI反映消费环节的价格水平。整体价格水平的波动一般首先出现在生产领域，然后通过产业链向下游产业扩散，最后波及消费品。

相对于PPI，CPI是一个滞后指标。但PPI对CPI有一定的传导作用，这种传导作用来自两个方面：一是生活资料出厂价格变化直接影响CPI的变化；二是生活资料出厂价格的变化，直接引起生产消费品的企业成本的变化，间接影响CPI变化。例如，石油价格涨价，会导致石化品涨价，石化品涨价导致化纤价格提高，进而导致纺织品和服装成本上升，从而推高消费品价格。因此在多数情况下CPI和PPI走势方向是相同的。

但是很多时候我们也会看到CPI与PPI并不统一甚至是相悖，这是因为CPI不仅包括消费品价格，还包括服务价格，CPI与PPI在统计口径上并非严格的对应关系，因此CPI与PPI的变化出现不一致的情况是可能的。但是CPI与PPI如果持续处于背离状态，这不符合价格传导规律。价格传导出现断裂的主要原因在于工业品市场处于买方市场以及政府对公共产品价格的人为控制。

总之，PPI上升即使对老百姓来说也不是好事，因为一旦生产者转移成本，终端消费品价格将上扬，继而会导致通胀上涨。如果不转移，企业利润就会下降，经济有下行风险，这将直接影响到我们的经济生活。

生活水平的衡量尺度基尼系数

基尼系数由洛伦茨曲线而来，要计算基尼系数，必先了解洛伦茨曲线。该曲线是由统计学家洛伦茨于1905年提出的。画一个矩形，矩形的高衡量社会财富的百分比，将之分为5等份，每一等分为百分之二十的社会总财富。在矩形的长上，将100个家庭从最贫者到最富者至左向右排列，也分为5等份，第一个等份代表收入最低的20个家庭。在这个矩形中，将每一百分的家庭所有拥有的财富的百分比累计起来，并将相应的点画在图中，便得到了一条曲线，这就是洛伦茨曲线。

从上述文字中我们可以约略猜想基尼系数的经济含义，它是衡量贫富差距、反映生活质量的经济指标。那么基尼系数的平衡与否怎样判断？它的每一点变化又和我们的生活有着什么样的联系呢？

马克思所说，当大家都住茅草屋时，没有人感觉不公平，大家会相安无事地快乐生活；但有人在旁边盖了宫殿，人们的心理活动就会发生变化，就会产生不公平感。这种不公平感会引发一系列社会问题，导致社会财富的重新分配。这也就是基尼系数备受关注的原因，它是一个描述收入整体差距程度的重要指标。

什么是基尼系数？说白了就是在全部居民收入中用于不平均分配的百分比。基尼系数最小等于0，表示收入分配绝对平均；最大等于1，表示收入分配绝对不平均；实际的基尼系数介于0和1之间。基尼系数越大，则收入分配越不平均；基尼系数越小，则收入分配越接近平均。国际上通常认为，当它处于0.3~0.4时表示收入分配比较合理，0.4~0.5表示收入差距过大，超过0.5则意味着出现两极分化。但从现实来看，世界各国对基尼系数的运用并不完全一致。很多国家都是把它与其他因素结合起来，综合判断收入差距。在不少国家，基尼系数都有不同的标准和界线。总的来说，基尼系数只可参考，不能绝对化。

目前，我国共计算三种基尼系数，即：农村居民基尼系数、城镇居民基尼系数和全国居民基尼系数。基尼系数0.4的国际警戒标准在我国基本适用。专家建议：在单独衡量农村居民内部或城镇居民内部的收入分配差距时，可以将各自的基尼系数警戒线定为0.4；而在衡量全国居民之间的收入分配差距时，可以将警戒线上限定为0.5，实际工作中按0.45操作。

改革开放以来，中国在经济增长的同时，贫富差距逐步拉大，综合各类居民收入来看，基尼系数越过警戒线已是不争的事实。来自国家统计局的数据显示,自2000年开始,中国的基尼系数已越过0.4的警戒线,并逐年上升。1978年中国基尼系数为0.317,2006年则升至0.496。从老百姓的角度看,基尼系数反映的是生活质量的相对水平,它会影响你的心态,比如依据你财富的相对多寡使你有成就感或窘迫感。

那么,到底是什么造成了中国基尼系数居高不下呢?原因有二:一是中小企业发展不充分,中等收入人群太少;二是从产业结构上看,农业领域中很多的人分很少的"蛋糕",平均收入太少,而第三产业中的服务行业发展也很不充分。

一些乐观者认为,中国的基尼系数虽然超过0.4的国际警戒线,但因存在城乡差距大问题,因此不能照搬国际统计口径。而且,中国经济处在发展上升阶段,从总体上看,贫困人口是逐步在下降和减少,人民群众的生活水平逐步提高。同时,由于中国居民分布在城乡分割的二元结构中,再加上城乡分割的户籍制度和就业制度,居民很难体会到城乡之间的收入差距。而无论是城镇内部还是农村内部的基尼系数都仍处于合理区间内。

作为一种专门的计算指标,基尼系数有着自身的所能与难能。低值的基尼系数并不等同于分配的合理与社会的进步。反过来,在基尼系数的扩大过程中,合理、合法的分配不均与非合理、合法的分配不公混在一起,这同样需要分辨清楚。

第2章　浅谈，Q币究竟是货币还是商品
——每天学点金融学原理

当Q币遭遇人民币

1998年，当奥斯卡最佳女配角伍皮·戈德堡成为Flooz.com的主要赞助人时，她希望Flooz.com能成为全新的网络虚拟货币供应商。这实在是超前而大胆的想法，那时可没有多少人相信网络货币能成为一种"流行"的应用，并成为真正能与金钱兑换的、有价值的东西。

然而现在，这种超前的眼光正在得到证实。

当初，Flooz.com的梦想是取代信用卡，成为在线货币提供商，只要在Flooz.com上花钱购买一定数量的网络货币，就可以在加盟的零售店中购物，这种想法有点类似于商场提供的代金券。

不过，由于当时的经济环境还远未超前到能够接受那样的新生事物，因此Flooz.com的命运当然摆脱不了最终在2001年互联网冰点时遭遇倒闭的厄运，但时钟的脚步在转向了2005年以后，情况发生了根本的变化：虚拟货币在全世界风行，一个崭新的网络虚拟货币时代已经到来！

那么这些所谓的网络虚拟货币到底指什么？都有哪些种类呢？

互联网的繁荣催生了一个全新的词汇："网络虚拟货币"。在这个虚拟的、全新的世界里，流通着腾讯Q币、网易泡币、新浪U币、魔兽币、天堂币、盛大点券、各种点卡……游戏玩家们可以用人民币换取五花八门的游戏币，再去购

买虚拟世界所向披靡的武器，虚拟的货币交换着虚拟的财产。现在甚至有很多专门提供虚拟货币与人民币进行双向兑换的网站，使虚拟货币逐渐成为一种可以流通的等价交换单位。虚拟货币时代就这样到来了！

说到虚拟货币，大家往往觉得那是一种不够"实在"的东西，但实际上，我们都曾或多或少地与它打过交道。比如说银行电子货币其实就是一种初级阶段的虚拟货币，但是它只具有虚拟货币的形式，如数字化、符号化，但不具有虚拟货币最重要的特质——个性化。

虚拟货币种类虽然繁多，但是就其本质而言也不外乎三个种类：

第一类是我们都熟悉的游戏币。最初，不同的游戏币只能用于相应游戏，不能跨游戏使用，且数量难以控制。游戏玩家可用游戏币购买各种游戏道具以及各种装备，但不与现时流通的法定货币发生直接兑换关系。也就是说，在单机游戏时代，主角只能靠打倒敌人、进赌馆赢钱等方式积累货币，用这些购买草药和装备，并在自己的游戏机里使用。那时，玩家之间没有"市场"。自从互联网建立起门户和社区、实现游戏联网以来，虚拟货币便有了"金融市场"，玩家之间可以交易游戏币。

有了市场自然就有人做起了"造币出售"的买卖，于是有一些人就用千方百计赚来的金币和装备在"市场"上出售。而这种"贸易"确实受到一些玩家的欢迎：只要肯出人民币，就可以省去漫长的"修炼"过程，完成"资本积累"，何乐而不为？

这样的"贸易"多了，市场上又出现一些专业的虚拟货币"商贩"，他们到处低价收购游戏币再高价卖出。比如太平洋彼岸大名鼎鼎的IGE公司，去年年底，该项业务估价在6亿美元左右，稳坐龙头老大之位。

第二种是门户网站或者即时通讯工具服务商发行的专用货币，这种虚拟货币可用于购买本网站内的服务。其中使用最广泛的当然要数腾讯公司的Q币，Q币可用来购买会员资格、QQ秀等增值服务。

腾讯Q币的特点是可以通过银行卡充值，与人民币的"汇率"是1：1，不过官方渠道只允许单向流动，也就是说Q币不能兑换人民币。在腾讯公司的网络游戏里，Q币可以兑换游戏币。举例来说如果用户养了只QQ宠物，Q币还可以兑成宠物使用的"元宝"。Q币与其他专用虚拟货币一样，都存在线下的交易平台。由于官方渠道的单向性，Q币在"黑市"上兑成人民币会贬值。

第三种网络虚拟货币我们还不是很熟悉，这种虚拟货币对金融系统的冲击更大，似乎生来就为了攻占现实货币的地盘。最典型的例子是美国贝宝公司发行一种网络货币，这种货币可用于网上购物。消费者只要向公司提出申请，就可以将银行账户里的钱转成贝宝货币——老实说，这跟银行卡付款并没有太大区别了，而且服务费还要低得多，更重要的是，一旦发生国际交易，交易者甚至不必考虑汇率。目前西方类似贝宝这样的公司还有几家，不过中国还没有出现这类公司。

这里我们要重点说的是影响最大的Q币。

一名淘宝资深卖家小A正在同时接待几位顾客，回答她们关于产品的问题。这位卖家不卖衣服不卖食品，卖的是QQ相关产品，从QQ币到QQ道具应有尽有。小A说自己做这个买卖已经有几年了，生意还不错。Q币是最好卖的，购买者可以在腾讯网站用Q币为自己的虚拟形象购买服装和其他各种道具。以前每天卖过几百元Q币，特别是前两年超女Q币投票时，每天甚至能卖上千元……

不知不觉之中，Q币已经进入了我们的网络生活，成为使用最广泛的一种虚拟货币。那么，它到底是打开财富之门的魔咒，还是潘多拉盒中的妖怪？

网络虚拟货币已经越来越多地引人关注，随着QQ的普及，Q币的使用甚至早已超出了腾讯公司当初的预期。现在在网上，Q币甚至可以用来购买其他游戏的点卡、虚拟物品，甚至一些影片、软件的下载服务等。而Q币是否会冲击人民币的争论也甚嚣尘上。

Q币的"诞生"始于2002年5月，腾讯公司将Q币的价值定为1个Q币代表1元人民。起初用户只是付费后通过等值面额的卡号、密码与QQ号关联进行"充值"。但是随着互联网的迅猛发展，短短的几年，Q币就受到了网民们的无限青睐。而鉴于Q币的价值，甚至有很多专门提供Q币与人民币进行双向兑换的网站，使Q币逐渐成为一种可以流通的等价交换单位。

一种悲观的观点认为：Q币将会对人民币造成威胁。持这种观点的人相信，以Q币为代表的网络虚拟货币迟早会越过雷池，成为另一种电子货币。在Q币消费体系里，Q币不仅可以直接用于腾讯各种产品服务的消费，而且可以在人民币与腾讯内部的Q点、游戏币等其他虚拟货币之间建立等价交换关系，充当一般等价物的属性。从这个角度看，Q币已经具备货币的属性，成为一种虚拟货币，就可能会对人民币造成冲击。

要知道腾讯拥有4.5亿活跃而忠实的QQ用户，就算其中存在泡沫，至少也会有上亿以上的实际用户。这些用户手里需要随时储备些Q币以在腾讯网消费，Q币在他们心中就相当于人民币。逐渐，Q币就会不仅限于在腾讯用，它的影响会到达其他网站。比如现在就有用Q币换游戏装备、论坛积分、各类商品，付广告报酬，甚至为论坛版主支付工资的情况存在。由此又进一步引发了这样的悲惨联想：若Q币能自由兑换人民币，必然会有很多人将Q币作为自己的财富，而此时黑客入侵公司，或者出现其他意外情况，那么网民的Q币资产将全部化为乌有，社会财富流失，甚至影响社会稳定，当然这仅仅是一种假设。

而乐观者却完全否认了这种说法。他们认为Q币不过是腾讯公司出于缩减成本考虑，衍生出的一种产品，本身并非货币，Q币与现实人民币根本不相冲突，而是附属于两个世界的两套不同的游戏规则。

比如说我们在生活中都会遇到这种东西——邮票、商场里的打折卡、游艺园内的游戏币等。从表面看，它们似乎具有货币的某些特征，但并没有人把它们当作真的货币来看待。货币的本质首先是流通的，其次才是一般等价物，而Q币等虚拟货币只是作为等价物的特殊商品而已。

首先，有交换功能不等于是货币，网络虚拟货币作为特殊商品或许可以无条件用人民币来交换，但它们本身却不可以无条件地交换人民币。说明它们与人民币的交换条件并非对等。

Q币只是在腾讯服务所及的范围内流通，用来支付QQ秀、QQ游戏、QQ会员、QQ家园、QQ贺卡等具体服务的费用，出了这个圈，就像游戏币出了游艺园、打折卡出了所在商场一样，不再具有等价物的一般交换功能。

其次，货币具有保值功能，这是因为货币有贵重金属作为抵押。而Q币是一种没有贵重金属作为抵押的信用凭证，它只能用服务商的商誉作为抵押，因此作为货币是不可靠的。

没错，Q币确实具有流动性，但却缺乏使用价值的保值性，因此作为投资对象是不利的。说的再直白一点，把Q币作为典当物，任何当铺都不会收的。

还有最重要的一点，货币不光具有价值，而且是价值尺度；而Q币只具有价值，并不能充当价值尺度。Q币既不存在利率那样的资本价格水平尺度可以调节价值，也不存在存款准备金比率那种的通货价格水平尺度可以调节价值。

因此，Q币冲击人民币还言之过早，先不说Q币无法成为统一的"网络硬通货币"，即使Q币成了统一的虚拟货币，它本身也无法脱离网络，它要进入普通流通环节，唯一途径是先兑换成人民币。

看不见的钱也会通货膨胀

一个年轻的游戏玩家花1700元购买了某知名网游的一套装备，可仅仅半年后，由于游戏公司的大量发行，这套装备已成为"大路货"，1700元买来的战斗力优势消失殆尽。

而另一位玩家也在感叹：自己六个月前从朋友手中买到的"银子"价格为80元/百万两，但是现在已跌至50元/百万两，这对于以现实货币购买边锋银子的游戏玩家来说，相当于1元钱一年后变成了0.625元，缩水近40%。

网络虚拟货币为何贬值得如此厉害？这主要是大批"造币工厂"的无限"生产"所致。虚拟世界的货币供应没有上限，只看你愿花多长时间。以极小概率获得的高级装备供应也没有上限，只看你砍杀多少敌人——使用作弊软件或黑客手段的"造币工厂"生产力要更高。因此贬值现象就再正常不过了。

那么，网络虚拟货币的"通货膨胀"到底是个伪命题，还是真实的存在？

在网络游戏中虚拟货币的通货膨胀现象是非常普遍的，这一点很容易理解：游戏运营商本身并没有力量来控制经济。

比如说一个大型网游每天会有几百万人参与，每天都进行着4~5小时的生产、交换，于是每个游戏几乎就相当于一个"国家"，这个小小的王国有着自己的政治体制、经济体制和人文背景，因此，尽管是虚拟的"国家"，其存在的经济规律与现实世界的经济规律依然有着千丝万缕的联系。

一个比较好的例子是网游魔兽世界。到目前为止，魔兽世界已经成为一个拥有巨大而完善的故事背景和庞大的历史架构的魔幻世界，各种设定也都为广大玩家接受和推崇。在这个网游中，九城就相当于魔兽在中国的"中央政府"，它会制订魔兽的经济体制，并发行一定的"货币"，玩家挣钱的方法就是打怪以得到金币和装备。虚拟王国政府制订的经济制度，一方面是为了增加互动，方便玩家之间交换物品；另一方面，也是为了防止过早出现通货膨胀。

但是一个"国家"经济生活中，只要有交换就要有等价物，要发行货币就要具备足够的黄金储备。在现实世界中，政府必须由中央银行来进行控制，储备一定数量的黄金，而在社会上流通的每一分钱，都会在中央银行里有相应的黄金储备来对应，以此抑制通货膨胀。同样的，在网游中，这个黄金储备则需要与人民币对应，但是对于任何一个运营商来说，控制通货膨胀都是一件很困难的事情。我们知道，在网络中"人气"就相当于"钱气"，游戏人气越旺交换的氛围也就越高。但是，一旦游戏货币"钱气"高涨的时候，就会吸引职业玩家寻找游戏中的BUG来制作外挂，即制造"假钞"，但运营商又不可能区分出玩家手中持有的"货币"是真是假，这和现实里中央银行滥发货币，引起通货膨胀没有本质区别。因此原本1元钱就能买到的东西，现在就需要拿一捆钱才能买到。

在币量定理中，M（货币量），V（货币的流通速度），P（物品的价格），Q（物品的成交量）的关系为$MV=PQ$，$V=PQ/M$。因此，当有大量货币积压在高级玩家手中不能流通以后，$V=PQ/M=0$，PQ值不变（因为网游中的商品价格自始至终都是不变的，因为不断有新玩家进入，高级玩家对商品锐减的成交量与新玩家对商品增加的成交量基本持平），M值极大，虚拟货币泛滥不可收拾，严重的通货膨胀在所难免！

那么有没有什么办法可以使网游中的市场经济摆脱虚拟货币通货膨胀的局面呢？一种方法是要设法让虚拟货币的日发行量和日收回量相等，即保持Q=1，M=PQ，这种方法其实没有意义，用这种方法实际上是扼杀了游戏中玩家与玩家的交易。二是在网游中的市场经济中建立借贷市场，减少虚拟货币的发行量提高虚拟货币的流通次数。

综上所述，我们已经明了了导致网络虚拟货币出现通货膨胀的重要原因：相对于现实社会中的市场经济来说，网游中的市场经济只有游戏公司和玩家、玩家和玩家所组成的自由交换市场，没有现实社会中的借贷市场，这是网游中的市场经济所存在的致命缺陷。网游中的市场经济中有供玩家存取虚拟货币的银行，但存入的虚拟货币不能借贷，没有利息。借贷市场是市场经济中货币流通的重要环节，是整个市场经济运行的启动器和发动机，而网游中的市场经济正是由于缺少了这个市场经济中最重要的环节，因而网游中的市场经济出现了严重的通货膨胀。

现在有人担心，网络虚拟货币的通胀会导致人民币通胀，这种想法就有点杞人忧天了。网络虚拟货币本身出现膨胀或贬值，是有可能发生的，但那不会是货币现象，而只是商品现象。也就是说，网络虚拟货币对应的服务的供求关系的变化，可能引起其自身相对于这些服务的流动速度的变化。但要注意，此时人民币本身的价格水平（V）是不会发生变化的。对此有所担心的人，只不过是把货币价格与货币价格水平的概念搞混淆了。

虚拟交易也要缴税

网游玩家小冯正在练功升级，他突然看到公聊里另一名玩家正在叫卖一把"冰火神刃"，这可是小冯心仪已久的一件宝贝兵器，与自己目前的装备也正好形成互补。咨询之后，卖家开价900个金币，但是小冯背包里面一共只有750个金币，对方肯定不会让价了。怎么办呢？情急之下，小冯在私聊区里找到了另外一名玩家，经过一番讨价还价，最终决定以120元人民币的价格购买300个金币。很快，他们通过淘宝上的一间网店完成了购买金币的交易，小冯也买到了那把"冰火神刃"。

这样的一笔交易对于小冯而言实在是太平常了，他不仅自己买金币、买装备，也会卖金币、卖装备，比如刚刚到手的这把"冰火神刃"在帮助他完成一定的升级之后，很快被他以1 000个金币的价格卖掉了，这样算来，小冯做了一笔很划算的买卖，不但帮助自己升级，还小赚了100个金币。小冯还进一步解释说：如果在现实世界里遇到缺钱的时候，我会把金币卖掉补贴一下，反正这些金币只要你去打怪，慢慢的总能挣回来的。

这里已经发生了买卖交易，尽管是虚拟的，不管怎么说这种交易赚取的差价，都属于虚拟货币的增值部分，而根据税法规定增值部分

如果有收益必须缴税，那么这笔交易是否需要缴税呢？

网络经济已被视为中国经济飞跃的一个新的助推器。如今，网络虚拟交易形式五花八门，非常繁荣。自2002年以来，包括新浪UC币、网易POPO币、腾讯Q币、魔兽世界游戏币等各种虚拟货币纷纷亮相，它们大多可以和法定货币有一定的兑换比率，当前国内互联网已有几十亿元人民币规模的虚拟货币在流通。而美国最大的网络游戏虚拟物品交易公司，IGE公司也已在上海设立了办事处，负责开拓中国市场。该公司在国内用美元从玩家手里低价收购游戏虚拟金币，然后高价转卖给其他游戏玩家。该种交易在美国被称做网游的第二市场。每月高达一两千万美元的销售额，也让IGE的预估市值达到6亿美元。尽管还没有虚拟市场规模的权威统计数字，也无法确认付费用户通过虚拟货币购买相关产品和服务的支付比例，但我们仍然可以通过网游市场规模的大小来大体估计虚拟货币市场的规模，这将是一个非常可观的数字。

鉴于网络虚拟交易的日渐繁荣，2008年国家税务总局宣布，将对个人买卖虚拟货币取得的收入征收20%的个人所得税。也就是说个人通过网络收购玩家的虚拟货币，加价后向他人出售取得的收入，属于个人所得税应税所得，应缴纳个人所得税。

但是，这个征税决定却引起了很多争议，争议不仅在于税费的高低，更在于其是否具有可行性。

第一，对虚拟网络交易征税可行性有多高。虚拟货币虽是在网上使用，但它的交易并非只能够在网上完成，事实上，很多玩家之间的交易都是在网下完成现金交易，然后卖方只需在网上不加价转让或赠送，或通过棋牌类、游戏将虚拟货币输给对方即可。这样一来，交易过程和交易金额根本无据可查。还有，在网络实名制没实行的情形下，网友、玩家都是虚拟身份，也难保证将征税行为能准确地落实到现实的个人头上。

在网游进行虚拟交易的个人据估计可能达数千万个，而且大家天南地北，位置分散。在监管交易金额方面，虽说可以通过监管网站的支付记录等途径取证，但即使是这样，要有效地监控管理网上交易纳税依然非常困难，毕竟网络玩家交易数量实在太多太杂了，交易的金额、手段难以统计。即使管了在国内的服务器，却管不了国外服务器，就算把网站全管住了，游戏玩家又会通过点对点的直接交易等模式继续避税，要想收税，只怕得不偿失了。

第二，对虚拟网络交易的征税税率是否过高。一部分网友认为，玩游戏赚点游戏币也是很不容易的事情，玩家通宵玩命玩得的钱，却要被收1/5的税，有点不合理。同时还有人担心这部分差价会转移到买家手中，影响到广大玩家的切身利益。需要指出的是，其实很多玩家对征税规定有所误解，误认为征税对象是"出售价格"，而不是"加价后向他人出售取得的收入"，因此普遍认为税率过高。例如，10 000个游戏币，在网络交易中卖100元人民币，成本为60元，付给交易平台5%的交易费，那么增值的部分为35元，应缴所得税为7元，而非玩家们认为的20元。

总之，要想真正有效做好对虚拟交易的征税，就必须要建立、完善虚拟货币征收系统，加快发展电子发票、电子税单、电子签名等建设、完善，要动员通讯、IT、税务、银行、审计等各个部门协同作战，完成、健全电子交易税规。还必须要发行虚拟货币的公司和提供交易的第三方给予充分支持，实行代扣代缴。否则，对虚拟交易征税制度就更多地只能具有象征意义而非实质意义。

欧元：不可能三角与最优货币区理论的实践

自1999年1月1日零时起，欧元引入无形货币（旅行支票、电子支付、银行业等）领域；2002年1月1日，新的欧元纸币和欧元硬币启用，称为欧元区国家的法定货币。原有的纸币和硬币的转换期持续2个月，直至2002年2月28日。各国官方停止使用原有货币作为法定货币的日期是不同的，最早的是德国，德国马克于2001年12月31日不再是德国法定货币，但是在2002年2月28日之前可以转换成欧元。到2002年2月28日，所有的国家都停止使用原有货币作为法定货币。但是，在此日期之后，各国的中央银行在几年内仍旧接受原有货币，奥地利、爱尔兰、西班牙的中央银行永久性地接受原有货币。最早停止使用的硬币是葡萄牙埃斯库多，它于2002年12月31日不再具有货币价值，而纸币直到2022年则仍然是可转换的。

芬兰决定除了为收藏者而少量铸造外，不铸造1欧分和2欧分的硬币，所以在芬兰兑换欧元时，以1欧分或2欧分结尾的将舍去，以3欧分或4欧分结尾的将进位为5欧分。但是1欧分和2欧分在芬兰依然是法定货币。

欧元可以说是自罗马帝国货币改革以来最重大的成果。那么欧元是怎样形成的呢？

最优货币区域的定义是：一般的支付手段或是一种单一的共同货币，或是几种货币，这几种货币之间具有无限可兑换性，其汇率在进行交易时互相钉住，保持不变。但是区域内国家与区域以外的国家间的汇率保持浮动。

20世纪60年代。1961年，蒙代尔第一次提出了"最优货币区"的概念和组成货币区的一个经济标准，即要素的充分流动性标准。他认为，当要素在某几个地区内能够自由流动，而与其他地区之间不能流动时，具有要素流动性的几个地区就可以构成一个"最佳货币区"。

20世纪70年代。因为前人的努力多集中在最优货币区的形成条件上，最大的问题就在于突出该理论的正面效用同时忽略了成本的产生。该理论在70年代的进一步发展，开始转向对货币联盟的成本—收益分析。

加入货币区的好处有：

①降低交易成本；

②不变的固定汇率减少了不确定性，并能排除伙伴国之间的投机性的资本流动；

③节省成员国的外汇储备，降低储备成本；

④货币一体化能促进经济政策的一体化。

而加入货币区的成本则包括：

①单个国家失去了货币和汇率政策的自主权；

②国家财政政策的决策权受共同货币政策的影响和限制；

③有可能加剧失业；

④有可能恶化本已存在的地区失衡。

进入20世纪80年代，经济学家通过大量运用历史经济数据对最优货币区的相关问题进行了翔实的实证分析，得出了许多有意义的结论。

其中最值得一提的是对联盟内政策的协调以及其有效性的分析。格鲁夫认为，在理性预期及政府政策随意性存在的前提下，一国货币政策的有效性可以借助同另一个货币政策声誉比本国更好的国家结成货币联盟部分或全部实现。格鲁夫的这一分析既为近年来拉美趋势加强的美元化提供了有力的理论支持，也为东亚国家危机后重建其汇率机制提供了一种参考依据。

当然，现在人们对最优货币区理论的批判很多，但不能顺应时代发展和理论发展变化是一个主要的批判点，而另一个方面则集中于批判建立最优货币区的标准。具体来说：

第一，世界经济运行环境的新变化和货币主义、理性预期学派的兴起，重新界定了被OCA理论强调的货币同盟的宏观成本。致使成本—收益分析得出的结论值得进一步商榷。

第二，无论是早期的最优货币区理论还是后来新的理论，都只强调了实际经济因素对组成和加入货币区的影响却忽视了金融市场的作用。

第三，OCA理论某些标准自身有理论弱点，且标准间存在常被人们忽视的替代、交叉、因果和矛盾等种种关系。OCA标准有内生性，一定程度上削弱了其政策的适用性。

总的来说，仍然有许多声音认为该理论的体系和框架依然不够成熟，线索过于庞杂，难以梳理。

但不管怎么说，欧元区最优货币理论区理论的实践确实通过欧洲货币一体化得到了实现。欧元区的建立，是为了实现一个没有内部边界的统一市场，实现人员、商品、服务和资本的自由流动；同时，有效地协调了各成员国之间的财政及货币政策。

欧元的流通促进着欧洲统一金融市场的形成。其成功运作更对世界区域货币合作具有重要的启示，即建立在区域经济合作基础上的货币合作是必要的也是可行的。

20世纪60年代，蒙代尔曾在国际经济学研究方面作出过天才般的贡献。其中最重要的有两个：一是关于最优货币区的理论；而另一项就是关于国内经济政策和汇率关系的理论——勾勒出了后来被克鲁格曼等经济学家总结为"蒙代尔不可能三角定理"的思想雏形。可以说，蒙代尔在20世纪60年代所做的这两项贡献已经成为现代国际经济学的理论基石。

而不可能三角是说一个国家不可能同时实现资本流动自由，货币政策的独立性和汇率的稳定性。也就是说，一个国家只能拥有其中两项，而不能同时拥有三项。如果一个国家想允许资本流动，又要求拥有独立的货币政策，那么就难以保持汇率稳定。如果要求汇率稳定和资本流动，就必须放弃独立的货币政策。

在这三个目标之间究竟哪一个更为重要？如果放弃资本流动，将退回到闭关锁国的封闭经济体系，不利于经济增长。如果放弃汇率稳定性，对于任何国家来说都是一场灾难。"两害相较取其轻"，只有放弃独立的货币政策比较可行。放弃独立的货币政策也就是向单一的区域货币或世界货币过渡。于是，人们在贸易全球化的同时开始越来越多地考虑金融全球化，如果货币统一了，就不存在固定汇率、浮动汇率和资本管制的各种弊病了。

我们以欧元为例分析。因为欧元区实行的统一货币，相当于各成员国实行的是1:1的永恒的、固定的货币兑换关系，（即各成员国共同使用欧元，等于是固定汇率的极致形式）；由于是同一种货币，所以资本在各成员国之间流动几乎没有任何障碍，相当于资本的完全自由流动；欧洲央行的存在，使得各成员国完全丧失了独立的货币政策。欧元区的这个三角组合，就是固定汇率、资本完全自由流动、完全丧失独立的货币政策的结合，实际上各成员国是以完全丧失独立的货币政策的代价，来实行固定汇率。

作为任何一个经济体来说，或者是作为有一定规模的经济体来说，国内的经济政策总是主要的，货币政策就是非常重要的国内政策，对于该经济体影响必然是极端重要的。而资本的流动，也会带动经济体实体经济的变化。汇率，说起来只不过是两个货币之间的一个数量对比和兑换关系而已。因此在这三个因素中，按照重要性从大到小排列，应该是：货币政策、资本流动、汇率政策。所以，一个经济体首先应该完全坚守独立的货币政策，其次是决定资本流动的自由程度，最后才考虑货币的兑换关系。但是，欧元区却恰恰反其道而行之，居然把固定汇率当作最重要的东西，其次是重视资本自由流动，而把独立的货币政策不当回事，以至于完全不要货币政策。所以，欧元区爆发根本危机，就不奇怪了。

斯蒂格里茨曾经作过一个比喻："小型开放经济就如同在狂风大浪中的小

船一样，不论驾驶船的技术怎么样，虽然我们不知道船在什么时候被倾覆，但是，毫无疑问，船最终会被大浪打翻。"在货币市场上可以非常明显地观察到经济规模对稳定性的重要影响。经济规模越大，投机炒作的风险就越小。统一货币的最大的好处，就是让渡部分货币主权，换取金融体制的稳定，能够防范和化解金融危机。

某个经济地区实现了单一货币，还可以提高货币体系的透明性。由于统一货币区内各国都放弃了独立的货币政策，不存在某个国家突然增发货币的可能性，从而大大提高了民众对货币政策的信任度。统一货币能够进一步发挥市场机制的作用，节约信息成本和交易成本，促进商品、资本、人员的流动，使得资源配置更加合理化。统一货币可以减少内部摩擦，促进投资，提高国际竞争力。

基础篇
走进金融世界

虽然我们每天都接触金融，但却很少有人真正地了解金融。其实我们每天的生活都与金融密切相关：你每天支付纸币来购买商品，你利用银行存款贷款，你利用闲散资金炒股票买基金，你为自己和家人购买保险……总之，生活在现代社会里，你就免不了要与金融打交道，这是最贴近我们生活的一门知识。因此，掌握了基本的金融学知识，我们才能更好地掌握、理解和分析与我们生活相关的重要的经济问题。

第3章　看透了钱的本质，你就了解了金融的真谛
——每天学点货币知识

在一个没有货币的世界里

第二次世界大战期间，在纳粹的战俘集中营中流通着一种特殊的商品货币：香烟。当时的红十字会设法向战俘营提供各种人道主义物品，如食物、衣服、香烟等。由于数量有限，这些物品只能根据某种平均主义的原则在战俘之间进行分配，而无法顾及每个战俘的特定偏好。但是人与人之间的偏好显然是会有所不同的，有人喜欢巧克力，有人喜欢奶酪，还有人则可能更想得到一包香烟。因此这种分配显然是缺乏效率的，战俘们有进行交换的需要。

但是即便在战俘营这样一个狭小的范围内，物物交换也显得非常不方便，因为它要求交易双方恰巧都想要对方的东西，也就是所谓的需求的双重巧合。为了使交换能够更加顺利地进行，需要有一种充当交易媒介的商品，即货币。那么，在战俘营中，究竟哪一种物品适合做交易媒介呢？许多战俘营都不约而同地选择香烟来扮演这一角色。战俘们用香烟来进行计价和交易，如一根香肠值10支香烟，一件衬衣值80支香烟，替别人洗一件衣服则可以换得两支香烟。有了这样一种记账单位和交易媒介之后，战俘之间的交换就方便多了。

在过去100多年的时间里，无政府主义者，甚至那些极端的保守分子和嬉皮士，他们都曾经梦想废除货币。那么让我们想象一下：一个没有货币的世界会是什么样子呢？

在现代社会中，每一个家庭或个人、各类经济单位几乎每天都要接触货币；任何商品都需要用货币来计价，任何购买都要用货币来支付。但是让我们回到最开始的地方，假设这里是一个没有货币的世界，那么，我们的生活又会是什么样的呢？

现在我们就来复活一下古老的交易方式：一个村子里住着养羊的人、种麦子的人、打铁的人。现在养羊的人想要一把斧头，但是打铁的人却固执地只愿意接受面包，那么养羊的人会怎么做呢？首先，在和种麦子的人讨价还价之后，他会让对方牵走一只羊，然后换来50个面包，接下来，他再和铁匠商量，最终用20个面包换来自己需要的一把斧头。

在货币出现之前，人们采取的就是这种物物交换形式，这样直接的物物交换是极其麻烦的，人们不得不花费大量的时间为最琐碎的结果而讨价还价，而且这种交换往往还会带来一些不快。

但是随着人口增加，物产增多，商品流通规模也随之增大。在这种情况下，单纯的物物交换已经无法满足需求，而为了加快贸易的速度，人们发明了"钱"。在上面的例子中，一只羊最终可以换来一把石斧。但是有时候受到用于交换的物资种类的限制，不得不寻找一种能够为交换双方都能够接受的物品。这种物品就是最原始的货币。牲畜、盐、稀有的贝壳、珍稀鸟类羽毛、宝石、沙金、石头等不容易大量获取的物品都曾经作为货币使用过。

按照现代经济学的解释，货币是交易的手段，制度化的信用象征，它能有效降低交易的成本。当人们将货币引入经济系统之后，任何商品的价格都可以用这个自由度来表示，由此经济系统发生了翻天覆地的变化。《荷马史诗》就记载着这样的内容：当时的人们经常用牛来代表物品的价值，一个工艺娴熟的女奴值4头牛，而第一名角斗士的奖品值12头牛。但是我们需要明白的是，流通的货币就好像一条公路，尽管它们可以流通，可以把所有的牧草和谷物从农村带到市场上，但货币本身不会产生任何东西。

最后，我们简单总结一下货币的功能：

（1）计价单位。所有的交换都以货币为媒介，于是人们拥有了一项衡量任何一种商品的标准了。

通过货币，我们可以轻松地将一种商品或服务同其他商品或服务联系起来，由此诞生了伟大的价格体系，人们能够从经济的角度计算得失：一辆汽车大概价值60盎司黄金，而一间房子价值180盎司黄金，也就是说一间房子能换来三辆汽车。瞧，这非常简单明了！

（2）流通手段。货币的引入消除了物物交换中的各种弊端，货币充当商品交换的中介，为商品和服务交换提供便利，不仅提高了交换的效率，也提高了人们的生活水平。

货币源于流通，服务于流通。作为商品交换的媒介，任何形式的货币运动的最终归宿都是交换，无论是借、贷、存、贮、汇等运动，最终的目的都是为了消费（即交换），它的终点总是商品，否则货币就失去了意义。

（3）价值贮藏。货币可以作为社会财富的代表被贮藏起来，即"把现在的购买力转变为未来的购买力"。

作为价值的载体，货币的运动就是价值的运动，货币的贮藏也就是价值的贮藏。一般来说，纸币的稳定性比较实物货币相对要差一些。因为纸币的价值及其发行是央行人为决定的，具有无限扩大的可能。而且现代政府和央行也喜欢这种凭空创造财富的机制，总是具有扩大发行的冲动。纸币的价值稳定性比较商品货币要差得多，因此削弱了纸币的价值贮藏职能，在极端情况下，纸币变成了白纸一张，完全失去了价值，不具备货币真正的职能，比如津巴布韦的100万亿纸币。

（4）支付手段。货币的转移就意味着价值的转移，这种转移就是支付过程。

以货币为媒介的商品交换，无论是由商品转化为货币，还是由货币再转化为商品从而最终完成商品间的交换都包含两个方面的内容。其一为商品的转移，即交货的过程，卖的过程。其二为货币的转移，即付款的过程，买的过程。买或卖的过程以交货及付款的完成而结束。其中付款的过程就是支付的过程。货币作为支付手段的职能是货币充当交易媒介的必要条件。

无法抵挡的金灿灿的诱惑

印加帝国，这个500年前南美洲的最先进的社会就没有货币，印加帝国虽然拥有贵金属，但印加人是以欣赏的眼光来看待稀有金属的。

他们认为黄金是"太阳的汗水",白银是"月亮的眼泪"。

在印加帝国,劳动被视为价值单位。此外,印加经济往往依赖的是严酷的中央计划和强迫劳动。因此当西班牙殖民者弗朗西斯科·皮萨罗囚禁了印加皇帝之子时,印加人在几个月内上交了13 420磅重的黄金和26 000磅重的纯银,但却仍然无法满足对方的胃口。印加人无法理解那些欧洲人对黄金和白银贪得无厌的欲望。"即使把安第斯山脉所有的积雪都变成黄金,他们仍然不满足。"印加人抱怨说。

印加人无法明白的是,对皮萨罗和他的部下来说,金银不仅仅是闪闪发光的金属装饰物,它可以铸为货币,可以作为计算的单位,具有贮藏价值,也就是具有便捷的购买力。

乱世黄金,盛世收藏。那么,黄金到底具有怎样的价值,才使其如此受人青睐?

作为一种硬通货,黄金的保值储值功能以及流通性、稀罕性、耐久及延展性,历来为人们所青睐,而一个国家的黄金储备则标志着这个国家的经济实力。黄金被称为最诚实的金融资产,它与其他资产最根本的不同在于,黄金不是任何人的负债。法定货币在极端情况下将不被任何人接受,而黄金永远不可能被拒绝。

远古时代以物易物的方式极其繁琐,因此当时的人们渐渐想到找一种交易媒介来简化这种交易。亚里士多德在《政治学》中为我们描述了人们的要求:这种东西可以在人们之间彼此平等交换,自身必须有价值,出于生活的考虑,它应如铁和银或其他类似性质的物品一样有方便携带的额外优点。

那么用什么媒介来交易呢?这种东西必须为交换双方都能够接受,还要不容易大量获取,还必须可以携带……牲畜、盐、稀有的贝壳、羽毛、石头等都曾作为货币使用过。但是经过长年的自然淘汰,这些作为货币使用的物品逐渐被以黄金为代表的贵金属所取代。不仅是在中国,在世界范围内都是如此。也就是说,当人们需要选择最适合充当货币形式的商品时,几乎无一例外地选择了金银。所以凯恩斯说:金本位是野蛮的遗迹。

人们说:金银是天然的货币,在这里不妨诠释一下黄金成为货币的先天条件和优势:

首先，黄金色彩鲜艳，有光泽，是唯一不褪色、不生锈的金属。其次，黄金价值高，便于携带。试想一下，如果以羊作为货币，那么在匆忙之间我们又该如何携带呢？再次，黄金易于分割，便于锻造，可以满足不同数额的支付需求。最后，黄金易于识别，便于测量。

但是使用黄金交易也有很多不方便的地方：成色需要鉴定，重量需要称量。渐渐地，人们又想出了一个更好的办法——铸造重量、成色统一的贵金属硬币。这样，在使用货币的时候，既不需要称重，也不需要测试成色。这些硬币上有国王或皇帝的头像、复杂的纹章和印玺图案，以免伪造。

小亚细亚吕底亚王国（今土耳其西部）金币是目前世界上发现最早的金币。币材采用流经吕底亚王国首府萨迪斯河中的自然金银矿粒打制而成。这种矿粒成分约为3金1银，呈黄白色，俗称琥珀金。

西方国家的主币为金币和银币，辅币以铜、铜合金制造。随着欧洲经济的发展，商品交易量逐渐增大，到15世纪时，经济发达的佛兰德斯和意大利北部各邦国出现了通货紧缩的恐慌。从16世纪开始，大量来自美洲的黄金和白银通过西班牙流入欧洲，挽救了欧洲的货币制度。

慢慢地，人们发现金属货币使用起来也并不方便。在大额交易中需要使用大量的金属硬币，其重量和体积都令人感到烦恼。金属货币使用中还会出现磨损。请看一个惊人的事实：自从人类使用黄金作为货币以来，已有超过两万吨的黄金在铸币厂里、或者在人们的手中、钱袋中和衣物口袋中磨损掉。

在这种情况下，金本位出现了。在金本位货币制度下，政府规定金银之间的价值比率并按这一比率无限买卖金银。让我们来看一下金本位的基本特征：以一定量的黄金为货币单位铸造金币，作为本位币；金币可以自由铸造，自由熔化，具有无限法偿能力，同时限制其他铸币的铸造和偿付能力；辅币和银行券可以自由兑换金币或等量黄金；黄金可以自由出入国境；以黄金为唯一准备金。

人类历史上第一个金币本位制国际货币体系以黄金为核心和本位货币。到1914年，已有59个国家实行了金本位制。黄金是货币历史上第一个国际性也是最后一个本身拥有价值而又固定充当一般等价物与价值尺度的实质性货币。黄金是本位货币，是国际硬通货，可自由进出口，可支付贸易赤字，可作为国内货币流通。黄金可以自由铸造、自由兑换、自由输出。就这样，黄金成了货币的中心，也成了经济的中心，黄金的金融属性非常完全。

但是第一次世界大战对金本位制带来很大的冲击：1933年世界性经济危机时，黄金紧缺并且受到官方控制，伦敦黄金市场关闭，"金本位制"彻底崩溃，我们从此进入了货币信用时代。

从1938年开始，已没有一个国家允许国民将货币或存款兑换成黄金，黄金的货币属性已经消失。尽管近几年来黄金不断上涨，但金本位复归仍然是一种渺茫的梦想。

劣币驱逐良币与良币驱逐劣币

美国加州大学经济学教授乔治·阿克洛夫曾经举过这样一个例子：有一个二手车市场，里面的车虽然表面上看起来都一样，但其质量有很大差别。卖主对自己车的质量了解得很清楚，而买主则没法知道车的质量。假设汽车的质量由好到坏分布比较均匀，质量最好的车价格为50万元，买方会愿意出多少钱买一辆他不清楚质量的车呢？最正常的出价是25万元。那么，卖方会怎么做呢？很明显，价格在25万元以上的"好车"的主人将不在这个市场上出售他的车了。这样一来，进入恶性循环状态，当买车的人发现有一半的车退出市场后，他们就会判断剩下的都是中等质量以下的车了，于是，买方的出价就会降到15万元，车主对此的反应是再次将质量高于15万元的车退出市场。依此类推，市场上的"好车"数量将越来越少……

请思考一下：为什么质量较差的车反而会战胜质量较好的车，成为二手车市场上的主流呢？

这个问题或者可以用一个著名的定律解释。400多年以前，英国财政大臣格雷欣发现了一个有趣的现象，两种实际价值不同而名义价值相同的货币同时流通时，实际价值较高的货币，也就是"良币"，必然退出流通——它们被收藏、熔化或被输出国外；实际价值较低的货币，也就是"劣币"，却充斥市场。人们称这种现象为"格雷欣法则",也就是"劣币驱逐良币规律"。

在铸币时代,当那些低于法定重量或者成色的铸币——"劣币"进入流通领域之后,人们就倾向于将那些足值货币——"良币"收藏起来。最后,良币将被驱逐,市场上流通的就只剩下劣币了。在金银复本位制度下,由于金和银本身的价值是变动的,这种金属货币本身价值的变动与两者兑换比率相对保持不变产生了"劣币驱逐良币"的现象,使复本位制无法实现。比如说当金和银的兑换比率是1∶15,当银由于银的开采成本降低而最后其价值降低时,人们就按上述比率用银兑换金,将其贮藏,最后使银充斥于货币流通,排斥了金。如果相反即银的价值上升而金的价值降低,人们就会用金按上述比例兑换银,将银贮藏,流通中就只会是金币。

事实上,劣币驱逐良币规律不难理解,因为这种情况在生活中也广泛存在。比如在公共领域,当潜规则盛行时,守规矩的人肯定争不过不守规矩者。就说排队购物或上车吧,文明程度低的城市,规矩排队者总是被挤得东倒西歪,几趟车也上不去,而不守秩序的人倒常常能够捷足先登,争得座位或抢得时间。最后遵守秩序排队上车的人越来越少,车辆一来,众人都争先恐后,搞得每次乘车如同打仗,苦不堪言。

回归正题,劣币驱逐良币这种现象到底是怎样产生的呢?

经济学家亚当·斯密说:"我相信,世界各国的君主,都是贪婪不公的。他们欺骗臣民,把货币最初所含的金属分量,次第削减。"在欧洲,从罗马时代到17世纪,铸币的历史几乎就是一部不断贬值的历史。臣民可以拒绝贬值的货币吗?不能!那将被视为对王权的挑战。

在中国,汉武帝曾经把禁苑里的白鹿皮做成钱币,规定一块白鹿皮币值40万钱,强行卖给王侯宗室。在欧洲,对政府铸造的金币、铜币,也总有人想办法从边缘弄下一些边角余料,降低了货币的实际价值,但由于是法定货币,它们仍然能得以流通。总之,在每一个大规模的劣币驱逐良币的案例中,都能看到"法定货币"的身影。

如果再进一步探讨一下,你有没有想过,为什么货币都是国家"垄断"呢?私人为什么不能铸币呢?

其实在最初的时候,铸币行业与其他行业没有什么区别,19世纪初资本主义开始时期,铸币权都是分散的,每一个铸币者生产最讨顾客喜欢的钱币——

大小或形状讨顾客喜欢，其价格经市场自由竞争后确定。古希腊几乎每个城邦都有自己铸造的货币，中世纪的德国各封建领主的铸币机构有600多所。

人类用货币欺骗的历史和人类最早使用金币的历史一样久远，在坦桑尼亚，牛曾经被用来当作货币，可不幸的是，人们发现交易中所支付的牛都是瘦弱的病牛，因为价格只是用牛的数量来表示，价格在优质牛和劣质牛之间没有区别，因此将劣质牛作为支付，而将优质牛保留起来就是很自然的事。即使在纳粹集中营里，劣币也会驱逐良币，手工卷烟很快就将机器卷烟驱逐了出去。

古罗马时期达到了最疯狂的时候，曾铸造仅含白银2%的银币。渐渐的，那些足值的货币会离开市场。

为了避免劣币充斥市场，人们开始反对私人铸币，他们更愿意信赖政府铸币，并相信政府能够防止或者惩罚那些私人铸币的欺诈行为。于是，政府渐渐地垄断了铸币权。

可是政府就真的值得信赖吗？

在16世纪英国，贵金属不敷造币使用，必须在新铸造的货币之中加入其他金属成分，故当时市场上就有两种货币，一种是原先不含杂质的货币，另一种是被加入其他金属的货币。虽然两种货币在法律上的价值相等，但人们却能加以辨认，并且储存不含杂质的货币、将含杂质的货币拿去交易流通。故市面上的良币就渐渐被储存而减少流通，市场上就只剩下劣币在交易。

公元1世纪，在臭名昭著的尼罗皇帝时期，这些铸币的贵金属含量开始减少，金币和银币中越来越多地掺进了合金，紧接着用这种计量单位表示的价格出现了前所未有的上涨，罗马帝国的衰落也就从通货膨胀开始了。

但是很多时候，经济生活中也存在"反格雷欣法则"的现象，也就是说良币驱逐劣币。

你拿着100元在菜市场买菜，当你认真检视找回来的50元钞票时，是否意识到自己在做什么？！你在检查收到的是否是假钞，套用经济学术语：你在驱逐劣币。

没错，在市场竞争的条件下，劣币则不能驱逐良币，因为每一天都有无数的人在自发地驱逐劣币。买主固然倾向于使用劣币支付，但他们未必能够得逞。因为卖主和买主一样精明，他们会拒绝接受劣币。买主要想买到商品，只好把藏起来的良币投入使用。

每个人既是买主又是卖主,当他作为买主被卖主拒绝劣币之后,他做卖主时,自然也会拒绝劣币。你为什么反复检查出租车司机找给你的钱?因为你知道如果你收到假币,就很难把它花出去。长期下来,劣币就将退出流通。因此,在市场竞争条件下,总是良币驱逐劣币,而不是劣币驱逐良币。

比如在中国的钱庄、票号时代,哪家的信用好,哪家的银票就坚挺。山西的四大恒票号信用卓著,四家的银票同时通行全国,连慈禧太后也得使用。而那些信用成问题的钱庄票号,它们的银票就会被迅速抛离市场,充分体现了良币驱逐劣币的威力。红顶商人胡雪岩的阜康钱庄,信用出问题后也是落得个被抛弃的命运。银元时代,墨西哥鹰洋和袁大头由于其优质的成色,一直作为良币稳占市场,从来没有被驱逐之忧。

也就是说,当金融货币为银行券或纸币替代后,"格雷欣法则"就被倒置了,即良币驱逐了劣币。这是因为,金融货币与商品相交换时,体现的是一种"钱货两清"的等价交易;而纸币本身没有价值,它与商品的交换体现的是一种债权债务的信用关系,商品生产者售出商品接受纸币,以信任纸币发行人的信用为前提。所以,"好"的纸币发行人发行的纸币必然受到欢迎,而"差"的纸币发行人发行的纸币必然遭到抵制,于是良币驱逐了劣币。

纸币是让一个国家繁荣的最好方法

约翰·劳是18世纪欧洲的一个金融家,以推行纸币而闻名。当时,欧洲各国货币还是采用金属本位,市场上不是金币就是银币,总之没有纸币。因为欧洲人民都觉得跟黄金白银相比,纸币太不可靠了。但是,约翰·劳先生说"不,纸币是一个国家繁荣的最好方法。"他的信念就是,"要繁荣,发纸币"。

1715年法王路易十四去世。这个死去的国王生前喜欢奢侈品,倡导高消费,搞得法国财政濒于破产的地步。在他死后掌管法国的摄政王奥尔良公爵,为了还清他哥哥生前留下的财政窟窿,伤透脑筋。这时约翰·劳先生出现了,他说纸币可以带来繁荣,可以轻松地还清债务。

奥尔良公爵立刻听从了这个建议，授权劳这个英国人组建法国历史上第一家银行，发行纸币。在开业初期，约翰·劳先生坚守承诺，他的任何银行发行的纸币都可以立刻兑换相当于面值的金币。老百姓因此相信他的纸币是有价值的，争相持有。可是，到了后来，法国政府顶不住增发纸币的诱惑，纸币泛滥成灾。终于在1720年的某一天，人们发现纸币的面值已经超过了全国金属硬币总和的1倍还多，于是纸币崩溃了，不得不全数被折价收回，重新流通金属硬币。无数人遭受巨大损失，法国差点爆发革命。约翰·劳先生逃到了意大利，这位曾经的全法国最大的红人，1729年无声无息地死在威尼斯的一个贫民窟里。

这位约翰·劳先生可以算得上是货币史上的一位大名鼎鼎的人物，他发行纸币这个观念本身并没有错。那么，约翰·劳先生为什么会失败呢？他的错误又是什么呢？

劳最初的成功在于，他发现当商品货币短缺时，可以通过发行信用或纸币来从新达到最优，这样就弥补了货币不足对经济的影响。但约翰·劳后来的错误在于，他将创造货币等同于创造财富。然而，对于国家而言，重要的不是创造货币，而是创造财富。

纸币作为货币的价值符号，现在已经通行世界。如中国的人民币、美国的美元等都是一个国家的法定货币，由这个国家的中央银行统一发行、强制流通，以国家信用作保障，私人不能印制、发行货币。纸币本身没有金属货币那种内在价值，纸币本身的价值也比国家确定的货币价值要小得多，它只是一种货币价值的符号。

如果单从纸币本身的质地看，它自身的价值几乎可以忽略不计。但是，纸币不仅可以交换任何商品，甚至连昔日的货币贵族——黄金也可以交换。这是为什么呢？要回答这个问题，我们还是从纸币的历史说起。

世界上最早的纸币出现在中国。北宋时期，四川缺铜，流通中主要使用铁钱。铁钱易腐烂、价值低，10单位铁钱只相当于1单位铜钱，用起来极为笨重。比如，买一匹布需要铁钱2万，重达500斤。为了解决这个问题，一些富有的商人就开起了"交子铺"，人们可以把笨重的铁钱交给交子铺保管，同时换取交子铺开出的纸票——交子，然后拿着轻便的交子去买卖货物，交子铺则收取一定比例的保管费。最早的交子印有密码、花押，以防伪造，金额是兑换时临时填写的。后来，有些富商联合起来，共同发行数额已经写好的标准化交子。

有了交子和交子铺，人们可以随时把钱币换成交子用于买卖，也可以随时凭交子从交子铺兑换现钱，确实大大便利了流通。但是问题出现了，如果发行交子的商人不讲信用，或者因经营亏损而拿不出别人要兑换的现钱，甚至是弄虚作假，就会导致交子票无法兑现，持有交子的人就和开交子铺的富商打起官司来。后来，北宋政府不得不进行干预，禁止私人发行交子，改由政府印制发行官方交子，称为钱引。可惜的是由于种种原因，这种纸币未能持续流通。

纸币诞生后，在很长的时期内只能充当金属货币（主要是黄金，也有的国家是白银）的"附庸"，就像影子一样，不过是黄金的价值符号。国家以法律形式确定纸币的含金量，人们可以用纸币自由兑换黄金，这种货币制度也被称为金本位制。在很长的历史时期里，金本位制是人类社会的基本货币制度，但它存在着先天无法克服的缺陷。

困扰金本位制的就是纸币与黄金的比价和数量问题。当依据黄金发行纸币的时候，必须确定一个比价，而此后不论是黄金数量发生变化还是纸币数量发生变化，原先的比价都无法维持，金本位制也就无法稳定运行。

英国最早实行金本位制，国家规定纸币与黄金的固定比价，纸币可以自由兑换黄金。第一次世界大战期间，英国为了筹措军费大量发行纸币，同时从美国购买军用物资，支付了大量的黄金。纸币发行量剧增，黄金储备量急剧下降，原先纸币和黄金的比价无法维持。英国不得不在战时停止英镑兑换黄金，暂时放弃金本位制。在1929~1933年世界经济大危机中，英国的金本位制彻底崩溃。

这个问题在后来的布雷顿森林体系中仍然存在，并最终导致了布雷顿森林体系的崩溃。

金本位制最终崩溃并退出历史舞台表明，纸币再也不能直接兑换成黄金，也就是不能直接兑换回金属货币，纸币这个金属货币的"附庸"终于走上了舞台的中央，成为货币家族的主角。纸币成为本位货币，以国家信用作保障，依靠国家的强制力流通。

第二次世界大战期间，美国大发战争横财，黄金储备居世界第一。1944年，各国在布雷顿森林市召开会议，决定确定美元与黄金的固定比价（35美元=1盎司），各国货币再与美元确定固定比价。这个新的货币体系也被称为布雷顿森林体系。此后,为了适应日益繁荣的国际贸易,美国大量发行美元,远远超过黄金储备量,人们对美元逐渐失去信心,黄金抢购狂潮不断。1971年8月,美国不得不宣布停止以美元兑换黄金,金本位制彻底退出历史舞台,从此纸币大行其道。

一年后的1元钱已不同于今天的1元钱

一个虔诚的教徒有一天遇见了上帝,就问:"上帝啊,对你而言,一百年意味着什么?"上帝回答说:"不过一瞬间而已。"教徒又问:"那一百万元呢?""不过一元钱而已。"于是教徒很高兴地说:"上帝呀,请给我一百万元钱吧!"上帝给了他一个让人绝望的回答:"没问题,请等我一瞬间。"

会心一笑后请认真思考一下,这个小幽默告诉了我们一个什么样的道理呢?

请回答这样一个问题:相同的一元钱在今天和将来的价值是否相同?很多人都会说是的,但经济学家说:不同。为什么?回答是,因为人们具有时间偏好——人们在消费时总是抱着赶早不赶晚的态度,认为现期消费产生的效用要大于对同样商品的未来消费产生的效用。因此,即使相同的一元钱在今天和未来都能买到相同的商品,其价值却不相同——因为相同的商品在今天和未来所产生的效用是不相同的。正是人们的时间偏好使货币具有了时间价值。这也正是上面那个小幽默的寓意所在:货币是具有时间价值的。今天的一元钱到明年可能就不是一元钱了,通常今天一元钱的价值要多于明天的一元钱。

所谓货币的时间价值,就是指货币经历一定时间的投资和再投资后所增加的价值。换句话说,货币用于投资并经历一定时间后会增值,增值部分即为时间价值。今天的一元钱和一年后的一元钱的潜在经济价值是不相等的,前者要大于后者,因为现在的一元钱在一年之后,可以超过一元钱。因为如果把这一元钱用于投资,从社会的角度分析,投资会有一个收益,而这个收益就是时间的价值。如果从投资者角度分析，投资就是将目前的消费推迟到将来，把这一元钱用于投资而不是用于消费，投资是要求报酬的，这个报酬就是货币时间价值。当然也可以这样考虑，由于投资者消费时间向后推迟，货币的时间价值就可以理解为是对投资者牺牲当前消费的一种补偿。

相信每个人对时间价值都有一定的生活体验，只是有些人没有注意。如一年期定期存款的利率为5%，那么把一元钱存入银行，一年之后就可以获得1.05元，这0.5元就是货币的时间价值。如果银行存款利率为5%，那么，只要现在存入1÷（1+0.05）元，一年之后就可以得到1×（1+0.05）÷（1+0.05）元，这就表示，一年之后的一元钱只相当于现在的1÷（1+0.05）元钱。这个原理构成了投资学分析的基础，不管多么复杂的定价公式，其分析模型都是建立在这一基础上的。

在货币的时间价值计算中，有两种计算方式：单利和复利。

单利是指在计算利息时，每一次都按照原先融资双方确认的本金计算利息，每次计算的利息并不转入下一次本金中。比如，张三借李四1 000元，双方商定年利率为5%，3年归还，按单利计算，则张某3年后应收的利息为3×1 000×5%=150元。

在单利计算利息时，隐含着这样的假设：每次计算的利息并不自动转为本金，而是借款人代为保存或由贷款人取走，因而不产生利息。

复利是指每一次计算出利息后，即将利息重新加入本金，从而使下一次的利息计算在上一次的本利和的基础上进行，说白了也就是利滚利。上例中，如张三与李四商定双方按复利计算利息，那么张某3年后应得的本利和计算如下：

第1年利息：1 000×5%=50；

转为本金后，第2年利息（1 000+50）×5%=52.5；

转为本金后，第3年利息（1 050+52.5）×5%=55.125；

加上本金，第3年的本利和为1 050+52.5+55.125=1 157.625。

从上面的例子中，我们已经看到了复利带来的巨大利润。事实上对于财富来说，复利是最大的奇迹。

还记得那个24美元买下曼哈顿岛的故事吗？这笔交易确实很划算，但如果我们换个角度来重新计算一下呢？如果当初的24美元没有用来购买曼哈顿，而是用来投资呢？我们假设每年8%的投资收益，不考虑中间的各种战争、灾难、经济萧条等因素，这24美元到2004年会是多少呢？说出来吓你一跳：4 307 046 634 105.39

也就是43万亿多美元。这不但仍然能够购买曼哈顿，如果考虑到由于"9·11"事件后纽约房地产的贬值的话，买下纽约也是不在话下的。

回到前面上帝与教徒的例子。假设您将一元钱投资到股票市场，每次收到的红利都进行再投资，如果每年投资能获得15%的收益率，根据科学计算，一元钱连续投资100年后的收益将近120万元！

不知你是否意识到，这就是货币的时间价值在起作用。

投资可以获得收入、银行存款可以给储户带来利息，今天收到的一元钱比明天收到的一元钱更值钱。我们用一个简单的例子来说明。如果您将现在的100元存入银行，存款利率假设为5%，那么一年后将可得到105元。这5元就是货币的时间价值，或者说货币的时间价值是5%。

假设一年后，我们继续把所得的105元按同样的利率存入银行，则又过一年后，您将获得110.25元。第二年的利息比第一年多出0.25元，这是由第一年5元利息创造的利息。这就是通常所说的复利计算或者利滚利。以此方式年复一年地存款，则当初的100元将会不断地增加，年限够长的话，到时可能是当初的几倍，几十倍。通过科学计算，如果将100元存入银行连续50年，假设每年利率维持在5%，50年后您将有1146.74元！

回到前面上帝与教徒的例子。假设您将一元钱投资到股票市场，每次收到的红利都进行再投资，如果每年投资能获得15%的收益率，根据科学计算，一元钱连续投资100年后的收益将近120万元，因此上帝的说法也许并不夸张，不是吗？！

时间就是金钱。货币的时间价值对个人理财很重要的启示是：理财要尽早计划、尽早行动，这样才能让您的财富不断增值。

货币供应中神秘的M0/M1/M2

资深股民老李最近正捧着一本金融学书籍苦读，朋友们很奇怪：怎么不研究财务数据，改研究金融学了？！知识面广一点很好，可这会不会离题太远了！老李对此疑问不屑一顾："你们懂什么？！我是在学一些货币学常识,知不知道股市的涨跌和M1、M2的增速有很大关系?眼观六路、耳听八方,这都得弄清楚才能在股市上无往不利!"

生活中,大多数人都对M0、M1、M2只有一知半解,平常我们听报道M1大于M2时,国民经济会受到怎样的影响,而当M2大于M1时,股市又会受到什么样的影响,那么M0、M1、M2这三个神秘的数字各自代表的是什么呢?

M0、M1、M2是货币供应量的范畴。人们一般根据流动性的大小,将货币供应量划分不同的层次加以测量、分析和调控。实践中,各国对M0、M1、M2的定义不尽相同,但都是根据流动性的大小来划分的,M0的流动性最强,M1次之,M2的流动性最差。

在现代经济里,各个国家只有一个银行可以印钱,那就是中央银行。中央银行是政府最重要的机构之一。中央银行把印出来的钱贷给各商业银行,商业银行再把钱贷给企业或者个人收取利息。中央银行再从商业银行回笼货币,烧掉一部分现钞,又印一些新钞,维持心目中理想的现钞总数,即M0的数量。大部分贷款是用票据或者电子形式大额走账的,并没有对应的现钞,总数会大大高于M0的数量,就是狭义货币M1和广义货币M2。例如,支票、活期存款算M1。M2包括M1,还多出了机构存款这样的大头。

下面我们详细解释一下:

在萨缪尔森的《宏观经济学》中M1=现钞+支票;M2=M1+储蓄存款。而在英国的银行体系中还有M0、M3等项目。根据国家统计局的公开资料,我国是以M0、M1、M2为框架体系。其中货币总量:M0、M1、M2。

M0=流通中现金

M1=狭义货币供应量M0+非金融性公司的活期存款

M2=广义货币供应量M1+非金融性公司的定期存款+储蓄存款+其他存款。

生活中,M0与消费密切相关,它的数值高证明老百姓手头宽裕、富足,衣食无忧的情况下这种可能性更高;M1反映居民和企业资金松紧变化,是经济周期波动的先行指标;而M2流动性偏弱,但反映的是社会总需求的变化和未来通货膨胀的压力状况。通常所说的货币供应量主要指M2。货币投放的渠道有两个,一是外汇占款投放,二是通过银行信贷投放。它们的投放增长越快M2的增速越大。

那么M1、M2与股市涨跌有什么关系呢？

货币供应与股市之间的实证关系表明，M1增速与M2增速之差与上证指数呈现明显的正向关系，与上证指数走势的相关性最高，在两者增速之差达到高点时（2000年、2007年），上证指数到达阶段性高点。在增速之差到达低点时（1999年、2005年），指数也处于阶段低点。

具体来说有以下几点：

①在货币供应的各个层次中，狭义货币供应量M1是流通中的现金加上各单位在银行的活期存款；广义货币供应量M2，是指M1加上各单位在银行的定期存款、居民在银行的储蓄存款、证券客户保证金。

②在一般情况下，M1和M2增速应当保持平衡，也就是在收入增加、货币供应量扩大的环境下，企业的活期存款和定期存款是同步增加的，这也符合凯恩斯流动性偏好理论中对三大动机的解释。历史规律表明，每当M1大幅度上升，都推动了经济升温，或引发投资过热，或通货膨胀，或股市上涨。由此，我们可以看出，M1增长超过M2增长速度是产生金融体系的流动性过剩的原因之一。

③如果M1增速大于M2，意味着企业的活期存款增速大于定期存款增速，企业和居民交易活跃，微观主体盈利能力较强，经济景气度上升；如果M1增速小于M2，表明企业和居民选择将资金以定期的形式存在银行，微观个体盈利能力下降，未来可选择的投资机会有限，多余的资金开始从实体经济中沉淀下来，经济运行回落。

④M2包括的是M1以及M1以外的定期存款和储蓄存款，因此M1增速若快于M2增速，表明定期存款活期化，大量资金转向交易活跃的M1，从而对股市的资金供给可能形成较为积极的影响。

⑤M1增速一般领先于股市，而股市又领先于CPI。从CPI与股市的波动特点可以大致看出：CPI的趋势与上证指数有较强的相关性，股市一般对CPI的拐点有提前反应，CPI同样大约是3~4年的周期。

我们走出布雷顿森林了吗

第一次石油危机的到来,以黄金为后盾的固定汇率制度崩溃了,或者说布雷顿森林体系崩溃了。

20世纪70年代,石油输出国组织成立,决定把油价从2美金涨到12美金。尽管西方国家以武力相逼,最终石油输出国组织赢了。由于基础原料价格突然高涨,美国经济遭到重创。又加上美国还背上了越南战争的包袱,各国对美国的信任大减,纷纷拿出储备中的美金换取黄金。尼克松总统于1971年8月15日决定,让固定汇率见鬼去吧。美国可不想丧失所有的黄金储备(至今美国的黄金储备仍远远高于其他任何国家,而且是一个相当机密的数字,没人知道美国的黄金身价到底有多厚)。虽然没有以黄金为本位固定汇率制度,但是国际贸易依然存在,一国的汇率还是要以另一国汇率为基准。但是美国人这时留了最关键的一手,即:迫使海湾国家以及其他资源密集国都同意将大宗商品、能源、粮食等以美金计价。美金在布雷顿森林体系灭亡后仍然是世界首要的贸易货币,因此大多数国家的货币还是只能用美元为基准而自由浮动,并没有形成不同国家用不同基准货币的多头自由浮动国际金融体系。

布雷顿森林体系是怎样建立的呢?为什么它会在短短几十年内就崩溃了呢?

前面我们曾经说过:黄金是天然的货币。事实上在人类的文明史里,无论国家、信仰、种族发生了何种变换,黄金始终都是世人公认的财富形式。尽管这种信任曾经随着金矿的发现而产生波动,比如15世纪的地理大发现使得大量的金银进入西欧,物价飞涨,但随后经济学家们发现,金银的增加仅仅引起物价的飞涨,人们的生活水平并没有提高。为了摆脱黄金数量带来的波动,经济学家威廉费雪甚至提出了激进的方案:如果黄金价格相对于其他商品价格下降了,那么就应该提高美元中黄金的含量,从而相对于其他商品价格而言,美元保持相对稳定，如果黄金价格上升了，那么就应该相应地减少黄金比例。当然，这样的方案只是一种理想状态，因为黄金含量的变化并不能随意改变，但是，重大的货币改革已经为时不远了。

在布雷顿森林体系以前两次世界大战之间的20年中，当时的国际货币体系分裂成几个相互竞争的货币集团，各国货币竞相贬值，动荡不定，因为每一个经济集团都想以牺牲他人利益为代价，解决自身的国际收支和就业问题，呈现出一种无政府状态。但是在第二次世界大战后，各国的经济政治实力发生了重大变化，美国登上了资本主义世界盟主地位，美元的国际地位因其国际黄金储备的巨大实力而空前稳固。这就使建立一个以美元为支柱的有利于美国对外经济扩张的国际货币体系成为可能。一个必须解决的问题是，真正需要保持的是美元相对于作为总体的产品和劳务的购买力，而不是专门保持黄金的稳定。可是，黄金的数量也是不稳定的，因此美元和金银挂钩并不能确保交割的稳定性。

美国新罕布什尔州有个地方叫布雷顿，一次真正改变黄金命运的会议就在那里华盛顿山大旅社召开。当时来自44个国家的代表们签署了布雷顿森林货币体系。它是以美元为中心的，它规定了美元与黄金挂钩，其他国家货币与美元挂钩。即一盎司黄金对应35美元。所有其他的货币兑换美元的汇率都是固定的。这种体系使得美国可以决定货币和经济政策，其他国家必须要顺应美国的政策，但是同时也从固定汇率和国际金融体系的稳定中获得了益处。这个体系使美元在战后国际货币体系中处于中心地位，美元成了黄金的"等价物"，各国货币只有通过美元才能同黄金发生关系。从此，美元就成了国际清算的支付手段和各国的主要储备货币。

布雷顿森林体系的建立，在战后相当一段时间内，确实带来了国际贸易空前发展和全球经济越来越相互依存的时代。但布雷顿森林体系存在种种缺陷。一方面，美元作为国际支付手段与国际储备手段，要求美元币值稳定，才会在国际支付中被其他国家所普遍接受。而美元币值稳定，不仅要求美国有足够的黄金储备，而且要求美国的国际收支必须保持顺差，从而使黄金不断流入美国而增加其黄金储备。否则，人们在国际支付中就不愿接受美元。但另一方面，长期贸易逆差必然会影响人们对美元的信心，从而引起美元危机，而美国如果保持国际收支平衡，就会断绝国际储备的供应，引起国际清偿能力的不足。

这种矛盾终于慢慢爆发了。从20世纪50年代后期开始，随着美国经济竞争力逐渐削弱，其国际收支开始趋向恶化，出现了全球性"美元过剩"情况，各国纷纷抛出美元兑换黄金，美国黄金开始大量外流。

在1971年8月15日，黄金永远退出了历史舞台，此时，美国的黄金储备再也支撑不住日益泛滥的美元，尼克松政府被迫宣布放弃按35美元一盎司的官价兑换黄金的美元"金本位制"，实行黄金与美元比价的自由浮动。美元也不再成为世界货币围绕的中心，这标志着布雷顿森林体系的基础已全部丧失，该体系终于完全崩溃，这意味着完全信用基础的货币取代了黄金成为本位货币。也就是说，从1971年开始，人类放弃了对黄金的信任，这个信任完全由国家来承担了。

社会运转究竟需要多少钱

在一个小小的海岛上住着三个人，一个农民，一个铁匠，一个养牛人，岛上流通的货币为一种珍稀的海贝。现在假设每个人有2个海贝，以便购买他人产品使用。假设第一年农民生产3份粮食，铁匠生产3份铁具，养牛人出栏3头牛。这样这个社会是经济平衡的：农民卖出2份粮食给铁匠和养牛人，留一份自己使用，铁匠、养牛人也是如此。那么这一年下来，农民自己享用了自己生产的一份粮食和一份铁具、一头牛，并且仍有2个海贝，铁匠、养牛人也是如此。这样货币流通次数也只是一次。第二年他们同时扩大生产，将产品数量增加到以前的2倍，但是生产成本也增加了，如农民以前只用一份铁具就可以完成3份粮食生产，但他得增加消耗2份铁具才能实现6份产量的目标，其余类推。因为他只有2个海贝，所以他不能同时购买2份铁具和2头牛，他需要4个海贝，那他能怎么办呢？第一种情况：他先各买一份，安排生产，等生产出来产品，卖出后再买第二份，安排下一步生产。铁匠、养牛人也是如此。这时货币的流通速度为2次。假使农业生产是春种秋收，不能按半季来算，那么这个农民要增加生产，他必须一下买到2份铁具和2头牛。于是有了第二种情况：他只能先借铁具和牛各一份。那么这就产生了货币需求。第三种情况：我们分别再给他们三个人各2个海贝，那么货币需求平衡了。

　　这就涉及一个货币需求量的问题。那么，维持一个文明社会健康运转又需要多少货币呢？货币需求量与什么有关呢？

货币需求其实是一个存量的概念。它考察的是在特定时点和空间范围内社会各部门在其拥有的全部资产中愿意以货币形式持有的数量或份额。说的再简单一点，就是一个国家在一定时点上社会各部门所持有的货币量。

事实上，经济学家关注货币需求量要比关注货币供给问题早得多，而这个问题也曾在很长的一段时间内让经济学家感到困惑。比如早期的经济学家们曾经天真地认为：对于一个国家来说足够的货币是指多得可以支付所有英格兰土地半年的租金和一个季度的房租，所有人一周的花费以及约所有出口商品价值的四分之一。

对货币数量的需求计算是复杂的，幸好欧文·费雪重新整理了商品与货币的交易关系，给了我们一个简明的货币方程：$MV=PQ$。

其中：M=货币供给，V=货币流通速度，P=商品与服务的价格，Q=商品与服务的数量

货币数量论表达了这样的内容：在其他条件不变的情况下，物价水平的高低和货币价值的大小由一国的货币数量所决定。货币数量增加，物价随之正比上涨，而货币价值则随之反比下降。反之则相反。也就是说，在货币数量变动与物价及货币价值变动之间存在着一种因果关系，假定其他因素不变，商品价格水平涨落与货币数量成正比，货币价值的高低与货币数量的多少成反比。

对货币数量理论这一公式的争议很严重，但不管怎么说，这毕竟是第一次明确地将货币现象与物价水平联系起来。

随着经济学的发展，凯恩斯提出了一个著名的有效需求理论。他的观点很明确：货币的供给与货币的需求决定了利息率的高低，而利息率的高低同时支配着投资需求。利息越高人们持有货币在手中所付出的代价越大，利息越低人们持有的货币的数量越多。

凯恩斯主张政府通过大幅度增加公共开支来弥补有效需求的不足，同时为了刺激投资以及减少人们手中持有的货币量，储备系统应增加货币供应量以降低利率。二次世界大战以后，西方国家曾经长期实行凯恩斯主义，不幸的是这

种货币政策造成了严重的经济后果，出现了"滞胀"的局面。

为此经济学界中出现了众多的"反凯恩斯学派"，一个重要的代表人物就是美国的M.弗里德曼。他认为，货币数量论不是关于产量、货币收入或价格水平的理论，而首先是一种货币需求理论。他看来，由于货币需求函数是极为稳定的，因而物价的变动决定于货币的供给。从货币供给的变动去研究对物价的影响是货币数量论的特点。

比如说货币供应量的增加会使名义收入增加，导致人们各种消费的增加，包括消费支出以及投资支出，这样能促使社会产出的增加也包括物价水平的上涨。至于货币供应量增加多少影响产出，多少影响物价，则是一个没有解决的问题。

好了，关于货币需求量的理论衍变我们就说这么多，再来说第二个问题：货币需求量与什么因素有关。

货币需求量应该与国家的GDP（国内生产总值）成正向关系。国家的GDP越大，国家需要的货币就越多。应该比较接近正比例关系。对于同一个国家基本是正比例关系。比如，对于同一个国家，国内流通的货币总量，与国家经济总量具有一致性。

对于不同国家，在相同GDP总量时，国内需要流通的货币数量并不相同。原因是，各国的货币流通速度差异不小。各国的货币流通速度主要取决于国民性格与金融政策及其他国家政策，关于这一点，我们后面还会细说。

总之，按照理想状态来说，市场对货币的需求量肯定是由市场自己来解决。不过在纸币本位制时代，这个需求量就未必是市场的客观要求，而是跟本国的经济政策有很大关系。

货币流通速度快与慢

统计数据显示，中国货币流通速度与一些国外发达国家相比较低。1993年，美国名义GDP为65530亿美元，M1余额11284亿美元，V1是5.81，而中国为2.12，差两倍多；V2美国1993年为中国的1.5倍多。中国货币流通速度V2与日本相当，略低于英国，与美国和新兴国家韩国差距较大。同时，发达国家如美国的货币流通速度的波动很小，1993—1999年V2的方差仅为0.0026，这也从一定程度上说明了美国的金融发展程度较高和经济的稳定性较强。

各国货币流通速度有如此大的不同，那么货币流通速度主要受什么因素影响呢？

在回答这个问题之前，还要解释一下什么是货币流通速度。货币流通速度是指单位货币在一定时期内的周转（或实现交换）次数。商品实现交换后，一般会退出流通，进入生产或生活消费；而货币作为实现商品交换的媒介手段，是处在流通中不断地为实现商品交换服务。在一定时间内，多种商品交换活动不断继起，同一单位货币就可以为多次商品交换服务，从而实现多次周转。举个例子可能会更明了。在一定时间内，甲用10元向乙买苹果，乙用这10元向丙买橘子，丙又用它向丁买葡萄，这10元货币在一定时间内实现了30元的商品价值，其流通速度是3次。

货币流通速度与社会经济状况有一种定性关系：在经济扩张时期，货币流通速度往往会上升；在经济紧缩时期，货币流通速度倾向于下降。一般而言，货币流通速度的变动量是与收入和货币量的变动规模直接联系在一起的。以美国为例。与1929—1933年间货币流通速度的急剧下降相反的是，一战期间货币流通速度急剧上升，并伴随着货币存量和货币收入的迅速增加；而在经济平缓发展阶段，货币流通速度的变动也比较温和。

除此之外，货币流通速度还与消费习惯有关系。

热爱消费的民族或国家，货币流通速度应该比较快。这些国家容易产生通货膨胀现象。因为这样的国家，对货币增加的敏感度比较大，一旦增加货币供应，乐于消费的国民，会使这些增加的货币产生很大的放大效应。

而热爱储蓄或节俭的民族构成的国家，货币流通速度一般比较慢。这些国家不容易产生通货膨胀现象。这样的国家，对货币增加的敏感度比较小。这样的国家，对新增加货币的放大系数比较小，自然不容易产生通货膨胀现象。

国民自我感觉的财富拥有量（包括固定资产与金融资产以及现金），也会影响国民的消费行为。国民自我感觉的财富越多，一般越有利于增加国民的消费行为。国民自我感觉的财富越多,国民就会越及时地把自己手中的现金消费掉,货币的流通速度就会加快。

比如,股票价格的上涨,会导致股民自我感觉的财富增加,会导致股民的日常消费增加。

房子价格的上涨,虽然可以导致国民感觉的财富增多,但是,部分国民需要购买房子,日常就必须少消费一些,多储蓄一些钱才能购买房子。房子价格上涨,在绝大部分国民都有房子时,会导致国民总体日常消费增多,导致货币流通速度增加。如果较大一部分国民没有自己的房子,就很难说了。

国民福利的增多,也有利于国民增加日常消费。国民福利的增多,等效于国民财富增多,日常消费增加一些也是正常的。国民福利减少了国民的某些后顾之忧,不需要过多地储蓄了,自然也有利于增加国民日常消费。

最后,存款准备金率也会影响货币总体的流通速度。较高的存款准备金率等效于把较多的货币囤积起来,不参与市场流通。减少了市场的货币供应,等效于减少了全部货币的流通速度。

但是从另一方面讲,部分国民会自己储存自己的货币,不进行消费。这些货币自然也难以流通。而银行的存在,可以使这些货币方便转借给愿意的消费者。就是考虑准备金的存在,银行的效果也是促进了社会的消费行为,促进了货币的流通速度,减少了社会需求的货币。

一句话,银行的存在,对社会消费会有促进作用。其促进作用大小与存款准备金比率大小成反向关系。如果存款准备金比率不大,银行的存在可以增加货币流通速度,减少社会对货币的需求量。

让你钱包更瘪的"货币幻觉"

"月光族"小李月末时感到非常兴奋:最近CPI上涨,老板也体贴地给大家涨了600元工资。600元可以买一件漂亮的短款羽绒服、买一双心仪已久的靴子或者买上一套化妆品……小李相信,这笔小小的意外财富一定会让自己下个月过得更舒服。

第二个月末到来时，小李感到很奇怪，明明多了600元钱，可是月底自己仍然是捉襟见肘。这个月也没有什么大额的支出啊，这600元怎么好像也没买到什么呢？

小李的疑问恐怕也是生活中很多人的疑问：明明刚去银行取了一笔生活费、明明刚发了全额奖金，怎么转眼就用没了呢？！

在你的大脑前额处有个特殊的部位叫腹内侧前额叶皮层，它会直接影响你的决策判断能力。我们不是要普及生物学知识，只是想告诉你，之所以你会觉得看起来很多的钱"转眼就没了"，很可能就是这个腹内侧前额叶皮层在作怪。

腹内侧前额叶皮层是产生"货币幻觉"的中心部位。"高薪"这两个字也仍然可以刺激大脑，哪怕只是想想，大脑也会兴奋，薪水越高，大脑产生的愉悦感就越强烈。可能这没什么好奇怪的，但是有趣的一点，在我们想要购买高价物的时候，这些结论同样有效。例如，在物价暴涨我们的实际购买能力下降的时候，只要提到钱，我们的大脑仍然会兴奋起来。因此人们在购物时，常常会忽视那些明显已经被通货膨胀扭曲的信息，冲动地把心理价位抬高到实际价位之上，这就是货币幻觉。

货币幻觉，是美国经济学家欧文·费雪于1928年提出来的，是货币政策的通货膨胀效应。它是指人们只是对货币的名义价值作出反应，而忽视其实际购买力变化的一种心理错觉。他告诉人们，理财的时候不应该只把眼睛盯在哪种商品价格降或是升了，花的钱多了还是少了，而应把大脑用在研究"钱"的购买力、"钱"的潜在价值还有哪些等方面，只有这样，才能真正做到精打细算，花多少钱办多少事。否则，在"货币幻觉"的影响下，"如意算盘"打到最后却发现自己其实是吃亏了。

美国耶鲁大学经济学教授罗伯特·J.席勒就曾经说过，正是货币幻觉导致的错误逻辑催生了房地产泡沫，"人们大都只记得几年前买房时的房价，却常常忘记了其他商品的价格，错误地认为房价比其他物价涨幅更大，从而夸大房地产的投资潜力。"

货币幻觉通常出现在通货膨胀时期，在通货膨胀发生时，个人无法了解通货膨胀或物价上涨的程度，只能凭借自己接触的本地区的少数商品的价格来判断。这样，个人的物价信息就是不完全的，个人只能将主要注意力放在自己的货币收入上。比如工薪族在与企业进行单个的或集体的工资谈判时，就可能将企业允诺的名义工资上升幅度当作实际工资的上升。而实际上，实际工资可能并没有上升，甚至还有所下降。这样，企业就通过货币幻觉获得了额外利润。

不只是个人，甚至在股市上也存在类似的货币幻觉。比如说当一个股票或者投资品种绝对价格较低的时候，投资者总会认为其是便宜的，按照逻辑，既然便宜，那么这个"便宜货"就有了上涨的理论基础。既然便宜，绝对价格低的东西自然广受投资者欢迎。低价股就是这么炒起来的。

这一点我们可以理解，或许股票的估值对一般股民太过复杂，把绝对价格高低作为估值贵贱的替代是想当然的选择。市场的种种缺陷又让这种错误不仅不被纠正反而强化。但是这里想强调的是，股票或权证的价值与其绝对价格高低并没有多少关系。长期以来，中国市场上的低价股其实估值并不便宜，还往往是离谱的高估。任何的货币幻觉本来就是一种心理错觉，尽快认清这种错觉，也许能避免很多损失。

还要特别说明的一点是，人民币升值也会给普通百姓带来货币幻觉。因为根据金融常识，人民币的升值，名义上可能意味着你的钱包里的钱更值钱了，但这种简单计算的前提之一是你的消费和投资必须纳入"国际循环"，产生不同币种的交换行为，否则你很难直接感受到这种"财富效应"。也就是说，如果你不打算与外币进行兑换和交易，你的钱包并不会因为汇率的升高而鼓起来。因此，尽管理论上、名义上中国人比以前有钱了，但你却只能购买同样价值的国内商品，这就是"货币幻觉"。

第4章　没有信用，金融市场就失去了基础
——每天学点信用知识

信用评级：金融界的"天气预报"

来看两个小故事。

1997年亚洲金融危机期间，美国总统克林顿的政治顾问卡维尔曾经公开宣称："过去我总以为，如果能转世的话，下一次我将选择做总统、教皇或棒球打击王。但是现在我觉得，下一辈子，我要操作债券。身在债券市场，你可以任意吓他人。当然，如果能够像评级机构主管那样，对债券价格颐指气使，就更神气了。"

1996年，全球著名咨询公司麦肯锡出版一项长期研究成果《无疆界市场》，核心思想是"全球资本市场对主权国家政府的牵制越来越多，而主权国家对资本市场的控制力却日渐削弱。"该书宣告：谁掌控全球资本市场的定价权，谁就掌控了全球资金的流向，就掌控了主权国家的货币政策和金融政策，就掌控了主权国家兴衰成败的命脉。试问：当今世界，谁掌控着全球债券市场和资本市场的定价权呢？答案是：那就是以穆迪、标准普尔为代表的美国信用评级机构。

对于信用评级业国人了解得很少，信用评级业为什么这么威风？它到底在国家经济和金融服务体系中有什么特殊作用？

信用评级是一种社会中介服务，为社会提供资信信息，或为单位自身提供决策参考。信用评级最初产生于20世纪初期的美国，1902年，穆迪公司的创始

人约翰·穆迪开始对当时发行的铁路债券进行评级,这种信用评级后来延伸到各种金融产品及各种评估对象。

在现代社会,金融已与信用密不可分,信用评级甚至成了整个国际货币金融体系的命门和枢纽,如果没有良好的信用评级,那么任何政府、企业和金融机构都无法进入国际债券市场,信用评级是任何债券发行人进入国际债券市场和资本市场必备的通行证。如果信用评级达不到投资级别,那么债券发行人即使能够勉强发行债券,也将付出极高的代价(只能发行收益率极高的垃圾债券)。如果信用评级被长期维持在投资级别之下,那么债券发行人就可能永远无法跨入国际债券市场和资本市场大门。因此,当今世界,任何政府、企业和金融机构要想在主流国际金融市场有一席之地,就必须维持投资级别以上的信用评级(BBB-)。

我们已经知道了信用评级的重要性,那么信用评级评的是什么呢?

首先,信用评级的根本目的在于揭示受评对象违约风险的大小,而不是其他类型的投资风险,如利率风险、通货膨胀风险、再投资风险及外汇风险等。

其次,信用评级所评价的目标是经济主体按合同约定如期履行债务或其他义务的能力和意愿,而不是企业本身的价值或业绩。

再次,信用评级是独立的第三方利用其自身的技术优势和专业经验,就各经济主体和金融工具的信用风险大小所发表的一种专家意见,它不能代替资本市场投资者本身作出投资选择。

具体地来说,信用评级可分为企业信用评级、证券信用评级、国家主权信用评级和项目信用评级等四类:

企业信用评级。几乎囊括了所有和我们生活密切相关的企业,包括工业、商业、外贸、交通、建筑、房地产、旅游等公司企业和企业集团的信用评级以及商业银行、保险公司、信托投资公司、证券公司等各类金融组织的信用评级。关于这些企业的偿债能力、盈利能力及安全性评估是重中之重。

证券信用评级。广大投资人都应对这方面有所了解,对于一般的投资者而言,由于信息不对称的原因,承担着极大的风险,企业的信用评级可以为投资者简单而客观地提供有关债务偿还的风险情报,保护投资者免遭由于情报不足而蒙受的损失。证券的信用评级主要包括长期债券、短期融资券、优先股、基金、各种商业票据等的信用评级。其中最重要的是债券信用评级,在我国已经形成制度，国家已有明文规定，企业发行债券要向认可的债券评信机构申请信用等级。关于股票评级，除优先股外，国内外都不主张对普通股票发行前进行评级，但对普通股票发行后上市公司的业绩评级，即对上市公司经营业绩综合排序，大家都持肯定态度，而且有些评估公司已经编印成册，公开出版。

国家主权信用评级。国际上流行国家主权评级，体现一国偿债意愿和能力，主权评级内容很广，除了要对一个国家国内生产总值增长趋势、对外贸易、国际收支情况、外汇储备、外债总量及结构、财政收支、政策实施等影响国家偿还能力的因素进行分析外，还要对金融体制改革、国企改革、社会保障体制改革所造成的财政负担进行分析，最后进行评级。根据国际惯例，国家主权等级列为该国境内单位发行外币债券的评级上限，不得超过国家主权等级。

其他信用评级如项目信用评级，即对其一特定项目进行的信用评级。

总之，市场经济从某种意义上讲就是信用经济，因此不论对个人、企业还是国家来说，信用评级都是必不可少的一道安全锁。

国际金融市场上的三大"评委"

《纽约时报》专栏作家弗里德曼曾说，"我们生活在两个超级大国的世界里，一个是美国，一个是穆迪。美国可以用炸弹摧毁一个国家，穆迪可以用债券降级毁灭一个国家；有时候，两者的力量说不上谁更大"。弗里德曼甚至说，在20世纪90年代，对于一个发展中国家领导人来说，最重要的访客也许不是其他国家的首脑，而是来自穆迪的职员。

这里所说的穆迪就是一家国际性的信用评级机构，因为其非凡的金融影响力而成为了幕后的强权。我们常说三大信用评级机构，都是指什么呢？这些评级机构对金融秩序起到了什么样的影响呢？

穆迪就是国际三大信用评级机构之一，另外两家是标准普尔和惠誉，毫不夸张地说，这三家机构掌握着证券、金融产品和公司的生杀大权。

过去数十年来，以下场景我们早已司空见惯：美国信用评级机构（穆迪、标普)之一宣布下调某个国家的主权信用评级,该国货币金融和资本市场就立刻风雨飘摇:汇率暴跌,股市崩盘,企业倒闭,乃至社会动荡、国家破产和政权更迭。比如在1997年9月3日,标准普尔宣布下调泰国主权评级,由A下降至A−,长期评级由AA下调为AA−;短期外债和泰铢评级尽管维持A−1和A+1不变,前景则下调为负面。与此同时,标准普尔宣布近期还可能再次下调泰国主权信用评级。尽管泰国政府立刻发表声明,指责标准普尔下调评级有失公允,泰铢汇率当天应声下跌超过4%。菲律宾比索和马来西亚货币皆大幅下挫,标志着东南亚货币危机进入新的阶段。信用评级公司的一纸降级声明,威力甚至远超过总统、总理、财长和央行行长的信心讲话。

过去一些年,三大评级机构曾对一些金融衍生品给予过高的信用评级,加快金融市场的高度发展和膨胀;但是最近两年,它们又无情地大幅调低上市公司的信用评级,利用垄断话语权,利用预期心里,引导预期行为,事实上引发恐慌,引发市场走向恶性循环。"三大"在过去的评级中犯了很多错误,又有谁来给他们打分呢?!

事实上,在最近的几次国际金融危机中,信用评级机构就受到过广泛的批评。信用评级机构被指在美国次贷危机苗头显现时反应迟钝,没有及时下调次贷产品的信用评级和提醒投资者注意风险,从而导致损失扩大,加重了金融市场的动荡,并使其最终演变成金融危机。

特别是在欧债危机中,信用评级机构扮演了重要角色。在希腊债务危机最关键的时候,美国的信用评级机构相继下调了希腊、西班牙等国家的主权信用等级,动摇了欧洲金融市场的信心,从而使欧洲股市和欧元汇率一路下跌,欧元区债务危机雪上加霜。对此,人们不禁要问,信用评级机构究竟是在警示危机,还是在加速危机?

更让人感到遗憾的是,三大信用评级机构既是裁判员又是利益分享者,它们收取巨额评估费,拿人钱财自然要替人消灾。1995年,英国巴林银行破产,当时美国银行的金融衍生品不良投资高达23万亿美元,但美国银行的信誉等级却纹丝不动;当2007年美国的房市开始崩溃时,穆迪解雇了那些发出警告的分析家,提拔了那些华尔街的拉拉队。这在西方媒体上,已经有广泛的报道;同样,金融危机导致美国的联邦赤字在2010年攀升至GDP的10%,债务规模扩张到美国GDP的95%,按照常理应该得到"三大"的降级评判,但结果却是安然无事。而赤字程度远没有美国严重的一些欧洲国家则遭到标普们的轮番唱空。

穆迪、标准普尔、惠誉国际三大评级机构的诸多问题和缺陷不断暴露，欧盟、俄罗斯、日本等国家和组织也开始加强对信用评级机构的监管或着手建立自己的信用评级机构，中国的信用评级机构也要在国际上发出自己的声音。长期以来形成的美国评级模式及由其控制的国际评级体系潜藏着巨大风险，一次评级机构更新的风潮正在我们眼前酝酿，不是吗？

国家信用：国债热销的背后

战国时，商鞅准备在秦国变法，唯恐老百姓不信，于是命人在都城的一个城门前，放了一根高三丈长的木柱，并到处张贴告示："谁能把城门前那根木柱搬走，官府就赏他五十金。"老百姓看到告示后议论纷纷。大家怀疑这是骗人的举动，但一个年轻力壮、膀大腰圆的小伙子说："让我试试看吧！我去把城门那木柱搬走，要是官府赏钱，就说明他们还讲信用，往后咱们就听他们的；如果不赏钱，就说明他们是愚弄百姓。他们往后说得再好，我们也不信他们那一套了。"说罢来到城门前把那根木柱搬走了。商鞅听到这一消息，马上命令赏给那人五十金。那位壮汉看到自己果真得到了五十金，不禁开怀大笑，一边炫耀那五十金，一边对围观的老百姓说："看来官府还是讲信用的啊！"这事一传十，十传百，不久就传遍了整个秦国。"移木立信"后，国家信用深深植根于社会，社会信用由此孕育发展，商鞅下令变法，秦国于是政行令通。

移木立信的故事我们都曾听说过，它其实就是国家信用的树立过程。那么，国家信用在金融市场中起到了什么样的作用呢？国债与国家信用又有什么样的关系呢？

国家信用是以国家为主体进行的一种信用活动。国家按照信用原则以发行债券等方式，从国内外货币持有者手中借入货币资金，说白了，国家信用其实是一种国家负债。国家信用既是国家为弥补收支不平衡、建设资金不足的一种筹集资金方式，同时也是实施财政政策、进行宏观调控的一种措施与手段。

国家信用影响了金融市场发展的全过程。在资本的原始积累时期，国家信用是强有力的杠杆之一。在资本主义制度下，政府债券主要是通过资本主义大银行或在公开金融市场上发行的，银行不仅可以从中取得大量回扣，而且政府发行的各种债券还为银行的股份公司提供了大量虚拟资本和投机的重要对象。并且随着资本主义经济危机和财政危机的加深，通过国家信用取得的收入，已成为国家财政收入的重要来源，是弥补亏空的主要手段。在现代西方发达国家，国家信用已不单纯是取得财政收入的手段，而且已成为调节经济运行的重要经济杠杆。

随着资本主义的发展，国家信用甚至从国内发展到了国外，即一国政府以国家名义向另一国政府或私人企业、个人借债以及在国际金融市场上发行政府债券，它既成为弥补一国财政赤字的手段，也成为调节国际收支、调节对外贸易的有力杠杆。这种国家信用主要不是用于弥补经常性财政收支出现的赤字，而是聚集资金用于经济建设的手段。特别是对国外发行政府债券，一方面可以弥补国内建设资金的不足，另一方面也可以引进国外先进技术，扩大对外贸易，调节国际收支。国家信用的财务基础是国家将来偿还债务的能力，这种偿债能力源于属于国家（全体人民）的财务资源，它的现金流来源于三个方面：国家的税收收入、政府有偿转让国有资产（包括土地）获得的收入以及国家发行货币的专享权力。

那么国家信用的基本形式都有哪些呢？

①公债，这是一种长期负债，一般在1年以上甚至10年或10年以上。通常用于国家大型项目投资或较大规模的建设。在发行公债时并不注明具体用途和投资项目。

②国库券，这是一种短期负债。以1年以下居多，一般为1个月、3个月、6个月等。

③专项债券，这是一种指明用途的债券，如中国发行的国家重点建设债券等。

④财政透支或借款，在公债券、国库券、专项债券仍不能弥补财政赤字时，余下的赤字即向银行透支和借款。透支一般是临时性的，有的在年度内偿还。借款一般期限较长，一般隔年财政收入大于支出时（包括发行公债收入）才能偿还。有的国家（如中国）只将财政向银行透支和借款算为财政赤字，而发行

国库券和专项债券则作为财政收入而不在赤字中标示。

说到国债,大家可能会比较了解,它是近些年的个人投资热点,收入稳定,而且安全。其实国债在我国很早就出现了。战国后期,周赧王听信楚孝烈王,用天子的名义召集六国出兵伐秦,他让西周公拼凑6 000士兵,由于没有军费,只好向富商地主借钱,可六国根本不听他的话,他借的钱很快就花完,债主纷纷上门讨债,他只好隐藏在宫中的一座高台上。这也是成语债台高筑的由来。看来国家信用是一定要以雄厚的实力来支撑的。

我们现在买卖的国债,大致有四种:

凭证式国债是一种国家储蓄债,可记名、挂失,以"凭证式国债收款凭证"记录债权,不能上市流通,从购买之日起计息。在持有期内,持券人如遇特殊情况需要提取现金,可以到购买网点提前兑取。提前兑取时,除偿还本金外,利息按实际持有天数及相应的利率档次计算,经办机构按兑付本金的2‰收取手续费。

无记名(实物)国债是一种实物债券,以实物券的形式记录债权,面值不等,不记名,不挂失,可上市流通。发行期内,投资者可直接在销售国债机构的柜台购买。在证券交易所设立账户的投资者,可委托证券公司通过交易系统申购。发行期结束后,实物券持有者可在柜台卖出,也可将实物券交证券交易所托管,再通过交易系统卖出。目前已停止发行。

储蓄国债(也称电子式国债)是政府面向个人投资者发行、以吸收个人储蓄资金为目的,满足长期储蓄性投资需求的不可流通记名国债品种。电子储蓄国债就是以电子方式记录债权的储蓄国债品种。

记账式国债以记账形式记录债权,通过证券交易所的交易系统发行和交易,可以记名、挂失。投资者进行记账式证券买卖,必须在证券交易所设立账户。由于记账式国债的发行和交易均无纸化,所以效率高,成本低,交易安全。

为什么把钱存在银行最放心

1976年,一位曾经在美国读过书的经济学家尤努斯,将27美元借给

42名农村妇女用于生产，使他们摆脱了贫穷。随后，他逐步建立起了孟加拉国乡村银行——格莱泯银行。任何妇女，只要能够找到4个朋友，在必要时候同意归还贷款，那么格莱泯银行就向其发放贷款，如果借款人违约，其他人在贷款还清之前就不能借款。

这一做法非常成功，今天，格莱泯银行拥有超过2 500个分支机构，超过98%的还款率超过世界上任何一家成功运作的银行，这家成功的银行已经向超过750万人提供贷款，其中97%是女性，65%的借款人以此摆脱了贫穷线。并且，在亚洲、非洲、拉丁美洲，已经有90多家模仿该做法的银行，传统的经济理论无法支撑这种想法，尤努斯却为此打开了一扇新的大门。

我们从故事里的借贷中看到的就是银行信用，银行信用有什么特点呢？它又是怎样评级的呢？

银行信用是由商业银行或其他金融机构授给企业或消费者个人的信用。在产品赊销过程中，银行等金融机构为买方提供融资支持，并帮助卖方扩大销售。商业银行等金融机构以货币方式授予企业信用，贷款和还贷方式的确定以企业信用水平为依据。商业银行对不符合其信用标准的企业会要求提供抵押、质押作为保证，或者由担保公司为这些企业作出担保。后一种情况实质上是担保公司向申请贷款的企业提供了信用，是信用的特殊形式。银行信用的概念说起来有点繁琐，其实生活中，我们每个人都曾经感受过银行信用，比如向银行做各种贷款、申领信用卡等。

在社会信用体系中，银行信用是支柱和主体信用，是连接国家信用和企业信用、个人信用的桥梁，在整个社会信用体系的建设中，具有先导和推动的作用。可以说，银行信用的正常化，是整个社会信用健全完善的重要标志，也是构筑强健金融体系的基石。

银行信用是间接信用，是存贷款人的中介。但银行作为中介人与一般商业经纪人、证券经纪人不同，存款人除按期取得利息外，对银行如何运用存入资金无权过问，正因如此，银行在资本主义经济中由简单的中介人逐步发展成"万能的垄断者"。在资本主义社会，银行信用是主体，但商业信用是整个信用制度的基础。因为银行贷款一般是针对商业票据进行抵押或贴现，银行直接对企业发放的不要任何担保品的信用贷款只占一定比重。从直接信用和间接信用的关系来看，直接信用是基础，间接信用是后盾。没有银行信用的支持，商业票据就不能转化为银行信用，商业信用等直接信用的运用和发展就会受到极大削弱。

一般来说，银行信用具有以下特点：

①银行信用是以货币形态提供的。银行贷放出去的已不是在产业资本循环过程中的商品资本，而是从产业资本循环过程中分离出来的暂时闲置的货币资本，它克服了商业信用在数量规模上的局限性。

②银行信用的借贷双方是货币资本家和职能资本家。由于提供信用的形式是货币，这就克服了商业信用在使用方向上的局限性。

③在产业周期的各个阶段上，银行信用的动态与产业资本的动态往往不相一致。

此外，商业银行都会进行信用评级，这是对银行内在的安全性、可靠性的判断，反映了对银行陷入困境而需要第三方（如银行所有者、企业集团、官方机构等）扶持的可能性的意见。商业银行财力级别定义为：

AAA级银行拥有极强的财务实力。通常情况下，它们都是一些主要的大机构，邮政银行信用等级证书矢量图营运价值很高且十分稳定，具有非常好的财务状况以及非常稳定的经营环境。

AA级银行拥有很强的财务实力。通常情况下，它们是一些重要的大机构，营运价值较高且比较稳定，具有良好的财务状况以及较稳定的经营环境。

A级银行拥有较强的财务实力。通常情况下，它们具有一定的营运价值且相对稳定。这些银行或者在稳定的经营环境中表现出较好的财务状况，或者在不稳定的经营环境中显示出可以接受的财务状况。

BBB级银行的财务实力一般，它们常常受到以下一个或多个因素的限制：不稳固或正处于发展中的营运价值，较差的财务状况，或不稳定的经营环境。

BB级银行财务实力很弱，周期性地需要或最终需要外界的帮助与支持。这类机构的营运价值不可靠，财务状况在一个或多个方面严重不足，经营环境极不稳定。

B级银行是银行财务实力最弱的一个级别。这类银行缺乏必要的营运价值，财务状况很差，经营环境极不稳定，经常需要外界的扶持。

当然，为了维护银行信用避免坏账，银行在发放贷款时通常都要求提供抵押物，就是根据借款客户的全部或者部分资产作为抵押品的放款，放款银行有权接管、占有抵押品，并且在进一步的延期、催收均无效时，有权拍卖抵押品，以此收益弥补银行的呆坏账损失。

银行也不得不防的信用风险

2008年年底，冰岛数家大银行在金融危机冲击下破产，不少英国和荷兰储户损失惨重，英国和荷兰政府不得不拿出大笔资金救助这些储户。但两国政府坚持要求，这笔损失应由冰岛政府赔偿。冰岛政府则抗议说，在经济重建的压力下，拿出这些赔偿款将是一个沉重的负担。

经过多次磋商，英国、荷兰与冰岛三国政府达成协议，确定冰岛向两国赔偿54亿美元，冰岛议会随后通过了这个议案。偿还这笔债务意味着冰岛32万人口每人平添了1.5万美元的债务，尽管大部分的钱可通过出售银行资产来筹集。

这里引用这条旧新闻是想请大家思考一下：银行是否也存在信用风险呢？

银行与货币信用密切相关，事实上，银行的信用与信贷在英文中是一个词。银行在一笔又一笔的存贷过程中，创造了大量的流动资金。银行加速货币的流动是通过交换媒介完成的，今天的很多交易并不涉及货币而是信用，但同时，银行承担了更多的信用风险，渐渐的，商业信用由银行来承担了。

银行业是整个经济的核心体系，银行危机具有传染性强、破坏性大等特点。一旦发生银行倒闭事件，如处理不好，就会引起连锁反应，甚至引发整个银行业的危机，而银行业的崩溃又好像多米诺骨牌一样，引发一系列社会经济危机。正是由于银行业的特殊地位，各国中央银行和金融监管当局都非常重视金融风险的控制和银行危机的防范。

银行的信用风险是银行最具威胁力的风险。银行容易出现信用风险是与其经营产品的特点密切联系的，最直接的体现就是形成银行的不良资产，信用关系的一方无法兑现。银行信用风险引发的不良资产表面上是企业对银行的失信，实质上是对银行的出资人、所有者和广大金融消费者的损害。

这样说并不夸张，现代银行在很大程度上是靠信用维持运转的。银行体系和金融体系是以承诺和信任为基础的，人们用货币换取其他金融资产，并相信这些资产能够跟货币一样拥有实际的作用。在正常的年代，活期存款和货币并没有什么不同，然而乱世人们会关心金融机构的履约能力，他们会要求金融机构兑现支票账户的承诺。如果所有人都同时向银行要求提取他们的现金，那么银行将无法照做，因为银行已经把相当大比例的存款贷出去了，如果真的有相当大比例的存款者要求提取他们的现金，那么银行就有可能出现崩溃，这就是所谓的银行挤兑或银行恐慌。

因此为了防止恐慌，通常政府会为银行担保，这样可以防止引发没有根据的恐慌。存款人知道，即使银行失败，政府也会确保他们拿回自己的钱，这使得他们不至于一听到风吹草动就会去银行取钱，进而将银行拖入到一蹶不振的地步。

比如受美国次级住房抵押贷款危机影响，英国第五大抵押贷款银行——诺森罗克银行去年遭遇流动性短缺，向英国央行英格兰银行紧急求助。英国政府去年9月批准英格兰银行向诺森罗克银行贷款救急。然而，正是央行贷款救急，反而引发诺森罗克银行储户挤兑风潮，陷入危机。这是英国140年来首次出现挤兑风潮。

最终，英国政府不得不将诺森罗克银行收归国有，并通过英国政府对它进行重组的新方案，为此，英国政府向诺森罗克银行提供了200亿英镑贷款，但是这似乎仍不足以弥补诺森罗克银行以往900亿英镑的债务黑洞，但无论怎样，银行的最后一个担保人是政府，如果不是政府对联邦储蓄和贷款机构的担保，存款人早就发生了亏损。

除了信用风险外，市场风险也不得不防。市场风险是指由于利率、汇率、证券价格及其他资产和商品价格的波动给商业银行带来损失的风险。存款和贷款的利差是商业银行收入的主要来源，利率的波动自然会造成收入的波动。对于有些商业银行，尤其是那些开办跨国业务的银行，汇率波动也会给它们的外币资产带来贬值的风险。此外，一些实物资产的价格波动也会给商业银行带来风险。比如，用做贷款抵押物的房屋的价格跌了，也会间接给银行带来损失。

最后是操作风险。这是指由不完善或有问题的内部程序、人员及系统或外部事件所造成损失的风险。1995年2月26日,英国中央银行突然宣布:巴林银行不得继续从事交易活动并将申请破产清算。这则消息让全世界为之震惊,因为巴林银行是英国举世闻名的老牌商业银行,有着233年的悠久历史,在全球掌管着270多亿英镑的资产,它曾经创造过无数令人羡慕的辉煌业绩,被人们看做是金融市场上一座辉煌耀眼的金字塔,连英国皇室的伊丽莎白二世和威廉王子都是它的顾客。这座久负盛名的"金字塔"怎么会突然一夜之间轰然倒塌呢?说起巴林银行破产的原因,更加让人难以置信:它竟葬送在巴林银行新加坡分行的一名普通职员之手!

搞垮巴林银行的是一个刚满28岁、名叫尼克·里森的交易员。里森的主要工作是在日本的大阪及新加坡进行日经指数期货的套利活动。然而过于自负的里森并没有严格按照规则去做,他判断日经指数期货将要上涨,伪造文件、私设账户挪用大量的资金买进日经指数期货。1995年日本关西大地震打碎了里森的美梦,日经指数大幅下挫,里森持有的期货头寸损失巨大。此刻如果里森立即平仓,损失还在可控的范围。然而自负的里森选择了孤注一掷,继续大量买进期货合约,结果损失进一步扩大。1995年2月23日,里森突然失踪,他失败的投机活动导致巴林银行的损失逾10亿美元之巨,已经远远超过了巴林银行5.41亿美元的全部净资产。英格兰银行束手无策,于2月26日正式宣告巴林银行破产。

总之,银行也并不是绝对安全的保险箱,一方面政府应该防范那些没有根据的挤兑,一方面考虑到政府不可能对银行的所有风险进行担保,政府必须加强对银行的行为的监管,这样才能最大限度地保护银行的信用,避免毫无根据的恐惧,同时又能及时消除有根据的恐惧。

不良贷款:银行业的阿喀琉斯之踵

银监会报告称:2010年二季度我国商业银行不良贷款保持"双降",拨备覆盖率进一步提高。截至2010年二季度末,我国境内商业银行(包括大型商业银行、股份制商业银行、城市商业银行、农村商业银行和外资银行）不良贷款余额4549.1亿元，比年初减少425.2亿元；不良贷款率1.30%，比年初下降0.28个百分点。商业银行拨备覆盖率达186.0%，比年初上升31.0个百分点。

而银监会2009年年报数据也显示，我国主要商业银行的不良贷款率从2003年的17.9%下降至2009年年底的1.6%，不良贷款余额从2.1万亿元下降到了0.4万亿元，而拨备覆盖率则从19.7%上升到了155.4%。

不良贷款一直是困扰银行的大问题，那么，什么是不良贷款？不良贷款问题该怎样解决呢？

不良贷款会直接影响到银行业务发展，它不仅会侵蚀银行的利润或资本金，严重的还会引发银行破产。

而为了防止出现贷款坏账，提高贷款质量，银行需要对已经发放的贷款进行谨慎科学的管理，密切监控贷款的风险，所以要对贷款进行科学分类。从1998年起，我国开始实行贷款五级分类方法，更多关注借款人的偿还能力，而不是像之前的四级分类那样，简单地看借款是否逾期，因而更科学，更有助于银行控制贷款风险。

贷款五级分类也是目前国际上通行的比较科学的贷款划分办法，从每笔贷款偿还的可能性出发，把贷款划分为五个档次，评估贷款的质量和真实价值。贷款五级分类标准包括：

正常贷款：借款人一直能正常还本付息，银行对借款人最终偿还贷款有充分的把握，各方面情况正常，不存在任何影响贷款本息及时全额偿还的因素，没有任何理由怀疑贷款会遭受损失。

关注贷款：借款人偿还贷款本息没有问题，但潜在的问题如果发展下去将会影响贷款的偿还。

次级贷款：贷款的缺陷已经很明显，正常经营收入已不足以保证还款，需要通过出售、变卖资产或对外融资，乃至执行抵押担保来还款。

可疑贷款：已肯定贷款要发生一定的损失，只是因为存在借款人重组、兼并、合并、抵押物处理和诉讼未决等待定因素，损失金额还不能确定。

损失贷款：贷款全部或大部分已经无法收回，即使执行破产清算或抵押担保，贷款仍然会全部或大部分损失。

五级分类只能防范不良贷款的发生，如果不良贷款已经存在又该如何处理呢？一般有两种方法：一种办法是"内部化解"，另一种办法是"体外输血"。

"内部化解"，商业银行可以用贷款损失准备金和自身积累的盈余核销坏账，也可以采取债权拍卖等方式处置不良贷款。"体内化解"不良贷款，关键是在严格控制不良贷款增长的同时，提高银行的盈利能力，逐步消化、降低不良贷款。

"体外输血"都是依靠外部力量来化解不良贷款。"体外输血"是指把不良贷款从商业银行账面剥离，交由专业的资产管理公司集中处置。1999年，我国成立了信达、华融、长城、东方四家金融资产管理公司，按照账面价值从四大国有商业银行剥离了1.39万亿元不良贷款。"体外输血"是指从外部为商业银行注入资金，用于化解不良贷款。2003年，我国开始了新一轮农村信用社改革，并向农村信用社注入了1 650亿元专项票据或再贷款，用于解决农村信用社的历史包袱。

商业信用：商业合作的基础

1596年到1598年，一个有名的人叫巴伦支，他是荷兰的一个船长，他试图找到从北面到达亚洲的路线。他经过了三文雅，到达一个俄罗斯的岛屿，但是他们被冰封的海面困住了。

三文雅地处北极圈之内，巴伦支船长和17名荷兰水手在这里度过了8个月的漫长冬季。他们拆掉了船上的甲板做燃料，以便在零下40度的严寒中保持体温；他们靠打猎来取得勉强维持生存的衣服和食物。

在这样恶劣的险境中，8个人死去了。但荷兰商人却做了一件令人难以想象的事情，他们丝毫未动别人委托给他们的货物，而这些货物中就有可以挽救他们生命的衣物和药品。

冬去春来，幸存的商人终于把货物几乎完好无损地带回荷兰，送到委托人手中。他们用生命作代价，守望信念，创造了传之后世的经商法则。在当时，这样的做法也给荷兰商人带来显而易见的好处，那就是赢得了海运贸易的世界市场。

这是一则著名的体现了商业信用的故事。那么请思考一下，商业信用的意义是什么呢？

商业信用是社会信用体系中最重要的一个组成部分，由于它具有很大的外在性，因此，在一定程度上它影响着其他信用的发展。从历史的维度而言，中国传统的信用，本质上是一种道德观念，包括两个部分，一个部分为自给自足的以身份为基础的熟人社会的私人信用，一个部分为相互依赖的契约社会的商业信用。

说的再具体一点：

商业信用是企业在正常的经营活动和商品交易中由于延期付款或预收账款所形成的企业常见的信贷关系。

商业信用是在商品销售过程中，一个企业授予另一个企业的信用。如原材料生产厂商授予产品生产企业，或产品生产企业授予产品批发商，产品批发商授予零售企业的信用。

商业信用是指工商企业之间相互提供的，与商品交易直接相联系的信用形式。包括企业之间以赊销分期付款等形式提供的信用以及在商品交易的基础上以预付定金等形式提供的信用。

一句话，商业信用关系到我们日常商业生活的方方面面。

从本质上而言，商业信用是基于主观上的诚实和客观上对承诺的兑现而产生的商业信赖和好评。所谓主观上的诚实，是指在商业活动中，交易双方在主观心理上诚实善意，除了公平交易之理念外，没有其他欺诈意图和目的；所谓客观上对承诺的兑现，是指商业主体应当对自己在交易中向对方作出的有效的意思表示负责，应当使之实际兑现。

商业信用的形式主要有：赊购商品、预收货款和商业汇票。

赊购商品，是一种非常典型的商业信用形式。按期是否支付代价分为免费信用、有代价信用和展期信用三种。

①免费信用，企业无须支付任何代价而取得的信用，一般包括法定付款期限和销售者允许的折扣期限。目前，我国"欠账"方式的应付账款则是没有时间限制的免费信用，容易引发拖欠行为。

②有代价信用。是指企业需要支付一定代价而取得的信用。购买这需要取得商业信用,则需要放弃折扣,而所放弃的折扣就是取得此种信用的代价。

③展期信用。是指企业在销售者提供的信用期限届满后以拖延付款的方式强制取得信用。它是明显违反结算制度的行为,且会影响企业信誉,是不可取的。

预收货款是指销货单位按照合同或协议规定,在付出商品之前向购货单位预先收取部分或全部货物价款的信用行为。它等于向购货单位先借一笔款项,然后用商品归还,这是另一种典型的商业信用形式。

商业汇票是指单位之间根据购销合同进行延期付款的商品交易时,开具的反映债权债务关系的票据,是现行的一种商业票据。

商业汇票必须经过承兑,即由有关方在汇票上签章,表示承认到期付款。根据承兑人不同,商业汇票分为商业承兑汇票和银行承兑汇票。

商业汇票在同城、异地均可使用。汇票承兑期限由交易双方商定,一般为1~6个月,最长不超过9个月。如属分期付款,应一次签发若干期不同期限的汇票。汇票经承兑后,承兑人即付款人有到期无条件支付票款的责任。

商业汇票是一种期票,是反映应付账款或应收账款的书面凭证,在财务上作为应付票据或应收票据处理。采用商业汇票可以起到约期结算、防止拖欠的作用。用于汇票到期要通过银行转账结算,这种商业信用便纳入银行信用的轨道。

商业汇票作为一种商业票据,可分为无息票据和有息票据两种。无息票据属于免费信用。如开出的是无息票据,则所承担的票据利息就是应付票据的筹资成本。

其实,在经济生活中,信用就像货币一样,尽管在用它,但它随时处于贬值状态,商业信用也是如此。为什么会贬值?因为经济在发展,因为经济中的泡沫。可以这样说,经济危机大部分是由信用危机引发的,因为信用危机会产生信任危机,并因此形成一个怪圈,直至经济循环遭到破坏。

最古老的高利贷信用

莎士比亚的喜剧《威尼斯商人》描述了这样一个故事：犹太商人夏洛克为人刻毒、贪婪，而基督教徒安东尼奥则乐善好施，借钱从不收利息，坏了夏洛克不少生意，为此夏洛克怀恨在心。一次，安东尼奥为帮助好友，不得已向夏洛克借高利贷。夏洛克不收利息，但却同安东尼奥签了一个生死契约，如到期不能归还就从安东尼奥身上割一磅肉。后来安东尼奥不能如期偿还借款，双方诉讼至法院。夏洛克坚决要按照契约割肉，聪明的鲍西亚假扮律师，出庭为安东尼奥辩护。她准许安东尼奥割肉，但依照"契约"不能多一点，也不能少一点，否则就要夏洛克抵命，财产全部充公。夏洛克于是败诉。

在这个故事中，夏洛克就是一个典型的高利贷发放者，代表了社会的阴暗面。高利贷这种民间信用形式从古至今都一直存在，屡禁不绝。那么，高利贷产生的原因是什么呢？

所谓高利贷信用，就是以取得高额利息为特征的借贷活动。无论东方还是西方，高利贷在人类最古老的社会即已存在，在前资本主义社会经济生活中，高利贷甚至都是占经济统治地位的信用形式。比如说在旧中国，借贷习惯按月计息，月息3分，即3%，这在现在看来，有点高的不可思议，但在当时已经是最"公道"的水平。月息3%，即使不计复利，年息也达36%。比现在的银行利率水平高好几倍。但是，那时实际的月息通常大大高于3%。至于高到何种程度，很难说出上限。

那么高利贷是怎样界定的呢？经济史学者通常会按照如下方式定义高利贷：选定一个"我们觉得合适"的数字，比如20%的年利率，然后把利率超过了20%的任何借贷定义为高利贷。这样的定义从字面意思上看并没有错，因为超过20%的利率的确比较"高"。

高利贷产生于原始社会末期，在奴隶社会和封建社会，它是信用的基本形式。换句话说，在资本主义社会出现之前，在现代银行制度建立之前，民间房贷都是利息很高的。在当时，由于私有制出现，贫富分化，人们开始采用还本付息方式借贷。因当时剩余产品有限，可贷资财极少，借入者只有付出高额利息才能得到急需的商品和货币。这是高利贷产生的历史根源。

  高利贷在奴隶社会和封建社会中都是占主导地位的基本信用形式。当时小生产占主导地位的自然经济是其存在的客观基础。在奴隶社会和封建社会，生产力水平低下，小生产者的经济极不稳定，其生活常常陷入窘迫境地。而且他们还背负各种苛捐杂税的负担，为维持简单再生产不得不向高利贷者告贷。高利贷的另一个贷放对象是奴隶主和封建主，他们为维持荒淫无度的奢侈生活或出于政治斗争的需要，不顾高利去借高利贷。由于高利贷的借者不是为了获得追加资本进行经营，而只是为了获得购买手段和支付手段，所以只能忍受高利盘剥。

  由于高利贷的高额利息侵吞了经营者的大部分甚至是全部利润，同时又极力维护高利贷存在的基础，阻止资本主义生产方式的发展，这是新兴资产阶级所不能允许的，他们必定要起来与高利贷作斗争。

  这种斗争并不是一般地反对借贷关系，而是要借贷关系服从资本主义发展的需要。其斗争的焦点就是要使得利息率降低到平均利润率以下。同样的资本要获得同样的利润，借贷的利息也要符合这个规律的要求。这种斗争的手段最初是法律，就是用法律来限制利息率。例如，英国1545年为6%，1714年又把上限降到5%。当高利贷垄断了信用事业时，任何降低利率的法令都只能在一时一地起些作用，并不能真正动摇其垄断地位的根基。这种斗争最有效的手段，就是建立资产阶级自己的股份银行，通过银行集中大量的社会闲散资金，支持资本主义经济的发展。资本主义比较早的典型股份银行是1694年在英国建立的英格兰银行。英格兰银行的建立就标志着高利贷垄断地位的结束和资本主义现代信用关系的建立。

  在我国，早在西周时期（公元前1066—前771年），高利贷信用就已出现。到了春秋、战国、秦、汉时期，放款收息的事已较普遍。唐、宋以来又有发展，明代中叶以后至清代，高利贷信用更加活跃，国民党政府时期的高利贷十分猖獗。高利贷信用就是在小生产者不断破产的基础上生存、发展的。

  我国历史上高利贷的利息率很高。年利率在30%~40%是比较低的，自汉代以来就有"倍称之息"的说法，有的时期高达200%~300%。另外高利贷的形式也是多种多样的：

驴打滚：多在放高利贷者和农民之间进行。借贷期限一般为1个月，月息一般为3~5分，到期不还，利息翻番，并将利息计入下月本金。依此类推，本金逐月增加，利息逐月成倍增长，像驴打滚一样。

羊羔息：即借一还二。如年初借100元，年末还200元。

坐地抽一：借款期限1个月，利息1分，但借时须将本金扣除1/10。到期按原本金计息。如借10元，实得9元，到期按10元还本付息。

由于高利贷有主体分散、个人价值取向、风险控制无力等特点。高利贷活动不可避免地会引发一定的经济和社会问题。一些利率奇高的非法高利贷，经常出现借款人的收入增长不足以支付贷款利息的情况。但在一些时候，由于地上金融在程序上的繁琐和复杂也给急需用钱的借贷人带来很多问题，而民间借贷却在这方面起到了无法替代的重大作用。因而，对于高利贷恐怕不仅要严堵，更要合理引导。

个人信用：你的专属金融身份证

6月初，胡小姐好不容易看中一套满意的二手房，自己的存款外加亲友能够提供的借款刚好够首付，但她去银行申请贷款时意外出现了，胡小姐因个人信用不良被银行拒贷。原因很简单：她读大学期间申请了一笔助学贷款，毕业后一直是父母亲帮着偿还贷款，但是因为疏忽大意有时没有及时还贷，致使她的个人信用报告出现了负面记录。胡小姐大呼郁闷，但也无计可施，好不容易看好的房子就这样失之交臂，而且她还不知道这个信用污点会不会给以后的生活带来负面影响……

对很多中国人来说，个人信用还是一个新鲜的词汇。那么个人信用指什么呢？它会对我们的金融生活产生什么样的影响呢？

所谓个人消费信用是指个人以赊账方式向商业企业购买商品，包括金融机构向个人提供的消费信贷。个人消费信用的对象主要是耐用消费品，如房屋、汽车、家具、电器等，甚至包括教育、医疗及各种劳务。个人经营信用是企业信用的人格化和具体化，是企业信用关系在经营者个人身上的集中反映。

个人信用可以算得上是你的另一种"身份证"。千万不要小看了个人信用，良好的信用记录是你的宝贵财富，可以在你申请信贷业务、求职、出国等诸多方面带来便利。不过，如果由于种种原因，在你的信用报告中出现了一些负面的信息，例如，信用卡没有及时足额还款、贷款逾期偿还等，这些信息都会如实展示在个人信用报告上，当这些记录数量较多或金额较大时，可能在你申请信用卡或贷款时，金融机构会认为你的信用意识不强或还款习惯不好而拒绝给你贷款或降低贷款的额度。这就会给你带来很大的麻烦。

当你去银行申请贷款时，银行的工作人员就会在您的授权下查询你的信用记录。如果记录显示有借款未及时归还、有费用没有按时缴清，你申请新的贷款可能就会批不下来，毕竟赖账的人是不受欢迎的。如果信用记录良好，你就能够更顺利地获得贷款，甚至还能获得一些优惠。

当然，对于银行来说，信用记录只是进行贷款审查与管理的重要参考，而不是唯一的依据，银行还会通过其他渠道对个人的信用状况进行全面调查和核实。

个人信用的出现是很有必要的，它也是金融信用的一个重要组成部分。比如在借贷时，你告诉对方自己是个很有信用的人，尽管你信誓旦旦，可是空口无凭，对方仍然无法相信你，因此判断一个人讲不讲信用得看他的实际行动。而行动需要客观记录，没有记录，人们就无从了解他的过去，也就无从判断他的将来。

个人征信系统里，就客观地记录着一个人过去的信用活动，它主要包括三类信息：第一类是基本信息，包括个人的姓名、证件号码、家庭住址、参加社会保险和公积金等信息；第二类是个人的信用活动信息，包括贷款、信用卡、担保、电信缴费、公共事业缴费等信息；第三类则是个人的公共信息，包括欠税、法院判决等信息。

在我们国家，个人信用还处在刚刚起步的阶段，但在信用体系发达的国家，个人信用记录应用非常广泛，在贷款、租房、买保险甚至求职时都会用到。一份良好的信用记录会给个人带来许多实惠，他可以享受到更低的贷款利率，获得更高的信用额度，可以更加方便地办理各种手续，由此信用也变成了一笔切切实实的财富。

那么，我国的个人信用体系发展情况如何呢？目前，中国人民银行建设了两大征信系统，一是企业征信系统，为470多万户借款企业建立了信用档案，收录人民币信贷余额17万多亿元；还有一个是个人征信系统，目前，这个系统为5亿多人建立了信用档案，保存了5 000多万人的信贷记录。这两个系统在为银行了解企业和个人的信用记录、贷款审查、防范信贷风险，以及帮助企业和个人积累信用财富、获得更优惠的金融服务、获得更多的发展机会等方面将发挥越来越重要的作用。

而作为个人来说，我们就应努力建立和保持良好的信用记录，这里有三个要点：

首先，要尽早建立您的信用记录。可能有的人会说，为了免除信用污点，我干脆就不借款好了，这样不就一清二白了吗？这里要说明的是，不从银行借钱不等于就有好的信用，没有信用的历史记录，银行就难以判断个人信用状况。所以，建立信用记录的一个简单方在去就是与银行发生借贷关系。

其次，要努力保持良好的信用记录。这就是说要重视信用，树立诚实守信观念，及时归还贷款及信用卡透支款项，按时交纳各种费用，否则就会对个人信用造成影响。

最后，要多关心自己的信用记录。生活繁忙，金融交往也很频繁，由于一些无法避免的原因，你的信用报告中的信息可能会出现错误，因此我们一定要早发现。一旦发现自己的个人信用记录内容有错误，应尽快联系提供信用报告的机构，及时纠正错误信息，以免使自己受到不利的影响。

第5章 要想游泳，必须先知道水有多深
——每天学点金融市场知识

股票市场：涨涨跌跌的诱惑

刚刚参加工作两年的小胡准备在北京买房置业，远在长春的父母拿出几十年存下的30万元，希望能帮他付首付款。年初的时候，小胡听同事们大谈股票如何赚钱，尤其是一位买银行股的同事，竟然一个月赚进几万元，这让小胡大感心动。他开户后，用父母的钱以17.8元每股的价格买进1万多股某股票，希望大赚一笔后再脱身去买房。

谁知接下来的日子里，他所持有的股票价格开始下跌，每天盯着收盘价，小胡就在心里算着亏了多少；晚上躺在床上也在想着股票，深夜也难以入睡。当该股下跌到8.6元时，小胡的心理防线要崩溃了，接近10万元的亏损足够他赚上一两年了。最终，夜不能寐的小胡求助于心理医生。

股票市场中，每天都在上演着各种悲喜剧。红绿数字互换，股价涨涨跌跌，牵动着无数股民的心，那么股市为什么有这么大的魅力呢？

股票市场是已经发行的股票按时价进行转让、买卖和流通的市场，包括交易所市场和场外交易市场两部分。由于它是建立在发行市场基础上的，因此又称作二级市场。

对于投资者来说，通过股票流通市场的活动，可以使长期投资短期化，在股票和现金之间随时转换，增强了股票的流动性和安全性。股票流通市场上的

价格是反映经济动向的晴雨表，它能灵敏地反映出资金供求状况、市场供求，行业前景和政治形势的变化，是进行经济预测和分析的重要指标，对于企业来说，股权的转移和股票行市的涨落是其经营状况的指示器，还能为企业及时提供大量信息，有助于它们的经营决策和改善经营管理。

最早的股份公司、产生于17世纪初荷兰和英国成立的海外贸易公司，这些公司通过募集股份资本而建立，具有明显的股份公司特征：具有法人地位；成立董事会；股东大会是公司最高权力机构；按股分红；实行有限责任制……股份公司的成功经营和迅速发展，使更多的企业群起效仿，在荷兰和英同掀起了成立股份公司的浪潮。到1695年，英国成立了约100家新股份公司。

18世纪下半时英国开始了工业革命，大机器生产逐步取代了工场手工业。在这场变革中，股份制立下了汗马功劳。随着工业革命向其他国家扩展，股份制也传遍了资本主义世界。

其实，股票市场就是一个投机的金融市场。它的投机买卖股票的手法与赌博市场、彩票市场是相同的，或者说没有本质上的区别。赚钱的人卖掉股票，没有赚到钱的人买进股票成为新的投资者或股东，等待下一次冲浪。而下一次冲浪的到来，赚钱的人离场，没有赚钱的人又走进来，这样一波一波地循环下去。但是，没有永远上升的股票，当股价上升到一定高度时，一定会下降。在高位买进的人持股不放，成为长线投机者，又在等待时机再次出售。当股价往下跌落时，也有不少人进场买股票，他们认为该股票已跌落到位，当他买下当天的股票后，第二天该股票还是往下掉，这个买进股票的人又成为长线投机者。如此一波一波往下掉，一波一波地被套住而又成为长线投机者。这些长线投机者又在等待股票上升到自己的入市价位。然而，没有永远下跌的股票，当股价跌到一定程度时，股票的价格一定会上升。当股票的价格上升到一定的价位，在低价位买进股票的人卖掉手中的股票，买进股票的人等待股票价格的进一步升值。

还有一点就是在进行股票交易时，某只股票之所以被买进，是因为购买该股票的投资者或投资机构认为在买进股票后价格会向上升；而卖出股票的投资者或投资机构则认为在卖出这只股票后价格会向下降。前者在做"多头"，后者在做"空头"。在交易后的一段时间里，股票的价格上升到了一定的幅度，此时做"多头"的卖出股票赚了钱，做"空头"的赔了钱。当然，现在的中国股票市场并没有做空机制，多头和空头的输赢不会立刻反映出来，而是他卖出股票后才反映出来。这种单边操作，投机者出现风险的次数可减少一半。举个例子，假如每一个人的资本是一样的，100个人赢了钱就一定有100个人输了钱。如少部分做多头赚了大钱，一定有少部分做空头的输了大钱或者多数人输了小钱而平衡被少数人赢走的大钱，输赢人数比例发生很大变化，其结果是少数人赢钱，多数人赔钱。股票市场就是这样一个公开、公平和公正的投机博弈场所。

在股票市场上，按照持股操作的时间长短分为短线投资和长线投资。短线与长线本无优劣之分，只要适应就行，只要擅长就是。在有风险控制手段的前提下，短线的积少成多，在一轮行情中也能取得超额收益。在选对股票的前提下，长线更能取得非常稳健的高收益。

有人形象地说，短线交易者是艺术家，因为无论行情涨跌，他（她）时刻需要保持对行情的热情，并始终处于紧张和兴奋的状态。而长线交易者是工程师，他（她）需要对整个过程进行控制与修正，并且需要忍受期间市场的合理调整与异常时期的宽幅震荡，以及市场低迷时期的寂寞与孤独。因此，前者需要的是激情，后者需要的是理性。

股票市场用升升跌跌、赢赢输输这种特有的形式吸引了成千上万民众参与其中，从而达到为企业筹集资金的目的。正是股票价格的升升跌跌，创造了投机赚钱的机会，并成为投机者的天堂，才使得股票市场几百年来经久不衰，遍布全世界。对于投资者来说，当你准备进入股票市场时就要时刻提醒自己：你是在投资更是在冒险。在这个市场上，可能血本无归，其风险程度不比赌博市场和彩票市场小。

债券市场：金融市场中的"短腿"

某知名纺织物流集团在经营淡季的时候有1亿元的资金要闲置3个月，集团老总希望存款比收益高，第一保证安全和流动性，3个月之后必须拿回来，不能投资股票，资金必须安全。因此有两种方案，传统的方式是买一个3个月的债券，如果知道是参与债券完全可以买一个像

2003年国家开发银行第17期金融债券，它的售价是99.34元每百元面值，所以最后你能拿到66万元，如果定存的收益也就只有42.8万元。

债券由于其稳定、安全、收益较高等特点越来越受到投资者青睐，债券市场也日益引人关注。那么债券市场的功能和结构是怎样的呢？我国的债券市场目前发展水平如何呢？

债券市场是发行和买卖债券的场所，它是金融市场的一个重要组成部分，尽管我们目前对它的了解并没有股票市场那么深入。一个统一、成熟的债券市场可以为全社会的投资者和筹资者提供低风险的投融资工具；债券的收益率曲线是社会经济中一切金融商品收益水平的基准，因此债券市场也是传导中央银行货币政策的重要载体。可以毫不夸张地说，统一、成熟的债券市场构成了一个国家金融市场的基础。

其实债券和债券市场早在资本主义经济出现以前就存在。古代债券如国家债券、当票等在奴隶社会已经出现，并在封建社会得到发展。据考证，世界最早的债券发行于12世纪的威尼斯共和国。企业债券在封建社会末期也开始产生。世界上最早的证券交易所即巴黎交易所成立于1304年。证券交易所兴起的早期阶段，主要业务是买卖政府债券，股票交易有限。

和股票市场一样，债券市场是由一级市场和二级市场组成的，即债券发行市场和债券流通市场。债券一级市场是指政府机关、金融机构、企业等资金需求者，为筹措资金而发行新债券，透过招投标或通过承销商，将债券出售给投资人所形成的市场，又称为发行市场；债券二级市场又称为流通市场，是指持有已发行债券的投资人出售变现，或从事债券买卖的投资者进行交易的市场。

在国外成熟的资本市场体系中，债券市场与股票市场是并驾齐驱的。比如，2001年，美国的股票市值占GDP的168%，债券相当于143%，而另一个数字或许更能说明问题，全球债券相当于GDP的95%。但是我国2001年末债券总值仅相当于GDP的29%。美国发行了3.1万亿美元的政府债券，公司债券达3.4万亿美元，资产证券化债券是2.7万亿美元，公司债券总和大大超过了政府发行的债券，且当年发行的公司债券是同期股票金额的16倍，占主要地位的是公司债券。而在我国，2001年发行国债约4 884亿元人民币，公司债券总发行量却不足400亿元人民币。因此，不论是从资本市场上债市与股市的关系看，还是从企业的资本结构看,债券市场尤其是公司债券在我国资本市场发展过程中都具有很大的发展空间。

目前,我国的债券市场由银行间债券市场、交易所债券市场和银行柜台债券市场三个部分组成,这三个市场相互独立,但是又各有侧重点。在这三个市场中,银行柜台债券市场刚刚起步,银行间债券市场和交易所债券市场正不断走向成熟。

其中与我们普通投资者最密切相关的就是银行柜台债券市场,这个市场的参与主体为在商业银行开户的个人和企业投资者。目前,投资者通过银行柜台债券市场可以投资的债券品种有凭证式国债和记账式国债,其中凭证式国债不能流通转让,其实际投资主体为中老年个人投资者,而记账式国债银行柜台交易的推出可以更好地满足广大的个人、企业等投资人的国债投资需求。但是,由于目前记账式国债柜台交易业务只是在工、农、中、建四大国有银行的部分地区网点试点,而且也只有记账式国债可以交易,银行柜台债券市场处于刚刚启动阶段,还有待于进一步推动。记账式国债柜台交易的方式为现券交易。

交易所债券市场是我国债券场内交易的场所,目前上海证券交易所和深圳证券交易所均有债券交易业务。目前,沪深交易所债券交易的参与主体为在交易所开立证券账户的非银行投资者,实际交易主体为证券公司、保险公司和城乡信用社。交易券种为在交易所上市的国债、企业债、可转换债券。交易类型有现券交易和质押式回购交易。

就像我们前面说的那样,由于市场约束和制度方面的原因,我国债券市场尤其是公司债券无论是在规模、品种,还是在市场的发育程度方面,都与发达国家存在着巨大的差距,即使同我国迅速发展的股票市场相比,债券市场也显得较为低迷,一直是我国资本市场的一条"短腿"。这对我国的金融市场来说是不健康的,好在相关部门正在努力推动债券市场的发展,我们希望尽快迎来债券市场的春天!

基金市场:储蓄安全转化为投资

"你买基金了吗?"一家发廊里,理发师这样询问顾客。他说,常常听到顾客谈论这个。其实在2005年，"基金"还是一个相对冷僻的词。此前，中国股市持续低迷，人们更愿意将钱存在银行里。但是，一轮前所未有的牛市在2006年轰然到来，基金市场的赚钱效应逐渐发酵。2006年11月20日，上证指数攻破2 000点大关，2007年1月22日，上证指数突破2 900点，并创日成交额1 000亿元的记录。伴随股市的红火，对于绝大多数中国人来说，基金投资开始走进生活。

基金市场在我国的发展状况如何呢？它的结构层级又是怎样的呢？

基金，从资金关系来看，指专门用于某种特定目的并进行独立核算的资金，包括养老保险基金、退休基金、救济基金、教育奖励基金等，但是在这里我们要说的仅仅是投资资金。投资基金，是指按照共同投资、共享收益、共担风险的基本原则和股份有限公司的某些原则，运用现代信托关系的机制，以基金方式将各个投资者彼此分散的资金集中起来以实现预期投资目的的投资组织制度。

投资基金起源于19世纪中叶的英国，工业革命的发展促进了财富的积累，进而推动了金融创新。1868年，英国政府出面组建海外及殖民地政府信托组织，公开向社会发售收益凭证，被认为是最早的基金。投资基金虽然起源于英国，但却盛行于美国。第一次世界大战后，美国取代了英国成为世界经济的新霸主，一跃从资本输入国变为主要的资本输出国。随着美国经济运行的大幅增长，日益复杂化的经济活动使得一些投资者越来越难于判断经济动向。为了有效促进国外贸易和对外投资，美国开始引入投资信托基金制度。1926年，波士顿的马萨诸塞金融服务公司设立了"马萨诸塞州投资信托公司"，成为美国第一个具有现代面貌的共同基金。在此后的几年中，基金在美国经历了第一个辉煌时期。到19世纪20年代末期，所有的封闭式基金总资产已达28亿美元，开放型基金的总资产只有1.4亿美元，但后者无论在数量上还是在资产总值上的增长率都高于封闭型基金。20年代每年的资产总值都有20%以上的增长，1927年的成长率更超过100%。

基金这个名词，在中国市场上刚刚出现8年多的时间，到目前为止普及率依然不高，中国的基民大约有1 000多万，但是真正认识基金、懂得基金的人还是少数。不过现在有越来越多的中小投资者开始青睐基金，就是因为投资基金的本质是汇小钱成大钱，为小额投资者提供了一条通向各种投资市场的通道。普通投资者一般资金规模有限，不能对众多的投资工具进行有效的组合，而投资基金能够有效地解决上述问题。

在基金市场上，有三个基本的市场主体，即基金投资人、基金管理人和基金托管人。投资基金设立后，一般通过设立信托的方式进行投资运作，委托基金管理人管理运用基金财产，委托基金托管人保管基金资产。基金投资人是委托人和受益人，基金管理人和基金托管人是受托人。

有主体当然也就有客体，基金市场中的客体就是各类基金。

按投资对象划分，投资基金可以分为：

股票基金：指以股票为投资对象的投资基金。由于市场中各类股票的性质不同，股票基金又可以细分为积极成长型、成长型和成长收益型等。

债券基金：指以债券为投资对象的投资基金。债券基金的收益对利率变化较为敏感。

混合基金：指同时以股票和债券作为投资对象的投资基金。由于混合基金的目标在于兼顾本金增长和固定配息，因此其风险和收益介于股票基金和债券基金之间。

货币市场基金：指以国库券、大额可转让定期存单、商业票据、公司债券等货币市场短期有价证券为投资对象的投资基金。

外汇基金：指以各国货币（外汇）为投资对象的投资基金。由于汇率波动较为剧烈，外汇基金的风险和收益相对较大。

期货基金：指以各类期货品种为主要投资对象的投资基金。期货基金的风险和收益也相对较大。

此外，根据投资对象不同，投资基金还可以分为期权基金、指数基金和权证基金等，此处不再一一列举。不过，这里我们需要再介绍一下近年较为流行的"对冲基金"。对冲基金指那些利用不同市场进行套利交易的投资基金。从形式上看，对冲基金是一组投资工具，交易几乎遍及所有市场种类，包括外汇、股票、债券、期货以及各种衍生品等。第一支对冲基金是1949年推出的。

如果按组织形态划分，投资基金可以分为：

①公司型基金：指具有共同投资目标的投资者组成以盈利为目的的股份制投资公司，并将资产投资于特定对象的投资基金。

②契约型基金：也称信托型投资基金，指基金发起人依据其与基金管理人、

基金托管人订立的基金契约,通过发行受益凭证而组建的投资基金。

在这里我们简要介绍一下公司型基金与契约型基金的主要区别。前者组建依据是公司法,后者组建依据是信托法;前者具有法人资格;后者没有法人资格;前者发行的是股票,后者发行的是受益凭证;前者直到公司破产方可终止基金运营,后者等到契约期满即可终止基金运营。

如果按交易方式划分,投资基金可以分为:

①开放式基金:指基金设立后,投资者可以随时申购或赎回基金单位,基金规模不固定的投资基金。

②封闭式基金:指基金规模在发行前已确定,在发行完毕后的规定期限内,基金规模固定不变的投资基金。

如果按融资渠道划分,投资基金可以分为:

①公募基金:指受政府主管部门监管的,向不特定投资者公开发行受益凭证(或股票)的投资基金。

②私募基金:指通过非公开方式,向特定投资者募集资金的投资基金。

一般来说,公募基金投资者范围大;融资能力强;可申请在交易所上市(如封闭式基金);信息披露公开透明。而私募基金投资者明确;发行手续简便;信息披露程度低。

如果按风险和收益划分,投资基金可以分为:

①成长型基金:指以资本长期增值作为投资目标的投资基金。这类基金的投资对象通常为风险和收益较高的金融工具,而且很少分红,经常将投资盈利进行再投资,以实现资本增长。

②收入型基金:指以追求基金当期收入为投资目标的投资基金。这类基金的投资对象通常为风险和收益相对较低的金融工具,一般把投资盈利分配给投资者。

③平衡型基金:指既追求长期资本增值,又追求当期收入的投资基金。这类基金通常在投资组合中有比较稳定的组合比例,其风险和收益介于成长型基金和收入型基金之间。

1912年12月一个星期四的上午,律师昂特迈耶在美国国会大厦审问当时最具实力的银行家J.P.摩根。昂特迈耶问:"商业信贷是否主要以货币或财产抵押作为基础呢?"摩根回答:"不,先生,品性是最重要的。"基金风险低,操作灵活、品种繁多、收益可观，如此品性必然会促成其健康成长，我们期待中国的基金市场有个更辉煌的未来！

期货市场：在盛宴与豪赌之间徘徊

在15世纪，日本经过100多年的各家族内战，德川家族在1605年统一日本后，德川强迫各地的首领和地主全家迁居东京。当各家族的首领和各地的地主返回自己的领地时，家族的人必须留在东京作为人质，如果这些返回各领地的首领不回来或者造反，他们的家人就会被处死。

各首领和地主的经济来源是佃农和农夫以稻米所缴纳的租金，由于稻米无法由各地一直运送到东京，他们在大阪建立仓库来存放稻米。

由于所有的家族首领和他们的家人都住在东京周围，他们过着奢华的生活。为了维持这种生活方式，首领和他们的家人销售存放在大阪的稻米，甚至销售未来的收成，形成稻米的期货交易。在期货交易中，仓库会发行"米票"，这些米票称为"空米票"（"空米票"是指这些稻米实际上不存在），然后，"空米票"逐渐形成市场，这便是全世界最早的期货市场之一。

那么期货市场是怎样发展起来的呢？期货市场的结构又是怎样的呢？

所谓期货市场就是指进行期货交易的场所，是多种期货交易关系的总和。它是按照"公开、公平、公正"原则，在现货市场基础上发展起来的高度组织化和高度规范化的市场形式。可以说，期货市场既是现货市场的延伸，又是市场的又一个高级发展阶段。从组织结构上看，广义上的期货市场包括期货交易所、结算所或结算公司、经纪公司和期货交易员；狭义上的期货市场仅指期货交易所。

我们已经知道，期货诞生于日本，直到19世纪，仍是日本独有，后来渐渐被全世界效仿。1848年3月13日，第一个近代期货交易所——芝加哥期货交易所（CBOT）成立，芝加哥期货交易所成立之初，还不是一个真正现代意义上的期货交易所，还只是一个集中进行现货交易和现货中远期合约转让的场所。

1865年，芝加哥期货交易所第一次实现了合约标准化，推出了第一批标准期货合约。合约标准化包括合约中品质、数量、交货时间、交货地点以及付款条件等的标准化。标准化的期货合约反映了最普遍的商业惯例，使得市场参与者能够非常方便地转让期货合约，同时，使生产经营者能够通过对冲平仓来解除自己的履约责任，也使市场制造者能够方便地参与交易，大大提高了期货交易的市场流动性。芝加哥期货交易所在合约标准化的同时，还规定了按合约总价值的10%缴纳交易保证金。

但是随着期货交易的发展，结算又出现了较大的困难。芝加哥期货交易所起初采用的结算方法是环形结算法，但这种结算方法既繁琐又困难。1891年，明尼亚波里谷物交易所第一个成立了结算所，随后，芝加哥交易所也成立了结算所。直到现代结算所的成立，真正意义上的期货交易才算产生，期货市场才算完整地建立起来。

相比股票基金，普通投资者对期货市场并不熟悉，很多人甚至并不清楚期货是什么。期货与现货相对。期货是现在进行买卖，但是在将来进行交收或交割的标的物，这个标的物可以是某种商品例如黄金、原油、农产品；也可以是金融工具，还可以是金融指标。交收期货的日子可以是一星期之后，一个月之后，三个月之后，甚至一年之后。买卖期货的合同或者协议叫做期货合约。我们做个比喻：一个果农家里有100棵桃树，预计能产300箱桃子。一个大买家预定成熟时节要购买，口头商量好了，也可以用一些书面的东西商定好。但是我们都知道，到交货的时候会有各种风险，可能收成不好，可能有虫害，可能今年桃子产量太高价格降了等，会出现各种违约风险。而期货就是一个合约，把各种事项内容都标准化了，还有保证金比例，控制了风险，我们只需要买卖这个合约。如果一直持有这个合约，那么时间一到，就得进行货币物品的交换，就是交割，但是一般我们到合约到期之前平仓，赚取了那个差价……简单来说期货就是这样。

好了，我们回头再说期货市场。期货市场基本上是由四个部分组成：期货交易所；期货结算所；期货经纪公司；期货交易者（包括套期保值者和投机者）。

期货交易所就是为期货交易提供场所、设施、服务和交易规则的非盈利机构，收入来自会费。交易所一般采用会员制。交易所的入会条件是很严格的，各交易所都有具体规定。首先要向交易所提出入会申请，由交易所调查申请者的财务的资信状况，通过考核，符合条件的经理事会批准方可入会。交易所的会员席位一般可以转让。交易所的最高权力机构是会员大会。会员大会下设董事会或理事会，一般由会员大会选举产生，董事会聘任交易所总裁，负责交易所的日常行政和管理工作。

有交易就要有结算。期货结算所的组成形式大体有三种：第一种是结算所隶属于交易所，交易所的会员也是结算会员；第二种是结算所隶属于交易所，但交易所的会员只有一部分财力雄厚者才成为结算会员；第三种是结算所独立于交易所之外，成为完全独立的结算所。期货结算所的责任很重大，它负责期货合约买卖的结算，承担期货交易的担保，监督实物交割，还要公布市场信息等。

再接下来就是期货经纪公司，很多人也把它叫做经纪所。它的主要职能是代理客户进行期货交易，并提供有关期货交易服务。并在代理客户期货交易时，收取一定的佣金。

最后就是期货交易者。在期货市场上，如果没有投机者参与，其回避风险和发现价格两大功能就不能实现。投机者参加交易可增加市场的流动性，起到"润滑剂"的作用。

根据参与期货期交易的目的划分，期货交易者基本上分为两种人：即套期保值者和投机者。前一种从事期货交易的目的是利用期货市场进行保值交易，以减少价格波动带来的风险，确保生产和经营的正常利润。做这种套期保值的人一般是生产经营者、贸易者、实用户等。而投机者参加期货交易的目的与套期保值者相反，他们是愿意承担价格波动的风险。其目的是希望以少量的资金来博取较多的利润。期货交易所的投机方式可以说是五花八门，多种多样，其做法远比套期保值复杂得多。

在期货市场中，风险控制永远是一个中心话题，对交易者和管理者来说都是如此。因此，投资者应该不断打磨自己的风险控制能力。期货市场是一个消息满天飞的地方，要逐步培养分析能力，充分掌握有价值的信息。记住，市场永远是对的。市场风险是不可预知的，但又是可以通过分析，加以防范的。在这方面，投资者要做的工作很多，最主要的就是，在入市投资时，首先要从自己熟悉的品种做起，做好基础工作，从基本面分析做起，辅之以技术分析，千万不能逆势而为，初期一定要设好"止损点"，以免损失不断扩大，难以全身而退。

外汇市场：全球最大的金融市场

A国有一个人要去B国旅游学习，当时A国与B国的汇率是1:9，离开A国时，他带了10万元钱。到了B国，他先用10万元兑换到B国当地钱90万元。这个人在B国一共住了两年多，花了当地钱25万元。当他准备启程离开时，当地钱升值，兑A国汇率为1:5，于是这位旅行者就用剩下的65万B国元换到了13万A国元。也就是说他白白地在A国玩了两年，还净赚3万元。

这个小故事说出了外汇市场的本质，利用汇率的多变性赚取差价。现在已经有越来越多的人投入汇市，那么外汇市场究竟是怎样运作的呢？它为什么会成为投资热点呢？

前些年，普通投资者对外汇市场的了解仅是一个外币的概念，然而历经几个时期的演进，它已较能为普通投资者所了解，而且已应用外汇交易为理财工具。

事实上，不论是否了解外汇市场，我们都已身为其中的一分子，因为口袋中的钱已使你成为货币的投资人。比如你居住于中国，各项贷款、股票、债券及其他投资都是以人民币为单位，换言之，除非你是少数拥有外币账户或是买入了外币、股票的多种货币投资人，否则就是人民币的投资者。

而如果你居住在美国，基本上你已选择了不持有其他国家的货币，因为你所买入的股票、债券及其他投资或是银行账户中的存款皆以美元为单位。由于美元的升值或贬值，都可能影响你的资产价值，进而影响到总体财务状况。所以，已有许多精明的投资人利用了外汇汇率的多变进行外汇交易而从中获利。

这里要特别说的一点是，外汇市场并不是传统意义上的"市场"，它并没有像股票和期货那样有具体的交易场地。而是通过银行、企业和个人间的电子网络进行交易。直接的银行间市场是以具有外汇清算交易资格的交易商为主，他们的交易构成总体外汇交易中的大额交易，这些交易创造了外汇市场的交易巨额。也正是由于没有具体的交易所，因此外汇市场能够24小时运作。目前世界主要的外汇市场包括欧洲的伦敦、法兰克福、巴黎、苏黎世外汇市场、北美的纽约、亚洲的东京、中国的香港、新加坡外汇市场、澳洲的悉尼、惠灵顿市场，这些市场时间上相互延续，共同构成了全球不间断的外汇市场，其中以伦敦外汇市场的交易量为最大，因此欧洲市场也是流动性较强的一个市场。到了今天，外汇市场是全球最大的金融市场，单日交易额高达1.5兆亿美元。

外汇市场的交易可以分为三个层次，即银行与顾客之间，银行同业之间和银行与中央银行之间的交易。

一般来说，外汇银行报价有即期汇率和远期汇率两种。即期汇率报价又有三种方式：直接标价法报价、间接标价法报价和美元报价；远期汇率报价有两种方式：直接报价和点数报价。在不同的汇率标价方式下，远期汇率的计算方法不同。

直接标价法下，远期汇率=即期汇率+升水，或远期汇率=即期汇率−贴水。

间接标价法下，远期汇率=即期汇率−升水，或远期汇率=即期汇率+贴水。

再介绍一下外汇市场交易方式：即期外汇交易、远期外汇交易、掉期交易、外汇期货交易和期权交易。

而按外汇所受管制程度进行分类，外汇市场可以分为自由外汇市场、外汇黑市和官方市场。

自由外汇市场：是指政府、机构和个人可以买卖任何币种、任何数量外汇的市场。自由外汇市场的主要特点是：第一，买卖的外汇不受管制。第二，交易过程公开。例如：美国、英国、法国、瑞士的外汇市场皆属于自由外汇市场。

外汇黑市：是指非法进行外汇买卖的市场。外汇黑市首先是在政府限制或法律禁止外汇交易的条件下产生的；其次交易过程具有非公开性。由于发展中国家大多执行外汇管制政策，不允许自由外汇市场存在，所以这些国家的外汇黑市比较普遍。

官方市场：也就是指按照政府的外汇管制法令来买卖外汇的市场。这种外汇市场对参与主体、汇价和交易过程都有具体的规定。在发展中国家，官方市场较为普遍。

而且与集合竞价的股票市场不同，外汇市场更像一个农贸市场，所有的买家和卖家完全是开放的，体现了绝对的自由，买家可以自由地询价，卖家可以自由地报价，双方完全是在自愿的情况下进行交易，成交价格对于双方来说是"一个愿打，一个愿挨"，这一点和股票市场是完全不一样的，外汇市场没有集合竞价和电脑集中撮合的规矩。

知道了股票市场和外汇市场的这个不同，投资者就不会惊异于各银行间报价的差异了，这完全是市场行为。

为什么这几年，汇市会成为投资的热点呢？

首先要感谢互联网的繁荣发达。借助互联网，投资者得到了进入外汇市场的捷径。交易点差降低到3~5个点；原来只有金融机构才能付得起成本的道琼斯新闻、路透社行情、专业图表工具等，现在只要开户就可以免费使用；原来必须到银行才能完成的交易行为，现在坐在家里，轻轻点击鼠标就可以在几秒钟内完成。

正是借助互联网的快速发展，越来越多的个人投资者进入外汇市场，使外汇市场成为全球范围内的投资热点，大量的资金、大批职业或业余的股票、期货投资者进入外汇市场淘金，推动外汇市场成为个人投资者的新宠。

其次，方便的清算过程降低了投资者成本。由于信息技术的日益发达，原来繁琐的后台清算过程现在通过在线经纪商的交易平台，就可以在瞬间完成，对投资者而言，原来庞大的清算队伍已经没有存在的必要。这样，通过互联网参与外汇市场，投资者节约了大量的时间成本和资金成本，从而可以把时间和精力集中在交易的决策和操作上。

保险市场：给未来拉上一根"安全绳"

小镇上有两个人，一个非常富有，经营着一家大工厂。另一个却过着平凡的生活。

一场意外夺去了两人的生命。富人的工厂立即陷入混乱，很快破产了，他的家人不得不从原来的大房子里搬了出来，生活日渐困苦。另一个，他的家人虽然悲痛，但因为他生前投了保，他的家人获得了保险公司的理赔，他们仍然过着衣食无忧的生活。

能在最关键时候为你提供帮助的，才是真正的财富，正是由于保险具有强大的保障功能，才使得保险市场日益壮大。那么，保险市场的构成形式是怎样的呢？我国的保险市场发展情况如何呢？

保险市场是指保险商品交换关系的总和或是保险商品供给与需求关系的总和。它既可以指固定的交易场所，如保险交易所，也可以是所有实现保险商品让渡的交换关系的总和。保险市场的交易对象是保险人为消费者提供的保险保障，即各类保险商品。

这样说起来，保险市场的概念有点复杂，分主客体来说的话可能会更容易理解一些。

（1）保险市场的主体

保险市场的主体是指保险市场交易活动的参与者，包括保险市场的供给方和需求方以及充当供需双方媒介的中介方。保险市场就是由这些参与者缔结的各种交换关系的总和。

①保险市场供给方。保险市场的供给方是指在保险市场上，提供各类保险商品，承担、分散和转移他人风险的各类保险人。如国有保险人、私营保险人、合营保险人、合作保险人、个人保险人。通常他们必须是经过国家有关部门审查认可并获准专门经营保险业务的法人组织。

②保险市场的需求方。保险市场的需求方是指保险市场上所有现实的和潜在的保险商品的购买者，即各类投保人。根据保险消费者不同的需求特征，可以把保险市场的需求方划分为个人投保人、团体投保人、农村投保人、城市投保人等。根据保险需求的层次还可以把保险市场的需求方划分为当前的投保人与未来的投保人等。

③保险市场的中介方。保险市场的中介方既包括活动于保险人与投保人之间，充当保险供需双方的媒介，把保险人和投保人联系起来并建立保险合同关系的人，也包括独立于保险人与投保人之外，以第三者身份处理保险合同当事人委托办理的有关保险业务的公证、鉴定、理算、精算等事项的人。具体有保险代理人（或公司）、保险经纪人（或公司）、保险公估人（行）、保险律师、保险理算师、保险精算师、保险验船师等。

(2) 保险市场的客体

保险市场的客体是指保险市场上供求双方具体交易的对象，这个交易对象就是各类保险商品。这是一种特殊形态的商品。

①保险商品是一种无形商品。

②保险商品是一种"非渴求商品"。

③保险商品的消费是一种隐形消费。

我们知道，保险商品形式是保险合同，保险合同实际是保险商品的载体；其内容是保险事故发生时提供经济保障的承诺。保险费率是保险商品的价格，它是被保险人为取得保险保障而由投保人向保险人支付的费用。

下面我们要说的是保险市场的类型。

(1) 按保险业务承保的程序不同可分为原保险市场和再保险市场

原保险市场：亦称直接业务市场，是保险人与投保人之间通过订立保险合同而直接建立保险关系的市场。

再保险市场：亦称分保市场，是原保险人将已经承保的直接业务通过再保险合同转分给再保险人的方式形成保险关系的市场。

(2) 按照保险业务性质不同可分为人身保险市场和财产保险市场

人身保险市场：是专门为社会公民提供各种人身保险商品的市场。

财产保险市场：是从事各种财产保险商品交易的市场。

(3) 按保险业务活动的空间不同可分为国内业务市场和国际保险市场

国内业务市场：是专门为本国境内提供各种保险商品的市场，按经营区域范围又可分为全国性保险市场和区域性保险市场。

国际保险市场：是国内保险人经营国外保险业务的保险市场。

(4) 按保险市场的竞争程度不同可分为垄断型保险市场、自由竞争型保险市场、垄断竞争型保险市场

自由竞争型保险市场：是保险市场上存在数量众多的保险人、保险商品交易完全自由、价值规律和市场供求规律充分发挥作用的保险市场。

垄断型保险市场：是由一家或几家保险人独占市场份额的保险市场，包括完全垄断和寡头垄断型保险市场。

垄断竞争型保险市场：是大小保险公司在自由竞争中并存，少数大公司在保险市场中分别具有某种业务的局部垄断地位的保险市场。

说到这里,大家应该对保险市场有个整体性的了解了,但是我们还要特别介绍一下再保险市场。

纵观当今任何发达的保险市场,其背后都有着完善而强有力的再保险市场,现代再保险市场为保险公司提供了多种多样的风险分散与转移的方式。比如著名的再保险公司有慕尼黑再保险公司、瑞士再保险公司等。在再保险市场上,全世界的保险人可以充分安排再保险业务,保障业务的稳定性。特别是国内和国际间的重大的贸易活动,如航空航天项目、核电站工程等都有巨大风险责任,更加需要保险。尽管再保险市场是从保险市场发展而来的,但不是简单的延伸,而是国际保险市场不可缺少的重要组成部分。

期权市场:期待中的期市创新

我们假设标的物是铜期货。甲公司向乙公司买铜。可是,甲公司的资金有限,需要去银行贷款。甲公司估计大概需要3个月的时间才能拿到贷款,担心在这段时间内,铜价格会涨。所以,甲公司与乙公司商定,甲公司付1 000元/吨给乙公司,乙公司同意甲公司有权在3个月之内任何时间,以商定的35 000元/吨的价格购买铜。

第一种情况:在3个月后,铜价格涨到45 000元/吨。甲公司就按约定以35 000元/吨的价钱买下,再以45 000元/吨的价钱在市场卖出。扣除本金35 000元/吨和权力金1 000元/吨,甲公司从中赚了9 000元/吨。

第二种情况:在3个月后,铜价格跌到22 000元/吨。甲公司就可以放弃铜的认购权力,而转向市场直接以22 000/吨的价格买入铜。甲公司损失的金额仅限于已经付给乙公司的1 000元/吨的权力金。

这就是期权,这就是期权市场的优势,它给从业者提供了一个非常灵活的避险工具。那么,期权市场是怎样衍变发展的呢?中国有期权市场吗?

期权市场是进行期权合约交易的市场。期权交易指对特定时间内以约定价格购买特定商品的权利进行的交易，最常见的期权交易有外汇、指数、商品期权合约。

在具体地介绍期权市场之前，我们要先简单介绍一下期权。期权其实就是选择的权利，买方付了权利金取得了在未来某一个特定时间以特定价格买入卖出某种资产权利，买方拥有的是权利并非义务，卖方正好相反，相信从前面的小故事中大家也可以明白这一点。

期权市场是由于风险管理的需要，随着时间的推移慢慢产生的。期权交易场所没有需要特定场所，可以在期货交易所内交易，也可以在专门的期权交易所内交易，还可以在证券交易所交易与股权有关的期权交易。期权市场发展史分几个阶段，开始于18世纪的美国和欧洲市场，开始并不具有普遍性，1973年芝加哥期权交易所成立，开始统一化和标准化期权和约买卖，标志着期权场内交易的开始。从20世纪80年代开始，期权市场主要限于股票交易，全球期权交易总量迅速增长，2009年全球70家交易所期权交易总量是177亿张，期货交易量达到81.9亿张，期货交易量占到全球衍生品市场的53%，超过期货交易量。

目前世界上最大的期权交易所是芝加哥期权交易所；欧洲最大期权交易所是欧洲期货与期权交易所，它的前身为德意志期货交易所与瑞士期权与金融期货交易所；亚洲方面，韩国的期权市场发展迅速，并且其交易规模巨大，目前是全球期权发展最好的国家，中国香港地区以及中国台湾地区都有期权交易。

事实上，期货市场要形成一定规模相对来讲比较容易，因为期货的产品相对来说比较简单、品种也比较少；而期权市场的构成因素就复杂得多，因为期权价和期限有各种各样不同的组合，包括各种投资交易策略的组合。比如说，在欧洲美元期权交易中大约有8万种的交易组合。正因为如此，做市商的风险实际上是非常大的。这就是为什么美国的期权交易很慢才发展到电子交易，复杂性就是一个重要原因，现在美国的期权交易大部分还是喊叫式交易。而欧洲的期货交易所采取的解决办法是，允许经纪商和客户通过电话或者电子邮件形式进行交易，同时他们把大宗交易的限制放得很低，也就是基本上可以进行场外交易。

期权市场的风险管理是重中之重。当相关标的期权市场出现较大波动的时候，一些下单活动往往变得十分活跃，比如说频繁地取消订单、更改订单和重新下单。在这种紧张的环境中，难免会出现投资者在交易时因为无意识地犯一

些愚蠢的小错误却继而酿成了大损失的情况。对此,也有独特的措施来避免这类错误的发生:

①限制了下一交易日的权利金价格的波动范围,即:期权权利金的波动幅度不能超过该期权的理论价格加/减KOSPI200指数当日收盘的15%。

②对每单最大交易量做了限制,现行规定是投资者在期货交易中每单交易量不能超过1 000张期货合约,在期权交易中每单不能超过5 000张期权合约。

③对于期权权利金的变动情况进行限制。比如当市场价格波幅超过5%时,系统就暂停交易1分钟或者更长的时间。

④为防止有人对市场进行恶意操纵,随时监视会员的持仓情况。会员的期货净持仓不能超过5 000手,但其中不包括套利和经查属实的对冲仓位。

⑤在履约结算方面,规定在开始第一笔交易之前,交易者必须首先缴纳一定数额的保证金。之后,在每次下单之前,计算机系统将自动对其保证金进行计算并检查该会员账户是否持有足够的保证金数额。采用的是将期货和期权持仓合并计算的保证金系统。初始保证金为15%,维持保证金为10%。这些风险防范措施可以保证期货市场更加健康地发展。

⑥国外的期权市场还设有一些违约风险保障措施。比如一个叫做"联合补偿基金"的机构专门负责为资金紧张的会员提供财务帮助。会员根据其交易量的多少向该基金缴纳一定资金。目前该基金总额已达8 000万美元。因此,当会员的资金账户出现危机时,可以从以下途径取得帮助:缴纳给交易所的保证金;存在联合补偿基金中的资金;其他会员存在联合补偿基金中的资金;在交易所缴纳的会员费。

投资者们更关心的是中国期权市场的发展状况,国际期货市场现在热闹非常,今天油价高涨,明天铜价大跌,而这一切似乎也多多少少跟中国有些关系。而中国的经济发展也越来越受到国外的重视,国外的越来越多的金融领域希望对中国的经济有所反映。现在,我国已具备推出商品期权交易的条件,业界和投资者也迫切希望商品期权的上市。目前我国的期货市场已经日渐成熟,相信一旦引入期权,广阔而又活跃的中国市场一定会发展得更快更好!

第6章　谁在负责处理我们的"钱"
——每天学点金融机构知识

商业银行：遍布全国的金融脉络

一个小岛上生活着几百户居民，这个小岛与世隔绝，人与人之间依赖交换物品过活，但有时候你手里用来交换的东西不一定就是对方想要的，怎么办？于是人们就用都喜欢的金银作为交换的东西，于是交换方便了。但金银要磨损，携带也不方便，当交换活动频繁时，发现这个东西太繁琐，限制了交换活动，于是为了解决这个问题，他们想了一个办法，就是由岛上的管理者发行一种符号，用它来代替金银，于是钞票出现了。

刚开始这种钞票可以随时兑换金银。大家都很放心，因为钞票就是金银。可是岛上金银的产量太少，当人们的交换活动更加频繁时，钞票不够用了，只能暂停交换。暂停交换的后果就是大家不生产别人想要的东西了，因为虽然别人用，但交换不出去，套用现在的话说就是经济发展减速了。

后来有聪明人想了一个办法，成立一家钱庄，这个钱庄是大家的，由钱庄来发行钞票，印出的钞票借给想用钱的人，然后待这个人有钱了再还给钱庄。于是银行就出现了。

我们几乎每个人都要与商业银行打交道，你是否知道商业银行的定义是怎样的？它到底能为我们提供哪些服务呢？

虽然东西方对商业银行的提法不一样，但是对商业银行这一概念大致可理解为：商业银行是以经营工商业存、放款为主要业务，并以获取利润为目的的货币经营企业。请注意一下定义中的几个要点：第一，商业银行是一个信用授受的中介机构；第二，商业银行是以获取利润为目的的企业；第三，商业银行是唯一能提供"银行货币"（活期存款）的金融组织。

目前我国有5家国有商业银行（中、农、工、建、交）、12家中小型股份制商业银行（平安、中信、华夏、招商、光大、民生、浦发、渤海、广发、兴业、恒丰、浙商）、110家城市商业银行、20多家村镇银行以及农村商业银行和乡村银行。这些商业银行覆盖全国，已经成为了国民经济发展不可或缺的部分。

下面就具体地说一下商业银行能够为我们提供的服务。银行的业务主要表现在资产、负债、中间业务等三个方面：

第一、资产业务

这是反映商业银行从事金融活动，形成资金占用的业务。它也是银行业务中最重要、最核心的业务。主要有：

（1）现金资产

这是银行最具有流动性，并可随时用于银行支付的资产，被视做银行的一级准备。主要由库存现金、中央银行存款、存放同业、托收中现金四部分构成。

①库存现金——即银行业务中金库的现钞和硬币。主要用于客户取现金和银行日常开支。

②中央银行存款——即按规定比率提缴的存款准备金。主要用于人民银行控制货币、执行国家政策、调控商业银行信贷扩张能力等。这一点，近两年来大家可能感觉非常明显。举个例子，2009年正处在金融危机蔓延中，外贸骤减，投资萧条，企业资金短缺，国家为了抵御危机所以采取宽松的货币政策，没有调整法定准备金率，即低准备金率和低存款利率，加大银行放贷，提高市场流动，促进消费，以促进国民经济的复苏；今年为了抑制通货膨胀，人民银行又先后四次调高了法定准备金率，收缩了信贷投放。

③存放同业——即在其他银行或在金融机构开立的存款账户，主要用于同业之间结算收付。

④托收中现金——即本行通过对方银行向外地付款单位或个人收取的票据。这类须向其他付款银行收款的支票就称为托收中现金。

(2) 贷款资产

这是银行的核心资产业务，是运用资金取得利润的主要途径。银行贷款即指银行以一定的利率将资金贷放给资金需要者，并约定期限归还的一种经济行为。银行贷款的种类繁多，划分标准也各不相同。一般来说，主要有以下几类：

①按贷款期限的长短，可将贷款分为短期贷款和中长期贷款。

②按贷款的用途不同，可将贷款分为流动资金贷款、固定资金贷款、科技开发贷款、个人住房按揭贷款、个人汽车消费贷款等。

③按贷款有无担保品，可将贷款分为信用贷款、担保贷款和票据贴现。

④按贷款利率的不同，可将贷款分为固定利率贷款、浮动利率贷款、优惠利率贷款。

⑤按贷款有无风险，可将贷款分为正常贷款、关注贷款、次级贷款、可疑贷款、损失贷款，即国际上通用的贷款五级分类。

(3) 投资业务

指银行购买有价证券（债券、股票）的活动，其目的是获取利益、分散风险、增加流动性。银行投资的对象按照发行人来划分大致可分为：政府证券（国库券、中期债券、长期债券）、政府机构证券（如国家专业投资公司、石油部、铁道部等发行的债券）、地方政府证券和公司证券四大类。

(4) 外汇买卖

银行在各种国际业务的经营中，必然涉及两种以上货币的收付、兑换、买进或卖出。这类业务不仅是银行为客户所提供的必要业务，而且也是银行外汇头寸的调拨和经营国外短期甚至长期资本投资和买卖有价证券所必需的活动。因此，可以说外汇买卖是银行一切国际业务经营的基础。

第二、负债业务

负债业务是形成商业银行主要资金来源的业务，是银行资产业务的前提和条件。银行全部资金来源中90%以上来自于负债。商业银行负债业务主要包括资本金业务、存款业务和非存款业务。

(1) 资本金业务

是指银行自身拥有的或者能永久支配的资金。

(2) 存款业务

是银行接受客户存入的货币资金，客户可以随时或按约定时间支取款项的一种传统信用业务。吸收存款是银行重要的筹资业务活动,是对存款客户的一种负债,约占银行资金来源的70%~80%,为银行开展资产业务提供了基础。银行存款的种类很多,根据不同的标准可以划分出不同的种类,主要有:

①活期存款——也即支票账户或交易账户,主要用于交易和支付用途的款项,包括支票、本票、汇票、电话转账等。

②定期存款——是指存款客户与银行事先约定存款期限,并支付较高利息,到期才能支取的存款。

③储蓄存款——是指居民个人为货币收入积蓄成货币资产并获取利息的一种存款。主要分为活期储蓄、定期储蓄、定活两便储蓄、零存整取储蓄、教育储蓄、其他储蓄等。

(3) 非存款业务

是指银行以各种方式从金融市场上借入资金的业务,其目的是满足流动性需求。主要有以下几种:

①向中央银行借款。主要方式有再贷款和再贴现。再贷款是银行直接向中央银行的借款,以解决其季节性或临时性的资金需求。再贴现是指银行在资金紧张、周转发生困难时,将已贴现未到期的票据向中央银行申请再次贴现的票据转让行为。

②同业拆借。是指商业银行之间及商业银行与其他金融机构之间的短期资金融通。除同业拆借外,还有转抵押和转贴现。

③回购协议。是指商业银行出售有价证券(主要是短期政府债券)获得资金的同时,承诺在未来某个时期按约定价格再购回所出售有价证券的一种协议。银行采用回购协议方式融通资金,实际上是以有价证券作为担保的借贷行为,是一种新的负债方式。

④发行金融债券。是指商业银行为筹集中长期资金而向社会公开发行金融债券的一种融资方式。金融债券持有人享有到期收回本金和获得利息的权利。

⑤向国际市场借款。即向国际金融市场筹集资金来弥补资金的不足。

第三、中间业务

中间业务是指商业银行在资产业务和负债业务的基础上,利用技术、信息、机构网络、资金和信誉等方面的优势,不运用或较少运用银行的资财,以中间人和代理人的身份替客户办理收付、咨询、代理、担保、租赁及其他委托事项,提供各类金融服务并收取一定费用的经营活动。在资产业务和负债业务两项传统业务中，银行是作为信用活动的一方参与；而中间业务则不同，银行不再直接作为信用活动的一方，扮演的只是中介或代理的角色，通常实行有偿服务。按功能与性质可把中间业务分为以下九类：

（1）支付结算类中间业务，指由商业银行为客户办理因债权债务关系引起的与货币支付、资金划拨有关的收费业务，如支票结算、进口押汇、承兑汇票等。

（2）银行卡业务，是由经授权的金融机构向社会发行的具有消费信用、转账结算、存取现金等全部或部分功能的信用支付工具。

（3）代理类中间业务，指商业银行接受客户委托、代为办理客户指定的经济事务、提供金融服务并收取一定费用的业务，包括代理政策性银行业务、代收代付款业务、代理证券业务、代理保险业务、代理银行卡收单业务等。

（4）担保类中间业务，指商业银行为客户债务清偿能力提供担保，承担客户违约风险的业务。包括银行承兑汇票、备用信用证、各类保函等。

（5）承诺类中间业务，是指商业银行在未来某一日期按照事前约定的条件向客户提供约定信用的业务，包括贷款承诺、透支额度等可撤销承诺和备用信用额度、票据发行便利等不可撤销承诺两种。

（6）交易类中间业务，指商业银行为满足客户保值或自身风险管理的需要，利用各种金融工具进行的资金交易活动，包括期货、期权等各类金融衍生业务。

（7）基金托管业务，是指有托管资格的商业银行接受基金管理公司委托，安全保管所托管的基金的全部资产，为所托管的基金办理基金资金清算款项划拨、会计核算、基金估值、监督管理人投资运作。

（8）咨询顾问类业务，是商业银行依靠自身在信息和人才等方面的优势，收集和整理有关信息，结合银行和客户资金运动的特点，形成系统的方案提供给客户，以满足其经营管理需要的服务活动，主要包括财务顾问和现金管理业务等。

（9）其他类中间业务，包括保管箱业务以及其他不能归入以上八类的业务。

政策性银行：期待一个华丽转身

第二次世界大战后的德国民生凋敝百废待兴，人民急需重建家园。为了筹集巨额重建资金，1948年，德国政府出资10亿马克组建德国复兴开发银行（KFW）。德国复兴开发银行成立以后，立即通过发行中长期债券筹措巨额款项，为德国人民在废墟上重建家园提供了大量资金。德国复兴开发银行为战后德国的复兴立下了汗马功劳，它也因此与美丽的莱茵河一样闻名遐迩。

那么，政策性银行与商业银行有何不同呢？政策性银行的职能是什么呢？政策性银行又将走向何方呢？

说起政策性银行，可能很多人都会感到陌生。政策性银行就是指那些由政府创立、参股或保证的，不以营利为目的，专门为贯彻、配合政府社会经济政策或意图，在特定的业务领域内，直接或间接地从事政策性融资活动，充当政府发展经济、促进社会进步、进行宏观经济管理工具的金融机构。我国的三大政策性银行分别是中国进出口银行、国家开发银行、中国农业发展银行。

很多国家都设有政策性银行，而且种类较为全面，构成了一个较为完整的政策性银行体系，如日本著名的"二行九库"体系，包括日本输出入银行、日本开发银行、日本国民金融公库、住宅金融公库、农林渔业金融公库、中小企业金融公库、北海道东北开发公库、公营企业金融公库、环境卫生金融公库、冲绳振兴开发金融公库、中小企业信用保险公库；韩国设有韩国开发银行、韩国进出口银行、韩国中小企业银行、韩国住宅银行等政策性银行；法国设有法国农业信贷银行、法国对外贸易银行、法国土地信贷银行、法国国家信贷银行、冲小企业设备信贷银行等政策性银行；美国设有美国进出口银行、联邦住房信贷银行体系等政策性银行。

商业银行普遍存在着嫌贫爱富的利益偏好，银行家是最善于锦上添花，不喜欢雪中送炭的，这导致弱势群体缺少发展机会，也难以实现公平、平等和共同富裕的发展目标。在经济发展中，也常常存在一些商业银行从盈利角度考虑不愿意融资的领域，或者其资金实力难以达到的领域。这些领域通常包括那些对国民经济发展、社会稳定具有重要意义，投资规模大、周期长、经济效益见效慢、资金回收时间长的项目，如农业开发项目、重要基础设施建设项目等。而国家为了扶持这些项目，往往实行各种鼓励措施，各国通常采用的办法是设立政策性银行，专门对这些项目融资。

政策性银行成立十多年来对中国经济发展还是起到了积极的作用，三家政策性银行在落实国家产业政策、推动经济结构调整，特别是支持瓶颈行业的资金投入、出口创汇、企业出口贸易发展起到很大作用。农发行在粮棉油收购方面也起到很大作用，有人说农发行最大的作用就是不打白条。

在现代市场经济条件下，商业性金融和政策性金融相互补充、相互配合，共同构成一个国家或地区完整的、均衡的、稳定的、高效的、统一的金融体系。商业性金融在促进经济发展、推动社会进步中发挥着极为重要的作用，政策性金融也同样在优化资源配置、均衡经济增长、构建和谐社会中发挥着商业性金融不可替代的功能。

政策性银行与商业银行和其他非银行金融机构相比，也有共性的一面，如要对贷款进行严格审查，贷款要还本付息、周转使用等。但作为政策性金融机构，也有其特征：

①资本来源不同。政策性银行多由政府出资建立，业务上由政府相应部门领导。商业银行多采取股份制的形式，业务上自主经营、独立核算。

②资金来源不同。政策性银行一般不接受存款，也不从民间借款。而商业银行以存款作为其主要的资金来源。

③经营目的不同。政策性银行是为了支持某些部门的发展而专门成立的，不以盈利为目的，与相应的产业部门关系密切。而商业银行则以利润最大化为经营目的，业务范围广泛。

上面说过的我国三大政策性银行是在1994年建立的，这三家银行各有侧重，共同发展。

设立国家开发银行的主要目的是，一方面为国家重点建设融通资金，保证关系国民经济全局和社会发展的重点建设顺利进行；另一方面把当时分散管理的国家投资基金集中起来，建立投资贷款审查制度，给予开发银行一定的投资贷款决策权，并要求其承担相应的责任与风险，以防止盲目投资，重复建设。

而随着我国对外经济贸易的扩大，运用补贴以施加特殊保护、促进出口的办法已经过时。为了按国际惯例运用出口信贷、担保等通行做法，扩大机电产品，特别是大型成套设备和高新技术、高附加值产品的出口，合理促进对外贸易的发展，创造公平、透明、稳定的对外贸易环境，我国成立了中国进出口银行。

农业是国民经济的基础。我国农业基础薄弱，地区差异大。农业的发展，尤其是落后地区农业的发展，粮、棉、油等主要农产品的生产、收购、储备和销售，在相当程度上需要国家的支持。为了集中财力解决农业和农村经济发展的合理的政策性资金需要，促进主要农产品收购资金的封闭运行，于是又成立了中国农业发展银行。

但是随着政策性银行引进市场操作的概念，效益日渐提升，商业银行由于在贷款业务领域与政策性银行出现交叉，出现了"政策性银行染指商业银行业务领域"的争议，国家开发银行为人们所关注。此外，政策性银行发展过程中也暴露出一些问题，主要表现在三家政策性银行负债规模增长过快，负债规模和资本金比例不合理，政策性金融机构和商业性金融机构出现部分交叉、重合。三家政策银行自身发展也是不平衡的。有的政策性银行缺乏约束和激励机制，分支机构很不合理，管理链条非常长，经营成本很高。有的政策性银行缺乏利益补偿机制和有效的风险防范机制，准备金的缺口非常大，潜在的风险也很大。那么政策性银行将走向何方呢？

现在社会上主要有三种看法：一种是强化论，认为政策性金融不可或缺、不可替代，政策性银行应该集中精力做政策性业务，执行政府的意图；另一种是保留论，认为政策性银行改革的核心是强化考核和监管，促使其以市场化的方式来完成政策性任务；第三种是转型论，认为应该是按照国开行的模式，彻底走商业化道路。

不管怎么样，政策性银行在我国经济发展中确实起到了积极的推动作用，尽管有这样或那样的问题，我们还是希望政策性银行能在改革中华丽转身，成为金融发展的中流砥柱。

保险公司：无形保险有形保障

某地有一家大型木材公司，该公司的原材料（木材）长期堆放在郊区的大型仓库中，价值超过1 000万元人民币，公司怕失火或被偷盗，就投保了企业财产保险1 000万，每年交给财产保险公司费用3万元。

如果发生火灾或被偷盗，企业把损失转嫁到了保险公司。保险公司按照企业的损失在1 000万元内，给企业赔偿，而企业因此保护了自己的利益。这就是保险公司的价值。

请思考一下，保险公司是怎样赚钱的呢？保险公司是否也会倒闭呢？

老规矩，在解读保险公司之前，先明确一下保险公司的定义。什么是保险公司呢？就是销售保险合约、提供风险保障的公司。保险公司分为两大类型——人寿保险公司、财产保险公司。

不管是哪一类保险公司，都必须有充足的资金准备。比如我国规定，设立保险公司，其注册资本的最低限额为人民币2亿元，而且保险公司注册资本最低限额必须为实缴货币资本。当经营规模扩大，保险公司不断发展时，再保险市场的承保能力无法满足保险公司业务发展的需要，则保险公司将不得不追加资本金。因而资本金不仅是单一保险公司生存和发展所必需的，同时也是在开放性市场中确保一国保险业竞争优势所必需的。

保险公司还有一个经营区域的限制问题。在我国，金融监管机构会对金融企业的经营区域作出规定，保险公司也不例外。目前，我国保险公司分为两类，一类是全国性公司，一类是区域性公司。此外，无论是全国性公司还是区域性公司，设立新的分支机构都需要报经中国保监会审批。目前，我国只有中国人民保险公司、中国人寿保险公司、中国再保险公司、中国太平洋保险公司和中国平安保险公司等五家保险公司是真正意义上的全国性公司。

很多人都对保险公司如何赚钱感到好奇。保险公司是经营保险业务的企业，按商业化原则运营，追求利润。那么保险公司怎样赚钱呢？很多人认为，保险公司每年收取那么多保费，肯定是靠收保费赚钱了。实际上并不完全是这样，保费收入并非保险公司的主要利润来源。

保险公司赚钱的第一个办法：承保赢利。一个客户一定时期缴纳一次或数次保险费，保险公司将大量客户缴纳的保险费收集起来，一发生保险事故，保险公司就支付约定的赔款。如果自始至终保险公司的赔款支出小于保险费收入，差额就成为保险公司的"承保赢利"。

例如，大量分散的房屋所有者购买了保险单并且向保险公司支付了保险费，如果保险事故发生，保险人根据保险条款兑现保险责任。对于一些保单的持有者来说，他们因为保险事故的发生而获取的保险金比他所缴纳的保险费高得多，而其他一些人可能因为整个保险期间都没有发生保险事故而根本没有获得赔款。合计下来，保险公司所支付的总赔款要比他们获得的保险费收入少，两者的差额形成费用和利润。

第二个办法：自我投资赚取赢利。投资的回报最高，保险公司可以将保险基金进行投资赚取赢利。投资回报是保险公司利润的重要来源，可以这样说，对于大多数保险公司来讲，投资回报是其利润的唯一来源。例如，保险公司必须支付的赔款超出保费收入的10%，而保险公司通过投资获得的回报是保费收入的20%，那么保险公司将赚取10%的利润。但是，由于许多保险公司认为投资无风险的政府债券或者其他低风险低回报的投资项目是谨慎的选择，那么控制赔款支出比保险费收入超出的百分比低于投资收益率是非常重要的，因为这样保险公司才不会赔本。

事实上，保险公司的盈利主要应该通过投资来赚取，利用承保盈利赚钱这种情况在大多数国家的保险行业是非常稀有的。举个例子，在美国，财产和意外伤害保险公司的保险业务在2003年以前的五年中亏损了23亿元，但是在此期间的总利润却是4亿元，就是由于有投资收益。

在中国，人寿保险业的费用主要靠长期人寿保险来实现。在保险行业中，人寿保险公司每年都能有可观的盈利。长期人寿保险或称储蓄人寿保险，其保险收入和偿付方式跟一般保险不同，因此，其盈利方法也有别于一般保险。在一些拥有成熟保险市场的国家中，人寿保险公司的亏损机会远比一般保险公司低。长期保险合约的性质犹如"零存整付"的储蓄存款。保险公司跟客户签订的合约期可能长达20年、或至受保人60岁、甚或至100岁。双方拟定到期提款金额,亦即人寿保障额(保额)。客户在合约期内按期供款,亦即缴付保费。保额数目一般都大于总保费,并有回报收益。事实上,其长期平均回报率跟银行存款利率差不多。为保证未来的偿付需要,保险公司早已为客户作出"零存整付"的"存款"安排,而大部分的"存款"都是投放于一些长期债券。

虽然不同的投保人向保险公司订立相同的供款年期承诺,但由于每位客户跟保险公司订立合约时的年龄不同,其寿命时间有别,部分年长者较有机会未能完成供款便逝世,因此,保险公司将按较大年龄组别的客户多征收点附加费(即保费较高),以弥补未收足"存款"(保费)便逝去的可能。由于投保人数目庞大,死亡率较稳定,保险公司较易掌握有关数据,亦能准确及公平地计算出不同年龄的保费率。人寿保险公司能准确掌握偿付时间,因此,较一般保险公司更能拟定足够的保费率而无须多冒风险,同时也能达致预期的盈利。

那么,保险公司就是稳赚不赔吗?保险公司有没有什么风险呢?

首先是定价风险,定价风险是由于保险公司定价过低带来的风险。保险公司必须对投保风险的概率进行精确计算,确定保险费率。如果保险费率定得过低,保险公司就会面临入不敷出。另外,保险责任事故是概率事件,可能发生,也可能不发生,如果不发生,这份保单的成本似乎就是零,这就让很多保险公司在经营时产生侥幸心理,结果发生承保质量风险。

其次是利率风险,利率风险则是利率波动给保险公司带来的风险。比如,保险业务中的寿险业务经营期限特别长,预先收取保险费,在若干年后才给付保险金。而且,寿险费率的厘定方式特殊,根据预定利率、死亡率和业务费率来计算,其中预定利率是很重要的折现因子,所以寿险业务常常面临很高的利率风险。如果预定利率高于银行利率,就意味着保险公司寿险资金成本高于银行利率,这显然会挤压保险公司的利润。此外,利率的波动还会引起保险公司投资资产市场价值的下降,给保险公司带来不利影响。

此外,还有资产风险。资产风险是指保险公司存在资产价值降低的风险。比如,保险公司资金的借款者可能违约,保险公司的投资资产可能由于资产价格的波动等因素造成市场价值下跌。资产价值下降可能会影响保险公司的偿付能力。

还有一个我们大家都很关心的问题:保险公司是否也会倒闭?

首先我们国家对保险公司采取了最严厉的监管措施,保险公司20%的注册资本金要存入指定的银行，只做清偿债务之用。其次，再保险公司的存在，进一步缩小了保险公司倒闭的风险。再保险是在保险人系统中分摊风险的一种安排，被保险人和原保险人都将因此在财务上变得更加安全。比如某保险公司承保卫星发射保险。保险人接受特约承保后，将面临极大的风险，一旦卫星发射失败，资本较小的公司极可能因此而破产。但是该保险公司可以向再保险公司申请，这样一旦需要赔付，就可以分摊风险。

投资银行：一个时代的结束

2008年是华尔街的多事之秋。2008年9月15日至21日是华尔街历史上最黑暗的一周。雷曼兄弟申请破产保护、美林被美洲银行收购、摩根士丹利与高盛宣布转为银行控股公司。再加上2008年3月被摩根大通收购的贝尔斯登，曾经风光无限的华尔街五大投行集体消失。对于熟悉美国金融体系的专业人士来说，如此巨变可谓"天翻地覆"！

那么，投资银行在整个金融生态链中处于什么地位？投资银行业的前景又如何呢？

投资银行家是这样一群人：他们的鞋是白色的，"血"是蓝色的，戒指是祖母绿的，皮鞋是意大利定制的；他们每周去圣公会教堂做礼拜，坐在第一排；除了手工制作的深色西装和燕尾服，从不穿别的衣服……他们是金融领域内的贵族，就如同投资银行在金融界的地位一样。

投资银行其实是一个美国词汇，在其他的国家和地区，投资银行有着不同的称谓：在英国被称为"商人银行"，在其他国家和地区则被称为"证券公司"。需要指出的是，虽然都被称为"银行"，商业银行与投资银行其实是两种不同的金融机构。在传统的金融学教科书里，"银行"是经营间接融资业务的，通过储户存款与企业贷款之间的利息差距赚取利润；而投资银行却是经营直接融资业务的，一般来说，它既不接受存款也不发放贷款，而是为企业提供发行股票、债券或重组、清算业务，从中抽取佣金。

但是让很多投资人感到好奇的是，投资银行是怎样来的呢？在美国，投资银行往往有两个来源：一是由商业银行分解而来，其中典型的例子就是摩根士丹利；二是由证券经纪人发展而来，典型的例子如美林证券。追溯起来，美国投资银行与商业银行的分离最早发生在1929年的大股灾之后，当时联邦政府认为投资银行业务有较高的风险，禁止商业银行利用储户的资金参加投行业务，结果一大批综合性银行被迫分解为商业银行和投资银行，其中最典型的例子就是摩根银行分解为从事投资银行业务的摩根士丹利以及从事商业银行业务的JP.摩根。不过这种情况并没有发生在欧洲，欧洲各国政府一直没有颁布这样的限制，投资银行业务一般都是由商业银行来完成的，如德意志银行、荷兰银行、瑞士银行、瑞士信贷银行等等。有趣的是这样做在欧洲不但没有引起金融危机，反而在一定程度上加强了融资效率，降低了金融系统的风险。

投资银行以其强大的盈利能力而为世人所瞩目。以最常见的股票发行业务为例，投资银行一般要抽取7%的佣金，也就是说，如果客户发行价值100亿美元的股票，投资银行就要吃掉7亿美元。

在公司并购业务中，投资银行同样大赚特赚。19世纪80年代以来，美国至少经历了四次公司并购浪潮，这就为投资银行提供了相当可观的收入来源。近年来欧美动辄发生价值几百亿甚至几千亿美元的超级兼并案，如美国在线兼并时代华纳、沃达丰兼并曼内斯曼、惠普兼并康柏等，背后都有投资银行的推波助澜。因为兼并业务的技术含量很高，利润又很丰厚，一般被认为是投资银行的核心业务，从事这一业务的银行家是整个金融领域最炙手可热的人物。

还要重点指出的是，投资银行独特的商业模式也是其获得高额盈利的重要原因。首先，投资银行以批发业务为主。除了经纪业务，投资银行业务基本上都属于批发业务。其次，投资银行则以知识密集型业务为主。从本质上讲，投资银行属于金融咨询业。金融咨询不但是一项独立的投资银行业务，而且是其他投资银行业务的智力基础。例如，要想协助发行体发行证券，首先需要协助其设计证券，这就需要进行全面、深入的研究、分析。事实上，研究、分析能力，而不是资金、销售实力，才是投资银行的核心竞争力之所在。当然，资金、销售实力同样不可忽视。例如，要想协助公司进行并购，还需要协助其进行必要的市场操作。这就需要充分的资金、销售实力。然而，无论是证券承销、证券交易，还是公司并购，都离不开投资银行家的运筹帷幄。对于长袖善舞的投资银行家来说,融资、推销等市场操作并不是什么难题。

当我们说到投资银行时,总会想到高盛、摩根士丹利等,其实中国也有投资银行,只不过叫法不同而已。在日本和中国,具备投资银行职能的金融机构被称为"证券公司",它们除了为企业承销股票和债券、负责企业兼并重组及破产清算事宜之外,还负担着证券分析和证券经纪人的角色。日本最大的证券公司如东洋证券,中国最大的证券公司如申银万国,既为企业融资充当经纪人,又为大小投资者买卖股票充当经纪人。因此,中国的大型证券公司实际上就相当于美国的投资银行,只是人们往往没有注意到这一点而已。

2008年3月美国第五大投资银行贝尔斯登因濒临破产而被摩根大通收购近半年之后,华尔街再次爆出令人吃惊的消息:美国第三大投资银行美林证券被美国银行以近440亿美元收购,美国第四大投资银行雷曼兄弟因为收购谈判"流产"而破产。华尔街五大投行仅剩高盛集团和摩根士丹利公司。美国联邦储备局星期日深夜宣布,批准美国金融危机发生后至今幸存的最后两大投资银行高盛和摩根士丹利"变身",转为银行控股公司。这个消息也意味着,独立投资银行在华尔街叱咤风云超过20年的黄金时代已宣告结束,美国金融机构正面临上世纪30年代经济大萧条以来最大规模和最彻底的重组。

投资银行的黄金时代已经结束了。未来,投资银行又将走向何方呢?客户的金融服务需求是无止境的,投资银行是否有卷土重来的一天呢?让我们拭目以待。

财务公司:未被充分注意的金融力量

这是一条旧新闻。中国石化财务有限公司、中国电力财务有限公司、中油财务有限公司、中海石油财务有限公司、宝钢集团财务公司和上海汽车集团财务有限公司等6家财务公司的注册资本分别都超过10亿元。其中,中石化财务公司的注册资本高达25亿元。总资产在百亿元以上的财务公司共有7家。其中规模最大的为中油财务公司,总资产已超过1 000亿元,大大超过一些中小股份制银行、证券公司等金融机构。

2002年，财务公司利润总额在1亿元以上的有6家；5 000万元~1亿元之间的有6家；1 000~5 000万元之间的有29家。

在金融市场严格管制的条件下，财务公司的金融牌照属于宝贵的稀缺资源，而普通百姓对财务公司也并无太多了解。那么财务公司的主要业务是什么呢？与其他金融机构相比又有哪些特点呢？

财务公司又称金融公司，与银行不同，它专门是为企业技术改造、新产品开发及产品销售提供金融服务，以中长期金融业务为主的金融机构。各国的名称不同，业务内容也有差异。但多数是商业银行的附属机构，主要吸收存款。说白了，财务公司就像是企业集团的资金蓄水池，把各个成员企业的资金存在一起，用在最需要和回报最高的地方，从而提高整个集团的投资回报。

财务公司出现的时间比较晚，是20世纪初兴起的，但是发展速度却很快。在美国，很多知名企业都涉足金融业，有自己的金融财务公司，比较著名的是美国通用电器金融。作为美国最大的金融财务公司，其目前的业务涉及消费者服务、设备管理、中间市场融资、特殊融资、特种保险等五大门类，2001年年底资产总值3 760亿美元、利润52亿美元，如果参加银行资产排名的话，可以排到美国银行业的第二位。

全球500强企业中2/3以上均有自己的财务公司。GE、通用、福特、摩托罗拉、爱立信、西门子、英特尔等都是通过财务公司实现了产融结合与共同发展，他们设立的财务公司业务广泛，涉及集团内部资金管理、消费信贷、买方信贷、设备融资租赁、保险、证券发行及投资等，并且盈利能力都很强，成为集团业务的重要组成部分。

一般来说，财务公司的模式主要有美国模式和英国模式两种。

美国模式的财务公司是以搞活商品流通、促进商品销售为特色的非银行金融机构。它依附于制造厂商，是一些大型耐用消费品制造商为了推销其产品而设立的受控子公司，这类财务公司主要是为零售商提供融资服务的，主要分布在美国、加拿大和德国。目前，美国财务公司产业的总资产规模超过8 000亿美元，财务公司在流通领域的金融服务几乎涉及从汽车、家电、住房到各种工业设备的所有商品，对促进商品流通起到了非常重要的作用。

而英国模式财务公司基本上都依附于商业银行，其组建的目的在于规避政府对商业银行的监管。因为政府明文规定,商业银行不得从事证券投资业务,而财务公司不属于银行,所以不受此限制,这种类型的财务公司主要分布在英国、日本和中国香港。

因为财务公司的经营大多以企业集团为主,因此在运营方面有以下特点:

首先,财务公司业务范围广泛。财务公司是企业集团内部的金融机构,其经营范围只限于企业集团内部,主要是为企业集团内的成员企业提供金融服务。财务公司的业务包括存款、贷款、结算、担保和代理等一般银行业务,还可以经人民银行批准,开展证券、信托投资等业务。

其次,财务公司对企业集团的依附非常强。财务公司的资金来源主要有两个方面:一是由集团公司和集团公司成员投入的资本金,二是集团公司成员企业在财务公司的存款。财务公司的资金主要用于为本集团公司成员企业提供资金支持,少量用于与本集团公司主导产业无关的证券投资方面。由于财务公司的资金来源和运用都限于集团公司内部,因而财务公司对集团公司的依附性强,其发展状况与其所在集团公司的发展状况相关。

最后,财务公司不但要接受企业集团的监管,同时还要接受人民银行的监管。财务公司是企业集团内部的金融机构,其股东大都是集团公司成员企业,因而其经营活动必然受到集团公司的监督。同时,财务公司所从事的是金融业务,其经营活动必须接受人民银行监管。

信托投资公司:受人之托代人理财机构

这是2008年的一条新闻:中国银监会的最新统计数据显示,截至2008年6月末,全国54家信托公司共实现营业收入84.53亿元,净利润稳步增长,达到48.17亿元。此外,54家信托公司管理的信托资产总额已突破1万亿元大关,达到12 583.55亿元。

那么,信托投资公司都有哪些种类?它们的发展现状又如何呢?

信托投资公司是这样一种金融机构:它以受托人的身份,代人理财;它的主要业务：经营资金和财产委托、代理资产保管、金融租赁、经济咨询、证券发行以及投资等。信托投资公司与银行信贷、保险并称为现代金融业的三大支柱。

1979年10月，以中国国际信托投资公司的成立为标志，揭开了新中国金融信托业发展的序幕。而在经历了推倒重来、整改和起死回生的洗礼后，信托投资公司已经成为我国金融体系中不可或缺的重要力量。但是在我国，信托投资公司的业务范围主要限于信托、投资和其他代理业务，少数确属需要的经中国人民银行批准可以兼营租赁、证券业务和发行一年以上的专项信托受益债券，用于进行有特定对象的贷款和投资，但不准办理银行存款业务。此外，信托投资公司市场准入条件还非常严格，比如信托投资公司的注册资本不得低于人民币3亿元，并且其设立、变更、终止的审批程序都必须按照金融主管部门的规定执行。

当我们说起信托投资公司的时候，就不得不提到它的四个类型，或者说四个阶段：

第一种是起步期信托投资公司。顾名思义，起步期信托投资公司就是指信托业务刚刚起步，业务经验积累不足，资产规模较小，信托产品品种不多的信托投资公司。这类信托投资公司刚刚起家，业务上还是以模仿为主。它们的信托产品多为集合资金信托，投资领域也多集中在股东和原来固定客户方向。这类公司需要在模仿中逐渐积累业务经验，挖掘自身优势，培养核心竞争力，形成在某一行业、某一领域的业务优势。

第二种是成长期信托投资公司。从这里开始就算是转入正轨了，这个时期的信托投资公司经过一段时间的发展，积累一定经营经验，有一定客户基础，拥有中等的资产规模，业务模式不断成熟，逐渐形成具有竞争力的优势业务领域。成长期的信托投资公司一般积极探索信托业务创新，能够根据自身优势寻找优质项目资源，设计盈利能力显著的信托产品，而且这类信托投资公司一般注重市场形象，在市场中频频亮相，具有很强的发展前景。信托业务品种不仅限于集合资金信托，尝试涉足其他相关熟悉领域的投资等业务。

第三种是成熟期信托投资公司。成熟期的信托投资公司业务经验丰富，资产规模雄厚，经营效益好，并在某一行业或领域形成自己的优势产品，有自己的核心盈利模式，具有很强的竞争实力。成熟期信托投资公司能为客户提供富有特色的金融产品和服务，立足于为客户提供个性化，具有稳定而忠诚的客户群。这是一种非常理想的状态，但还是要在业务领域继续创新探索，或者积极筹备公司上市，或者寻求与国际著名金融机构的战略合作，谋求更大发展。

第四种是高峰期信托公司。高峰期信托投资公司是指在信托市场中占据主导地位，被公认为市场领袖，占有极大的市场份额，业务领域全面，资金实力和业务能力均很突出。它们在市场上从多个方面表现出资产规模最大、经营品种最多、信托产品创新迅速以及业务范围广泛等特点。

而信托投资公司的终极目标就是让信托产品覆盖面广，业务门类齐全，把信托投资公司办成一个大型的金融超市。同时整合自身资源，扩大自身实力，使信托投资公司真正成为全能银行。目前我国的信托投资公司还需要扩大自身影响力，要有全球化的国际营销视野，这样才能发展得又快又好！

证券交易所：让证券持续不断地流通

我国很早就出现过证券交易所。上海最初的证券交易，经纪人大都另营他业，证券买卖只是副业，还没有达到投机专业化的程度。当时并没有巍峨的大厦和完善的设备，人们就在熙熙攘攘的茶馆里喝茶议价，进行交易。

辛亥革命后，证券市场发展很快。1934年，上海证券交易所建成八层大楼，内部布置富丽堂皇。开幕那天，政府要员、社会名流与实业界巨子纷纷前来捧场道贺，盛况空前。在证券大楼底层，中间排列着九只交易柜。两旁的走廊里，装有许多部电话，直通各家证券号，证券行情就靠它传播出去。每只交易柜，兼做三四种不同的股票。当你打算买进或卖出股票的时候，自己不能直接进场，必须委托经纪人代为买卖，经纪人即在该种股票指定的交易柜上伸手叫价，买进手掌向内，卖出手掌向外。如另一经纪人觉得合意亦伸手表示，双方合意就拍板成交。每一笔买卖，无论成交数额大小，场务员都立即将成交价格照录于行市板上。同时，各证券号的电话员，立即利用对讲电话，通知各自的证券号。股票的行情就是这样形成的。

对于证券交易所大家都不陌生,但是说起证券交易所的种类、功能、影响,你又能说出来多少呢?

证券交易所主要是提供交易场所和服务,同时也兼有管理证券交易的职能,但其本身不能参与证券交易。证券交易所是非金融机构的法人组织,它有两种基本组织形式,一是股份公司制交易所,二是会员制交易所。

公司制证券交易所是以营利为目的,提供交易场所和服务人员,以便利证券商的交易与交割的证券交易所。从股票交易实践中可以看出,这种证券交易所要收取发行公司的上市费与证券成交的佣金,其主要收入来自买卖成交额的一定比例。而且,经营这种交易所的人员不能参与证券买卖,从而在一定程度上可以保证交易的公平。

在公司制证券交易所中,总经理向董事会负责,负责证券交易所的日常事务。董事的职责是:核定重要章程及业务、财务方针;拟定预算决算及盈余分配计划;核定投资;核定参加股票交易的证券商名单;核定证券商应缴纳营业保证金、买卖经手费及其他款项的数额;核议上市股票的登记、变更、撤销、停业及上市费的征收;审定向股东大会提出的议案及报告;决定经理人员和评价委员会成员的选聘、解聘及核定其他项目。监事的职责包括审查年度决算报告及监察业务,检查一切账目等。

会员制证券交易所是不以营利为目的,由会员自治自律、互相约束,参与经营的会员可以参加股票交易中的股票买卖与交割的交易所。这种交易所的佣金和上市费用较低,从而在一定程度上可以放置上市股票的场外交易。但是,由于经营交易所的会员本身就是股票交易的参加者,因而在股票交易中难免出现交易的不公正性。同时,因为参与交易的买卖方只限于证券交易所的会员,新会员的加入一般要经过原会员的一致同意,这就形成了一种事实上的垄断,不利于提高服务质量和降低收费标准。

目前,我国的证券交易所有两个,分别在上海与深圳,都是采取国际上通行的会员制。上海证券交易所是我国目前最大的证券交易中心,成立于1990年11月26日,注册人民币1 000万元。深圳证券交易所是我国第二家证券交易所,筹建于1989年,于1991年7月经中国人民银行批准正式营业。这两个交易所开业以来，不断改进市场运作，逐步实现了交易的电脑化、网络化及股票的无纸化操作。目前，这两个交易所上市的证券品种有（A股、B股）、国债、企业债券、权证、基金等。

证券交易所的竞争非常激烈，事实上它的合并与整合在20世纪始终没有停止过。证券市场发展历史悠久的国家大都有许多家证券交易所，英国成立了20多家证券交易所、美国超过100家、意大利10多家、法国7家、澳大利亚6家，后来有些交易所在竞争中退出或被合并。证券交易所合并的原因很多，有的是由于新技术的应用，打破了证券交易的地域限制，使证券交易所过剩而合并；有的是由于证券交易所在同行业的激烈竞争处于劣势而被兼并；有的是因为股市泡沫破灭，交易所业务规模缩减而合并。例如，19世纪末20世纪初电报技术的广泛应用，打破了交易所的地域限制，使美国证券交易所大量过剩而被合并；日本交易所一度因为战争而被迫关闭；香港20世纪70年代为了加强监管、防范金融风险，将原有4家证券交易所合并为1家。在20世纪70年代前各国的证券交易所都减少到一个相对合理的水平。

那么证券交易所到底对证券交易起到了什么样的作用呢？

证券交易所是规则的监察者。公平的交易规则才能达成公平的交易结果，交易规则主要包括上市退市规则、报价竞价规则、信息披露规则以及交割结算规则等，而证券交易所就要负起规范市场的责任。

证券交易所还要维护交易秩序。任何交易规则都不可能十分完善，并且交易规则也不一定能得到有效执行，因此，交易所的一大核心功能便是监管各种违反公平原则及交易规则的行为，使交易公平有序地进行。

此外，证券交易所还必须提供交易信息。证券交易依靠的是信息，包括上市公司的信息和证券交易信息。交易所对上市公司信息的提供负有督促和适当审查的责任，对交易行情负即时公布的义务。

值得一提的是，证券交易所往往存在这样或那样的问题、弊端，也会给金融秩序带来负面影响。

比如扰乱金融价格。由于证券交易所中很大一部分交易仅是转卖和买回，因此，在证券交易所中，证券买卖周转量很大，但是，实际交割并不大。而且，由于这类交易其实并非代表真实金融资产的买卖，其供求形式在很大程度上不能反映实际情况，有可能在一定程度上扰乱金融价格，从事不正当交易。从事不正当交易主要包括从事相配交易、虚抛交易和搭伙交易。相配交易是指交易者通过多种途径，分别委托两个经纪人，按其限定价格由一方买进、一方卖出同种数量的证券，以抬高或压低该证券的正常价格。虚抛交易是指交易者故意以高价将证券抛出，同时预嘱另一名经纪人进行收购，并约定一切损失仍归卖者负担，结果是可能造成该证券的虚假繁荣。搭伙交易是指由两人以上结伙以操纵价格，一旦目的达成后，搭伙者即告解散，包括交易搭伙（搭伙者或者在公开市场暗中买进其所感兴趣的证券以免这些证券的价格抬高，或者通过散布对公司不利的消息压低其欲购进的股票价格）和期权搭伙（投资者按有利的价格购买证券，这通常是通过打通公司董事会而获得，一般是从获利中的一部分私下返回给董事）。

还有内幕人士操纵股市的情况发生。由于各公司的管理大权均掌握在大股东手中，所以这些人有可能通过散布公司的盈利、发放红利及扩展计划、收购、合并等消息操纵公司股票的价格；或者直接利用内幕消息牟利，如在公司宣布有利于公司股票价格上升的消息之前先暗中买入，等宣布时高价抛出；若公司将宣布不利消息，则在宣布之前暗中抛出，宣布之后再以低价买入。

更甚者还有股票经纪商和交易所工作人员作弊。在证券交易所进行交易时，股票经纪商的作弊行为可能有侵占交易佣金、虚报市价、擅自进行买卖从而以客户的资金为自己谋利、或者虚报客户违约情况从而赚取交易赔偿金。交易所工作人员的作弊方式可能有：自身在暗中非法进行股票买卖、同时股票经纪商串通作弊或同股票经纪商秘密地共同从事股票交易。

以上情况都是客观存在的，但是随着股市发展，市场规范的逐步完善，这种情况相信也会越来越少的。

第7章 最终的放贷者，金融体系的"神经中枢"
——每天学点中央银行知识

最后的贷款人中央银行

还记得前面讲到的关于小岛上银行的故事吗？那个故事还可以继续讲下去：银行出现后，能保证交换活动更持续地进行，大家都拼命地生产，岛上的东西越来越多，银行根据产品的生产数量，不停地印制钞票，以保证交换能更深入地进行。

后来人们的交换活动更频繁了，一家钱庄太少了，于是出现了很多钱庄，总要有个管钱庄的吧，于是指定一家钱庄管理其他钱庄，并且钞票只能由这家钱庄印刷，然后通过其他钱庄借给用钱的人，中央银行就这么也出现了。

从故事中我们看到，中央银行就是管理一般商业银行的银行，那么，一国的中央银行是干什么的？它是怎么产生的？中央银行有什么作用？它为什么会有这么大的权力呢？

每当商业银行利息发生变动的时候，我们总是听到报道说中央银行宣布在什么时候降息多少、升息多少，或者在某些时候宣布提高法定存款准备金率等，从这里我们可以看到中央银行是为了保证一个国家货币的稳定与金融系统的安全而存在的，它不以赢利为目的。

办理"存、放、汇"，仍是中央银行的主要业务内容，但是请注意，中央银行的业务对象可不是一般企业和个人，而是商业银行与其他金融机构。作为金融管理的机构,这一职能具体表现在集中存款准备、最终贷款人、组织全国的清算三个方面。

让我们来看一下,经济学教科书上是怎样描述中央银行的:

中央银行是"发币的银行",对调节货币供应量、稳定币值有重要作用。

中央银行是"银行的银行",它集中保管银行的准备金,并对它们发放贷款,充当"最后贷款者"。

中央银行是"国家的银行",它是国家货币政策的制订者和执行者,也是政府干预经济的工具;同时为国家提供金融服务,代理国库,代理发行政府债券,为政府筹集资金;代表政府参加国际金融组织和各种国际金融活动。

中央银行的主要业务有:货币发行、集中存款准备金、贷款、再贴现、证券、黄金占款和外汇占款、为商业银行和其他金融机构办理资金的划拨清算和资金转移的业务等。

中央银行是国家的银行。这一职能主要表现在以下几个方面:代理国库;代理国家债券的发行;向国家给予信贷支持;保管外汇和黄金准备;制订并监督招待有关金融管理法规。此外,中央银行还代表政府参加国际金融组织,出席各种国际会议,从事国际金融活动以及代表政府签订国际金融协定;在国内外经济金融活动中,充当政府的顾问,提供经济、金融情报和决策建议。

作为银行的银行,它只接受银行的存款,也只对银行进行贷款。商业银行在需要资金时可以向中央银行借。我们把中央银行的这一作用叫做"最后的贷款人"。也就是说,当出现资金短缺危机时,中央银行是最后的救命稻草了。由于中央银行不与公众或者公司直接打交道,所以你几乎见不到它的网点。

但是中央银行不可忽视的一个作用就是保护你我作为储户的利益,同时维持金融系统的安全。那么再追问一句,中央银行怎么防止这种现象发生、怎么保护储户的利益呢?

首先,就是加强对商业银行的监管。作为上级机关,中央银行可以随时对商业银行的经营进行检查。如果商业银行严重违法,中央银行可以吊销它们的营业执照。

其次,就是为储户的存款提供保险。比如在美国,作为中央银行存在的美联储就规定,储户的存款保险额是10万美元。2008年,美国发生金融危机,为了防止挤兑导致银行大量倒闭,美联储将保险额临时提高到了25万美元。

最后，是为商业银行设定一个法定存款准备金率。这个后面我们还要讲到，所以这里只是简单说一下。所谓法定存款准备金率就是，中央银行规定，银行不能把储户的存款全部贷出去，必须按比例将其中的一部分作为准备金，强制性地存放在中央银行，以便储户来取款时，银行有钱付给他，我们把按此例强制性存入中央银行的这笔钱叫法定存款准备金。这个比例到底是多少呢？中央银行随时可以调整。

中央银行：货币的发行者

清代有没有中央银行呢？1897年5月27日成立中国通商银行，清政府授予发行纸币特权。1904年3月14日清政府开始计议设立大清户部银行，1905年8月在北京成立户部银行，制定章程32条，授予户部银行铸造货币、代理国库、发行纸币之特权。这是中国最早的中央银行，发行的纸币实为银两兑换券。1908年户部银行改名大清银行，发行的纸币同户部银行相差无几。清末钱庄、银钱店、官银局都发行纸币，有银两票、银元票、钱票等三种。都以当时银价定值，缴纳钱粮赋税均可通用，谁家发行由谁家负责兑现。既未规定发行限额，也未建立发行准备制度。1909年6月清政府颁布《兑换纸币则例》19条，明确规定纸币发行权属于清政府，一切发行兑换事务统归大清银行办理，所有官商钱行号，一概不准擅自发行纸币。

所以我们可以看到中央银行的一个特征：货币发行垄断权。那么中央银行是怎样发行货币，怎样维持币值稳定的，人民币的发行程序又是怎样的呢？

从你的钱包中任取出一张人民币，都可以在上面找到"中国人民银行"的字样，这就是发币行。当然如果你有外币，那么也可以看到欧元钞票上印有"欧洲中央银行"，日元上则印有"日本银行"。钞票由中央银行独家印制和发行，这在许多国家都是如此，但为什么会这样呢？

在中国，有法律规定：任何单位和个人不得印制、发售代币票券以代替人民币流通。这意味着无论纸币还是硬币，无论主币还是辅币，均统一集中由中国人民银行发行，中国人民银行具有垄断的货币发行权。除此之外，财政部、其他金融机构以及其他任何单位和个人均无权发行货币和代用货币。也就是说，中央银行享有完全的货币发行权力。

其实并不是一开始就由中央银行垄断发行货币的权力的。距今300多年前，中央银行才出现。在此之前，流通中的钞票是由一些商业银行发行的，我们称之为银行券。这是一种信用货币，如果发钞银行倒闭了，它发行的钞票差不多就变成一张张废纸，买不来任何东西。在19世纪的美国，有1 600多家银行竞相发行钞票，一时间竟有3万多种钞票进入市场流通。这些钞票良莠不齐，很多钞票根本无法兑现，既不便于流通，也在无形中劫掠了平民百姓的财富。混乱的货币秩序让很多国家吃过苦头，反反复复的教训使人们意识到，需要有一家银行垄断货币的发行。于是，许多国家纷纷通过立法将发行货币的特权集中到本国的一家银行，中央银行由此逐渐演变形成。

而早期许多国家成立中央银行的初衷是利用它来为政府筹钱，帮政府理财，中央银行一开始就与政府建立了密切的联系。正是有政府信用作支撑，加之自身有发行货币的垄断性特权，中央银行的实力和信誉远远超过同时代的其他银行。当有银行发生资金周转困难或濒临倒闭时，中央银行会拿出钱来帮助银行，它也由此开始承担起"最后贷款人"的角色。此后，中央银行发现，等到银行出事后再去救助，太过于被动，在平时就应该主动监督管理银行，使之稳健经营，这样，中央银行又具有了监管其他银行的权利，随后又逐渐利用手中的工具调控国家的经济。至此，现代意义的中央银行便演变形成。

尽管最早的中央银行公认是瑞典银行，现代中央银行的鼻祖是英格兰银行，但是中央银行成为一种普遍的制度，是从1920年开始的。布鲁塞尔国际经济会议决定，凡未成立中央银行的国家，应尽快成立，以稳定国际金融，消除混乱局面。

有权利当然也就有义务，中央银行的义务就是代政府管钱，并且保持币值的稳定。一个国家的公民持有本国的货币，他会要求手中的钱能够买到足值的东西。保证货币足值和币值稳定的任务，就落到中央银行的头上。

中央银行发行一国货币，币值的稳定与否是一国经济是否健康的一个重要指标。如果一国货币在升值的话，就说明该国的经济好了。如果大家都认可你，都来要你的货币的时候，你的货币就会升值；如果大家都不相信你，都去抛出你的货币，当然你的货币就要贬值。所以货币标志着一个国家的经济实力，它是一种信心的象征，人们愿意要这种货币是因为它的足值和稳定。如果市场上的货币太多，物价自然就会上涨。比如非洲国家津巴布韦在罗伯特·穆加贝当总统的这几年中，中央银行不断地印刷钞票，政府的收入中超过50%来自发行钞票的铸币收入。结果是物价暴涨——物价每小时就涨一倍。

那么如何防范中央银行滥发纸币呢？各国的货币发行制度因国情不同而内容各异，最核心的是设置发行准备金原则的区别。发行准备一般分为两种。一种是现金准备，包括有十足货币价值的金银条块、金银币和可直接用于对国外进行货币清算的外汇结存。另一种是保证准备（又称信用担保），即以政府债券、财政短期库券、短期商业票据及其他有高度变现能力的资产作为发行担保。从历史上看，货币发行准备金制度有过五种基本类型：

十足现金准备制又称单纯准备制，即发行的兑换券、银行券要有十足的现金准备，发行的纸质货币面值要同金银等现金的价值等值，实际上这种纸质货币只是金属货币的直接代用品，只是为了便于流通。这种制度仅在金属货币时代适用。

部分准备制又称部分信用发行制、发行额直接限定制、最高保证准备制。部分准备制最先在英国出现，其要点是由国家规定银行券信用发行的最高限额，超过部分须有百分之百的现金准备。随着发行权的集中，这种限额可以在一定限度内增加。

发行额间接限制制包括：证券托存制，即以国家有价证券作为发行保证，在这种制度下，国家公债是银行券发行的保证，如1863年美国的《国民银行条例》；伸缩限制制，即国家规定信用发行限额，经政府批准的超额发行须缴纳一定的发行税，1875年德国曾采用此制；比例准备制，即规定纸币发行额须有一定比例的现金准备，如1913年美国的《联邦储备法》。

最高限额发行制又称法定最高限额发行制，即以法律规定或调整银行券发行的最高限额，实际发行额和现金准备比率由中央银行掌握。法国自1870年起采用这一制度。

商品足值保证制即以计划价格投入流通的大量商品作为纸币发行的保证。

在中国则表述为"百物本位制"。20世纪80年代末以前，苏联以及东欧各国大都采用过这一制度。

以上发行准备金制度的实行，就可以在最大程度上保证中央银行无法滥发纸币，进而维持币值的稳定。

而为政府管钱其实也就是代理国库。政府开支所需资金最主要的来源是税收。税收由财政部来管，但财政部不能把钱放在财政部的办公大楼里，也要存到银行去。财政部把钱存到哪个银行呢？财政部只能把钱存入中央银行。财政部的收入与开支就通过它在中央银行开设的各种户头来进行。

最后我们再说一下人民币发行的程序。具体而言，发行程序主要有以下三个环节：首先，制定货币发行总限。货币发行总限是计划期间（通常为一年）内货币发生的最高限额，是中国人民银行根据国家经济发展的实际需要，通过编制全国信贷计划和现金计划提出来的，经提交国家计划委员会在每年国民经济计划综合平衡的基础上核定，报经国务院批准后执行。货币发行总限额是一项指令性的国民经济计划指标，必须严格遵守和有效贯彻。这是货币发行的最关键的一个程序。

中央银行独立性：微妙的轻重

1913年12月23日美国国会通过《联邦储备条例》，美联储成立。该条例赋予美联储很高的独立性，规定美联储直接对国会负责，禁止美联储向财政透支或直接购买政府债券；美联储完全不依赖于财政拨款，能够拒绝审计总署的审计。此外，所有联邦储备体系理事会成员任期14年，不仅任期超过总统，而且还存在与所提名总统交错任职的情况，从而避免了总统直接操纵的可能。因此，美联储是世界上公认的独立性较高的中央银行。

请思考，中央银行为什么需要保持一定的独立性？各国银行的独立性如何呢？

从前面的章节中我们已经知道，中央银行的产生是为了解决商业银行所不能解决的信用货币发行、票据交换和清算、支付能力保证、金融监督、政府融资等问题。因此从中央银行产生的那一天起，就具有了和普通的商业银行所不同的特性和任务。其中独立性问题可以说是首要问题，这是因为中央银行所具有的独特的属性所要求的。

我们经常听说经济学家呼吁中央银行要独立。这是什么意思呢？意思就是中央银行不能随便听命于政府首脑的，要相对独立于政府。比如在美国，美联储不能随便听从美国总统的；在英国，英格兰银行不能随便听命于英国首相的。要是中央银行完全听命于行政部门，后果会很严重。

其实在中央银行出现早期并没有人关注独立性这个问题，从第一次世界大战到20世纪70年代初这一期间中央银行基本上是不独立，只是作为政府的职能部门、调控手段而存在。这主要是由于战争期间，为政府筹集战争经费的需要和战后对于经济恢复的需要，政府加大对于中央银行的控制，从而扩大货币的发行，刺激经济增长。这就使得许多的国家发生了通货膨胀，出现经济的危机。特别是20世纪30年代的世界性的经济危机的出现，以凯恩思为首的国家干预经济理论的流行，使得中央银行的独立性大大削弱。在此期间，1920年在布鲁塞尔和1922年在日内瓦召开的两次国际经济会议上许多国家的中央银行提出了减少政府的干预，实行中央银行独立于政府的主张，如当时的英格兰银行总裁诺曼，德国国家银行总裁薛德，美国联邦储备委员会主席司托朗等人都支持这一观点。这是在中央银行的发展史上第一次提出中央银行对立性的问题。

维护中央银行独立性是当今世界的一大趋势，中央银行独立性大的国家多设单一的监管机构，中央银行就是金融业的主管部门。在实行联邦制的国家，如德国和美国，或在中央银行独立性较小的国家，如意大利、法国、日本、加拿大和瑞士等，对金融业的监管机构是多头的。

从立法方面看，很多西方国家的中央银行法都明确赋予中央银行以法定职责，或赋予中央银行在制定或执行货币政策方面享有相当的独立性。如西德联邦银行法中规定，"德意志联邦银行为了完成本身使命，必须支持政府的一般经济政策，在执行本法授予的权势，不受政府指示的干涉"。联邦银行法规定的中央银行的权力是非常广泛的。再贴现、准备金政策、公开市场政策等方面，联邦银行都可以独立地作出决定。日本银行法中，曾多次提到日本银行要受主管大臣（只大藏大臣）的监督。并规定，"主管大臣认为日本银行在完成任务上有特殊必要时，可以命令日本银行办理必要业务或变更条款或其他必要事项。"这些规定与前述日本银行的隶属关系是一致的。在独立性方面，日本银行小于德意志联邦银行。

从中央银行的资本所有权来看，它的发展趋势是趋于归政府所有。目前很多西方国家的中央银行资本归国家所有，其中主要是英国、法国（以上两国的中央银行都是在第二次世界大战后收归国有的）、联邦德国、加拿大、澳大利亚、荷兰、挪威、印度等国。有些国家中央银行的股本是公私合有的，如日本、比利时、奥地利、墨西哥和土耳其等国。另外一些国家的中央银行虽然归政府管辖，但资本仍归个人所有，如美国和意大利等国。凡允许私人持有中央银行股份的，一般都对私人股权规定一些限制。例如，日本银行的私人持股者只领取一定的红利，不享有其他的权利。意大利只允许某些银行和机关持有意大利银行的股票，美国联邦储备银行的股票只能有会员银行持有。中央银行资本逐渐趋于国有化或对私人股份加以严格的限制主要是出于以下的考虑，即中央银行主要是为国家政策服务的，不能允许私人利益在中央银行中占有任何特殊的地位。

从任命中央银行的历史和总裁来看，政府作为中央银行的唯一的或主要的股东，或甚至在私人全部持有中央银行股票的情况下，政府一般都拥有任命理事或总裁的权力。至于在中央银行理事会中政府是否派有代表参加或政府代表的权限有多大，各国则有较大的差异。一般来说，有以下几种情况：

①在中央银行中设有政府代表，对中央银行政策的制定不过问，如英国、美国、荷兰、奥地利等国；

②在中央银行中政府派有代表，这些代表的发言权、投票权、否决权以及暂缓执行权，则各有不同。在意大利银行中，政府代表的权力较大。在德国联邦银行和日本银行中，政府代表只有发言权，而无表决权。

不过凡事也要从两面看，各国的中央银行应力求与政府保持密切合作，因为国家的经济政策和货币政策是不可分割的。如果过分强调中央银行的独立性，容易与政府关系不协调。比如由美国次贷危机引发的全球性的金融危机，给许多国家的经济都带来了很大的影响，在这场金融海啸中，指责美联储决策失误的评论随处可见。此次危机前，美联储实行长期的低利率，放松金融创新的管制,各种各样的金融衍生品进入市场,然而整个市场却是建立在次级贷款的基础之上的,这就大大增加了金融市场的不稳定性,一旦次级贷款者违约,便会造成整个市场的动荡。

中央银行不能没有独立性,但也不能完全丧失独立性,否则会使政府过多依赖银行,造成过度财政发行。因此,如何保持中央银行的相对独立性,是一个十分重要的问题。

美联储归谁所有

1907年,美国经济出现了一些问题,大公司一个接一个倒闭。西奥多·罗斯福总统命人赶快去请金融巨头摩根,让他出面请求银行家们合作。摩根立刻把所有的银行家请到自己的私人图书馆里,让他们商量该怎么办。然后他出去,把门锁上,自己到另一间房子里,坐在桌前悠闲地玩纸牌,等待着谈话的结果。这些银行家们一整夜都在那儿谈,究竟怎么办才能解救这场危机。大家知道,当企业要倒闭时,银行是不愿借钱给企业的。越没有钱,企业倒闭得就越快。如果银行见死不救的话,经济就会呈现连锁反应,整个经济就会崩溃,他们自身也会遭殃。于是这些银行家们争来争去,有人说出500万元,有人说1 000万元。最后快到天亮的时候,摩根推门进去说:"这是合约,这是笔,大家签字吧!"他拿出早已让别人起草好的合约,让银行家们签字。这些筋疲力尽的银行家们拿起笔在合约上签了字,同意出2 500万美元去解救这场危机。几天后,美国经济就恢复了。

故事中,摩根一个人充当了中央银行的角色。而现在有一种观点:美国的中央银行美联储其实是一家私人的银行。这确实是一个惊人的内幕,一家私人机构拥有货币发行权,这对金融市场乃至全球金融市场意味着什么?美联储与华尔街巨头之间是怎样的关系?有没有什么幕后不为人知的秘密?

经过次贷危机，美联储的曝光率越来越高，谈论它的人也越来越多，而关于美联储是一家私人机构的说法也甚嚣尘上。人们说：美联储，被认为是与市场实现了完美互动，并被奉为中央银行的"标杆"。然而在这光鲜的背后，美联储在本质上却是一家私有的机构。

那么美联储到底是怎样一个机构呢？

20世纪初的时候，美国还没有中央银行，那时美国的商业银行经常出现支付危机。因为银行把钱都贷出去了，当储户来取钱的时候，它们没钱支付。一家银行如果没有钱的话，风声一旦传出，其他银行的门前就会排起长队，大家都去提款。因为所有的人都害怕明天取不出钱来了，如果大家都去取，钱就真的取不出来了，这就是挤兑。说起中央银行，并不是说自从有了从事存贷款业务的商业银行那天起就同时有了中央银行。中央银行的出现有一个过程，也是有原因的。

美国建国之后的1791年，在当时的财政部长、天才式人物汉密尔顿的强烈支持下，第一个中央银行成立，但是这家央行在20年后就消失了。这就是第一合众国银行，总股本1 000万美元，私人拥有80%，美国政府拥有20%。在25人组成的董事会中20人由私人股东推举，5人由政府任命。1811年第一合众国银行到期，美国政府否决了授权延期的议案。此后，1812年爆发了美国与英国的战争，持续三年的战争增大了美国的财政压力。1816年，第二合众国银行成立，同样得到了20年的营业授权，总股本3 500万美元，仍然是80%由私人占有，20%属于政府。1832年美国总统杰克逊否决了第二合众国银行延期的议案。从那以后一直到1913年的80来年间，美国的经济是在没有央行的情况下运行的。

缺少了央行，就无法动用适当的货币政策调节经济，并且，没有了最后的贷款人，金融系统也更容易出问题。试想一下，如果世界各国缺少了央行，本次危机中破产的恐怕将远远不止雷曼兄弟这一家。1836年后美国经济，正是处在这种不稳定的状态下。到了1907年，蔓延的危机把美国的金融系统推向了崩溃的边缘。好在当时的金融巨头摩根及时出手，凭借一人之力，扮演了央行的角色，挽救了整个系统。

1907年，银行恐慌再次袭击美国。而且，这次危机的严重程度前所未有。这一次，摩根挺身而出，力挽狂澜。1907年银行危机对美国的打击异常沉重，也让美国很多人认识到，美国需要一个中央银行。在没有中央银行的这些年中，摩根一个人起了中央银行的作用。联邦政府没钱了，找他解决问题；华尔街出了问题，找他要资金；大公司出了问题，也来找他帮忙。摩根的作用如此之大，以至于1910年2月2日出版的一个刊物封面就是约翰·摩根，旁边的大标题就是"建立中央银行？摩根大叔已经干起了中央银行的活，美国还用得着再建一个中央银行吗？"

1913年美联储成立了，首先它没有国家银行那样冠冕堂皇的名字；其次，它的总部设立在政治中心华盛顿，并且拥有12家地区分支机构，政府拥有主席和理事的提名和任命权。这里有两个要点：第一，政府已经不再拥有前两任央行那样20%的股份，它是由12家联邦储备银行构成的，这些银行是联邦特许股份公司，每家银行都有自己的股东、董事和总裁。每家银行的股东都是储备银行所在地区的成员银行，他们有权选举9名董事中的6名。每家成员银行都需要购买等同于其资产和净资产的3%的股票额。第二美联储法案里根本没说授权期限问题，人们不再需要为了授权期限到期而再去争吵。

不管怎么说，这样的事实是无法否认的：美联储是股份公司，而拥有股份的并不是美国政府，政府只是拥有美联储理事的提名和任命权，而因此引起的种种问题也让人难以回答：

其一，我们知道货币发行权属于一国央行所有，而美国宪法明确规定国会拥有货币发行权，那么现在改由私有的美联储来执行货币发行权，是否在本质上符合美国宪法？这个问题的争论曾经导致第一、二合众国被关闭，这意味着这种讨论不是没有价值。

其二，在美元本位之下，美联储不仅是美国的央行，甚至还是全世界的央行，但没有任何国际机构对美联储的行为进行监管，私有本质对美联储在全球金融市场上发挥作用有没有影响？

理清美联储到底是国有还是私有的问题并非无关紧要，毕竟现在我们正处于国际金融体系的调整期，明确美联储的私有性质，明确美国货币发行的本质，将有助于我们认清国际金融市场的本质，以及国际金融体系的前进方向。

中央银行货币乘数

假设甲有1 000元的现金,存在商业银行(比如工商银行)活期存款账户。银行按照中央银行的要求,把其中10%(100元)交纳法定准备金,存入中央银行(中国人民银行)。剩下的900元可以全部贷出去,贷给乙。乙把这些钱再存入乙在工商银行的账户,工商银行再交给中国人民银行90元,剩下的再贷出去。周而复始,理论上可以产生10 000(1 000/10%)元的活期存款。那么这个货币乘数就是10。

理论上,货币乘数是法定准备金的倒数。但是实际上,往往达不到。各个国家这个数字究竟是多少,应该是各国的机密之一。那么,什么是货币乘数呢?货币乘数的上升下降是由什么决定的呢?

货币乘数是货币供给量对基础货币的倍数关系。具体一点说就是在货币供给过程中,中央银行的初始货币提供量与社会货币最终形成量之间客观存在着数倍扩张(或收缩)的效果或反应,这即所谓的乘数效应。

货币乘数主要由通货—存款比率和准备—存款比率决定。其中,通货—存款比率指的是流通中的现金与商业银行活期存款的比率。它的变化反向作用于货币供给量的变动,通货—存款比率越高,货币乘数越小;通货—存款比率越低,货币乘数越大。而准备—存款比率是商业银行持有的总准备金与存款之比,准备—存款比率也与货币乘数有反方向变动的关系。银行提供的货币和贷款会通过数次存款、贷款等活动产生出数倍于它的存款,即通常所说的派生存款。

那么,什么情况下这个乘数会上升呢?一般来讲,利率低的时候,大家愿意贷款,这个乘数就会上升。反之,利率高的时候,这个乘数就会下降。而央行就是通过控制利率,来调节这个乘数。经济萧条的时候,通货紧缩,东西越来越便宜,失业上升,央行就要降低利率,鼓励大家贷款,发展经济。经济过热的时候,通货膨胀,东西越来越贵,央行就要提高利率,减少贷款,减少社会上的货币量。

货币乘数的大小决定了货币供给扩张能力的大小。而货币乘数的大小又由以下四个因素决定：

法定准备金率。这个词在本书中出现的频率很高，我们已经知道了定期存款与活期存款的法定准备金率均由中央银行直接决定。通常，法定准备金率越高，货币乘数越小；反之，货币乘数越大。

超额准备金率。所谓超额准备金率就是商业银行保有的超过法定准备金的准备金与存款总额之比。从定义描述中我们就可以看出，超额准备金的存在相应减少了银行创造派生存款的能力，因此，超额准备金率与货币乘数之间也呈反方向变动关系，超额准备金率越高，货币乘数越小；反之，货币乘数就越大。

现金比率。现金比率是指流通中的现金与商业银行活期存款的比率。现金比率的高低与货币需求的大小正相关。因此，凡影响货币需求的因素，都可以影响现金比率。比如说，银行存款利息率下降，导致生息资产收益减少，人们就会减少在银行的存款而宁愿多持有现金，这样就加大了现金比率。现金比率与货币乘数负相关，现金比率越高，说明现金退出存款货币的扩张过程而流入日常流通的量越多，因而直接减少了银行的可贷资金量，制约了存款派生能力，货币乘数就越小。

定期存款与活期存款间的比率。由于定期存款的派生能力低于活期存款，各国中央银行都针对商业银行存款的不同种类规定不同的法定准备金率，通常定期存款的法定准备金率要比活期存款的低。这样即便在法定准备金率不变的情况下，定期存款与活期存款间的比率改变也会引起实际的平均法定存款准备金率改变，最终影响货币乘数的大小。一般来说，在其他因素不变的情况下，定期存款对活期存款比率上升，货币乘数就会变大；反之，货币乘数会变小。

总之，货币乘数的大小主要由法定存款准备金率、超额准备金率、现金比率及定期存款与活期存款间的比率等因素决定。

最后，关于货币乘数还需要说明的一点是，信用体系越发达的社会，这个乘数就会越高。道理很简单，如果大家手里都是现金的话，谁也不用活期账户交易，那么政府发行多少货币，大家手里有多少货币，这个乘数就变成了1。

中央银行的三大"法宝"

早在1913年,美国就建立了联邦储备体系,承担着中央银行职能,但当时的国会却不给拨款,所以联邦储备体系只好自谋生路。最开始,联邦储备银行通过向会员银行发放贴现贷款赚取利息,但由于1920年到1921年间的经济衰退,贴现贷款数额急剧减少,联邦储备体系不得不另辟生财之道,于是开始购买债券,赚取利息。久而久之,美联储发现,当它从商业银行那里买进债券时,商业银行手里的准备金就增加了,经过存款创造机制,它们的存款规模成倍扩张,货币供应量增大了。由此美联储意识到,它找到了一个调节货币供应量的简单而有效的工具。到20世纪20年代末,这一工具已经成为美联储的重要"法宝"。直至今日,它依然是各国中央银行最常用的一种货币政策工具。

这里美联储所用的货币政策工具就是公开市场操作,它也是中央银行调节经济体系的三大法宝之一。那么三大货币政策工具都是指什么?它们又是怎样对经济体系发生作用的呢?

中央银行在金融生活中起到的作用非常大,它会运用一般性政策工具从总体或全局的角度,对货币和信用进行调节和控制,从而对经济体系产生普遍影响。这类政策工具主要有三个:公开市场操作、再贴现政策和法定准备金率,人们习惯上将其称为中央银行货币政策的"三大法宝"。

公开市场操作。公开市场操作是指央行在金融市场上买卖有价证券(如国债)的活动。当央行买进有价证券时,向出卖者支付货币,从而增加了流通中的货币量。反之,则减少货币量。公开市场业务最大的优点,是央行可以经常运用它,对经济进行微调,操作灵活方便,对经济的震动小。所以,从20世纪50年代起,美联储90%的货币吞吐通过公开市场业务进行,德、法等国也大量采用公开市场业务调节货币供应量。

让我们分析一下这种政策工具的使用价值。一般来说,当经济繁荣、过多的货币追逐有限商品的时候，中央银行通过卖出有价证券以减少商业银行的准备金，进而迫使商业银行减少或收回贷款，最终达到回笼货币的目的。反之，当经济萧条、市场资金匮乏时，中央银行公开买进证券，从而使金融市场货币供给充足。在当代开放经济条件下，随着资本流动的增加和外汇市场的扩展，中央银行的外汇市场操作、干预外汇市场的行为也会影响到货币数量和供给，因此，公开市场业务包括中央银行的外汇市场操作。但公开市场操作有效地发挥作用，需要一些重要的前提，比如央行要有雄厚的实力、利率要实行市场化、国内金融市场发达、可供操作的证券种类齐全等。

  再贴现政策。再贴现政策主要指货币当局变动自己对商业银行所持票据再贴现的贴现率，影响贴现贷款数量和市场利率，从而对货币供应产生影响以实现货币政策预期目标；现在已扩及对商业银行各种信用支持的利率。如果您持有还没到期的票据，但又急着用钱，就可以把票据转让给商业银行获得现款，代价是贴付一定利息，这就叫贴现。可商业银行也有周转不开的时候，它也可以把手中未到期的票据暂时"卖"给中央银行，这就叫再贴现。商业银行也得向中央银行支付一定利息，这个利率就叫再贴现率。这个我们在第十章还将再讲到。当中央银行降低再贴现率的时候，商业银行发现从中央银行再贴现借钱比较划算，就会更多地申请再贴现。这样一来，中央银行的基础货币投放增加了，货币供应量自然也会增加。而且，再贴现利率的降低也会最终带动其他利率水平的下降，起到刺激投资和增长的作用。反过来，中央银行也可以提高再贴现率，实现相反的意图。

  再贴现的确是个妙用无穷的法宝，它不但能调控货币总量，还能调整结构。比如，中央银行规定哪些票据可以被再贴现，哪些机构可以申请再贴现，这样分门别类、区别对待，使得政策效果更加精确。

  法定准备金率。法定存款准备金政策是一剂猛药，它是指中央银行通过调整法定存款准备金比率，来影响商业银行的信贷规模，从而影响货币供应量的一种政策措施。从理论上讲，有了存款准备金，商业银行创造存款的能力就受到限制。存款准备金率越高，商业银行创造存款的能力就越弱；相反，存款准备金率越低，商业银行进行存款创造的能力就越强。这是为什么呢？如果提高法定存款准备金率，商业银行就必须多向中央银行缴纳准备金，能够用来发放贷款的资金就少了，创造派生存款的能力就变弱了，货币供应量则会成倍地减少。反过来，如果下调法定存款准备金率，商业银行创造存款的能力就会大大增强，货币供应量也会成倍增加。

1999年3月，我国人民银行将存款准备金率降了两个百分点，商业银行一下子便多出了2 000多亿元的可用资金。1998年，中国人民银行改革再贴现率生成机制，在内需不足的情况下，三年时间里连续四次调低再贴现率，使商业银行和企业有了大量的活钱可用。以上两项大动作，大大增加了货币供应量，对刺激投资、拉动经济，作用不可低估。但是，药猛伤身，正由于存款准备金率和再贴现率对一国金融影响至深，所以，不到重要关头，中央银行并不轻易动用。

从上面的分析中我们可以看到，这三个政策工具各有优势：公开市场操作胜在灵活，它的主动权操之于中央银行，并且较准确，易于改变方向，无政策拖延能迅速实施。因此，公开市场操作是中央银行控制基础货币和货币供应的主要工具。

而贴现政策在影响基础货币和货币供应方面虽然不及公开市场操作，但是贴现政策作为最后贷款人以防止金融恐慌有重要的作用。例如，美联储在1974年向富兰克林国民银行和1984年向大陆伊利诺斯国民银行及时提供大额贴现贷款，避免了这两家银行由于存款人挤兑而发生破产从而引起其他银行的挤兑现象出现而引起金融恐慌。但是由于挽救成本的存在，美联储在发挥其作为最后贷款人的角色时，也需在道德风险成本和防止金融恐慌的益处之间作出权衡。贴现政策还可以用作表明中央银行货币政策意图的一种信号。

法定准备金率的优点就是它的操作对银行体系能够产生普遍而平等的影响效果，并且对货币供应量有很强的收缩或者扩张作用。但是，微小的法定准备率会引起多倍的存款创造，政策上不宜经常使用。并且，对超额储备很低的银行，提高准备金率可能立即引起流动性问题。

俗话说，尺有所短，寸有所长。央行的货币政策工具，只有合理搭配，才能取得令人满意的调控效果。比如央行试图提高再贴现率控制信用膨胀，有些商业银行却会通过同行拆借、发行票据、国外市场筹资等获得资金，而无须向央行求借。如果央行辅以公开市场业务，以市场上低价卖出证券，则商业银行便会见利而购，紧缩性货币政策目标便得以实现。

除了这三大法宝之外，还有一些非常规武器，它们被称作选择性政策工具和补充性政策工具。高居金融金字塔顶端的中央银行，若能娴熟地运用货币政策工具，便可收放自如，处变不惊了。

干预外汇：中央银行的手能伸多长

1985年9月工业五国对外汇市场的干预则是一场成功的速决战。里根上台后，美元就开始一路走强，到1985年2月25日达到最高点，对马克的汇率高达1美元兑3.4794马克。经过春季和夏季的调整后，美元在该年9月又开始上涨。美国、英国、法国、德国和日本等五国的财政部部长与中央银行行长在纽约广场饭店开会讨论外汇干预问题。9月22日星期天，五国发表声明。声明说，五国财长和中央银行行长一致同意，"非美元货币对美元的汇价应该进一步走强"，他们"在有必要时将进一步合作，进行干预"。第二天早上，外汇市场美元便立刻大跌，对马克的汇率从2.7352跌到2.6524马克，跌幅达3%以上。美元从此一路下跌，以至到1986年年底，日本和德国的中央银行又被迫采取支持美元的干预措施，收效甚微，美元的跌势到1987年年初美元中央银行也参加市场干预时才止住。1985年9月的干预是否有效，外汇市场存在着争论。有人认为，美元在干预前已经开始走低，即使中央银行银行不干预，它也会在9月份反弹后继续走低。但更多的意见认为，这次干预还是有效的。

中央银行对外汇市场的干预在金融生活中并不少见，尽管这种手法也存在一些问题。那么，中央银行的干预手法有哪些呢？

中央银行干预外汇市场的定义是：货币当局在外汇市场上进行外汇买卖，并用以影响本国货币的汇率，其途径可以是用外汇储备、中央银行之间调拨，或官方借贷等。

再细分一下，在中央银行干预外汇市场的手段上，可以分为不改变现有货币政策的干预和改变现有货币政策的干预。所谓不改变政策的干预是指中央银行认为外汇价格的剧烈波动或偏离长期均衡是一种短期现象，希望在不改变现有货币供应量的条件下，改变现有的外汇价格。换言之，一般认为利率变化是汇率变化的关键，而中央银行试图不改变国内的利率而改变本国货币的汇率。

这里要重点说一下改变政策的干预。所谓改变政策的外汇市场干预实际上是中央银行货币政策的一种转变，它是指中央银行直接在外汇市场买卖外汇，而听任国内货币供应量和利率朝有利于达到干预目标的方向变化。例如，如果马克在外汇市场上不断贬值，德国中央银行为了支持马克的汇价，它可在市场上抛外汇买马克，由于马克流通减少，德国货币供应下降，利率呈上升趋势，人们就愿意在外汇市场多保留马克，使马克的汇价上升。这种干预方式一般来说非常有效，代价是国内既定的货币政策会受到影响，是中央银行看到本国货币的汇率长期偏离均衡价格时才愿意采取的。

中央银行在进行这种干预时的常规手段有两种，当然这两种手段是并行不悖的：

第一，中央银行在外汇市场上买进或卖出外汇时，同时在国内债券市场上卖出或买进债券，从而使汇率变而利率不变化。例如，外汇市场上美元对日元的汇价大幅度下跌，日本中央银行想采取支持美元抛出日元，美元成为它的储备货币，而市场上日元流量增加，使日本货币供应量上升，而利率呈下降趋势。为了抵消外汇买卖对国内利率的影响，日本中央银行可在国内债券市场上抛债券，使市场上的日元流通量减少，利率下降的趋势因此而抵消。需要指出的是，国内债券和国际债券的相互替代性越差，中央银行不改变政策的干预就越有效果，否则就没有效果。

第二，中央银行在外汇市场上通过查询汇率变化情况、发表声明等，影响汇率的变化，达到干预的效果，它被称为干预外汇市场的"信号反应"。中央银行这样做是希望外汇市场能得到这样的信号：中央银行的货币政策将要发生变化，或者说预期中的汇率将有变化等。一般来说，外汇市场在初次接受这些信号后总会作出反应。但是，如果中央银行经常靠"信号效应"来干预市场，而这些信号又不全是真的，就会在市场上起到反面的效果。比如1978年至1979年卡特政府支持美元的干预，经常被认为是"狼来了"信号效果的例子。而1985年西方五国财政部部长和中央银行行长的"广场饭店声明"立刻使美元大跌，就经常被认为是"信号效应"成功的例子。

那么我们怎么判断中央银行的干预是否有效呢？看中央银行干预的次数多少和所用的金额大小是没有意义的，从中央银行干预外汇的历史至少可以得出以下两个结论。

如果外汇市场异常剧烈的波动是因为信息效益差、突发事件、人为投机等因素引起的，而由于这些因素对外汇市场的扭曲经常是短期的，那么，中央银行的干预会十分有效，或者说，中央银行的直接干预至少可能使这种短期的扭曲提前结束。

如果一国货币的汇率长期偏高偏低是该国的宏观经济水平、利率和政府货币政策决定的，那么，中央银行的干预从长期来看是无效的。而中央银行之所以坚持进行干预，主要是能够达到以下两个目的：首先，中央银行的干预可缓和本国货币在外汇市场上的跌势或升势，这样可避免外汇市场的剧烈波动对国内宏观经济发展的过分冲击；其次，中央银行的干预在短期内常会有明显的效果，其原因是外汇市场需要一定的时间来消化这种突然出现的政府干预。这给予中央银行一定的时间来重新考虑其货币政策或外汇政策，从而作出适当的调整。

最后，我们再来看看对中央银行干预外汇的反对意见。这种观点认为，中央银行直接干预外汇市场所反映的根本问题是，既然在市场经济和浮动汇率制条件下，外汇汇率就应由市场本身来决定。如果相信市场的供求关系会自动调节外汇的长期利率，中央银行的直接干预充其量只有短期效应，或缓和或猛烈的涨势或跌势，而从长期看是徒劳的。要真正控制外汇汇率，对中央银行来说只有实行固定汇率制。而固定汇率在目前世界经济形势下能否行得通是个关键。

第8章　不可忽视的金融体系调节器
——每天学点利息和利率知识

名正言顺的利息

在著名的喜剧《威尼斯商人》中，莎士比亚塑造了两个很有意思的人物：一个是侠肝义胆，为朋友两肋插刀的威尼斯商人安东尼奥；另一个是阴险狡诈，冷酷无情的高利贷商人夏洛克。夏洛克为了报复安东尼奥借钱给别人不收利息和先前对自己的侮辱，在安东尼奥为了朋友的婚事向夏洛克借钱的时候，他故意提出如果不能按期还款，那么就必须在安东尼奥的胸脯上割下一磅肉作为惩罚的苛刻条件。在经历了一系列扣人心弦的戏剧冲突之后，可怜的夏洛克不但失去了金钱，而且还成了人们广为嘲笑的对象；正义的代表安东尼奥最终获得了胜利。

如果从经济学的角度来看，莎士比亚无疑在他的喜剧中描述了一场经济纠纷。而这场纠纷的根源则在于商人安东尼奥向高利贷者夏洛克的"直接融资"。在莎士比亚所生活的那个年代，货币财富极其稀少，高利贷者则成了这种财富的主要提供者。尽管高利贷者握有大量货币财富，但这些财富却大多来源于他对那些可怜的借款人的压榨，而不在于吸收存款。夏洛克对安东尼奥的仇恨来源于安东尼奥向别人放款时并不需要别人支付夏洛克要求的那样高的利息。而过高的利息则是高利贷者赖以发财致富的根本原因。

什么是利息呢？利息是资金所有者由于向国家借出资金而取得的报酬，它来自生产者使用该笔资金发挥营运职能而形成的利润的一部分。是指货币资金在向实体经济部门注入并回流时所带来的增值额，其计算公式是：利息=本金×利率×时间

那么，为什么要收利息呢？

①延迟消费。放款人把金钱借出，就等于延迟了对消费品的消费。根据时间偏好原则，消费者会偏好现时的商品多于未来的商品，因此在自由市场会出现正利率。

②预期的通胀。大部分经济会出现通货膨胀，代表一个数量的金钱，在未来可购买的商品会比现在较少。因此，借款人需向放款人补偿此段期间的损失。

③投资风险。借款人随时有破产、潜逃或欠债不还的风险，放款人需收取额外的金钱，以保证在出现这些情况下，仍可获得补偿。

④流动性偏好。人会偏好其资金或资源可随时交易，而不是需要时间或金钱才可取回。利率亦是对此的一种补偿。

综上所述，借款收取利息是天经地义的。比如斯密就认为："取息的贷款，大多是从货币借出，或为钞票，或为金银。但借用人所需要、出借人所供给的实际上不是货币而是货币的价值，换言之，是货币所能购买的货物。如果他所要求的是即享即用的资财，那么，他所贷借的便是能够即享即用的货物。如果他所要求的是振兴产业的资本，那么，他所贷借的便是劳动者工作所必需的工具、材料与食品。贷借的事情，实际就是出借人把自己一部分土地和劳动的产物的使用权让予借用人，听他随意使用。"

从投资的角度来看，一般的借贷确实如此，这就像交换是为了得到所需的物品而不是货币一样，借贷实质上也是转让着货物。这种货物既可以包括"新"产品的储备，也可以包括已经被使用或正在被使用的所谓投资；前者的转让可叫直接投资，后者的转让可叫间接投资。当然，不论哪种转让都没有理由认为应该是无偿的。

可能很多人特别是股票投资者都对利息与股市的关系感到好奇，这里再解释一下。从理论上来说，利率与股市之间有着明显的"杠杆效应"，它将关系到股市与银行资金量的增减。比如，利率的上升将提高企业的生产成本、抑制企业需求及个人消费需求，从而最终影响到上市公司的业绩水平。加息对股市而言是无形中提高了投资于股市的资金成本，而且银行加息与国债利率的提高一

般是相辅相成的,如果市场的无风险收益率提高了,也就影响了股市的风险收益率。

然而,从目前我国加息的幅度与空间及中国股市的发展现状来看,加息并不会对股市产生太大的影响。如果股市的投资效益与其安全效益相比较后还高于银行存款的收益,对股市的选择将是造成储蓄分流的主要原因。

去留两难的利息税

刚从银行出来的齐先生有点郁闷:"前些天,我弟弟打算买房,让我支援一下,这不,今天我就从银行取出了一个一年期15万元存款,然而最后到手的利息只有3 024元,被扣掉的利息税就有756元(调息前一年期利率为2.52%,利息税20%)。这是不是太夸张了?利息已经够低的了,怎么还要扣这么多利息税?炒股红利这些都不收税,为什么要收利息税?"

齐先生的疑惑也是很多存款人的疑惑,为什么在低利率的时代还要征收利息税呢?这种利息税是不是应该取消呢?

征收利息税也是一种金融调节手段,要知道我国每年储蓄额巨大,而利息税作为影响居民储蓄的经济手段无疑将对于这部分巨大的流动性产生深远影响。

在我们进一步讨论利息税该不该废除之前,还是先来看一下利息税在我国的发展演变过程。

我国在1950年到1958年曾征收过利息税,后来免征这一税种,旨在鼓励城乡居民增加储蓄。但个人所得税法中规定,储蓄利息为个人所得税的应税项目,同时规定储蓄利息所得免税。直到1999年8月30日,九届全国人大常委会第十一次会议上通过《中华人民共和国个人所得税法》修正案,取消了储蓄存款利息所得免税的规定,并明确开征时间和征收办法由国务院规定。

直到1997年亚洲金融危机爆发,紧缩成为经济的主要特征。为此,中国人民银行从1996年5月1日起连续7次降低人民币存、贷款利率,但仍难以扭转储蓄存款余额增长的势头。为了调控经济、拉动内需、刺激消费，国家税务总局决定恢复征收利息税，自1999年11月1日施行，税率为20%。

1999年11月1日至今，我国对居民储蓄一直征收20%利息税。

其他国家是否征收利息税呢？

美国缴纳所得税，一般约39%。没有专门的利息税，但无论是工资、存款利息、稿费还是炒股获利，美国纳税局都会把你的实际收入统计得清清楚楚，到时寄账单给你，你的总收入在哪一档，你就按哪一档的税率纳税；德国利息税为30%，但主要针对高收入人群。如果个人存款利息单身者低于6 100马克、已婚者低于1.22万马克，就可在存款时填写一张表格，由银行代为申请免征利息税；日本利息税为15%；瑞士利息税为35%，而且对在瑞士居住的外国人的银行存款也照征不误；瑞典凡通过资本和固定资产获得的收入，都要缴纳资本所得税，税率为30%。资本所得包括存款利息、股息、债息及房租等收入。但政府为了鼓励消费，会为那些申请了消费贷款的人提供30%的贷款利息补贴；菲律宾利息税为20%，在菲律宾的外国人或机构（非营利机构除外）也照此缴纳；澳大利亚利息计入总收入，一并缴纳所得税。所得税按总收入分不同档次，税率由20%至47%不等。当然，也有不征收利息税的国家，例如埃及、巴西、阿根廷及俄罗斯等。

那么对利息税的争论是怎样引起的呢？开征利息税，本来的用意是为了促进居民增加消费支出、拉动内需上升。但由于社会保障体系不完善等深层次原因，我国储蓄倾向一直比较高，利息税在促进居民消费方面效果不明显。相反，一旦CPI高涨，扣除利息税后银行实际存款利率反而为负。正因如此，近年的两会上关于取消利息税的呼声不绝于耳。

特别是今年以来，由于CPI加速上涨，5月份CPI同比上涨3.4%。如果真实利率长期为负，对于经济发展是没有好处的。在此背景下，减免利息税以其影响面小、效果直接，有望成为货币政策之外宏观调控又一工具。

毕竟利息税涉及投资消费和资本市场。从利息税征收初衷，到利息税取消建议的预期影响，各界的认识都绕不开"对投资消费及资本市场影响"这个大话题。在大家的眼里，征收利息税相当于减息，取消利息税相当于加息。而息口的变化，又会影响投资和消费，影响股票等资本市场。

现在我们就来看一下各方关于利息税去留的意见。

一部分人认为目前我国宏观经济形势已发生变化，征收利息税已无必要而且触及中低收入百姓的利益。利息税所起的最大作用是让储户从长期储蓄变为短期，银行实际上成为储户的保险箱，一方面加剧了货币的流动性，另一方面由于贷款利率上限浮动，难以抑制银行的贷款冲动。近两年央行连续出台上调准备金率与加息政策，抑制货币流动性，而取消利息税实际上大幅提高了银行利率，将引发贷款利率的上升，从而抑制投资过热。

持反对意见者则认为，利息税涉及社会福利层面和税制安排。尽管一些金融人士赞成取消利息税，但他们依然认为利息税还涉及社会保障福利层面，不单单是利息收入多少的问题，需要制度等领域的综合系统安排。在这方面，发达国家以及香港地区的个税申报制度是真正解决利息税问题的最好途径。此外，利息税涉及财税及银行部门利益。因此利息税去留问题，严格意义上说是财政部门和银行业、个人储户之间的利益再分配问题，所以究竟取消还是保留利息税，还要平衡各方面利害关系，从长计议、全面衡量。

国际上确实有许多国家征收利息税，也有许多国家并不征收，并且在征收的国家中，具体实施细则也各不相同。出于公平考虑，多实行累进税制，或者设定免征额，或者根据家庭收入状况制定不同规则，因地制宜、依法治税，这才是真正的国际惯例。

利率：使用资本的应付代价

这是近期的一条小新闻：印度第二大手机服务供应商印度信实电信表示，希望从中国国家开发银行那里筹措19亿美元的资金，其中13亿美元将用于偿还现有债务。印度信实电力将筹借11亿美元的资金用于对该公司现有在建的电厂项目提供资金支持。在今年以来，印度评级居前的企业债务收益率增长了73个基点至8.95%，创出自2006年以来的最大涨幅。而目前中国贷款利率相对较低，比印度国内便宜1%至3%。因此，向中国的银行申请贷款将会成为一个非常不错的选择。

那么利率是怎样分类，怎样计算的呢？它在经济市场中又起到了什么样的作用呢？

利率也叫作利息率。表示一定时期内利息量与本金的比率，通常用百分比表示，按年计算则称为年利率。其计算公式是：利息率=利息量÷本金÷时间×100%

利率可以看作是因为暂时放弃货币的使用权而获得的报酬，是对放弃货币流通性的一种补偿，如果人们愿意推迟消费，则需要为人们这一行为提供额外的消费。从借款人的角度来看，利率是使用资本的单位成本，是借款人使用贷款人的货币资本而向贷款人支付的价格；从贷款人的角度来看，利率是贷款人借出货币资本所获得的报酬率。

利率的存在告诉我们，通过放弃价值1元的现期消费，能够得到多少未来的消费，这正是现在与未来之间的相对价格。整体利率的多少，对于现值至关重要，必须了解现值才能了解远期的金融现值，而利率正是联系现值和终值的一座桥梁。

一般来说，利率根据计量的期限标准不同，表示方法有年利率、月利率、日利率；按利率的决定方式可划分为官方利率、公定利率与市场利率；按借贷期内利率是否浮动可划分为固定利率与浮动利率；按利率的地位可划分为基准利率与一般利率；按信用行为的期限长短可划分为长期利率和短期利率；按利率的真实水平可划分为名义利率与实际利率；按借贷主体不同划分为中央银行利率、商业银行利率和非商业银行利率，中央银行利率包括再贴现、再贷款利率等、商业银行利率包括存款利率、贷款利率、贴现率等，非银行利率包括债券利率、企业利率、金融利率等；按是否具备优惠性质可划分为一般利率和优惠利率；按利率的计算公式不同可划分为单利与复利。

那么利率的水平是怎样确定的呢？换句话说，确定利率水平的依据是什么呢？

首先是物价总水平。这是维护存款人利益的重要依据。利率高于同期物价上涨率，就可以保证存款人的实际利息收益为正值；相反，如果利率低于物价上涨率，存款人的实际利息收益就会变成负值。因此，看利率水平的高低不仅要看名义利率的水平，更重要的是还要看是正利率还是负利率。

其次是国有大中型企业的利息负担。长期以来，国有大中型企业生产发展的资金大部分依赖银行贷款，利率水平的变动对企业成本和利润有着直接的重要的影响，因此，利率水平的确定必须考虑企业的承受能力。例如，1996年至1999年，中国人民银行先后七次降低存贷款利率，极大地减少了企业贷款利息的支出。

第三是国家财政和银行的利益。利率调整对财政收支的影响，主要是通过影响企业和银行上交财政税收的增加或减少而间接产生的。因此，在调整利率水平时，必须综合考虑国家财政的收支状况。银行是经营货币资金的特殊企业，存贷款利差是银行收入的主要来源，利率水平的确定还要保持合适的存贷款利差，以保证银行正常经营。

最后是国家政策和社会资金供求状况。利率政策要服从国家经济政策的大局，并体现不同时期国家政策的要求。与其他商品的价格一样，利率水平的确定也要考虑社会资金的供求状况，受资金供求规律的制约。

此外，期限、风险等其他因素也是确定利率水平的重要依据。一般来讲，期限越长，利率越高；风险越大，利率越高。反之，则利率越低。随着我国经济开放程度的提高，国际金融市场利率水平的变动对我国利率水平的影响将越来越大，在研究国内利率问题时，还要参考国际上的利率水平。

利率市场化的前提基准利率

中国人民银行19日晚间宣布，自2010年10月20日起上调金融机构人民币存贷款基准利率。

其中，金融机构一年期存款基准利率上调0.25个百分点，由现行的2.25%提高到2.50%；一年期贷款基准利率上调0.25个百分点，由现行的5.31%提高到5.56%；除活期存款利率未调整外，其他各档次存贷款基准利率均相应调整。

什么是基准利率？你能解读一下这条新闻背后的意义吗？

20日的加息是我国央行时隔3年后的首度加息。央行最近一次加息是在2007年12月，2007年为应对流动性过剩和通胀压力，央行曾先后6次上调存贷款基准利率。2008年9月起，为应对国际金融危机，央行又开启了降息空间，5次下调贷款利率，4次下调存款利率。因此本次加息可以视为是对当前通胀压力的担忧。

现在这条新闻里面涉及一个既陌生又熟悉的金融名词——基准利率。基准利率是人民银行公布的商业银行存款、贷款、贴现等业务的指导性利率，存款利率暂时不能上、下浮动，贷款利率可以在基准利率基础上下浮10%至上浮70%。基准利率是金融市场上具有普遍参照作用的利率，其他利率水平或金融资产价格均可根据这一基准利率水平来确定。基准利率是利率市场化的重要前提之一，在利率市场化条件下，融资者衡量融资成本，投资者计算投资收益，客观上都要求有一个普遍公认的利率水平作参考。所以，基准利率也就成了利率市场化机制形成的核心。

一般来说，基准利率必须具备以下几个基本特征：第一，市场化。这是显而易见的，基准利率必须是由市场供求关系决定，而且不仅反映实际市场供求状况，还要反映市场对未来的预期；第二，基础性。基准利率在利率体系、金融产品价格体系中处于基础性地位，它与其他金融市场的利率或金融资产的价格具有较强的关联性；第三，传递性。基准利率所反映的市场信号，或者中央银行通过基准利率所发出的调控信号，能有效地传递到其他金融市场和金融产品价格上。

基准利率算得上是利率家族中的老大，对其他利率有决定性的影响，当它发生变动时，其他利率也会跟着变动。基准利率一般由中央银行调控。只要掌控基准利率，中央银行就能对其他利率施加影响，进而影响全国的资金流动。在我国，一年期存贷款利率是最重要的基准利率。媒体经常报道中国人民银行宣布加息或减息的决定，那个"息"一般就是指一年期存贷款利率。中央银行总是着眼于宏观经济，仔细权衡利率调整对方方面面的影响，谨慎地作出调整利率的决定。

在中国，以中国人民银行对国家专业银行和其他金融机构规定的存贷款利率为基准利率。具体而言，一般普通民众把银行一年定期存款利率作为市场基准利率指标，银行则是把隔夜拆借利率作为市场基准利率。

过去，金融机构办理存贷款业务时执行的利率也是由中央银行制定的。现在利率逐步市场化了，金融机构在确定存贷款利率水平时有很大的灵活性。金融机构可以灵活设置贷款利率水平，条件是不低于中央银行发布的贷款基准利率的一定幅度，目前这个幅度是90%；商业性个人住房贷款利率的下调幅度为不低于贷款基准利率的85%。金融机构也可以灵活确定存款利率水平，条件是不高于中央银行制定的存款基准利率。理论上将上述利率管理方式称为贷款利率的下限管理和存款利率的上限管理。

基准利率水平的确定当然不可能是闭门造车，中国人民银行在确定基准利率水平时，主要考虑以下四个宏观经济因素：一是全社会资金的供求。资金可以被看作是一种商品，利率则是资金的价格，可以被当作平衡资金供求的调节工具。二是企业利润水平。许多企业要向银行贷款，贷了款就得支付利息。利息支出是企业成本的一部分。如果贷款利率水平太高，企业成本增加，利润空间缩小。三是商业银行的利润水平。商业银行是资金的媒介，它的主要收益就是资金来源与资金运用两者的利息之差。中央银行的利率会直接影响商业银行的利润空间。四是物价水平。如果物价上涨过高，中央银行往往会提高利率，抑制通货膨胀；相反，如果物价太低，出现通货紧缩，中央银行就会考虑降低利率，帮助经济摆脱困境。

用利率杠杆撬起整个社会经济

1987年10月19日，这一天对华尔街的投资人来说是"黑色的星期一"，道·琼斯指数在三个小时内暴跌22.6%，6个半小时后股票市值缩水5 000多亿美元，38名富豪当天告别了《福布斯》富豪榜，亿万富翁亚瑟·凯恩在绝望中饮弹自尽。这一天，格林斯潘就任美联储（美国中央银行）主席刚满两个月。第二天早上，格林斯潘立刻采取行动，宣布降低联邦基金利率，随后，市场长期利率也随之下降。此后经过数个月的调整，投资者逐步获得了金钱和信心，美国经济平稳地渡过了一场经济泡沫破裂的浩劫。格林斯潘从此赢得了美国人民的信任。在此后的18年里，他把利率变成了一根神奇的"魔棒"，根据经济运行情况，适时、适度地调整利率，美国经济因此数次化险为夷，创造了连续8年低通胀、高增长、高就业的神话。

那么,利率为什么会具有如此神奇的魔力?

在当前我国社会经济领域里,能够撬动整个经济的杠杆倒有不少,其中运用得最多的要数存贷款利率。当我国被认为处于"通货膨胀"时期实行从紧货币政策时,有关方面频繁调高存贷款利率。以一年期定期存款利率为例,自2007年3月18日起,在不到9个月的时间里,连续6次上调,将此前的年利率2.52%,飙升至2007年12月20日的年利率4.14%,增幅为64.3%。曾几何时,风云突变,被认为处于"通货紧缩"时期实行宽松货币政策时,有关方面又频繁调低存贷款利率。仍以一年期定期存款利率为例,自2008年9月16日起,在不到3个月的时间里,连续4次下调,将此前的年利率4.14%,猛砸至2008年12月23日的年利率2.25%,跌幅为45.7%,回到2006年8月19日以前的水平,或者说已经将利率降到了2002年的水平,离改革开放以来的最低点1.98%,只差0.27个百分点。而且还有人说仍有下调空间,或者说有可能实行零利率。目的是十分明显的,这就是要运用利率杠杆去撬动整个社会经济。

加快社会经济流转的是货币总量,而乘数效应有效地创造了更多的货币,然而真正控制货币乘数阀门的却是利率。对于贷款投资者而言,利率就是资金的使用成本,利率高到一定程度,说明资金的成本太高了,厂商就不愿意贷款投资了,生产受到一定的限制,当利率降低到一定程度,投资需求就会逐渐增加;相反,当利率向下降的时候,物价指数下降,说明经济已经开始变冷了。

在资金市场里,利息率如同一个裁判,在各种投资项目面前树起一个标杆。凡是投资收益率高于利息率的项目就能成立;否则不然。这就为资源流向何处提供了调节机制。

根据经济学的基本原理,随着某种东西机会成本的增加,人们会努力寻找其替代品,货币也不例外。在其他条件不变的情况下,持有货币的机会成本越高,实际货币需求量就越低,但什么是持有货币的机会成本呢?那就是利率。1994年,当美国的利率上升时,新住房开工的数量迅速减少,同样当1995年年初利率下降时,住房建设迅速增加了。相当多的研究证明,降低利率能够刺激投资,住房投资被认为对利率最为敏感。

利率会对社会经济的哪些方面发生影响呢?

利率所影响的投资主要是企业固定投资和居民住房投资，最重要的还是企业固定投资。在美国这样的发达市场经济中，私人是投资主体。企业投资与固定资产的目的是为了利润最大化。利息是投资的成本之一，在利润率既定时，利率越低，纯利润越高，企业越愿意投资。此外，美国20世纪90年代的信息、电子、生物工程等高科技部门投资需求急剧增加，降息就有效地刺激了投资增加。住房投资，即私人购买或建造住房，是利用长期抵押贷款进行的。由于期限长，利率微小的变动都影响极大。例如，假设是为期25年的10万元贷款，当年利率为5%时，每月偿还本息共584元，当年利率为10%时，每月偿还本息共908元，当年利率为15%时，每月偿还本息1 280元。由此看出，当利率上升一倍时，每月偿还的本息也几乎上升一倍。住房贷款对利率变动十分敏感。降息当然拉动了住房投资。

对证券市场上的投资者来说，利率更是牵动着他们的每一根神经，因为利率的变化直接影响着证券价格。在一般情况下，利率和股票、债券的价格呈反向变化。利率下降，证券价格上涨，利率变化会影响股市涨落，利率上升，证券价格下跌。因此，利率的变化与股市的涨跌息息相关。

利率对消费的影响其实也是通过股市实现的。一般而言，当利率下降时，股市价格上升。20世纪90年代后期美国道琼斯工业平均指数突破1万点大关，与降息的扩张性货币政策密切相关。股票是美国人财产的主要形式之一。股价上升就是财产的增加。假如一个有10万股股票的人，如果每股股票从10元上升到20元，就等于他的财产从100万元增加到200万元。财产是直接影响消费支出的原因之一，因为财产收入也是决定消费的收入组成部分。股价上升，资产增值还增强了消费者的信心，使他们更敢花钱。美国的边际消费倾向从0.676上升到0.68与股市的影响不无关系。利率下降引起的投资与消费互动以及股市价格上升无疑对20世纪90年代美国经济起了重要的推动作用。这正是货币政策在美国的重要作用。

操作篇
打理金融生活

　　金融学是一门让人幸福的学问，因为它渗透于日常生活的方方面面。从日常储蓄到投资理财，从物价上涨到利率调整，从基金股票到外汇期货，到处闪现着金融学的影子。金融，和每个人、每个家庭都有着不可分割的联系。我们不能对生活中的各种金融现象视而不见或者熟视无睹，应该主动地去学习，并且利用金融学好好规划自己的生活，为构建辉煌的财富殿堂和事业大厦打下坚实的经济基础。

第9章 怎样让钱生钱，存银行还是投资
——每天学点投资理财知识

投资理财让钱生钱

德国多特蒙德足球场旁边有一间矮小的看门人的房屋，里面住着一对老夫妇，男主人每天的工作就是清扫球场，在比赛之前修整草坪。很多来这里看球的球迷都熟悉这位和蔼的老头，但是却几乎没有人知道，这位老头就是当年叱咤球场的球星和百万富翁罗塔尔·胡伯。51岁的胡伯常常追悔当年的奢华生活，重复着"如果我当年节省一点……"之类的话。事实上，胡伯的生活并不是最惨淡的，有的球星如今只能靠领取救济金过日子。据一项对150位退役球星的调查，退役的球星中只有9%还维持着以前的生活，44%的人过着普通平凡的日子，21%的人生活拮据、穷困潦倒，26%的人负债累累。

从百万富翁沦落到看门老头，这样的故事可以让我们明白我们为什么要管好自己的钱袋，做好投资理财。对于普通投资者而言，投资理财都应注意哪些问题呢？

现在社会上流行的一句话叫做：你不理财，财不理你。要知道，理财并不是要等到有钱了才开始理财，其实不论您是在购物还是到银行存款、购买保险，都是在理财。我们应该努力让投资理财成为生活的一部分，这样才能给自己一个良好的保障。

投资理财制定理财规划的第一步就是先弄清楚自己的财务状况。首先，要

摸清楚自己有多少家底：我有多少资产？多少负债？一个最简单的办法就是花几分钟编制一个资产负债表，列出自己所有的和自己所欠的。在资产一栏里列清楚自己有哪些流动性资产——现金、银行存款和短期投资等，有哪些投资性资产——股票、债券、基金、房产等，有哪些固定资产——住房、汽车等；在负债一栏里列清楚自己有哪些短期负债——信用卡贷款、亲友借款等，有哪些长期负债——住房信贷、汽车信贷等。此外还要比较准确地估计：我未来会有多少收入？我必需的开销有多少？比如，我现在每年的工资收入有多少，其他收入有多少，以后会有多大变动？我每月必需的生活开支是多少，必需的其他开支有多少？摸清了家底，也了解了自己的收入和支出，就可以制定自己的理财目标和理财规划了。

制定理财规划，您首先要确立自己的财务目标。如果您没有明确的目标，那么您的计划实施起来就自由散漫，甚至会很快放弃。财务目标可以分为三个阶段目标：短期、中期、长期。这就需要制定一个数十年的理财计划。所有的目标都需要现在确立，并立刻制定和实施计划才能梦想成真。制定理财规划，您需要权衡收入和消费，明确每年每月从收入中拿出多少来消费、多少来储蓄，还要借助存款储蓄、证券投资、购买保险等手段来积累、增值财富。理财规划在实施的时候必须讲究策略，持之以恒，最后才能积累起足够的财富。

当然，投资理财还必须安全合理，这就需要你把握好投资的原则：

原则之一：收益风险相匹配。俗话说"天上不会掉馅饼"、"没有免费的午餐"。投资和风险都是相匹配的。高收益高风险，低收益低风险，这是投资的"铁则"。如果您听到别人劝您投资某个项目，说这个项目特赚钱，而且绝对没有一点风险，这时候您千万要多个心眼——天下哪有这等只赚不赔的好事。

不论投资证券、不动产，还是黄金和其他"奇货"，风险和收益都是相匹配的，没有无风险的投资。因此，您一定要牢记这个"铁则"，一方面防止受到利益诱惑而上当受骗，另一方面也要把风险控制在自己可承受的范围，从而设定相应的收益目标。

原则之二：量入为出，量力而行。有的人为了住上宽敞的大房子，借了大笔贷款，无奈自己的收入少得可怜，扣除每月还款后所剩无几，每天节衣缩食，被人戏称"房奴"。这样的例子并不少见。"量入为出"是古老的收支法则，您不得不对它"俯首帖耳"。计划家庭收支时一定要综合考虑短期与长远的生活安排,科学安排收支计划。

有的股民为了能在股票市场上大赚一笔,把自己攒了一辈子的"养老钱"全部买了股票,结果一朝股市风云变幻,血本无归,连将来的养老钱也没有了。"量力而行"是另一条古老的法则,您必须合理考虑自己家庭的风险承受能力和预期收益目标,不要盲目制定过高的理财规划。

原则之三:做足功课,不盲目投资。投资理财中常常会碰到各种各样的"热门":股市上有"热门股",房市上有"热门房",收藏市场上有"热门邮票"。实际上,热门并不一定收益高,有时候甚至是陷阱,让您一头扎进去跳不出来。当某项投资成为热门的时候,往往是它的价格达到高点的时候,所以盲目追逐热门是很不理性的。

投资理财是非常专业的一门功课,需要花大量时间去学习和研究,您需要理性的、独立的思考,盲目跟风是要吃苦头的。

原则之四:控制欲望,不可贪婪。张三买了一只股票,股价涨了,他指望还会继续涨,舍不得卖;有一天跌了,他又舍不得卖,指望着它涨回来,结果股价一跌再跌,直到套牢。这样的例子比比皆是。在任何时候,您一定要让理性战胜欲望,为自己的投资设定盈利目标和止损限额:达到盈利目标了,一定要迅速撤出;出现损失了,一旦损失达到限额,必须果断地"壮士断腕",防止损失进一步扩大。

个人理财要在负利率时代跑赢CPI

可能很多人都听过这样一个故事:1626年,殖民者从印第安人手中仅仅用价值24美金的衣物、珠子等小物件就买来了大约45平方公里的整个纽约曼哈顿岛。今天,曼哈顿岛可以说是全世界最繁华、最值钱的地产。据2004年美国税务机构估计,整个曼哈顿的土地价值大约1 690亿美金。当初的24美金,变为了1 690亿美金,增值惊人。但是,让我们仔细算算,在378年里从24美金增长到1 690亿美金,折合年平均增长率也就是6.18%左右。虽然增长率看起来不高,但是时间长了,增长率就会非常惊人，就是复合增长的力量。房子的价值在于位置，也就是更多的是土地的价值，而钢筋水泥玻璃是不值钱的。房子能够保值，也在于重置成本尤其是土地成本随通货膨胀增加，以及租金随通货膨胀增加，而不是有什么本质的增长。所以通货膨胀来了，房子至少可以保值，但在通货膨胀之上的增值不会太多。对纽约房地产市场的统计也表明，过去几十年里，纽约的房地产价值增长只是超过通货膨胀一点而已。所以，房子顶多是防御性武器，无法彻底战胜通货膨胀这只狼。

说到这里，不妨顺便提一句：当初卖曼哈顿岛的印第安人一点也不后悔。因为他们首先不认为土地是私有的，而是认为土地、空气和水一样归每个人所有。而且，他们根本不拥有曼哈顿岛，他们是住在纽约长岛的居民，刚好路过曼哈顿岛，卖地给殖民者纯粹是空手套白狼白赚了一笔。

问题来了，在CPI不断上涨的时期，我们应该怎样保护我们的家庭财富呢？

你或许会觉得，每月公布的CPI数据增长几个百分点的意义也许很笼统，但菜、肉、米、油、奶等一系列食品的价格不断上涨，百姓口袋里的钱越来越不经花的感觉却是实实在在的。经久不息的"涨"声，使百姓过日子不得不更加精打细算。更重要的是目前CPI的涨幅已经高于一年期存款利率2.25%，这时就意味着，我们迎来了久违的"负利率"时代。

勤俭的中国人是最善于储蓄的，将闲钱存进银行，这几乎成了中国绝大多数老百姓的一种生活习惯。可是如果有一天有人告诉你，你的利息收入远远抵不上通货膨胀对它的"侵蚀"，也就是说，你在存钱的同时正在亏钱，你所获得的实际收益是负的，你会不会激动地跳起来？这不是危言耸听，而是正在发生的事实。

让我们以北京10月份3.4%的CPI涨幅为例来说，如果你有1万元人民币藏在家里不动，它的购买力一年后就只相当于9 660元，那340元的差额就被蒸发了；如果你存活期储蓄或者存1年定期储蓄，税后利息如果达不到340元，还是赶不上物价上涨幅度，也就是说你被CPI打败了。这样的比喻或许粗糙简单，但是它反映出了CPI对老百姓财富的直接影响。因此，只有打败CPI才可能实现家庭财富的保值增值。

菜涨价了，水果涨价了，油涨价了……大家都在喊"通货膨胀要来了"。如果把钱放在银行，即使加息，利息收入与通胀带来的购买力递减相比，最后也是资产的缩水。在这种情况下，如何理性安排消费，降低生活成本，增加财产性收入，已经成了很多老百姓无法回避的问题。那么，在通胀预期下如何选择理财产品，投资者必须得未雨绸缪。

投资理财的第一步应该是保持不亏。那么怎么办呢？买金子？买房子？买这些东西有用吗？

对抗负利率时代的个人理财管理规划，应当包括收入和财富的最大化、进行有效的消费、为养老积累财富、满足生活期望，可以选择的投资对象包括股票、基金、债券、期货、外汇、黄金、房地产、储蓄等多种产品。在现阶段股市、基金低迷的情况下，最好选择分散投资；另一方面，对于积累少的家庭来说，最好及早投资，重视复利的力量。

此外投资理财应当注重收入的成长性，不要妄图一夜暴富，对很多普通收入家庭来说，工资收入的增长还是比较缓慢的。学习并进行必要的理财投入，是化解物价上涨带来的生活压力的重要手段。

假如你拥有足够的实力以及足够的谈判能力，你必须坚持调高自己的劳务报酬的报价，最好是要求预支薪酬；购买房屋则最好是不贷款或尽量少贷款。从银行抵押贷款的购房者，应尽可能地提前还贷。这主要还是出于利率风险的考量。虽说通胀可能有利于欠债方，但在变动利率的条件下，贷款买房自住者并非处于有利地位；一般来说，在通胀的阴影下，拥有实物总是优于拥有货币，所以，在签订劳务合同时，只要可能，应尽量以实物计酬，或是像抽税那样，按率计酬或分成计酬，从而把通货膨胀造成的损失降到最低水平。

除此之外，被称为"懒人理财"的基金定投，也是可以尝试的投资方式。基金定投是投资者在每月固定的时间以固定的金额投资到指定的开放式基金中，类似于银行的零存整取。如果投资者具有一定的风险承受能力，也可以考虑指数型基金，这类基金的特点是涨幅跟随指数的变化，往往可以达到较高的收益。

其实不论通胀是否来临，普通百姓除了努力工作多赚钱、开源节流精打细算，同时应该多学习一些理财知识，让手里的钱能够保值增值，用钱来生钱。而在如今的背景下，偏重于股票、基金、黄金等投资。但是有一个前提，一定要控制好家庭资产的负债比例，最好不要超过50%~60%。在此原则下，再根据资金来源和个人流动性的需求来配置各项资产的比例。

此外，就要懂得政府政策和统计数字，多看看财经杂志，了解利率、汇率、股指这些信息的变化，就如同看天气预报一样了解"晴"和"雨"的区别，翻一翻最近的报纸。在财经版面，每天的天气都能够一目了然，这样你就能够在很短的时间里根据天气的情况作出自己的投资决策。请记住萧伯纳的这句话："一个真正受过教育的人的标志是他能够深深地被统计数字打动。"

最后，还需要强调的一点是，积累和消费是一种永远不会改变的关系。如果没有高于消费的积累，你的生活质量将不可避免地下降。你的收入增长跑得过CPI固然好，但是如果积累跑不过CPI，一样会有风险。

复利：被美国政府赖掉的账

有一个古老的故事，一个爱下象棋的国王棋艺高超，任何人只要能赢他，国王就会答应他任何一个要求。一天，一位年轻人终于赢了国王，年轻人要求的奖赏就是在棋盘的第一个格子放一粒麦子，在第二个格子中放进前一个格子的一倍，每一个格子中都是前一个格子中麦子的一倍，一直将棋盘的格子放满。国王很爽快地答应了，但国王很快就发现，即使将国库中所有的粮食都给他，也不够百分之一，因为即使一粒麦子只有一克重，也需要数十万亿吨的麦子才够。

这就是复利的力量！尽管从表面上看，虽然起点很低，但经过很多次的乘积，最终的结果会变成庞大的数字。影响财富积累的因素有三个，一是具备增值能力的资本，二是复利的作用时间，三是加速复利过程的显著增长。显然，尽早开始投资并享受复利，是让资金快速增长的最好方式。

那么，生活中投资者应该怎样做复利投资呢？

首先我们要明确一下复利的定义。复利是与单利相对应的经济概念。单利的计算不用把利息计入本金；而复利恰恰相反，它的利息要并入本金中重复计息。复利就是复合利息，它是指每年的收益还可以产生收益，具体是将整个借贷期限分割为若干段，前一段按本金计算出的利息要加入到本金中，形成增大了的本金，作为下一段计算利息的本金基数，直到每一段的利息都计算出来，加总之后，就得出整个借贷期内的利息，简单来说就是俗称的利滚利。

复利的力量有多么强大呢？看过下面的小故事你就知道了。

1777年严冬，当时的美国联军统帅华盛顿将军所率领的革命军弹尽粮绝，华盛顿为此向所困之地的宾州人民求援，大地主哈德文借出时值5万元的黄金以及40万元的粮食物资，这笔共约45万美元的贷款，借方为大陆国会，年息为6厘。

211年后的1988年，45万美元连本带利已滚成1 416亿美元，这笔天文数字的债务足以拖垮美国政府。当哈德文的后代提出还款时，美国政府当然要耍赖拒还了。

曾经的欧洲金融的统治者罗思柴尔德曾说过，"我不知道世界七大奇迹是什么，但我知道第八大奇迹是复利。"复利的力量无处不在。大到社会，小到个人投资。经济学家凯恩斯曾经在一篇题为《我们后代在经济上的可能前景》的文章中曾重点谈到过复利的作用。当时的西方正值30年代大萧条时期，许多人认为，未来世界繁荣将不会再现，但凯恩斯却指出，萧条不过是两次繁荣周期中间的间歇，支撑西方经济发展的"复利的力量"并没有消失。凯恩斯在当时已经发现，近代社会的崛起是从16世纪的资本积累开始的，而这个崛起导致人类进入"复利时代"。有趣的是，凯恩斯毫无隐晦地告诉我们，"英国对外投资的始端可追溯到1580年德雷克从西班牙盗窃的大批财宝。"只不过经过长年的复利累加，"德雷克在1580年带回来的财宝中，每一镑现在已变成了10万镑。"复利的力量就有如此之大！

在投资领域，如果将银行利率作为社会资金回报的基准，投资人通过投资于盈利能力强于基准的金融品种就可以创造超额收益。这样长年叠加下去，复利的效应终会显现。笔者所作的实证研究表明，从2003年到2006年上半年，国内的开放式基金当中，每年排名第一的品种的收益率分别为35.8%、16.3%、

18%、36.4%,排名最末的品种的收益率分别为12.5%、11.3%、8%、18%。让我们来做个假设,如果你从2010年起投入1万元购入开放式基金,又假如你运气绝佳,每年均会拿到排名第一的品种,那么你的原始投入经复利计算已变为2.54万元;即使你运气坏到极点,每年都与排名最后的品种为伍,你的资产仍有1.08万元,收益与银行存款相当。作为普通的投资人,运气应介于上述两者之间,最后的资产应在1.8万元左右,总收益率为80%,这一成绩也应该可以让人满意了。

虽然复利公式算起来并不困难,但若是期数很多,算起来还是相当麻烦,于是市面上有许多理财书籍,都列有复利表,投资人只要按表索骥,很容易便可计算出来。

不过复利表虽然好用,但也不可能始终都带在身边,若是遇到需要计算复利报酬时,倒是有一个简单的"72法则"可以取巧。

所谓的"72法则"就是以1%的复利来计息,经过72年以后,你的本金就会变成原来的一倍。这个公式好用的地方在于它能以一推十,例如:利用5%年报酬率的投资工具,经过14.4年(72/5)本金就变成一倍;利用12%的投资工具,则要六年左右(72/12),才能让1元钱变成2元钱。

因此,今天如果你手中有100万元,运用了报酬率15%的投资工具,你可以很快便知道,经过约4.8年,你的100万元就会变成200万元。

虽然利用72法则不像查表计算那么精确,但也已经十分接近了,因此当你手中少了一份复利表时,记住简单的72法则,或许能够帮你不少的忙。

无处不在的马太效应

马太效应的名字就来源于圣经《新约·马太福音》中的一则寓言:从前,一个国王要出门远行,临行前叫了仆人来,把他的家业交给他们,依照各人的才干给他们银子。一个给了5 000,一个给了2 000,一个给了1 000,就出发了。

那领5 000的,把钱拿去做买卖,另外赚了5 000。那领2 000的,也照样另赚了2 000。但那领1 000的,去掘开地,把主人的银子埋了。

过了许久，国王远行回来，和他们算账。那领5 000银子的，又带着那另外的5 000来说，"主啊，你交给我5 000银子，请看，我又赚了5 000。"主人说："好，你这又善良又忠心的仆人。你在不多的事上有忠心，我把许多事派你管理，可以享受你主人的快乐。"那领2 000的也来说："主啊，你交给我2 000银子，请看，我又赚了2 000。"主人说："好，你这又良善又忠心的仆人。你在不多的事上有忠心，我把许多事派你管理。可以享受你主人的快乐。"那领1 000的也来说："主啊，我知道你是忍心的人，没有种的地方要收割，没有散的地方要聚敛。我就害怕，去把你的1 000银子埋藏在地里。请看，你的原银在这里。"主人回答说："你这又恶又懒的仆人，你既知道我没有种的地方要收割，没有散的地方要聚敛。就当把我的银子放给兑换银钱的人，到我来的时候，也可以连本带利收回。于是夺过他的1 000来，给了那有10 000两银子的仆人。"

这则小故事后来就演化成了著名的"马太效应"。那么，如何在经济生活中解释马太效应呢？

"马太效应"无处不在，无时不有。20世纪60年代，知名社会学家罗伯特·莫顿就初次将"贫者越贫，富者越富"的现象归结为"马太效应"。任何个体、群体或地区，一旦在某一个方面如金钱、名誉、地位等获得成功和进步，就会产生一种积累优势，就会有更多的机会取得更大的成功和进步。如今，马太效应在经济领域的延伸意义就是贫者越贫，富者越富。

其实这一点很容易理解，因为在金钱方面也是如此：即使投资报答率相同，一个本钱比他人多十倍的人，收益也多十倍；股市里的大庄家可以兴风作浪，而小额投资者往往血本无归；资本雄厚的企业可以纵情运用各种营销手腕推广自己的产品，小企业只能在夹缝中生活。

既然经济领域中也存在着马太效应，那么，你又是用何种方式来管理你的个人财产的呢？是放在银行存着，还是拿它来赚更多的钱？你的财富，是越来越多，还是越来越少？

在市场经济条件下，已经有不少精明的投资者早就开始了他们的投资实践。以基金投资为例，那些在2001年即敢为天下先而购买了开放式基金的投资者以及那些在2002年股市尚处于漫漫熊途时果断买入了基金的投资者,只要他们采取长期投资的方式,必定能获得令人咋舌的收益,一定比刚刚开始基金投资的人们积累了更多的资本优势和投资经验,他们成了那小部分享受马太正面效应的幸运儿。而如果他们采用红利再投资,而非现金分红的投资方式,那么他们可以利用复利的力量使资本增值的速度更快。爱因斯坦曾经感叹,宇宙中最强大的力量就是复利。复利最简单的解释就是"钱滚钱",也就是本金所生的利息,再放回本金之中继续衍生利息。既然如此,毫无疑问,我们必须借助于这个最强大的力量为自己服务。

马太效应的另一个特点就是,一步领先,步步领先。只要决定了,何时开始都不晚。同时长期持有是另一个重要的原则。

想要知道自己的投资项目在几年之内可以增长一倍吗?其实有一个简单的计算公式,也就是我们金融界常提到的"72规则"——将72除以年平均投资收益率,这样就可以算出在您目前的储蓄或者投资回报率条件下,您需要多少年可将目前的本金翻一番,也就是说把本金1元变成2元需要多少年?

若你的投资本金为10 000元,如果全部存在活期储蓄内,需要90年的时间本金才能涨一倍;如果全部投资于年均回报率为4%的国债,则本金只需18年便可增长至20 000元;如果全部投资于年均回报率22%的股票型基金,则本金不到4年便可翻番。

对于普通投资者来说,"储蓄"和"投资"是积累财富的两大主要途径。从表面上看储蓄似乎是最没有风险的,而且可以获得稳定的利息,殊不知在低利率时代仅靠储蓄不可能满足你积累财富的要求,它的作用甚至比把银子"包在手巾里存着"还不如,因为通货膨胀已经大大地削弱了那些银子的购买力,相当于等你打开布包时发觉银子已经缺了一大块。在这种情况下只有通过有效的投资才能有效地抵御通胀的风险,因为通胀一方面会是货币贬值,另一方面会使以货币计量的资产增值,你持有了能够增值的资产,自然就不怕通胀对你资金购买力的侵蚀了。

当你有了投资的资本之后,就应该抓紧时机进行投资,而不能仅仅把资产增值的重任仅仅放在工资性的收入上,应该让赚钱和投资两翼齐飞。

用黄金投资挽救缩水钱包

江苏的李先生是一家建材店的老板,手边有一些投资的资金,之前一直是在股市中搏杀的。但是今年年初,在亲戚的劝说下,他从一家大型银行买了一些投资金条,但投入的资金并不是很大,大部分还投在股市里。没想到一年下来,他费心费力研究的股票随着市场的波动遭受了损失,而买来"玩玩"而已的金条却已经为他赚取超过25%的利润。

李先生大感兴奋,很快又研究了黄金这些年来的走势,结果发现,黄金真是一个好东西,除了过程中有些小波折,总体趋势总是向上的,第一年的高点,往往就成了下一年的低点。而让他伤心透顶的股市,三年前的6 000点高点至今未过半山腰。他从此有了"弃股投金"的想法。

那么黄金投资都有哪些选择呢?它们各有什么优缺点呢?

当金价突破1 400美元时,美国投资家吉姆·罗杰斯兴奋地喊出了一句豪言壮语:"我一辈子都不会卖出黄金了!"这两年黄金的表现确实好得出人意料。当前CPI走高、股市震荡、楼市调控,但黄金投资却热火朝天,金市大涨已经超过30%,先知先觉的金民成为幸运儿,"后知后觉"的投资者紧急跟上,朝金市蜂拥而来。

黄金投资其实也存在风险,最大的风险有两个:首先是价格波动的风险,普通投资者由于掌握的信息不够,无法准确预测金价走势,操作不当就会造成损失;另一个是通货膨胀风险,如果黄金投资的收益赶不上CPI涨幅,实际上也是受到损失。

那么,普通投资者有哪些黄金投资方式可以选择呢?

第一选项:实物黄金。对于老百姓来说,实物黄金拿在手里就感觉实在,此外实物黄金有很好的抵御通胀作用,适合希望长期持有以期保值的投资者。

如果工作忙碌，没有足够时间关注金价波动，又有充足的闲置资金，可考虑选择投资实物黄金。但是，投资实物黄金也有其缺点，主要是价格较高，流动性差，保管难，兑现不便和会产生自然损耗。此外，投资者应尽量选择国际（国内）认证的"标准金"，不应选择常见的纪念性金条、贺岁金条等"工艺金条"和"饰品金"。

其次就是纸黄金。纸黄金是一种不涉及实物，仅做账上交易的投资形式，客户可通过低买高卖实现盈利，但不能提取实物黄金。由于客户的交易对手是银行，因此，银行信用和其提供的交易环境非常关键，如果银行倒闭或交易系统发生错误，客户将面临无法挽回的损失，当然这种情况在我国几率很小。

而一般来说，黄金投资初学者选择纸黄金非常不错，目前银行纸黄金投资门槛仅为10克，价格仅为人民币3 000元左右。新手可以轻仓操作，以留出回旋资金，待熟练掌握之后，再逐渐加仓。

黄金股票也是不错的选择。所谓黄金股票，就是金矿公司向社会公开发行的上市或不上市的股票，所以又可以称为金矿公司股票。由于买卖黄金股票不仅是投资金矿公司，而且还间接投资黄金，因此这种投资行为比单纯的黄金买卖或股票买卖更为复杂。投资者不仅要关注金矿公司的经营状况，还要对黄金市场价格走势进行分析。

也就是说，黄金股票价格的弹性大于黄金价格的弹性，当黄金价格上涨的时候，黄金股票价格的涨幅要大于黄金价格的涨幅，反之亦然。因此，投资黄金股票的投资者可将国际黄金市场涨跌作为投资黄金股票的重要参考。同时也应注意防范国内股市的系统风险。

黄金基金是比较保险的一种投资。黄金基金是黄金投资共同基金的简称，所谓黄金投资共同基金，就是由基金发起人组织成立，由投资人出资认购，基金管理公司负责具体的投资操作，专门以黄金或黄金类衍生交易品种作为投资媒体的一种共同基金。由专家组成的投资委员会管理。黄金基金的投资风险较小、收益比较稳定，与我们熟知的证券投资基金有相同特点。

金币投资也很受黄金投资爱好者的青睐。金币有两种，即纯金币和纪念性金币。纯金币的价值基本与黄金含量一致，价格也基本随国际金价波动。纯金币主要为满足集币爱好者收藏。有的国家纯金币标有面值，如加拿大曾铸造有50元面值的金币，但有的国家纯金币不标面值。由于纯金币与黄金价格基本保持一致，其出售时溢价幅度不高（即所含黄金价值与出售金币间价格差异），投资增值功能不大，但其具有美观、鉴赏、流通变观能力强和保值功能，所以仍对一些收藏者有吸引力。纪念性金币由于有较大溢价幅度，所以具有比较大的增值潜力，其收藏投资价值要远大于纯金币。纪念性金币的价格主要由三方面因素决定：一是数量越少价格越高；二是铸造年代越久远，价值越高；三是目前的品相越完整越值钱。纪念性金币一般都是流通性币，都标有面值，比纯金币流通性更强，不需要按黄金含量换算兑现。由于纪念性金币发行数量比较少，具有鉴赏和历史意义，其职能已经大大超越流通职能，投资者多为投资增值和收藏、鉴赏用，投资意义比较大。

而如果你是一个风险承受能力强、资金实力雄厚、经验丰富的投资者，那么黄金T+D业务可能更适合你。黄金T+D，即黄金现货延期交收业务，是一种黄金衍生产品，带有杠杆性质，只要交一定数量的保证金，便可以操作比本金高出数倍的黄金交易，是一种风险较大的投机行为。

目前，多家银行的黄金T+D业务采用15%保证金方式进行交易，杠杆比例为6倍。一位投资者若用20万元购买实物黄金或纸黄金，则是等额的；如果是黄金T+D交易，按15%的保证金比例，只需要3万元。

黄金T+D拥有做空机制，一旦多单入场后行情发生反转，就可以平掉多单，反手做空，把亏损的钱补回来。但正如风险与收益匹配一样，黄金T+D业务比纸黄金和实物黄金高很多，适合有丰富投资经验的人。

当更多投资者前赴后继进军金市，国际金价屡创新高时，金市还有多少金子可以"挖掘"？收益与风险永远相伴，当黄金投资为投资者铺开一条金光闪闪的大路时，投资者还要多留意脚下的陷阱。

股票投资选择一只成长股

著名的政治人物丘吉尔也曾加入炒股大军，而且是认赔收场。1929年，刚刚卸去英国财政大臣之职的丘吉尔和几位同伴来到美国，受到了投机大师巴鲁克的盛情款待。巴鲁克悉心备至，特意陪他参观了纽约股票交易所。在交易所，紧张热烈的气氛深深吸引了丘吉尔。虽然当时他已经年过五旬，但好斗之心让他决心也炒股一试。

在丘吉尔看来，炒股应该就是小事一桩，然而不幸的是，1929年改变世界经济乃至世界政治格局的美国股灾爆发了，丘吉尔回到纽约的时间和华尔街股票市场崩溃的开始时间恰巧惊人一致。结果仅仅在10月24日一天之内，他几乎损失了投入股市所有的10万美元（也有资料称约50万英镑）。

这就是股票投机，投机的后果很可能就是毁灭。一个合理的建议是，如果你想在股票市场上做投资，那么最安全的办法就是坚持价值投资理念，选择成长股投资。或者关于价值投资你已经听过很多了，但你是否真正地尝试过呢？

如果你希望利用股票投资创造财富，那么不妨试试价值投资。很多股票投资大师都认为投资人更应该集中精力选择能够使自己以最小的代价和风险来获得最大收益的公司，也就是选择真正的"成长股"。比如费雪就曾提出了选择成长股的15个要点，认为一家公司如果能够符合其中相当多的要点，则具有比较高的投资价值，也就可以称为"成长股"。简单说来这15个要点大致围绕着以下的四个方面：

第一是公司面临的市场状态和它的竞争能力：这家公司的营业额在几年之内能否大幅增长？有没有优越的销售渠道？这两个问题的答案是判断一个公司是否值得研究的基本条件。

营业额的增长前景首先取决于需求增长的状况，公司的管理水平也必须保持在较高的水平上。另外，对于企业销售能力的分析往往被忽视，绝大多数分析人员只满足于依赖一些粗略的指标来分析企业的销售能力。费雪认为这些比率太过粗疏，根本不足以成为判断投资价值的依据，要了解一家企业真正的行销能力，必须要到其竞争对手和客户那里去做艰苦而细致的调查。

第二是公司的研发水平：该公司研发活动的效率如何？为了进一步提高总体销售水平，发现新的产品增长点，管理层推进研发活动的决心有多大？

费雪认为，一家公司财务稳健的最根本的保证就在于能够不断开发新的、能够保证相当利润量的产品线，而这直接取决于研发活动的水平。观察研发活动有两个最重要的角度：一是研发活动的经济效益如何；再者就是公司高层对于研发活动的态度如何，是否能够认识到目前市场的增长极限并且未雨绸缪。

第三就是公司的成本与收益状况：公司的成本控制水平如何？利润处在什么水平上，有没有采取什么得力的措施来维持或者改善利润水平？有没有长期的盈利展望？

费雪极为看中企业长远的盈利能力，他也一直在追寻那些净利润率持续高于行业均值的公司。他明确指出："投资于利润率过低的公司，绝对无法获得最高的长期利润。"他的理由是，利润率低的公司财务体质过于虚弱，抗打击能力弱，在经济不景气中最可能首先倒下。

第四也是最重要的一点就是公司的管理水平：公司的人事关系、管理团队内部的关系如何？公司管理阶层的深度够吗？在可预见的将来，这家公司是否还会继续发行股票筹资，现有持股人的利益是否因预期中的成长而大幅受损？管理层的诚信态度是否不容置疑？

费雪认为良好的人事关系（特别是管理团队内部的良好氛围）和管理层足够的深度是保证企业能够高效发展的基本保证之一。而对于公司的融资能力，他旗帜鲜明地指出：如果几年内公司将增发新股融资，而现有的每股盈余只会小幅增加，则我们只能有一个结论，也就是管理阶层的财务判断能力相当差，因此该公司不值得投资。

在所有判断公司是否值得投资的标准中，费雪把公司管理层的诚信状况作为最后一个，也是作为最重要的要点提了出来。早在1959年他就斩钉截铁地写道："不管其他所有事务上得到多高的评价，如果管理阶层对股东无强烈的责任感，投资人绝对不要认真考虑投资这样一家公司。"

那么在购买股票时，投资者怎样把握买卖点呢？

投资者最好不要去预测所谓经济景气高点和低点，以作为买入或卖出的根据。对于买入时机而言，如果花精力在预测经济趋势，是得不偿失的。如果投资者有耐心查询每年在商业周刊上刊登的经济学家对未来的预测就会发现，他们成功的概率极低。经济学家们花费在经济预测上的时间，如果拿去思考如何提升生产力可能对人类的贡献更大。

投资者应选择在非常能干的管理层领导下的公司，他们偶尔也会遭遇到始料不及的问题，之后才能否极泰来。投资者应该知晓这些问题都属于暂时性质，不会永远存在。如果这些问题引发股价重挫，但可望在几个月内解决问题，而不是拖上好几年，那么此时买入股票可能相当安全。

但这并不代表投资者完全不理会经济萧条带来的问题。但诸如1929年那样的投机极度炙热导致的股价崩盘和后续经济大萧条外，投资者并不应该对股价的大幅下跌感到惊慌失措。当确定某家公司值得投资时，放手去投资就是，因为推测产生的恐惧或者希望不应该令投资者却步。

综合来看，一个好的公司（符合上面选股标准的公司）+好的管理团队（符合上面选股标准的团队）+企业的危机或失误，就是一个好的买入时机。

除了股票本身，我们还要考虑的要素有：经济景气情况、利率趋势、政府对投资和私人企业的整体态度、通货膨胀的长期趋势，最后也许是最重要的一点要素是，新发明和新技术对旧行业的影响。

那么，什么时候卖出呢？就是当初买进行为犯下错误，某特定公司的实际状况显著不如原先设想那么美好。在某种程度上，要看投资者能否坦诚面对自己。另外，就是当成长股成长潜力消耗殆尽，股票与持有原则严重脱节时，就应该卖出。最后一个理由就是有前景更加远大的成长股可以选择。

基金：安全而又稳定的投资

我国基金投资发展非常迅速，甚至一些对基金毫无概念的投资者也迫不及待地加入了基金交易中。

"我要买基金。"一位老年人在银行朝柜台小姐细声细气地说道，似乎怕对方听不明白，特意强调了最后一个词："基金，你们有吗？"

"噢，"银行工作人员熟练地答道："那您要买什么基金啊？"

"这个……"老人明显有点迷糊，"我也不知道啊，都有哪些啊？"

柜台小姐刚想递上一叠基金产品介绍，就听得老人口出惊人之语："要不，你拿一个基金出来我看看？"

基金投资应该怎样操作呢？具体策略是什么呢？

基金这个名词，在中国市场上刚刚出现8年多的时间，到目前为止普及率依然不高，中国的基民大约有1 000多万，但是真正认识基金、懂得基金的人还是少数。基金其实是一种理财的方式，是一种契约。通过购买基金产品，投资者跟基金公司之间建立委托理财的关系，达到让专家帮个人投资的目的。

简单地说，基金就是你投入一部分钱交给基金公司，基金公司的操盘手再用你的钱去投资，一般都是股票的形式。也可以总结为你花钱雇专业人士替你炒股。

挣了，会按你买的股数、当天的单位净值和赎回日期的净值差给你相应的红利。赔了，你同样要以所购股数和净值差分摊损失。

购买的时候会收取一定的手续费，一般是0.012元每股，赎回的时候手续费是0.005元。打个比方，如果你购买当天的单位净值是1元，你买了10000股（一共是一万元），你一共需要交170元的手续费。如果用网上银行购买，会有相应的折价，大概手续费是110元左右，当然这一点上各银行规定不一样。

基金操作一般分为认购期、运作期（封闭期）、申购期三个阶段。刚开始的时候是认购期，一般是半个月左右，在这半个月里你只能购买不能赎回（卖出），买入价一般是1元。然后进入运作期（封闭期），在这段时间里基金公司拿你的钱去建仓，也可以说是一个准备期，一般不超过三个月，打开之后大部分基金会有所涨，也有部分会回落变成0.9元或者更低，这个时候不要以为你赔了，因为你的投资才刚刚开始。接下来进入申购期，此时你已经可以自由买卖了。

在国内投资者的眼中，明星基金是投资的重点，但这种想法并不正确，因为即使有人能够预见市场未来的绝对收益，也不可能预测出个别基金相对于市场的收益，至多是预测出指数型基金的收益。比如美国市场上某只成长型中市值基金，由于业绩出色吸引了大量的申购份额，但其业绩却随着基金份额的膨胀而不断恶化。1991—1995年，该基金在五年时间内有四年的业绩排名名列行业第一梯队，基金规模也从1 200万美元增加到20亿美元。从1996年开始的连续三年中，该基金规模最高达到了60亿美元，但业绩排名却跌到了行业末尾。

一般来说很有可能预测准确的只有两种情况：一是高成本基金的业绩，通常劣于相应的市场指数；二是历史业绩显著优于市场指数收益的明星基金，会向市场平均值回归，甚至低于后者。我们从美国市场看，从20世纪70年代到80

年代，以及1987—1997年两个时间段内，业绩处于市场前25%的基金，回归到均值和均值以下的分别为97%和100%。

那么在做基金投资时，投资者应采取怎样的投资策略呢？

第一，不要持有太多股票基金。我们知道，在股票投资中持有超过五只股票将会产生巨大风险，国际著名基金评级机构的一项调查也显示，随机选取4~30只股票基金建立组合，并不能达到降低风险的效果，因此没有必要持有超4~5只的股票基金，因为过度分散投资的效果类似一只指数型基金，但由于股票基金的高成本，最终的收益很可能低于指数。此外分散持有不同风格的股票基金，也未必是个明智选择。约翰·鲍格尔认为，假设建立由大市值混合型和小市值成长型基金构成的基金组合，这个组合将具有比市场更显著的波动性，这种比市场指数更具风险的组合没有意义。单一持有大市值混合型基金的风险，比任何基金组合更低。

第二，长期持有优秀基金。该策略是买入几只优秀的基金并无限期持有的做法。国际股市的发展史表明，从长期来看，股价整体上总是呈上升趋势。因此，建立在合理组合投资基础上的长期投资策略，是一种可靠易行的获取股市平均收益的投资方式。

第三，定期定投消除波动。定期定投具体操作是：选定某种具有长期投资价值且价格波动较大的基金，在一定的期间内，不论股价是上涨还是下跌，都坚持定期以相同的资金购入该种基金。如果拿出3 000元作定期定额的基金投资，按照国际上成熟市场开展基金定投平均每年10%收益率计算，10年以后，他的资产会增值为61.4万元。

第四，分批买卖不错过时机。分批买卖策略是指在不同价位平均投入资金，即每隔一段固定的时间或达成固定的条件（如股市涨跌50个点）向市场投入等量的资金。当无法判断市场时机，可分批购进基金，而当基金净值上涨到一定高度后，则开始分批售出。投资者的良好愿望是能够最低价买进和最高价售出。但是真正能在市场上如愿以偿的投资者却为数不多。

第五，固定目标收益率。固定目标收益率策略是基金投资策略之一。这种投资策略的简单操作是，投资者设定一个固定目标收益率（例如10%）的涨幅为获利目标，只要所购基金的涨幅超过10%，就立即予以卖出而不去考虑其他相关情况的变化。

储蓄的近亲债券投资

去年年初,卢先生购买了货币市场基金,"年收益最好的时候有3%还要高,去年年中的时候,我把股票都换成了现金,开始的时候也没想买债券,但不知道是被股市吓怕了,还是买货币市场基金习惯了,自己不再喜欢原来那种风险高的投资,只想换成能替代货币市场基金的新品种。"

在听理财顾问介绍了债券投资后,卢先生觉得这种投资品的收益很实在,至少持有到期后能拿到票面利率,不至于亏损。

他把资金都买成了04国债(7),那还是去年9月份的事。目前卢先生还没有抛出,虽然现价距离最高价已有所回落,但包括国债利息在内,他已经实现了15%的收益。

债券投资具有什么样的特点呢?投资债券应该注意哪些问题呢?

对于习惯于稳健投资的老百姓来说,国债一直很受欢迎。一些投资者困惑于债券投资和存款的差别,不知道该选择哪一个,其实,只要比较同等期限的储蓄存款和国债哪个到期收益更高就可以了。需要说明的是,储蓄存款的利息收入需要扣除利息税,而国债的利息是免税的。

我国的国债投资有柜台交易与交易所交易两种渠道。一般来说,通过银行柜台交易的收益较小,目前可供百姓投资的国债和企业债都在上海证券交易所挂牌交易。单纯从收益率的角度来看,沪市企业债的剩余期限大多在5年以下,到期收益率比同期国债到期收益率高1%左右;而国债的剩余期限大多在5~10年,到期收益率比储蓄存款利息税后复利年收益率略高。

如果投资者想投资沪市国债或企业债,第一步要开立股票账户(因为交易所债券的结算和股票的结算采用同一种户头);第二步要选择合适的证券交易营业部开立资金账户;第三步,就是在合适的时机买进合适的债券。如果打算一直持有到期,则到期前就不必再理会它了。需要注意的是,买进债券时要付手续费。

债券价格也有行情变化，主要和利率行情有关，利率行情走高，则债券价格走低；利率行情走低，则债券价格走高。债券价格变化的程度和债券的剩余期限有一定关系。一般说来，利率变动幅度相同，剩余期限越长的券种价格变化越大，因此，长期券种的价格波动较大。很多投资者投资债券希望赚取差价，并不是持有到期。这种投资方式对投资者跟踪行情的能力要求较高，债券不是股票，需要大量的计算，当然，也需要对利率走势进行判断和分析。

在我国的债券一级市场上，个人可以通过以下渠道认购债券：凭证式国债和面向银行柜台债券市场发行的记账式国债，在发行期间可到银行柜台认购；在交易所债券市场发行的记账式国债，可委托有资格的证券公司通过交易所交易系统直接认购，也可向指定的国债承销商直接认购；企业债券，可到发行公告中公布的营业网点认购；可转换债券，如上网定价发行，可通过证券交易所的证券交易系统上网申购。

在债券的二级市场上，个人可以进行债券的转让买卖，主要通过两种渠道：一是通过商业银行柜台进行记账式国债交易，二是通过交易所买卖记账式国债、上市企业债券和可转换债券。

作为一种投资手段，债券投资也有风险，而值得我们关注的主要有利率风险、信用风险、流动性风险等。

债券的利率风险是指市场利率的变动导致债券价格与收益率发生变动的风险。当市场利率上升时，债券价格下跌，使债券持有者的资本遭受损失。一般来说，债券的到期期限越长，利率风险也相对越大。信用风险是指发行债券的公司不能按时支付债券利息或偿还本金，而给债券投资者带来损失的风险。信用风险主要表现在公司债券的投资中，公司由于各种原因，存在着不能完全履行其责任的风险。信用风险可以通过债券发行人的信用评级得以衡量，信用评级越好的债务人，其债券的信用风险相对越小。流动性风险是指流动性差的债券使得投资者在短期内无法以合理的价格卖掉债券，从而遭受降低损失或丧失新的投资机会。流动性风险可以通过观察债券的成交量得到，债券每天成交量大的，流动性风险较小，成交量小的，买卖均不方便，流动性风险较大。

把握先机的期货投资

从2007年开始，黄金期货在上海期货交易所开展交易。根据合约，1手黄金期货为300克黄金，最低交易保证金比例为合约面值的7%，交易所收取的交易手续费不高于成交金额的万分之二（含风险准备金）。

假如按照黄金价格每克约170元人民币计算，一手黄金期货的合约面值为51000元，相应的最低保证金为3 570元。由于期货公司收取保证金比例会略高于7%（往往为10%），因此做一手黄金期货保证金约需5 000元。黄金期货对保证金要求不高，做一手黄金期货保证金大约仅需5 000元。适合个人投资。对个人投资者而言，黄金期货的推出，无疑又增加了一条更为便捷的投资途径。

普通投资者通常把期货投资看成是门槛高、风险大的投资品种，但这可能是一种误解。期货投资有很多品种，其中也有非常多适合个人投资者操作的，那么期货投资该怎样进行呢？

期货投资是指在期货市场上以获取价差为目的期货交易业务，又称为投机业务。期货市场是一个形成价格的市场，供求关系的瞬息万变都会反映到价格变动之中，用经济学的语言来讲，期货市场投入的原材料是信息，产出的产品是价格。对于未来的价格走势，在任何时候都会存在着不同的看法，这和现货交易、股票交易是一样的。有人看涨就会买入，有人看跌就会卖出，最后预测正确与否市场会给出答案，预测正确者获利，反之亏损。

期货交易规则要求交易参与者在决定参与交易的时候，必须首先履行开立交易账户的手续。要买进或卖出一张（或更多的）期货合约，必须经过下单、审单、报单、交易、回报这样几个环节，而完成一个基本的流程。

由于期货交易必须集中在交易所内进行，而在场内操作交易的只能是交易所的会员，包括期货经纪公司和自营会员。普通投资者在进入期货市场交易之前，应首先选择一个具备合法代理资格、信誉好、资金安全、运作规范和收费比较合理的期货经纪公司会员。自营会员没有代理资格。

投资者经过对比、判断，选定期货经纪公司之后，即可向该期货经纪公司提出委托申请，开立账户。开立账户实质上是投资者（委托人）与期货经纪公司（代理人）之间建立的一种法律关系。

一般来说，各期货经纪公司会员为客户开设账户的程序及所需的文件不尽相同，但基本程序及方法大致相同。

第一步是风险揭示。客户委托期货经纪公司从事期货交易必须事先在期货经纪公司办理开户登记。期货经纪公司在接受客户开户申请时，需向客户提供《期货交易风险揭示书》。个人客户应在仔细阅读并理解后，在该《期货交易风险说明书》上签字；客户应在仔细阅读并理解之后，由单位法定代表人在该《期货交易风险说明书》上签字并加盖单位公章。

第二部就是签署合同。期货经纪公司在接受客户开户申请时，双方须签署《期货经纪合同》。个人客户应在该合同上签字，单位客户应由法定代表人在该合同上签字并加盖公章。个人开户应提供本人身份证，留存印鉴或签名样卡。单位开户应提供《企业法人营业执照》影印件，并提供法定代表人及本单位期货交易业务执行人的姓名、联系电话、单位及其法定代表人或单位负责人印鉴等内容的书面材料及法定代表人授权期货交易业务执行人的书面授权书。

交易所实行客户交易编码登记备案制度，客户开户时应由期货经纪公司按交易所统一的编码规则进行编号，一户一码，专码专用，不得混码交易。期货经纪公司注销客户的交易编码，应向交易所备案。

第三步是缴纳保证金。客户在期货经纪公司签署期货经纪合同之后，应按规定缴纳开户保证金。期货经纪公司应将客户所缴纳的保证金存入期货经纪合同中指定的客户账户中，供客户进行期货交易。期货经纪公司向客户收取的保证金，属于客户所有；期货经纪公司除按照中国证监会的规定为客户向期货交易所交存保证金进行交易结算外，严禁挪作他用。

最后还要说明的一点是，人们对期货可能存在某种误解，在说起期货时，往往觉得它是一项高风险的投资，其实这也是一种误解，期货可以满足不同的投资需求，比如稳健性的投资需求。

稳健性投资，即跨市套利、跨月套利、跨品种套利等套利交易。

跨市套利是指投资者在某一个交易所买入某一种商品的某个月份的期货合

约，同时在另一个期货交易所卖出该品种的同一月份的期货合约，在两个交易所同一品种、同一月份一买一卖，对等持仓。在获取价差之后，两边同时平仓了结交易。目前，我国的跨市交易量很大，主要是有色金属的LME和上海期交所套利，大豆的CBOT和大连商品交易所也逐步开始套利。

跨月套利是指投资者在同一个交易所同一品种不同的月份同时买入合约和卖出合约的行为。许多产品尤其是农产品有很强的季节性，当一些月份的季节性价差有利可图时，投资者就会进入买卖套利。所有的商品的近期与远期的价差都有一定的历史规律性。当出现与历史表现不同的情况时，一些跨月套利者便会入市交易，以上海期货交易所的有色金属为例，上海金鹏期货经纪有限公司的许多客户是专门的套利者，许多客户不断交易，以年为核算单位，盈利率有时也高出银行贷款利率的一倍。

跨品种套利是指投资者利用两种不同的，但相互关联的商品之间的期货合约价格的差异进行套利交易，即买入某一商品的某一月份的合约，同时卖出另一商品同一月份的合约。值得强调的是，这两个商品有关联性，历史上价格变动有规律可循，例如玉米和小麦、铜和铝、大豆和豆粕、豆油等。

高门槛高回报的信托产品

高盛公司直到1928年12月4日才涉足投资信托，成立了第一家投资信托公司——高盛贸易公司。

运用杠杆原理，短短的几个月，高盛贸易公司像滚雪球般疯狂发展，公司最初只投入了1 000万美元，占全部发行股票的10%，而其余的90%股票以104美元每股的惊人高价卖给了公众，几年后股价为悲惨的1.75美元。真是让人扼腕叹息。

从这个小故事里信托产品的风险可见一斑，在如此高的风险下，信托产品又为何能吸引投资者投资呢？

近年来，信托理财产品越来越吸引了老百姓的眼球，一些信托计划受到热烈追捧。信托，顾名思义，就是"信任、委托"，是一种为他人管理财产的制度。委托人与受托人签订信托协议，把信托财产委托给受托人，依据信托协议管理和处分。

投资信托最让人着迷的魔法并不是管理者的知识面、操纵技能或者理财天赋，而是杠杆原理。在投资信托中，杠杆是这样发挥作用的：通过发行债券、优先股和普通股来购买不同的普通股组合。当投资信托公司购买的普通股价格上涨，信托中债券和优先股的价格是固定的，那投资信托所持有的证券组合因增值而产生的利润将全部或大部分分配给投资信托发行的普通股。导致投资信托公司股票的价格奇迹般疯狂上涨。

以上还不是杠杆效应的全部魔力。要是某投资信托公司上涨的普通股被另一个相同杠杆倍率的投资信托持有，那么这些普通股的价格将会呈几何级数疯狂上涨。

目前国内的信托理财产品可谓五花八门，有金钱信托、动产信托、不动产信托、有价证券信托、金钱债权信托等。信托理财产品具有投资方向灵活、预期收益较高等优点，但也存在风险较高的缺点。

信托理财产品一般采取私募的形式。一个信托理财规划的信托协议不能超过200份，所以一般信托投资门槛较高。一般而言，信托理财产品收益高于银行存款和债券，但低于股票、期货等投资品种，加上门槛较高，比较适合收入较高、闲钱较多、对收益要求较高和承担风险能力强的投资者。

投资信托理财产品，首先要选择经营规范、有较好口碑的信托公司发行的信托产品。对于财务不佳、公司治理结构不健全、经营风险较高的信托公司发行的信托产品不宜购买。这些年来信托欺诈的案件和信托纠纷屡见不鲜，所以您在掏钱包之前一定选一个放心的信托公司。选定了信托公司之后，您应重点关注拟与信托公司签署的信托合同。信托合同是确定您与信托公司权利义务的唯一书面文件，您一定要仔细阅读。在签订合同前，您应该考虑信托项目的收益达到信托公司承诺收益的可能性，有的人任意鼓吹不现实的高收益，您可千万别上当。

信托协议一旦生效，投资者对自己的信托财产几乎完全失去控制，甚至可能对信托财产的投资管理一无所知。所以在签订合同时，投资者应该与信托公司就信托财产的审计、信托计划的信息披露等事项明确约定，要求信托公司定期向委托人、受益人或其他指定的人选披露信托财产的最新情况，并且定期公布信托财产的审计报告。

在信托计划进行过程中，信托计划受益人有权向信托公司查询与其财产有关的任何信息，信托公司有义务向相关权利人披露信托财产的运用、管理、收益等情况。您可千万别放弃这个权利，否则无异于在信托本身固有的金融风险之上又大大增加了人为风险因素。

房产投资怎样才能扩大收益

苏先生自己经营了一间小贸易公司，平时结余下来的钱就喜欢做点投资，前两年苏先生投资房地产赚了一些钱，现在他打算退出了。

但是，还有不少中介打电话来咨询，开始苏先生还耐心向中介解释，自己不打算做这方面的投资，并劝对方把信息删掉。但随后他发现，自己在网上的电话信息已经永远不可能被删除了，隔三岔五就有中介打电话来问他是否出售房屋。

最近一次，苏先生正在公司开会，突然一个陌生电话打过来，有了之前的经验，他选择了拒绝接听。陌生电话继续打来，苏先生再次按掉。陌生电话顽强地又打过来，他一看不得不接了，估计是有什么紧急事务。

"您打算买房子吗？"对方开口就问。不胜其烦的苏先生甩出了一句："傻子现在还买房子！"

现在国家对房价的调控政策不断出台，因此对喜欢做房地产投资的人来说，是进还是退就成了一个问题。但不管怎样，房地产投资的基本方法是不会变的，那么房地产投资应该怎样做呢？

对于降低当前居高不下的房价，国家煞费苦心稳定房价，政策一个接着一个地出台，因此普通的购房者随着风云变幻的形势而动，及时调整自己的购房策略是目前的当务之急。目前在许多购房者中依然存在着"以房养房"、"以租抵贷"（房产投资者在以贷款方式购置了第二套房产后，往往出租其中一套房产，以租金收入偿还另一套房产的月供）的房产投资方式。

这批人先是随着央行加息，开始背负比以往要更加沉重的负担，相对于步步高企的房价及所带来的沉重的还款压力，一直较为平稳的租金使得一些经济实力普通的购房者开始决定出售自己的其中一套房产，但正在这个当口，开征营业税又使他们陷入了两难的境地。

面对此种状况，那些"以房养房"、"以租抵贷"的房产投资还是否有价值？是否可行？当前拥有房产的投资者是卖是租，如何抉择？

首先，房产投资者一定要戒除三种不良投资心理。

坐收租金。既然打算以获取租金收入为投资回报，就必须考虑地段因素。特别是在北京，千万别轻信售楼小姐的话。她只管卖房不管房子是否租得出去。

留给后代。趁手上有钱买套房子留给子女长大了婚嫁时再用，要考虑物业有折旧因素在内。当一样物品没有被使用或充分使用时，它的价值就会大打折扣，更不用奢谈一些什么保值、增值之类的话了。

低进高出。这种风险最大。如今北京的房价连续上涨多年，已经达到了一个很高的水平，继续快速上涨的空间相当有限。除了要独具慧眼选准物业，还要细算账。比如一套100万元的房子必须先有9.5万元的差价底线，除掉这部分之后，才有赚钱的可能。

考察一处房产是否值得投资，最重要的就是评估其投资价值，即考虑房产的价格与期望的收入关系是否合理。以下三个公式可以帮助你估算房产价值，不妨一试。

公式一：租金乘数小于12

租金乘数，是比较全部售价与每年的总租金收入的一个简单公式（租金乘数=投资金额/每年潜在租金收入），租金乘数应小于12。如果超过12倍，很可能会带来负现金流。缺点：此法并未考虑房屋空置与欠租损失及营业费用、融资和税收的影响。

公式二：8~10年收回投资

投资回收期法考虑了租金、价格和前期的主要投入，比租金乘数适用范围更广，还可以估算资金回收期的长短。它的公式是：投资回收年数=（首期房款+期房时间内的按揭款）÷（月租金-按揭月供款）×12。回收年数越短越好，合理的年数在8~10年。

公式三：15年收益看回报

如果该物业的年收益×15年=房产购买价，那么该物业物有所值；如果该物业的年收益×15年>房产购买价，该物业尚具升值空间；如果该物业的年收益×15<年房产购买价，那该物业价值已高估。

除了房屋价值评估外，投资者还应把握6个投资小窍门，这些小窍门可以帮助你更省力更安全地做投资。

第一，投资好地段的房产。房地产界有一句几乎是亘古不变的名言就是：第一是地段，第二是地段，第三还是地段。作为房地结合物的房地产其房子部分在一定时期内，建造成本是相对固定的，因而一般不会引起房地产价格的大幅度波动；而作为不可再生资源的土地，其价格却是不断上升的，房地产价格的上升也多半是由于地价的上升造成的。在一个城市中，好的地段是十分有限的，因而更具有升值潜力。所以在好的地段投资房产，虽然购入价格可能相对较高，但由于其比别处有更强的升值潜力，因而也必将能获得可观的回报。

第二，投资期房。期房一般指尚未竣工验收的房产，在香港期房也被称作"楼花"。因为开发商出售期房，可以作为一种融资手段，提前收回现金，有利于资金流动，减少风险，所以在制定价格时往往给予一个比较优惠的折扣。一般折扣的幅度为10%，有的达到20%甚至更高。同时，投资期房有可能最先买到朝向、楼层等比较好的房子。但期房的投资风险较高，需要投资者对开发商的实力以及楼盘的前景有一个正确的判断。

第三，投资"尾房"。是指楼盘销售到收尾阶段，剩余的少量楼层、朝向、户型等不十分理想的房子。一般项目到收尾时，开发商投入的资本已经收回，为了不影响其下一步继续开发，开发商一般都会以低于平常的价格处理这些尾房，以便尽早回收资金，更有效地盘活资产。投资尾房有点像证券市场上投资垃圾股，投资者以低于平常的价格买入，再在适当时机以平常的价格售出来赚取差价。尾房比较适合砍价能力强的投资者投资。

第四，投资二手房。自从去年建设部提出允许已购公房上市交易以来，各地纷纷出台相应政策鼓励二手房上市交易。这也给投资二手房带来了机遇。在城区一些位置较好、交通便利、环境成熟的地段购置二手房可以先用于出租赚取租金，然后再待机出售，可谓两全其美。尽管现在二手房的交易还不十分活跃，但其投资前景仍十分乐观。

第五，投资门面房。目前的一些新建小区中，都建有配套的门面房。一般这些门面房的面积不大，在30~50平方米左右，比较适合搞个体经营。由于在小区内搞经营有相对固定的客户群，因而投资这样的门面房风险较小，无论是自己经营还是租赁经营都会产生较好的收益。

第六，投资待拆迁房产。在旧城改造过程中，会有很多待拆迁房产。在拆迁时，这些房产的所有者一般都会得到很优惠的补偿。所以通过提前购置待拆迁房产，以获得拆迁补偿的方式赚取收益也不失为一种很好的投资方式。但投资这类房产，需要对城市建设的发展和城市规划有所了解。

以小博大的保险理财

很久以前，有一天一个人在大河边散步，看到有十艘船正在装货，每个人都把自己的货往自家的船上装，每条船都装得满满的。正准备起航出发，突然起风了，河面掀起了波浪。有人担心航行会出危险，提出晚一天再出发，多数人却害怕耽误了航程，影响生意。双方正犹豫的时候，这位散步的智者走到面前出了一个主意，他建议马上起航，但是，他让每个人把自己的货物都分成十份，分别装在十艘船上，然后出发了。几天以后，回来了九艘船，一条船被风浪掀翻了，每个人仅损失了十分之一的货物。大家都认为这个智者的方法高明。后来，这个智者抓住这个商机，开了一个买卖，从这个码头起航的每艘船都向他交纳一定的费用，而他承诺交纳费用的船在航行中万一出现事故而导致的损失，由他包赔。这就是早期的保险雏形。这个故事发生在14世纪的意大利。意大利热那亚商人在1347年10月23日签发的船舶航运保险契约是迄今发现的一份最古老的保险单。

在现代社会，保险已经不仅是一种基本的保障手段，同时也是一个灵活的理财工具。那么，你对保险理财有多少了解呢？

最让人觉得残酷的就是人的一生充满了未知数,你永远不知道噩运什么时候会降临到你的头上来。普通疾病会短暂地影响家庭的生活质量,重大疾病会让人倾家荡产,而环境恶化、食品污染,导致重大疾病发病率逐年上升。基于这些考虑,理财的基础不仅是要储蓄一定的资金,更要为不确定的将来作比较确定的打算,保险也是理财的重要基础之一。

有一则笑话,说的是一个失事海船的船长是如何说服几位不同国籍的乘客抱着救生圈跳入海中的。他对英国人说这是一项体育运动;对法国人说这很浪漫;对德国人说这是命令;而对美国人则保证:你已经被保险了。

保险在美国,不管是国家元首,还是明星巨匠,还是平民百姓,是人们生活中不可缺少的一环,像饮食、居住一样,是生存中必要的一部分。人寿、医药、房屋、汽车、游船、家具等都保了险,它们像一条条木栅,连成一环,环绕在你周围。而在我国,普通人对保险的接受度一直不高,可是随着宏观经济的发展、个人财富的积累,保险消费在家庭生活中的重要性正日益显现。

在中国一般人谈到理财,想到的不是投资,就是赚钱。实际上理财的范围很广,理财是理一生的财,也就是个人一生的现金流量与风险管理,不是解决燃眉之急的金钱问题而已。理财也涵盖了风险管理。因为未来的更多流量具有不确定性,包括人身风险、财产风险与市场风险,都会影响到现金流入(收入中断风险)或现金流出(费用递增风险)。如果您手里有些闲钱,因为存款利息太低而不想存在银行,股票、期货和房地产投资风险太大又不敢进入,这个时候您可以考虑投资于理财类的保险品种,既获取稳定收益,又省心省力。

我们说,保险理财有其独特的优势,这主要是体现在:

①以小博大。报销类险种就是这样。得疾病或受到意外伤害有一个概率。而到个人身上就是有和没有两种情况,一旦有的话,损失的就是大笔的金钱。而平时牺牲小部分金钱,积累需要时大笔的金钱。而这小笔的金钱是多少,要综合考虑医疗费用水平和收入水平两者之间的关系。

②经营没有时间打理的钱。如果根本没有打算懂得念头,只是想留给子孙,可以做分红险,或者有返还的分红险。若是短期不动,日后有动的可能,建议做万能险。短期一二年看保障,中期七八年能保值,长期看收益。

保险和银行储蓄都可以为将来的风险作准备,但它们之间有很大的区别。

①用银行储蓄来应付未来的风险,是一种自助行为,没有把风险转移出去。

保险投资能把风险转嫁给保险公司，实际上是一种互助合作的行为。

②银行储蓄存取自由。保险带有强制储蓄的意味，能帮助投保人迅速积累一笔资金，但只有在保险期满或保险事故发生时才能拿到。

③储蓄金额包括本金和利息，是确定的。在保险中能得到的钱是不确定的，它取决于保险事故是否发生，而且金额可能远远高于所交纳的保险费，不过在某些险种中，如定期养老险得到的钱是确定的。

④存在银行的钱还是自己的，只是暂时让给银行使用。投保人买保险花的钱归保险公司所有，保险公司按保险合同的规定履行其义务。

有人可能会比较担心保险资金支取的问题，实际上保险理财的资金支取情况分几种：

一是可以灵活支取，如在合同有效期内，投保人可以要求部分领取投资账户的现金价值，但合同项下的保险金额也同时按照比例相应地减少，会影响保障程度。如果全部支取，要扣除准备金账户的费用损耗（因为你已经享受了一段时间的死亡保障），因此只返还保单现金价值，会造成较大损失。现实中，很多保险公司的万能寿险产品为了满足保户的理财需求，在账户管理上讲求"保障少、投资多"的策略。举例来说：你缴纳10万元的保费，其中只拿出2 000元用作责任准备金即可，其余9.8万元用来理财，并且可以灵活支取。

二是不可以随时支取，直到保险期满时，死亡保障金和投资账户的现金价值可以一次返还。

那么要怎样选择保险理财产品呢？保险理财产品种类繁多，但并不是每一款产品都适合自己。一般来说，保险理财产品主要分为三类：一是传统的分红保险，二是万能保险，三是投资连接保险（简称投连险）。这三类保险各有特色，消费者应选择适合自己的种类。

分红保险是指保险公司将上一会计年度该类保险的可分配盈余，按一定的比例、以现金红利或增值红利的方式，分配给客户的一种人寿保险。分红保险分红的多少取决于保险公司的整体经营水平，红利来源于该类保险的死差益、利差益和费差益产生的可分配盈余。分红保险的诱人之处在于，只要保险公司盈利，其获利水平就高于当时的利率水平。

投资连结保险除了给予客户生命保障外，更具有较强的投资功能。购买者缴付的保费除少部分用于购买保险保障外，其余部分进入投资账户。投资账户中的资金由保险公司的投资专家进行投资，投资收益将全部分摊到投资账户内，归客户所有，同时客户承担相应的投资的风险。投资连结保险的收益主要来源于投资账户的收益。分红保险的收益是由保险公司和客户共同分享的，因此，投资风险也由双方共同分担；而投资连结保险的收益由客户完全享有，全部投资风险也由客户独自承担。

万能险是介于分红险和投资连接险之间的一种投资型寿险，它的主要特点就是既有投资收益又享有保障。万能险设有投资和保障两个账户，投保人缴纳的保费一部分进入保障账户，一部分进入投资账户，至于保障账户和投资账户的额度分配，则完全取决于投保人。万能险的年收益率，是指投资账户中资金的年收益率，而不是全部所缴保费的收益率。万能险一般都有保底收益，所以其投资风险相对较低，实际收益率一般会高于保底利率，实际收益率的高低取决于各公司的投资能力。

目前，各保险公司和银行推出的产品很丰富，除了以上三点主要区别，具体到每一家银行和保险公司，资金收益情况、现金支取相关规定及费用情况都不一样，您可视自己需要选择。

(1) 购买时量力而行

你有多少可支配货币资产，购买多少理财保险，资产评估是保险理财的第一步。资产评估主要是针对自己的可流动货币资产及拥有的各种金融产品进行统计分析，按资产合理配置和稳健理财的原则，业内人士认为，银行储蓄产品在个人货币资产中应占据约50%的比例，股票等高风险产品约10，投资类保险理财产品约40%。消费者可以根据这种比例，大致确定投资类保险的购买额度。

(2) 选择理想的公司

保险理财产品与一般理财产品不同，具有合同时间长、约束性强的特点，一般要等3~5年后才开始一次性或分期兑现保额和分红收益，这种特点决定了投资者在购买时必须充分了解保险公司的资本实力和财务状况。试想，如果一家保险公司财务状况不好，等保险合约到期时，这家公司都已经破产了，投资者的权益何以保证？同时，投资者应关注保险公司的资金运作能力，如果资金运用能力不强，投资收益有限，保险理财产品的收益也相应有限。

(3) 选择合适的产品

银行理财和保险理财主要有以下几方面的区别：

①银行理财产品不带有保障功能，而保险理财则有死亡保险的保障功能。变额寿险的缴费是固定的，在该保单的死亡给付中，一部分是保单约定的、由准备金账户承担的固定最低死亡给付额，一部分是其投资账户的投资收益额。视每一年资金收益的情况，保单现金价值会相应地变化，因此死亡保险金给付额，即保障程度是不断调整变化的。

万能寿险的缴费比较灵活，您在缴纳首期保费后可选择在任何时候缴纳任何数量的保费，只要保单的现金价值足以支付保单的相关费用，有时甚至可以不缴纳保费。此外，您还可以根据自身需要设定死亡保障金额，即自行分配保费在准备金账户和投资账户中的比例。因此，死亡保险给付通常分为两种方式：A、死亡保险金固定不变，等于保单保险金额；B、死亡保险金可以因缴费情况不断变化，等于保单的保险金额+保单现金价值。

变额万能寿险的死亡保险金给付情况与万能寿险大体相同。但需要注意，万能寿险投资账户的投资组合由保险公司决定，它要对保户承诺一个最低收益；而变额万能寿险的投资组合由投保人自己决定，他必须承担所有的投资风险，一旦投资失败，他又没能及时为准备金账户缴费，保单的现金价值就会减少为零，保单将会失效，保障功能彻底丧失。

②资金收益情况不同。银行理财产品采取的主要是单利，即一定期限、一定数额的存款会有一个相对固定的收益空间。不论是固定收益还是采取浮动利息，在理财期限内，银行理财产品都采取单利。

保险理财产品则不同，大都采取复利计算。即在保险期内，投资账户中的现金价值以年为单位，进行利滚利。

在保险理财产品中，变额寿险可以不分红，也可以分红（目前国内大多属分红型的），若分红，会承诺一个收益底限，分红资金或用来增加保单的现金价值，或直接用来减额缴清保费；万能寿险也会承诺一个资金收益底限，通常为年收益4%或5%；而变额万能寿险则不会承诺，资金盈亏完全由投保人承担。您在选择变额万能寿险时要注意，某些代理人所出示的"资金收益表"只是保险公司以前的盈利情况，并不代表今后的"一定的"收益。

③支取的灵活程度不同。银行理财产品都有固定的期限，如果储户因急用需要灵活支取，会有利息损失。

近年来，保险公司推出了很多既具有保障功能又具有投资功能的保险品种。

这些险种不仅起到保障财产和人身安全的作用，还能使保险资金增值。目前，国内理财投资型的保险品种主要有：分红保险、万能寿险和投资连接险。这三种理财投资型保险的风险依次增加，但投资收益的潜能也依次提升。

当您决定购买理财类保险时，除了要考虑产品本身的特点外，还应该考虑保险公司实力、信誉等方面的因素，应找专业的精算人士咨询之后再作出慎重选择。

定期调整保险计划。随着时间的推移，家庭可能面临新的风险，保险需求、收入水平也会出现变化。鉴于此，您可以考虑每隔几年定期调整保险计划和保险产品，从而享受充分的保障。

第10章　缺钱时怎么办，怎样成为资本运作高手
——每天学点融资知识

洗钱：将钱由"黑"变"白"

在1983年，纽约银行发生了这样一件事情：有客户把多笔大额资金由一家俄罗斯银行账户转移到纽约银行的两个账户，该两个账户以A公司和B公司的名义开立。调查人员发现A公司和B公司的账户均由Peter开设，该男子为俄罗斯人，于1991年移居美国，其妻Lucy也是俄罗斯裔移民，受雇于纽约银行的伦敦分部。

A公司和B公司的账户于两年前设立，此后的一年期间，共有超过60亿美元的资金流经这两个账户。大部分资金是以电汇的形式每天从俄罗斯转入这两个账户，而且金额庞大。上述资金随后（一般是在当天）会从这两个账户转发世界各地的众多收款人。多数情况下，每天从A公司、B公司账户汇出的电汇次数均数以十计，甚至百计。

除转账的金额多数相等外，款项的收款人均大多身处一些"离岸金融中心"或"避税天堂"，如卢森堡、列支敦士登、瑙鲁等。有关款项大部分随后转入不同投资公司的投资户口，用于证券股票和基金买卖。

这就是一个典型的洗钱案例，一些来历不明的钱，就是在这样的运作中由黑变白的。那么，洗钱会对金融经济带来怎样的危害呢？洗钱的手法又是怎样的呢？

洗钱活动最早出现在20世纪20年代，当时美国芝加哥的一名黑手党成员开了一家洗衣店，在每晚计算当天的洗衣收入时，他把那些通过赌博、走私、勒索获得的非法收入混入洗衣收入中，再向税务部门纳税，扣去应缴的税款后，剩下的非法所得就成了他的合法收入。这就是"洗钱"一词的由来。

如果给洗钱下一个定义，那就是指将毒品犯罪、黑社会性质的组织犯罪、恐怖活动犯罪、走私犯罪或者其他犯罪的违法所得及其产生的收益，通过各种手段掩饰、隐瞒其来源和性质，使其在形式上合法化的行为。而从金融交易角度，我们可以对洗钱进行这样的描述：犯罪分子及其同伙利用金融系统将资金从一个账户向另一个账户作支付或转移，以掩盖款项的真实来源和受益所有权关系；或者利用金融系统提供的资金保管服务存放款项。

据国际货币基金组织统计，全球每年非法洗钱的数额约占世界国内生产总值的2%~5%，介于6 000亿~1.8万亿美元之间，且每年以1 000亿美元的数额不断增加。要知道，洗钱并不只是少数犯罪分子占有非法收入那么简单的事，从金融管理秩序角度来看，洗钱活动往往借助于合法的金融网络清洗大笔黑钱，这不仅侵害了金融管理秩序，而且也严重破坏了公平竞争规则，破坏了市场经济主体之间的自由竞争，从而对正常、稳定的经济秩序带来一定的负面影响。

洗钱通常以隐藏资产来源为目的。典型的交易分三个过程：第一，入账，即通过存款、电汇或其他途径把不法钱财放入一个金融机构；第二，分账，也就是通过多层次复杂的转账交易，使犯罪活动得来的钱财脱离其来源；第三，融合，以一项显示合法的转账交易为掩护，隐瞒不法钱财。通过这些过程，罪犯就可把非法所得转移并融合到有合法来源的资金中。

一般来说，不论是公司之间还是个人之间，大笔款项的移动通常使用支票、转账等方式通过正规的金融系统进行。这些金融活动都有案可查，有线索可以追踪。如果忽然出现大笔现钞移动，就会受到关注；而非法活动往往以现钞交易。所以，洗钱最重要的一步是第一步，就是让黑钱摇身一变而成为合法形式，进入正规的金融系统。不仅如此，进入金融系统后，黑钱往往还要做多次转移和参加各种交易，目的是模糊来源线索，这叫"多次漂白"。

洗钱的方式虽然花样繁多，但通常的做法主要有以下几种。

一是让非法收入取得在金融系统里有合法的存在形式。洗钱者可能会与金融机构的工作人员串通，开立假名的账户，或以他人名义开立账户。由于大多数发达国家的银行规定,存入一笔现钞如超过一定数额就要书面申报来源,所以就经常使用化整为零的方法,将大笔现钞拆分后存入。为了使受贿的非法收入可以为自己控制和使用,将资金交由自己的亲友或亲信开立账户,或用来购买国库券、债券、股票等,也是常见的洗钱方法。

二是使用银行之间的电汇方式把钱直接转移到海外金融机构。当今最著名的国际金融交易机构是"国际银行间金融业务电信联盟"(SWIFT),它现在每天处理的电子金融交易超过1 000亿笔。由于在通过SWIFT确认电汇人身份时缺乏统一的标准,因此利用电汇洗钱的人大有人在。

三是通过一些非正规的"地下钱庄"系统。如哈瓦拉就是一种在阿拉伯世界被广泛使用的地下银行交易网络,已经存在几百年。具体交易过程是汇款人将现金交给地下银行的某家分行,这个分行与另一家分行之间通过电话、传真、或信件等方式互相联系,说明汇款的详细情况,最后由后者将现金送至目的地。这种交易方式几乎不留任何可追查的记录。海外的阿拉伯人通常习惯通过这种地下交易网络向国内汇款。美国和英国的情报部门发现,基地组织和哈马斯运动等组织都经常利用哈瓦拉来转移资金。我国发生的很多贪污事件里,犯罪分子把非法收入转移出境也往往通过地下钱庄。因为地下钱庄不受执法机构监督,为非法资金调动提供了条件。据估计,世界上每年大约有1 000亿~3 000亿美元是通过这种地下钱庄交易的。

除了以上方法,还有利用进出贸易的差价进行洗钱的,通过投资活动洗钱的,以及利用网上银行、网上交易洗钱的,种类繁多,难以尽述。

面对形形色色的洗钱手段,针对洗钱活动的特点,各国都在努力防范。美国早就有了《洗钱控制法》,明确地规定了非法金融交易罪、非法金融转移罪和以非法所得进行金融交易罪。我国刑法里早就有洗钱罪,但是随着经济的不断发展,还需要加强对洗钱的打击力度,这样才能维护好我国的金融秩序。

私募基金领跑中国私募舞台

私募基金起源于美国。1976年,华尔街著名投资银行贝尔斯登的三名投资银行家合伙成立了一家投资公司，专门从事并购业务，这是最早的私募股权投资公司。迄今，全球已有数千家私募股权投资公司，黑石、KKR、凯雷、贝恩、阿波罗、德州太平洋、高盛、美林等机构是其中的佼佼者。

众多的私募股权投资公司在经过了20世纪90年代的高峰发展时期和2000年之后的发展受挫期之后，目前重新进入上升期。据英国调查机构2007年2月统计，世界共有950只私募股权投资基金，直接控制了4 400亿美元。

那么，私募基金与公募基金相比到底有哪些不同？它又是怎样运作的呢？

私募是相对于公募而言，是就证券发行方法之差异，以是否向社会不特定公众发行或公开发行证券的区别，界定为公募和私募，或公募证券和私募证券。

金融市场中常说的"私募基金"或"地下基金"，是一种非公开宣传的，私下向特定投资人募集资金进行的一种集合投资。其方式基本有两种，一是基于签订委托投资合同的契约型集合投资基金，二是基于共同出资入股成立股份公司的公司型集合投资基金。

私募基金是与"公募"相对应的，公募基金即我们生活中常见到的开放式或封闭式基金，面对大众公开募集资金，国内的入门起点一般是1 000元或1万元等。而私募属于"富人"基金，入门的起点都比较高，国内的起点一般为50万元、100万元甚至更高，基金持有人一般不超过200人，大型的私募往往通过信托公司募集，一般投资者很难加入其中。但总是躲在幕后的私募基金机构无疑是投资理财市场最耀眼的明星，其投资业绩普遍都高于公募基金。基金、券商集合理财等与之相比，简直不值一提。

私募基金法律上是合伙人企业形式。按照美国的法律，只要合伙人机构不超过一定人数，机构就没有披露责任，可以躲过披露责任。设在伦敦的一家思想库金融创新研究中心上月下旬有份调查报告，对私募基金隐秘性的论断是："复杂性和隐蔽性并不是精明的表现，而是寻租的证明"。

目前，私募作为一个专用词汇也越来越频繁地在中国资本市场上出现。但我国现行《公司法》、《证券法》上并没有关于私募定义的明确规定。在国内一般将未上市公司或拟上市公司在上市前的私募融资活动简称为"私募"，已上市公司的私募融资活动更多的时候被称作"向特定投资者非公开发行股票"，简称为"定向增发"。

那么与公募基金相比，私募基金有哪些特点呢？

首先，私募基金通过非公开方式募集资金。在美国，共同基金和退休金基金等公募基金，一般通过公开媒体做广告来招徕客户，而按有关规定，私募基金则不得利用任何传播媒体做广告宣传，其参加者主要通过获得的所谓"投资可靠消息"，或者直接认识基金管理者的形式加入。

其次，在募集对象上，私募基金的对象只是少数特定的投资者，私募基金圈子虽小门槛却不低。比如在美国，对冲基金对参与者有非常严格的规定：若以个人名义参加，最近两年个人年收入至少在20万美元以上；若以家庭名义参加，家庭近两年的收入至少在30万美元以上；若以机构名义参加，其净资产至少在100万美元以上，而且对参与人数也有相应的限制。因此，私募基金具有针对性较强的投资目标，它更像为中产阶级投资者量身定做的投资服务产品。

最后，和公募基金严格的信息披露要求不同，私募基金这方面的要求低得多，加之政府监管也相应比较宽松，因此私募基金的投资更具隐蔽性，运作也更为灵活，相应获得高收益回报的机会也更大。

私募资金必须要符合以下特征：第一，私募是有组织进行募集，这个募集者必须是一个组织，而不是个人；第二，私募之前必须发起设立公司，在具备一定条件和资格时才能去募集；第三，私募要确定募集的范围；第四，私募要确定募集的标准；第五，募集资金怎样投资要有一个章程；第六，私募资金要明确投资的组合，投资的一些限制；第七，私募资金要保护投资者的利益；第八，私募资金要及时公开披露信息。

私募基金的主要运作方式有两种：

第一种是承诺保底，基金将保底资金交给出资人，相应地设定底线，如果跌破底线，自动终止操作，保底资金不退回。

第二种，接收账号（即客户只要把账号给私募基金即可），如果跌破约定亏损比例（一般为10%~30%），客户可自动终止约定，对于约定盈利部分或约定盈利达到百分比（一般为10%）以上部分按照约定的比例进行分成，此种都是针对熟悉的客户，还有就是大型企业单位。

票据贴现：不可小视的融资工具

信誉卓越的吉列刀片公司要买100万美元的钢材，它只拿出20万现金，同时交给自来钢铁厂一张纸片，上写："这是价值80万美元的吉列刀片公司钞票，半年后可以向吉列公司贴现。"一个月后，钢铁厂在购买80万元的设备时付出了这张"钞票"："拿好了，这是大名鼎鼎的吉列公司的钞票，到期即可兑换哦。"……就这样陆续转手5次，5笔买卖全部成交。

3个月后，拥有这张"钞票"的建筑公司急需现金，一家金融公司说："给我这张钞票，我付给你80万元现金。"在扣除3个月贴现利息后，金融公司付账。又是3个月后，它们向吉列公司领取了80万元现金。

结果是因为有了这张票据，3个月内多了5次买卖，虚拟资金增加了5次流动。

这就是票据贴现，那么票据贴现是怎样产生的？它对经济发展有何助益呢？

票据贴现是指资金的需求者，将自己手中未到期的商业票据、银行承兑票据或短期债券向银行或贴现公司要求变成现款，银行或贴现公司（融资公司）收进这些未到期的票据或短期债券，按票面金额扣除贴现日至到期日的利息后付给现款，到票据到期时再向出票人收款。对持票人来说，贴现是将未到期的票据卖给银行获得流动性的行为，这样可提前收回垫支于商业信用的资本，而对银行或贴现公司来说，贴现是与商业信用结合的放款业务。

票据贴现可以使一部分闲散资金拥有者互相利用，共获利益。故贴现在货币市场活动中处于中心地位。票据贴现市场与其他市场相比较，有许多特殊的优点。对银行来说，贴现银行可获得如下利益：利息收益较多；资金收回较快；资金收回较安全等。对于贴现企业，通过贴现可取得短期融通资金。

银行在贴现票据时，贴现付款额的计算公式如下：银行贴现付款额=票据面

额×（1−年贴现率×贴现后至到期天数÷365天）

票据贴现的出现是有其现实基础的。要知道企业运营跟我们过日子没有什么不同，也经常会因缺钱而犯愁，比如回款不及时、比如出现大额投资项目等，这时就急需周转资金，可是贷款周期较长，依靠贷款往往会失去商机。这时，中小企业手中的票据就可以派上用场了。

一般来说，采用商业汇票进行交易结算的中小企业，往往持有大量汇票。而从企业收到票据至到期兑现日，资金处于闲置状态少则几十天，多则300天。而其中的银行承兑汇票以及付款方为优质大型企业的商业承兑汇票，恰是中小企业可以利用的低成本融资资源。

票据贴现可分为卖方付息票据贴现业务、买方付息票据贴现业务和协议付息票据贴现业务。也就是说，票据贴现利息的承担方可是卖方，也可是买方，还可由买卖双方协商按比例共同承担，从而最大限度地满足企业的个性化需求。

如中小企业在业务交往中作为买方，面临强势的卖方时，卖方往往不愿接受中小企业的票据支付。因为对卖方而言，接受票据就意味着自有资金的冻结，或者需要用贴现利率换取资金流动性。对此，中小企业可选择对买、卖双方有益的"买方付息票据"，即票据贴现的利息由买方支付。

这样，作为买方的中小企业，能随开随用，以较低的成本获得流动资金支持，并通过该产品约期支付、现金采购，获得商业折扣，达到降低资金成本的目的。对卖方来说，既不需付出贴现成本，又能利用票据结算规范买卖双方债权债务关系，减少赊销风险和坏账损失。

那么目前贴现市场交易种类有哪些呢？

一般而言，票据贴现可以分为三种，分别是贴现、转贴现和再贴现。贴现是指客户（持票人）将没有到期的票据出卖给贴现银行，以便提前取得现款。一般工商企业向银行办理的票据贴现就属于这一种；转贴现是指银行以贴现购得的没有到期的票据向其他商业银行所作的票据转让，转贴现一般是商业银行间相互拆借资金的一种方式；再贴现是指贴现银行持未到期的已贴现汇票向人民银行的贴现，通过转让汇票取得人民银行再贷款的行为。再贴现是中央银行的一种信用业务，是中央银行为执行货币政策而运用的一种货币政策工具。

票据贴现的种类还可以根据票据的不同分为银行票据贴现、商业票据贴现、债券及国库券贴现三种。

说到这里,大家明白了,票据贴现其实就是一种变相的"快速贷款"。不过票据贴现和发放贷款,都是银行的资产业务,都是为客户融通资金,但两者之间却有许多差别。

首先是资金流动性不同。由于票据的流通性,票据持有者可到银行或贴现公司进行贴现,换得资金。一般来说,贴现银行只有在票据到期时才能向付款人要求付款,但银行如果急需资金,它可以向中央银行再贴现。但贷款是有期限的,在到期前是不能回收的。

其次,利息收取时间不同。贴现业务中利息的取得是在业务发生时即从票据面额中扣除,是预先扣除利息。而贷款是事后收取利息,它可以在期满时连同本金一同收回,或根据合同规定,定期收取利息。

第三,利息率不同。票据贴现的利率要比贷款的利率低,因为持票人贴现票据目的是为了得到现在资金的融通,并非没有这笔资金。如果贴现率太高,则持票人取得融通资金的负担过重,成本过高,贴现业务就不可能发生。

第四,资金使用范围不同、持票人在贴现了票据以后,就完全拥有了资金的使用权,他可以根据自己的需要使用这笔资金,而不会受到贴现银行和公司的任何限制。但借款人在使用贷款时,要受到贷款银行的审查、监督和控制,因为贷款资金的使用情况直接关系到银行能否很好地回收贷款。

第五,债务债权的关系人不同

贴现的债务人不是申请贴现的人而是出票人即付款人,遭到拒付时才能向贴现人或背书人追索票款。而贷款的债务人就是申请贷款的人,银行直接与借款人发生债务关系。有时银行也会要求借款人寻找保证人以保证偿还款项,但与贴现业务的关系人相比还是简单得多。

最后,资金的规模和期限不同。票据贴现的金额一般不太大,每笔贴现业务的资金规模有限,可以允许部分贴现。票据的期限较短,一般为2~4个月。然而贷款的形式多种多样,期限长短不一,规模一般较大,贷款到期的时候,经银行同意,借款人还可继续贷款。

债权融资：风生水起的中短债投资机会

江浙地区某房地产开发企业，项目总投资1亿元，自有资金3 000万元，银行未偿还贷款5 000万元，以企业名下物业（评估值1亿元）做抵押。尚需要借款1亿元，用于偿还银行到期贷款并完成项目建设工程（因为银行借款未还，且已经展期，因此，不能从银行再贷款，只能寻求其他融资渠道）。最后，这家房地产开发企业从一个金融公司融资，金融公司先为其偿还了5 000万元银行借款，同时物业重新做抵押登记，再借出5 000万元为其完成项目后期施工。

这是一个典型的债权融资案例，那么债权融资是怎样进行的呢？

债权融资也叫做债务融资，所谓债权融资是指企业通过借钱的方式进行融资，债权融资所获得的资金，企业首先要承担资金的利息，另外在借款到期后要向债权人偿还资金的本金。债权融资的特点决定了其用途主要是解决企业营运资金短缺的问题，而不是用于资本项下的开支。

债权融资产生的结果是增加了企业的负债，债权融资按渠道的不同主要分为银行信用、民间信贷、债券融资、信托融资、项目融资、商业信用及其租赁等。

债权融资，相对股权融资面对的风险较简单，主要有担保风险和财务风险。作为债权融资主要渠道的银行贷款一般有三种方式：信用贷款、抵押贷款和担保贷款，为了减少风险，担保贷款是银行最常采用的形式。

那么，具体来说债权融资是怎样进行的呢？

企业向银行借钱，先要找一家有一定经济实力的企业做担保人，对银行贷款承担连带责任，当民营企业寻找担保企业时，往往对方也会要求你承诺为对方做担保向银行贷款，这种行为称为互保。大量的互保容易使企业间形成一个担保圈，一旦圈中一家企业运作出现问题，就有可能引起连锁反应，导致其他企业面临严重债务危机。

民营企业老板的私人信用,相当于民间的私人借款。这是民营企业债权融资的独特方式:既是最不规范的企业融资方式,也是民营企业内最普遍的融资方式。融资金额一般较小,稳定性难以确定。

企业间的商业信用。这是以应付购货款和应付票据的方式从供货厂家进行资金筹集的一种方法,即通过企业间的商业信用,利用延期付款的方式购入企业所需的产品,或利用预收货款、延期交付产品的方式,从而获得一笔短期的资金来源。

租赁。现代租赁是一种商品信贷和资金信贷相结合的融资方式,对需方企业来讲,它具有利用租赁业务"借鸡生蛋,以蛋还钱"的特点,以解决企业的资金不足,减少资金占用,发展生产,提高效益。目前租赁的形式很多,有经营租赁、代理租赁和融资租赁等。

银行或其他金融机构贷款。这种方法能够比较容易而迅速地达到融资的目的,其具体方式有票据贴现、短期借款、中期借款和长期借款。但是要大量及时取得银行等金融机构的贷款却是一件十分困难的事情,因为贷款人特别重视资金的安全性,并为此对企业提出了系统的财务指标控制如资产负债率、增长率、利润率等,尤其在企业暂时陷入困境时,很难满足银行的一系列要求。

从资本市场融资。企业可以通过在金融市场发行债券的方式融资,这主要用于筹集长期资金的需要。目前,我国债券市场规模偏小,品种单一,有待于进一步完善。

利用外资。其形式主要有卖方信贷、买方信贷、补偿贸易、外国政府贷款、国际金融机构贷款等。以上列举了六种类型的企业债权融资的方式,对企业来说,其负债的种类是多种多样的,是多种负债形式的组合,企业应根据自己的经营状况、资金状况及所具备的条件,决定本企业的举债结构,并随时间及企业经营状况的变化随时调整这一举债结构。

蔚然成风的股权融资

某民营企业是由国企改制而成,改制后有超过两年完整经营记录,发展也比较顺利。2004年该企业的净利润超过人民币2 000万元，2005年净利润超过3 000万元。2005年净资产约7 500万元人民币。企业产品销售市场稳定，其中60%产品出口国外。后来该企业为了提升生产能力，降低生产成本，从而增强盈利能力，计划购入约5 000万元生产设备，并确定引进策略投资者以股权投资方式解决购买设备所需资金。

这家企业联系了一个大型金融公司，经过一轮接洽，最终确定操作性最可行的香港某投资机构，投资者先后对企业进行了多次实地考察，并进行市场等多方面的分析后，最终签订了投资意向书。随后投资者对该公司进行投资前的尽职调查，包括财务方面及法律方面的尽职调查，这方面的工作，投资者聘请了境外的会计师及律师来完成。由于该公司前期进行了充分的准备，尽职调查工作进展顺利，结果满意。在专业机构调查报告结果正确的基础上，投资者很快决定了对该公司的股权投资，以5 000万元港币投资占该公司约30%的股权。在投资完成后，该公司正在为下一步申请直接上市做准备。

这是一次完整的股权融资过程，这样的案例并不少见，股权融资已经成为了很多企业的融资选择。

股权融资是指企业的股东愿意让出部分企业所有权，通过企业增资的方式引进新的股东的融资方式。股权融资所获得的资金，企业无须还本付息，但新股东将与老股东同样分享企业的赢利与增长。

股权融资按融资的渠道来划分，主要有两大类，公开市场发售和私募发售。所谓公开市场发售就是通过股票市场向公众投资者发行企业的股票来募集资金，包括我们常说的企业的上市、上市企业的增发和配股都是利用公开市场进行股权融资的具体形式。所谓私募发售，是指企业自行寻找特定的投资人，吸引其通过增资入股企业的融资方式。因为绝大多数股票市场对于申请发行股票的企业都有一定的条件要求，例如，我国对公司上市除了要求连续3年赢利之外，还要企业有5 000万的资产规模，因此对大多数中小企业来说，较难达到上市发行股票的门槛，私募成为民营中小企业进行股权融资的主要方式。

传统的资本结构理论认为，股权融资的成本高于负债融资，原因不难理解：一方面，从投资者的角度讲，投资于普通股的风险较高，要求的投资报酬率也会较高；另一方面，对于筹资公司来讲，股利从税后利润中支付，不具备抵税作用，而且股票的发行费用一般也高于其他证券，而债务性资金的利息费用在税前列支，具有抵税的作用。因此，股权融资的成本一般要高于债务融资成本。但由于目前我国资本市场与上市公司没有严格的股利分配限制，利用股票融资的成本反而较低。主要因为：

第一，股本没有固定的到期日，无需偿还。与债权融资相比，股票融资不存在到期还本付息的压力，尤其在中国目前还没有建立有效的兼并破产机制的情况下，上市公司一般不用过分考虑被摘牌和被兼并的风险。由此，股权资金的长期无偿占用几乎被认定是无风险的，是公司永久性资本，在公司持续经营期内都无需偿还，除非公司解散。

第二，没有固定的股利负担。目前我国上市公司运作还不规范，上市公司在股利分配形式上广泛采用除现金股利以外的送股、配股、暂不分配等形式，使股权融资成本息得较低。公司有盈利，并认为适合分配股利，就可以分给股东；公司盈利较少或虽有盈利但现金短缺或有更有利的投资机会，也可以少付或不付股利。

第三，筹资风险小。目前我国证券市场规模较小，可供投资的对象很少，投资者的投资需求又非常大，进行股票投资的热情也较高，这使我国股票市场的市盈率和股价长时间维持在较高的水平，非常有利于上市公司及时足额地募集资金。并且由于普通股股本没有固定的到期日，一般也不用支付固定的股利，不存在还本付息的风险。

第四，普通股筹资形成权益性资本，能增强公司信誉。普通股股本以及由此产生的资本公积金和盈余公积金等，是公司对外负债的基础，有利于进一步拓展公司融资渠道，提高公司的融资能力，降低融资风险。

金融租赁：古老产业与现代金融的结合

2004年4月初，在沪上金融租赁公司新世纪金融租赁有限责任公司的成功运作下，全国首个房地产"售后回租+保理"融资项目正式签约——沪上一家大型房地产公司将其拥有的海南一家著名大酒店出售给金融租赁公司，并签订了5年的"售后回租"合同；金融租赁公司又与一家股份制商业银行签订"国内保理业务"合同，将房地产售后回租形成的租金应收款卖给银行，房地产公司一次性完成融资金额高达6亿元。

那么金融租赁的融资过程是怎样的呢？它有什么特点呢？

金融租赁是由出租人根据承租人的请求，按双方的事先合同约定，向承租人指定的出卖人，购买承租人指定的固定资产，在出租人拥有该固定资产所有权的前提下，以承租人支付所有租金为条件，将一个时期的该固定资产的占有、使用和收益权让渡给承租人。这种租赁具有融物和融资的双重功能。金融租赁可以分为三大品种：直接融资租赁、经营租赁和出售回租。

租赁是一个古老的行业，融资租赁将金融与产业更有效地结合起来。在金融日益产业化，和产业日益金融化的今天，融资租赁不应该仅仅是一种可有可无的修饰和点缀，而应该承担更大的责任。

150年前的伦敦东部地区，煤矿已经采用租赁的方式从制造商处获得烧煤的机车，当时人们普遍采用的方式是签订以星期为单位的租赁，并将其展期至数年。实际上，这已经初步具备了现代融资租赁的雏形。

与此同一时期，在大西洋彼岸的美国，租赁业务从19世纪中后期开始也有很大的进步，例如，1877年美国贝尔电话公司向企业和个人出租电话机，电话租赁业务得到普及；19世纪末，美国联合制鞋公司向制鞋商出租制鞋机等。

与其他许多金融创新一样，真正现代意义上的融资租赁产生于美国。

资料显示，第二次世界大战以后，世界经济开始复苏，美国的经济迫切需要完成从战时的军工生产向民用工业转变。在此过程中，由于国际竞争加剧，制造商降低成本的要求非常迫切。

但在当时，美国政府采取了金融紧缩政策，大多数企业很难筹措到资金。在这种情况下，出现一种不依靠自有资金和借款即可引进设备的机制也就变得顺理成章了。

资料显示，1952年，美国加利福尼亚州一家小型食品加工厂的经理亨利·斯克费尔德，因没有资金更新陈旧的带小型升降机的卡车，便考虑以每月125美元的代价租用卡车,并和经纪人达成了协议。

据此,亨利·斯克费尔德产生了建立租赁公司的设想,并向一家商会的负责人提出了建议。正好该商会当时正准备引进价值50万美元的新设备,但又不想为此一次性支付全部购买款项。于是,双方动员了一些支持者,共同努力提出了租赁方案,并成功地从美国银行获得了约50万美元的贷款,作为出租给该商会设备的购入资金。

由于此次交易非常成功,1952年,亨利·斯克费尔德创建了美国租赁公司,其主营业务是根据顾客的需要从其他制造商处购进设备,再租赁给顾客。这样,既解决了顾客尽早利用机器设备的问题,也解决了顾客资金不足,难以一次性付款的难题。亨利的公司被公认为是世界上第一家现代意义的融资租赁公司。

金融租赁作为成熟资本市场国家与银行和上市融资并重的一种非常通用的融资工具,成为大量企业实现融资的一个很重要和有效的手段,在一定程度上降低了中小企业融资的难度。同时金融租赁和其他债权、股权以及信托等金融工具的结合,产生了大量的金融创新。目前全球近1/3的投资是通过金融租赁的方式完成,在美国,固定资产投资额度的31.1%由租赁的方式实现,加拿大的比例是20.2%,英国为15.3%。

构成金融租赁的几个关键要素分别为:承租方主体、出租方主体、期限、租赁标的。而随着市场的发展和需求的多样性,金融租赁的表现形式已经丰富多样,出现了许多新式的租赁服务,比如回租、委托租赁、转租赁、合成租赁、风险租赁等,但总起来讲不外乎两种基本的模式,一种是出租方将标的物购买后移交承租方使用,另一种则是将购买标的物的资金以类似于委托贷款的方式交给承租方,由租赁方购买既定的标的物。而通过金融租赁实现融资的基本特征在于承租方的最终的目的是取得标的物的所有权,因此,从期限和金额上来看,租期通常会接近标的物的使用寿命。在金融租赁相对成熟的市场中,这个期限一般界定为设备使用寿命的75%,而从租金的总额度上来看,也会接近标的物的购买价格,通常界定为购买价格的90%,或者双方约定在期满后承租人某种方式获取标的物的所有权。

金融租赁适用的范围也非常广,对于企业来说从厂房、设备、运输工具甚至软件、信息系统都可以适用,无论是大型的国有企业、医院,还是中小型的企业,都可以采用金融租赁的方式。

同时，金融租赁还具备了这样几个特征：第一，可以获得全额融资；第二，可以节省资本性投入；第三，无须额外的抵押和担保品；第四，可以降低企业的现金流量的压力；第五，可以起到一定的避税作用；第六，从某种意义上来说，可以用做长期的贷款的一个替代品。

但同时金融租赁不可避免地有自身的诸多限制，无论是在国内还是国外，它所能满足的需求总量是有限的，同时也具有比较强的风险收益特征和行业的指向性。从总量的角度来看，国内目前金融租赁相对侧重的行业是医疗和公用事业类，但是针对中小企业的租赁服务也在逐步增加；在企业规模上也有一些对资产、经营状况的硬性指标要求。

金融租赁公司有一套严格的审核手续，首先会对企业及其融资项目的风险进行充分评估；其次，是对项目盈利能力的一个判断，而这一点与租赁公司收取的租金或者利率以及租赁期限有着紧密的关联，通常，金融租赁的总成本会高于同期银行贷款利率；最后就是从金融租赁风险控制的角度出发，对于标的物有着严格的要求，通常集中在具有一定抵押意义和可变现的设备、厂房等物品上，部分租赁公司还将标的物限制在特定的行业和应用领域中。此外，作为融资方或者承租方还需要提供一定数量的保证金，额度相当于总融资额度的20%左右。

融资是一种技术，更是一种艺术，对于融资企业而言，最重要的两件事：第一，是要认清自己，明确自己的定位；第二，就是结合自己的定位，找到合适的金融工具或者金融工具的组合。而在融资的定位和实施过程中，有专业机构的参与和协助会更加事半功倍。

巧用典当让资产流动起来

某典当行里，李先生正在整理自己的典当资料。他有两套房产作典当，市价总值大概在100万元左右，现在他急需一部分资金作自有企业经营的资金周转。按照评估价，他的房产可以贷到80万元。李先生是浙江人，习惯于实业投资。后来一个偶然的机会他认识了一个精于炒股的朋友，当时他自己的实业投资也是面临很大的竞争压力，倒可以在股市上小试牛刀一把，没想到在短短1个月里就赚了2万元。再投入资金，运气还不错，没赔少赚。李先生决定干脆在8月份全心思地做股票投资，很快在股市中投入了80多万元。但他苦于在市场利好时，没有钱再买股票，很无奈地看着股票在涨；而在精心挑选长期利好的股票在跌时，也因为没有钱而不能低价补仓。因于缺钱，他正想到典当行去试试，居然成功地获得了80万元的借款。

无论对个人还是企业，典当都是一种比较好的融资方式。

对于典当，大家都不觉得陌生，毕竟典当存在了成百上千年，但典当也被人们大量地抨击、指责和压制，长期受到很不公正的待遇，这种状况必须逐步加以转变。

旧式典当的确问题很多，形象很差，给人类社会造成了相当严重的负面影响。如当金额度小、典当期限短、当金利率高，加之典当行恶意经营操作等，历代颇遭人反感。

其一，世界各国和地区的典当立法，使典当的法定利率很高。

比如在西方国家，典当法定利率高是普遍现象。英国早在《1872年典当商法》中就规定，典当月利率最高为2.08%左右，而目前该国实行的现代典当市场化利率，更是已经攀上月利率4%~6%的台阶。从美国来看，该国堪称是全球典当法定利率最高的国家。1812年纽约市议会通过法律，规定典当的年利率为25%，只有当金数额在25美元以下的，典当年利率才为7%。1910年，美国有17个州颁布了典当法律，分别规定了典当的法定利率，其中最高的是新墨西哥州为月利率10%、特拉华州为8%。最低的是亚利桑那州也达到了4%。而至20世纪90年代，美国所有州都相继修正了自己的典当法律，其中典当法定利率最高的州居然达到了月利率25%，即年利率300%，令人瞠目结舌。

其二，典当行在实践中恶意操作，变相提高了典当贷款的资金价格。

这一点在中国典当业发展史上表现得最为明显。例如，虚本足利就是最典型的一种恶意操作。按照这种方法，典当行在支付当金时，先打折扣，不给实额。如当户应得当金10元，但典当行只付9元，谓之"九扣"。然而在当户前来赎当时，则典当行又按10元计收本息。此例若按月息3分计算，则10元当金应付月息3角，年息为3.6元，外加本金10元，合计13.6元，故称"九出十三归"。因是虚本，典当行当金9元实得息4.6元，故年利率高达51%以上。其中有1元钱并未贷出，纯系无本生利。可见，一些典当行正是通过这种虚额出本十足取利的方法，对当户进行巧取豪夺的。旧社会流行的还有"以八当十"、"九八出，满钱入"之类的黑幕等，亦皆属典当行的坑人之举。这些无疑使典当的社会形象不可避免地遭受到严重的破坏。以上所见，典当高昂的资金价格至少是决定其难以融入一国主流融资渠道的原因之一。

典当消极的一面被人不断诟病，而典当积极的一面却鲜为人知，未受到社会舆论的关注。例如，欧洲最早的典当行完全是作为慈善机构的面目出现的。15世纪60年代，天主教会系统中的方济会在意大利率先建立了非营利性的"公立当铺"，又译"怜悯银行"，纯属公益性、慈善性的社会救济组织。目的是通过向广大城乡手工业者和贫民发放无息质押贷款，以对抗社会上日益猖獗的高利贷。这类典当行只需当户到期偿还本金，后来才逐渐过渡到发放低息质押贷款的阶段。18世纪中后期，奥地利维也纳、法国巴黎等市政机构，也仿而效之开办了政府组织经营的公益典当行，且一直延续至今尚存。19世纪中期，就连美国也相继出现了一些这类慈善性典当机构。难怪马克思在《资本论》中曾明确指出："在这里，我们且不说公立当铺那样的东西。那是一种反高利贷的措施，……意图在高利贷下保护贫民。"不过，尽管典当业在历史上曾有过自己的辉煌，但由于其不良表现等黑暗面更多一些而致其口碑始终不佳，于是造成至今仍有相当多的人对典当毫无了解或者一知半解，只知其坏，不知其好，尤其不晓得其作为一种特殊的融资方式，给现代社会所带来的正面影响和所起到的积极作用。这种状况理所当然地造成一些人认识上、理念上的偏颇。

不管怎么样，以上认识和理念显然都已经落伍。现代的典当是指当户将其动产、财产权利作为当物质押或者将其房地产作为当物抵押给典当行，交付一定比例费用，取得当金并在约定期限内支付当金利息、偿还当金、赎回典当物的行为。典当行具有两个基本功能：融资服务和商品销售服务。

对于我们来说，现代典当仅仅是一种方便快捷的融资方式而已，其自身的原始特点并不当然构成其自身的本质缺陷，诸如典当的小额性、短期性、高利性等。相反，这些特点恰恰是典当融资方式与其他融资方式相比较而凸显出来的某种竞争优势。

典当行一般接受的抵押、质押的范围包括金银饰品、古玩珠宝、家用电器、机动车辆、生活资料、生产资料、商品房产、有价证券等，这就为中小企业的融资提供了广阔的当物范围。与此同时，我们还要注意到银行与典当行之间在间接融资过程中的一些区别。

尽管两者都属于间接融资的资金中介方，但银行的资金来源更加广泛，其负债经营业务庞大，主要通过吸收公众存款积聚资金，再运用这些资金从事资产业务。而典当行的资金来源比较狭窄，其负债经营业务较小，主要通过增资扩股和少量金融机构贷款积聚资金，再运用这些资金从事资产业务。这表明，在间接融资过程中，银行等金融机构是主力军，而典当行仅扮演着拾遗补缺的角色。然而，两者都是一国资金市场即短期金融市场上的货币经营主体，各有自己独特的市场定位，并分别占据不同的市场份额。

不过目前典当行业发展得还比较慢，在我国也是如此。这种现象并不奇怪。因为，尽管典当是一种方便快捷的融资方式，但由于它毕竟不是一国的主流融资渠道，人们对典当的利用还不可能达到像对利用银行贷款方式那样熟悉和频繁的程度。有资料显示，目前美国共有1.5万家典当行，每10个美国成年人当中每年只有一人去典当行借贷，其余的人都是利用非典当方式，向其他金融机构或融资渠道融资，从而解决资金需求问题。在加拿大，全国共有典当行1 200家，每年接受典当融资服务的成年人口也仅占10%。相比之下，我国大陆典当行的数量本来就远远低于西方发达国家，近些年来更是逐渐减少。因此，从典当行的布局来看，典当也不可能成为社会利用程序化高的融资方式。如目前北京只有4家典当行，上海12家、天津23家、重庆29家，其他大多数省区典当行的保有量一般为三四十家，全国总共在1 100家左右，还有相当一部分地市是空白，这使典当这种融资方式确实很难获得广大社会公众的了解和认知，更不用说自觉加以利用了。

另一方面，根据世界各国和地区的典当实践来看，在了解典当的社会群体当中，绝大多数人利用典当融资的机会也并不多。因其典当的目的主要是应急，即为了处理个人或家庭遇到的一些意外事件，如求医问药、失窃遭灾等一时因手头拮据而急需借贷周转，否则不会去利用典当。同时，还有少数人利用典当融资手段，是为了满足其个人的畸形消费或进行销赃犯罪。当然，在一些国家和地区，中外企业利用典当融资的社会经济现象已有所增加，但目前尚未形成一定的气候,故典当融资方式还不可能因部分中小企业的青睐而得到更广大范围的普及。

再从经常利用典当融资的当户来看,这些人一般是受两个条件的制约而去典当行借贷的,即通过以物换钱的典当方式来满足自己的资金需求,否则也不会去利用典当。一是个人经济状况不佳。如在美国,目前家庭年收入5 000美元至5万美元之间的典当融资者最多,这些人或者家庭负担重,或者受教育程度低、就业状况不稳定,往往入不敷出,因此只能通过典当融资,以弥补缺乏有效收入来源和其他有效融资渠道的不足。不过,"中产阶级上当铺"的现象在美国也能找到,中产阶级在美国典当市场上已开始成为一支不可忽视的独特融资力量。二是个人银行信用不佳。这里主要是指资产信用,它与个人经济状况密切相关。如美国有相当多的人或者没有银行账户,或者虽有银行账户但其信贷额度已经用完,故无法顺利通过银行等金融机构的资信审查,从而不易获得信用卡或消费信贷,这就迫使他们宁肯把目光投向典当,利用典当融资。

买壳上市:融资的借尸还魂术

方正科技是唯一一家完全通过二级市场收购实现买壳上市并且得到成功的公司。它的壳公司是著名的"三无概念"股延中实业(600601)。延中实业是"上海老八股"之一,股本结构非常特殊,全部是社会流通股。延中实业以前的主业比较模糊,有饮用水、办公用品等,没有发展前景,是一个非常好的壳公司。

1998年2月到5月,延中实业的原第一大股东深宝安(0002)五次举牌减持延中实业,而北大方正及相关企业则通过二级市场收购了526万股延中股票,占总股本的5%。后来深宝安又陆续减持了全部的股权,北大方正成为第一大股东。

北大方正后来将计算机、彩色显示器等优质资产注入了延中实业,并改名为方正科技,延中实业从此变为一家纯粹的IT行业上市公司,2000年中期的每股收益达到0.33元,买壳上市完全成功。

从买壳上市的成本上看，当初收购526万股延中股票动用的资金上亿元，但是通过成功的市场炒作和后来的股权减持，实际支出并不高。

那么，买壳上市究竟是怎么一回事？它是怎样运作的？选"壳"又有什么讲究呢？

先给买壳上市下一个定义：买壳上市是指一家非上市公司通过购买一家已经上市的公司一定量的股票来获得对该公司的控股权，然后再通过增发股份向公众筹集资金来反向收购自己的业务及资产，从而实现间接上市的目的。

而场外收购或称非流通股协议转让是我国买壳上市行为的主要方式。根据上海市场1999年上半年买壳上市行为统计，在场外收购方式中，发生频率最高的三种方式为国有股转让（40%）、法人股转让（40%）和收购控股股东（12%）。其中国资局、政府部门控股的企业买壳上市动作最多。另外，证券公司和投资公司涉足买壳上市的现象日益增多。

在A股市场买壳上市的主要好处是：上市后有望再融资（增发或配股），即通过扩大股本数，从股票市场上募得现金。由于上市公司的股票流通性较强，很有可能获得高过净资产总额较多的市值，即股票在市场上的价格高于单位股票的净资产。所以，只要买壳上市后企业经营有所改善，股票价格上涨，那么买壳者就能掌控更高的股票市值，拥有更多的财富。经过一定时间的禁售期后，这些财富在西方股票市场是可能售出兑现的。目前我国股票市场上的法人股不能在二级市场流通，但未来也有可能实现全流通。届时，国内买壳者也可以通过资产重组及改善经营管理，努力让股票价格走强，获得在二级市场上售出部分股票并赚取价差的机会。

通过买壳上市，往往比初次公开上市来得迅速。甚至不到两个星期就可以完成，在不到30天的时间内就可以交易。即使有关申报需要修改通过买壳上市的速度仍然快于承销商承销上市。如果空壳公司已经上市交易，那么合并以后股票也会很快可以上市交易。另外，如果这个公司想在另一家交易所上市交易，那么他还必须申报和获得审批。从成本上讲一个空壳公司的价格可以低至50~60万美元，高至几百万美元。此外，上市的律师费及会计费就可能高达25~30万美元，承销佣金可达7%~12%。

买壳上市成功后，买壳者可以对上市公司的股票简称进行更名，这样有助于扩大企业知名度，宣传企业形象，带来广告效益。另外，个别买壳者还希望通过买壳上市，将私人公司改组为公众公司，引入外部股东，改善公司的法人治理结构，得到更好的发展。

买壳上市不止于国内主板，海外上市也是一条途径。寻找在美国证券市场上市有两种途经：一种途径是中国企业通过初次公开上市Initial Public Offering即IPO，在美国证券市场发行股票；第二种途径就是中国企业通过反向收购与合并一个已经上市并拥有资产的公司或者没有资产的空壳公司，然后把现有的资产和业绩注入这家上市公司，并在市场上挂牌交易，就是所谓买壳上市。

在一个典型的买壳上市中，一个现在运作的公司（买壳公司）与一个已上市的公司（空壳公司）合并，空壳公司成为法律上幸存的实体，但是买壳公司的经营并不受影响。买壳公司的股东事先跟空壳公司股东做好取得空壳公司控股权的安排。买壳公司的股东现在可以享受上市公司的所有好处，该上市公司的股东则现在拥有有价值的合并后的实体股票，并且有增值的潜能。

买壳上市的基本操作思路：非上市公司选择、收购一家上市公司，然后利用这家上市公司的上市条件，将公司的其他资产通过配股、收购、置换等方式注入上市公司。

首先，在上市公司中选择具备卖出条件的壳公司。壳公司的选取是买壳上市运作的第一步，整个过程中至关重要的一环。壳公司选择的正确与否，将直接关系到收购兼并是否能够取得最后成功。那么壳公司的特征分析极为重要。壳公司确定的合理性和公司价值与买壳公司的控股成本密切相关。

第二，分析壳公司股本结构，与拟进行股权转让的法人股及国有资产代表进行接触。

第三，买壳方取得第一大股东地位后，重组董事会。

第四，向壳公司注入优质资产，使壳公司资产质量、经营业绩发生质的飞跃，与此同时尽快收回投资。

那么，在买壳上市的操作中要把握哪些要点呢？

第一步，选一个好壳。这一步太重要了，它直接决定了整个操作的成败。壳之所以成为壳是有原因的，无论是因为战略不明、管理不善还是外部市场和竞争环境的恶化，企业沦为壳的过程往往就是企业为了生存顽强挣扎以至无所不用其极的过程。在这个过程中出现财务黑洞、隐含债务乃至法律诉讼都是再正常不过的事了，因此市场上真正干净的壳寥若晨星。在这种情况下，买壳的企业如果没有经过专业、严谨、详尽的调查就贸然进入，很有可能会陷入一个精心设计的财务陷阱。

"好壳"的共同点包括：

第一大股东控股比例相对较高，理想的区间在25%~50%，如果上市公司第二大股东与第一大股东存在关联关系更为理想，这样较容易控制上市公司。

买壳公司的流通股股本规模较大，再融资的筹资额也会更大；

买壳公司的历史包袱、债务负担较轻，可以保证总体收购成本较低；

买壳公司的原有资产处置较为容易，资产置换、重组工作可以在较短时期内完成；

价格便宜；能够顺利地获得公司实际控制权，且无明显的潜在"政变"威胁；

保住上市资格不太难，最好能有机会尽快获得再融资资格；

没有或较少违法违规记录，最好没有受到过有关部门的调查；

财务清楚，会计账目方面问题不大。国内上市公司虽然真实业绩不能令人满意，但财务报表的"制作技巧"却堪称一流，尤其是在某些会计师事务所的帮助和配合之下，完全可以倒转乾坤，变黑为白。借壳者若不明就里，很可能会在迷账重重之中咽下苦果；

地方政府、原有控股股东、债权人等均支持重组；公司法人治理结构完善。

第二步，尽量减少买壳的代价。买壳的代价都有哪些？买壳者可能需要付出一定数额的现金来支付"壳"的价格；买壳者面对的可能是"一具光有躯壳没有实体或灵魂"的上市公司，入主后需要承担一定的义务，甚或收拾烂摊子；为了置换出上市公司原有的劣质资产就得注入新资产，这样，买壳者可能得独自接手劣质资产，而把新资产与上市公司的其他股东共享；上市公司是公众公司，买壳者得增加信息透明度，得在公众面前曝光，得接受公众及有关部门的监督，还得花费时间、精力应付其他大股东，想办法巩固控股地位。

在这个过程中，卖壳者、买壳者分别需要注意些什么？

卖壳者需要注意的是，不能随便贱卖上市公司控制权；挑选合适的、有实力的买壳者，警惕玩"空手道"的不良投机商；慎重处理与券商、投资机构之间的合作。

第三步，怎么买。买壳，主要通过购买上市公司股权来实现。在我国，购买上市公司的股权，一般分为两种：

一种方式是购买未上市流通的国家股、国有法人股、其他法人股。这种方式购买成本较低，每股价格通常比二级市场的股票流通价格便宜不少，但也存在不少困难。首先，不容易与非流通股原持有人达成股票转让协议、托管协议；其次，这类转让要经过政府部门的批准，例如，国家股的转让需要国家财政部批准，这种批准经常得拖较长时间，而且被拒的概率也不小。

另一种方式是在二级市场上直接购买上市公司的公众流通股，这种方式适合于那些流通股占总股本比例高或者是全流通（例如三无板块）的上市公司。但是这种方法成本较高、变数较大，有时不好控制后果。因为在二级市场上收购上市公司的流通股，需要遵守法律上有关股东持股信息披露甚至强制性全面收购等具体规定；还可能引起上市公司股票价格的异动或上涨，造成收购成本的上涨，有时会触发原控股股东的"反收购"行动。

由于我国深沪股市中的上市公司流通股占总股本比重均较低，所以，我国多数买壳行为都是通过购买非流通股实现的，其中最常见的应该是不同法人之间的法人股协议转让。

买卖壳交易中的价款支付方式包括：现金支付、资产置换支付、债权支付、混合支付、零成本收购（主要是指通过国有股无偿划拨的形式实现）和股权支付方式等。

有些情况下，我们把"买壳上市"与"借壳上市"混用，则壳交易中可能不涉及价款，无支付行为。例如，创智软件收购上市公司"五一文"时，是由"五一文"第一大股东以其持有的"五一文"法人股股权作为出资，与创智合资设立一家公司，后者占有51%的股份。这样，创智通过绝对控股该合资公司而间接成为"五一文"的第一大股东，然后再注入计算机软件业务，换出原有的商品流通业务。

第四步，资产重组融入。资产重组一般在买壳之后进行，或者与买壳同时完成，但个别案例则是在买壳之前进行。买壳上市的业务创新主要在买壳与资产重组这两大环节。买壳后，上市公司的"新东家"（新的控股股东）得往"壳"（即上市公司）中注入新的"实体与灵魂"，即将优质资产注入壳公司，把壳公司原有的不良资产换出来或压下去，使壳公司的基本面（主营业务、财务状况、资产质量等)发生根本的转变。如果上市公司的业绩能够得到提高,并保持在较好的水平,上市公司就有机会进行配股或再融资,或者就可以保定上市资格。

资产重组的办法有很多,但万变不离其宗,就是想办法把新资产装入上市公司之中。怎么装呢?

主要办法之一是让上市公司掏钱来买新控股股东(买壳者)的资产,或者让上市公司用原有资产与新控股股东(买壳者)的资产进行置换,即在上市公司与买壳者之间进行交易;

主要办法之二是在上市公司、原控股股东(卖壳者)和新控股股东(买壳者)三者之间进行交易,比如,买壳者用新资产及一定的现金或股权组合换取卖壳者手中的上市公司控股权,卖壳者再把刚拿到的新资产与上市公司的老资产进行置换。

这里要特别提醒的是,在企业买下壳公司后,往往会出现与壳公司原来的管理模式产生冲突的现象,企业重组后需要经历经营理念、企业文化的磨合,从而对短期内不大可能止住公司业绩的滑坡也要有个心理准备。

第11章 谁来保护"钱",关注"看不见的手"
——每天学点金融监管和调控知识

当亚当·斯密遇上凯恩斯

伦敦一个大雾弥漫的早上,一名男子已经醒了,但他仍躺在床上、衣衫不整。他在和他的经纪人通话,为他自己、一所大学、一个辛迪加的巨大投机业务作决定。

这人就是著名经济学家约翰·梅纳德·凯恩斯男爵,他不但开辟了宏观经济学的研究阵地(他的两本主要著作给他带来了巨大且历久不衰的声誉),还担任过大学司库和剑桥大学学监、政府官员和顾问等。凯恩斯男爵还是一位富有的投资者。凯恩斯的经济理论影响了几代人,在目前的经济政策制定中仍然起着举足轻重的作用,并将继续影响未来若干年的经济思想。

有一次,凯恩斯和一个朋友在阿尔及利亚首都阿尔及尔度假,他们让一群当地小孩为他们擦皮鞋。凯恩斯付的钱太少,气得小孩们向他们扔石头。他的朋友建议他多给点钱了事,而凯恩斯,这个世界上最伟大的经济学家,回答道:"我不会贬抑货币的价值。"

现代西方经济学最有影响的经济学家之一,他创立的宏观经济学与弗洛伊德所创的精神分析法和爱因斯坦发现的相对论一起并称为20世纪人类知识界的三大革命。不过,他的国家干预主义却和古典经济学的鼻祖亚当·斯密的"看不见的手"不断发生碰撞，那么孰是孰非呢？

在由美国"次贷危机"引发的世界金融风暴中，人们似乎抛弃了亚当·斯密的"看不见的手"，各国政府这只"看得见的手"反倒是伸展得很充分。于是，"看得见的手"与"看不见的手"之争又起。简单地说，亚当·斯密属于自由主义经济学派，不主张过多干预经济运行，而是靠市场和价格这只"看不见的手"自发地调节经济运行。凯恩斯主义属于政府干预主义，就是在市场失灵的情况下，政府主动出手，采取一系列财政税收政策干预经济运行，刺激经济，扩大就业，使经济恢复到健康发展的轨道。

在讨论两者的优劣之前，我们不妨先具体地了解一下双方各自的主张。

亚当·斯密是英国古典政治经济学最伟大的代表，是工场手工业和产业革命前夕的集大成的经济学家，经济自由主义理论的主要创建者。1776年，苏格兰格拉斯哥大学教授亚当·斯密发表了经济学奠基之作《国富论》。《国富论》中，亚当·斯密提出了"看不见的手"学说，分析了市场制度为什么能把追求各自目标的个人自由同经济领域里生产我们的衣、食、住所必需的物品广泛结合起来。亚当·斯密最重要的见解是：参加一项交易的双方都能得到好处，而且，只要合作是严格自愿的，如果交易双方得不到好处，就不会有任何交易。在大家都能得到好处的情况下，不需要任何外力强制和对自由的侵犯来促使人们合作。亚当·斯密指出，"这就是为什么一个'只盘算他自己的得益'的个人'受一只看不见的手'指引，去达到一个同他的盘算不相干的目的。对于社会来说，同他的盘算不相干并不总是坏事。他在追求他自己的利益时促进社会的利益，常常比他实在想促进时还更有效果。我没听说过，那些装作是为公众的利益做交易的人做了多少好事。"

亚当·斯密认为在自由竞争的市场经济中，国家只扮演一个极其简单的被动的角色——充当"巡夜警察"。凡是个人依靠自己的力量能够做到的事，凡是在市场经济体制作用下由个人做效率更高的事，就不应当由国家来干。国家仅仅执行某些必不可少的最重要的任务，例如，保护私人财产不受侵犯，从不直接插手干预经济运行等。也就是说，在自由市场经济体制中，国家只是一个外生变量，它只存在于经济体制的外部，作为一种环境因素外在地影响着自由市场经济体制的运行。国家的职能被严格限定在三个方面:"第一,保护社会,使其不受其他独立社会的侵犯。第二,尽可能保护社会上各个人,使其不受社会任何其他人的侵犯和压迫,也就是说,要设立严正的司法机关。第三,建设并维持某些公共事业及某些公共设施。"

"看不见的手"学说的政策主张是自由市场的经济制度,主张以个人的尊严和个人的自由作为基本价值观的基础,充分发扬人所共有的功利主义(以最小的牺牲换取最大的利益的心理结构)和合理主义(为了达到功利主义的目的而进行的最佳手段选择),设立任何人都可以自由出入的市场,在里面进行自由的经济交换。同时,尽量抑制既非生产者又非消费者的第三者——国家和政府对经济的干预。这看起来会因为无政府、无秩序而陷入混乱,但实际上由于"看不见的手"的引导,资源能够得到合理的配置,经济社会会自然而然地处于调和状态。这就是作为一个制度上的发明的亚当·斯密的自由放任的市场经济思想。

在当时的18世纪,亚当·斯密"看不见的手"学说是个惊人的思想,很受推崇。有一次亚当·斯密去参加一个政治家的聚会,一进门大家都起立欢迎,站着不动,亚当·斯密请他们坐下,首相皮特说:"不,你坐下来,我们再坐,我们都是您的学生。"

直至第二次世界大战以前,资本主义国家一直依靠这只"看不见的手"来调节社会生产,并取得了令人瞩目的经济成果。但是经济危机的到来破坏了这一切,资本主义国家发现依靠这只"看不见的手"来调节生产并不那么灵敏。1929年,席卷世界的大危机打破了自由竞争的资本主义是最理想的社会制度的神话,亚当·斯密的"看不见的手"被现实中个人利益与社会利益的冲突、繁荣的危机两把利刃斩断。

经济危机的事实说明,仅在无人干预的市场机制调控下,供求会发生严重脱节,繁荣背后隐藏着经济危机的威胁。因此,为实现经济的快速平稳增长,资本主义国家在战后努力寻求其他办法来弥补"看不见的手"的缺陷。

在这个过程中,凯恩斯出现了,他的国家干预理论不仅帮助人们完成了这样一种国家观的转变,而且还为公共部门和政府的经济政策规定了怎样以及如何进行扩张和紧缩的固定规则。凯恩斯提出的对策是:要用政府这只"看得见的手"参与国家经济,用国家的力量推动经济的运转。凯恩斯还专门给美国总统富兰克林·罗斯福写了一封信，表达了自己的观点。在信中他对罗斯福说：您已经成为各国力求在现行制度范围内运用明智试验以纠正我们社会弊病的人们的委托人。

凯恩斯的经济观点是什么呢？现代市场经济的一个突出的特征，就是国家不再仅仅扮演"巡夜警察"的角色，而是用"看得见的手"协调经济运行中总量平衡以及某些重大的结构性矛盾，即国家进入经济体制内部，成为现代市场经济体制中的一个基本角色。

把凯恩斯的政策主张再简化一下，就是抛弃自由放任原则，运用财政政策与货币政策，实施国家对经济的调节和干预，以确保足够的总需求，实现经济的稳定增长。实现充分就业，必须刺激有效需求，即刺激消费和刺激投资。它导致了西方国家经济从自由主义向国家干预主义的转折，被称作"凯恩斯革命"。凯恩斯的这一套理论观点和政策主张被后人称为"凯恩斯主义"。

凯恩斯的《通论》出版后，很快风靡西方经济学界，成为居于主流地位的一大经济学流派。富兰克林·罗斯福的"新政"开创了市场经济的新模式。在这种模式中，市场规律这只"看不见的手"和政府干预这只"看得见的手"联合起来，共同影响经济，市场的作用和政府的作用同时得以发挥。

第二次世界大战以后，资本主义各国把"凯恩斯主义"作为国策长期奉行，促成了资本主义经济发展史上的"黄金时期"的出现。以至于凯恩斯信徒把战后这一时期称为"凯恩斯时代"，把凯恩斯说成是"资本主义的救星"和"战后繁荣之父"。

其实，亚当·斯密和凯恩斯的学说可看作一个事物的两个方面，各有各的道理，各有各的适用条件，不能绝对化地说哪个是绝对真理。它们都是人类社会不断应对经济变化总结出的宝贵经验，应根据具体情况做取舍。

财政政策与宏观调控

2006年统计数据显示，前三季度农民人均现金收入2 762元，实际增长11.4%，保持了比较快的增长。那么，农民的增收是从哪里来的呢？

如果具体分析的话，可以发现，在农民收入增加的因素里，除了外出务工、农产品收入和二、三产业的收入之外，最直接的增收因素是中央财政的转移支付和各种财政补贴。

2006年以来，中央财政通过安排农村税费改革专项转移支付、完善粮食"三补贴"、发放农资综合补贴、推进农村义务教育经费保障机制改革、扩大新型农村合作医疗改革试点范围、支持农村金融改革、推进支农资金整合等政策措施，仅前三个季度，就已经向农村投入财政资金1 500亿元左右。国家统计局新闻发言人说的农民人均现金收入中的142元，就是其中的一部分。

财政政策也是宏观调控的一部分，但是它常常会被人忽略，因为它的调控总是默默无声。那么财政政策调控都包括哪些内容呢？

财政政策的定义很宽泛，它是指国家根据一定时期政治、经济、社会发展的任务而规定的财政工作的指导原则，通过财政支出与税收政策来调节总需求。增加政府支出，可以刺激总需求，从而增加国民收入，反之则压抑总需求，减少国民收入。税收对国民收入是一种收缩性力量，因此，增加政府税收，可以抑制总需求从而减少国民收入，反之，则刺激总需求增加国民收入。

有一点比较特别的是，某些情况下财政政策无需政府预先作出判断和采取措施就会自行发挥作用。财政政策的这种自动稳定发挥作用模式被称之为"自动稳定器"，其作用工具主要包括累进所得税、社会福利支出和农产品价格维持。下面我们来逐个分析一下：

第一，累进所得税。一般来说，当经济运行处于通货膨胀时，应当增加税收，从而减少社会总需求；当经济运行趋于衰退时，应当减少税收，从而扩大社会总需求。累进所得税制度就具有这种自动调节社会总需求的内在稳定机制。

个人所得税，具体来说，在经济萧条时期，由于经济衰退，个人收入会降低，符合纳税规定的人数相应减少，税基相对缩小，适用的累进税率也相应下降，税收就会自动减少。由于税收的减少幅度会超过个人收入的减少幅度，税收便会产生一种推动力，防止消费与投资需求过度紧缩，减缓经济的萎缩程度，从而达到防止经济进一步衰退之效。这一点后面还会提到，在这里就不再细说了。

公司所得税，具体来说，在经济萧条时期，由于经济衰退，企业利润会降低，符合纳税规定的企业相应减少，因而税基相对缩小，适用的累进税率相对下降。税收就会自动减少。由于税收的减少幅度大于企业利润的减少幅度，税收便产生一种推力，防止企业投资需求过度减少，减缓经济萎缩程度，从而发挥反经济衰退的调节作用。而在经济繁荣时期，由于经济高涨，企业利润会增加，符合纳税规定的企业相应增多，因而税基相对扩大，适用的累进税率相对上升，税收就会自动增加。由于税收的增加幅度会大于厂商利润的增加幅度，税收便产生一种阻力，防止企业投资需求过度膨胀，从而发挥反通货膨胀的调节作用。

增值税，增值税对投资也具有不同的调节作用。生产型增值税不允许纳税人在计算增值额时，扣除外购固定资产的价值。因此，对这部分价值存在重复征税问题，客观上可以起到抑制固定资产投资的作用。

第二，社会福利支出。社会福利支出包括失业救济金以及各种福利支出。

失业救济金，其发放有一定的标准，发放的多少主要取决于失业人数的多少。在经济萧条时期，随着国民收入的下降，失业人数的增多，失业救济金的发放趋于自动增加，从而有利于抑制消费支出的持续下降，防止经济的进一步衰退。在经济繁荣时期，随着国民收入上升，失业人数减少，失业救济金的发放就趋于自动减少，从而有利于抑制消费支出的持续增加，防止发生严重的通货膨胀。

各种福利支出，其发放也有一定的标准，发放的多少取决于就业与收入状况。在经济萧条时期，个人收入下降，随着符合接受福利支出条件的人数增加，作为转移性支出之一的福利支出趋于自动增加。这样，有利于抑制私人消费支出的持续下降，防止经济衰退的进一步加剧。在经济繁荣时期，就业增加，个人收入上升，随着符合接受福利支出条件的人数减少，作为转移性支出之一的福利支出趋于自动减少。这样，有利于抑制私人消费支出的持续增加，防止发生严重的通货膨胀。

第三，农产品价格维持的自动稳定作用。按照市场经济国家的通行做法，政府要把农产品的价格维持在一定水平上。高于这一价格水平时，政府抛出农产品，压低农产品价格；低于这一价格水平时，政府收购农产品，提高农产品价格。这种农产品价格维持制度对经济活动的波动也较为敏感。在经济萧条时期，随着农产品价格下降，政府收购剩余农产品的支出自动上升。这样，就会增加生产者的收入，维持生产者既定的收入和消费水平。在经济繁荣时期，伴随着通货膨胀，农产品价格上升，政府抛出农产品。这样，既可以抑制农场主收入和消费的增加，又可以稳定农产品价格，防止通货膨胀。

拉弗曲线：画在餐桌上的抛物线

1974年的一天，经济学家阿瑟·拉弗和一些著名记者及政治家坐在华盛顿的一家餐馆里。他拿来一张餐巾并在上面画了一幅类似倾斜的抛物线的图，向在座的人说明税率与税收收入的关系：税率高到一定程度，总税收收入不仅不增长，反而开始下降。这便是著名的拉弗曲线。

那么，拉弗曲线的含义是什么呢？对于整体经济调控有什么意义呢？

"拉弗曲线"试图说明的是这样一个问题，税收并不是随着税率的增高在增高，当税率高过一定点后，税收的总额不仅不会增加，反而还会下降。因为决定税收的因素，不仅要看税率的高低，还要看课税的基础即经济主体收入的大小。过高的税率会削弱经济主体的经济活动积极性，因为税率过高企业只有微利甚至无利，企业便会心灰意冷，纷纷缩减生产，使企业收入降低，从而削减了课税的基础，使税源萎缩，最终导致税收总额的减少。当税收达到100%时，就会造成无人愿意投资和工作，政府税收也将降为零。

拉弗曲线问世20多年来，并没有多少国家的实践证明拉弗的这一假设，但经济学家们大都相信：税收会造成社会总经济福利的减少，过高的税率带给政府的很可能不是税收增加的美好前景。

在1980年的总统竞选中，里根将拉弗所提出的"拉弗曲线"理论作为"里根经济复兴计划"的重要理论之一，并以此提出一套以减少税收、减少政府开支为主要内容的经济纲领。里根执政后，其减税的幅度，在美国的历史上实为罕见，经济增长也出现当时少有的景气，可以说"拉弗曲线"理论立下了汗马功劳。

但是拉弗曲线也存在很多问题，比如说从理论上看，拉弗曲线缺乏体系的完整性，它仅是解决"滞胀"的一种对策而已，具有一定的局限性，主要表现在以下几点：

第一，拉弗曲线的成立必须满足一定的前提条件。必须满足五个条件："私有制生产关系和市场体系、封闭经济背景、国民收入的预算分配效应低于企业和私人的分配效应、储蓄转化为投资、不存在税负转嫁。"我们可以将其归纳为两点：完全竞争市场体系和封闭经济环境，然而，在现实经济中这两个前提都不存在。完全竞争市场是一种理想的市场体系，在现实生活中难以找到。在开放经济条件下，在国际间较易自由流动的是资本要素，而不是劳动力。资本天生具有追逐剩余价值的特性，投资者会选择税率低的国家和地区，低税率给资本输入国家和地区带来就业和税收收入的大幅增长。资本的低税率"比较优势"，使开放经济的税率与税收的函数关系表现为一条单调递减的曲线。而劳动力受国家政策、文化环境、历史背景等多方面因素的影响，国际间流动很困难。在这点上，拉弗曲线最多只能为降低企业所得税提供理论依据，而无法为降低个人所得税提供理论依据。

第二，拉弗曲线描述的是长期经济条件下税率对税收和经济的影响。在短期，各项政策从制定到实施，再到结果，具有一定的"时滞性"。正是这种"时滞作用"，使短期税率与税收的函数关系表现为一条单调递增的曲线。

第三，拉弗曲线忽视了阶层分析方法，只注意了收入与赋税的关系，而忽视了收入后面不同收入阶层的人群，把不同收入的人简单地抽象为"人们"。累进税分为超额累进税和全额累进税两种，各国一般采用超额累进所得税。累进税意味着，收入越多、征税的比例越大。低收入者并不负担高税率，因而不会受高累进税率的伤害。真正负担高税率的只是高收入者额外高的那部分收入，所以高税率只对这部分收入产生较大的副作用。

第四，拉弗曲线的工作观是功利的，不能完全解释人们努力工作的原因。高累进税率影响工作的结果可能有三种，一种是拉弗曲线所预言的，一些高收入者宁愿要更多的闲暇而不是更多的工作；一种情况是一些人会更努力工作，以便赚更多的钱来弥补赋税的损失，而对于"那些欣赏自己的工作以及工作所带来的权力观念或成就观的众多的医生、科学家、艺术家以及企业经理们将为8

万美元就像为10万美元一样努力地工作。"

第五，拉弗曲线将个人收入全部视为劳动收入，而忽视了非劳动收入。根据拉弗曲线理论，边际税率越高，闲暇的代价就越小，因而旷工增加，加班减少，人们用于提高技术水平的时间也相对减少，因此，高边际税率妨碍人们的工作积极性，劳动生产率下降。"合理的税率应当既能获得财政收入，又能刺激生产，因而不易过高，这也是西方国家20世纪70年代之后经常使用减税政策的原因。"这种说法看上去理由充分，但是，个人所得分为劳动收入和非劳动收入，征收对象不同，税率对劳动供给的影响亦不同。随着个人所得税率的逐步增加，理性人将通过增加劳动时间来增加收入，直至工作极限；然后，增加闲暇时间，减少工作时间，个人收入也随之减少。因此，对劳动收入轻征税、对非劳动收入重征税，有助于鼓励劳动者的工作积极性。

充当调控主角的存款准备金

银行（bank）起源于板凳（bench）。起初只是兑换货币，后来增加新业务，替有钱人保管金银，别人把金银存放在他的保险柜，它给人开张收据，并收取一定的保管费。天长日久，有聪明人看出其中门道，虽然每天都有人存，有人取，但他们的保险柜里，总有些金银处于闲置状态，很少有保险柜被提空的情况。于是兑换商玩起"借鸡下蛋"的把戏，别人每存一笔钱，他们只在手中保留一部分，剩下的则悉数贷出去。被兑换商保留在手里的那部分金银，就是后来的存款准备金。

你是否理解存款准备金作为调控手段的意义呢？

我们常听到经济新闻里提到存款准备金，那么存款准备金是做什么的呢？金融机构必须将存款的一部分缴存在中央银行，这部分存款叫做存款准备金；存款准备金占金融机构存款总额的比例则叫做存款准备金率。举个例子，如果存款准备金率为7%，就意味着金融机构每吸收100万元存款，要向央行缴存7万元的存款准备金，用于发放贷款的资金为93万元。倘若将存款准备金率提高到

7.5%，那么金融机构的可贷资金将减少到92.5万元。

准备金本来是为了保证支付的，但它却带来了一个意想不到的"副产品"，就是赋予了商业银行创造货币的职能，并最终成为中央银行货币政策的重要工具。金融制度演进到今天，原来的"副产品"已经成为"拳头产品"，上升到了主要地位。准备金保支付的作用倒不那么显山露水了，因为随着金融市场的发展，商业银行融通资金的渠道越来越宽，应付客户提款，已经不像早期那样过分依赖准备金了。

在存款准备金制度下，金融机构不能将其吸收的存款全部用于发放贷款，必须保留一定的资金即存款准备金，以备客户提款的需要，因此存款准备金制度有利于保证金融机构对客户的正常支付。最简单地说，就是各家银行需要交给人民银行保管的一部分押金，用以保证将来居民的提款，而如果押金交得比以前多了，那么银行可以用于自己往外贷款的资金就减少了。

随着金融制度的发展，存款准备金逐步演变为重要的货币政策工具。当中央银行降低存款准备金率时，金融机构可用于贷款的资金增加，社会的贷款总量和货币供应量也相应增加；反之，社会的贷款总量和货币供应量将相应减少。

中国的存款准备金制度是在1984年建立起来的，至今存款准备金率经历了26次调整（1984~2004年仅调整8次，2005年0次，2006年3次，2007年至今15次）。最低的一次是1999年11月存款准备金率由8%下调到6%；最高一次为2008年6月由16.5%上调至17.5%。从2010年12月20日起，上调存款类金融机构人民币存款准备金率0.5个百分点，准备金率上调8.5%创新高。

央行决定提高存款准备金率是对货币政策的宏观调控，旨在防止货币信贷过快增长。今年以来，我国经济快速增长，但经济运行中的突出矛盾也进一步凸显，投资增长过快的势头不减。而投资增长过快的主要原因之一就是货币信贷增长过快。提高存款准备金率可以相应地减缓货币信贷增长，保持国民经济持续快速协调健康发展。一般来说，存款准备金率这一货币工具被认为是比较猛烈的货币政策手段。

那么上调存款准备金会给中国的经济带来什么样的影响呢？

首先是银行。存款准备金减少，贷款利润会减少，这对于目前仍然以存贷利差为主要利润来源的银行的业绩有一定影响；另一方面，会催促银行更快向其他利润来源跟进，比如零售业务、国际业务、中间业务等，这样也会进一步加强银行的稳定性和盈利性。

其次是企业。由于资金紧张，银行会更加慎重选择贷款对象，倾向于规模大、盈利能力强、风险小的大企业，这会给一部分非常依赖于银行贷款的大企业和很多中小企业的融资能力造成一定影响。强者更强。

最后是股市。存款准备金率上调对股市的影响非常有限，幅度比预期低，而且就目前大部分银行的资金来说，都还比较充裕，这个比例对其贷款业务能力相当有限；另一方面，市场很早就已经预期到人民银行的紧缩性政策，所以股市在前期已经有所消化，只是在消息出台时的瞬间反映一下而已。

个人所得税：收入分配调节器

这是来自福建省的一条新闻：2009年福建省共有近6万名年所得12万元以上的纳税人进行了个税自行申报，共申报年所得207.64亿元。其中，有近2万人申报了财产性收入所得。具体说有14 840人申报了利息、股息、红利所得，5 113人申报了财产转让所得和租赁所得，他们共申报年所得近88亿元，人均财产性收入近44万元。得益于对个人转让上市公司限售股所得征收个人所得税政策，福建省第一季度限售股个税净增8 278万元。受此影响，该省财产转让所得个人所得税增长了270.5%。

新闻的主题就是个人所得税，那么个人所得税在我国是怎样执行的呢？

个人所得税是以个人（自然人）取得的应税所得为征税对象所征收的一种税。个人所得税作为直接参与个人收入分配的重要税种，它最早于1799年在英国创立，目前已是世界各国普遍开征的一个税种，并成为一些国家特别是西方发达国家最主要的税收来源。而且随着生产力水平的提高和个人所得税制度的不断完善，个人所得税收入在税收收入中的比重也迅速增加，在许多国家尤其是发达国家已确立了主体税种的地位，成为财政收入的主要来源。

由于它不仅具有组织财政收入的功能，而且承担着对国民收入进行再分配、缩小社会收入分配差距、缓解社会矛盾的职能，有着其他税种所无法替代的地位和作用。因此，个人所得税被广泛认为是各税种中最能体现公平的"良税"，备受各国政府的青睐。

美国就是个人所得税征收非常成熟的国家。美国人有句俗话："世上有两件事你逃不过：一件是死亡，另一件就是缴税。"税收是美国政府赖以生存的财政基础，而个人所得税（简称个税）则是整个税收最重要的部分。在近几年美国联邦财政总收入中，平均约有43%来自个人所得税，而公司所得税只占7%。因此，上至美国总统，下到平民百姓，纳税成为每个人的义务和职责。据统计，美国全部个人收入约40%要交给税务局。

在美国，除了小孩外，几乎每个成年居民都要缴纳个人所得税。根据税法的规定，只要你是美国公民或绿卡持有人，美国政府就要对你的收入征税；即使你拿了绿卡后不住在美国，你也必须为在海外的收入向美国缴纳个人所得税。据美国国内收入局统计，今年约有1.83亿美国人申报2004年度的个人所得税，按全美约2.9亿人口来算，即约2/3的美国人要缴纳个人所得税。

从高收入者纳税额的比例也可以看出美国税法的公平原则。虽然美国几乎每个成人都要纳税，但年收入在10万美元以上群体所缴纳的税款占全部个人所得税总额的60%以上，是美国税收最重要的来源。也就是说，美国政府每年巨大的财政收入主要是占人口少数的富人缴纳的，而不是占纳税总人数绝大部分的普通工薪阶层。

我国个人所得税超过50%是来自于普通的工薪阶层，这与经济学中的"二八定律"（即通常来说20%的富人应该缴纳80%的个税）相去甚远。因此，如何提高高收入者个税监管的针对性一直是我国税务机关面临的一道难题。凡在中国境内有住所，或者无住所而在中国境内居住满一年的个人，从中国境内和境外取得所得的，以及在中国境内无住所又不居住或者无住所而在境内居住不满一年的个人，从中国境内取得所得的，均为个人所得税的纳税人。

从收入分配制度改革方向和要求看，大幅度增加居民在国民收入中的比重，让普通百姓吃到更多"蛋糕"应该是改革目的和方向。因此，无论财政收入现状和收入分配改革方向都要求中国在税收上对民众实行减税让利政策。

我国的个人所得税是怎样征收的呢？

一、工资、薪金所得，适用9级超额累进税率，按月应纳税所得额计算征税。该税率按个人月工资、薪金应税所得额划分级距，最高一级为45%，最低一级为5%，共9级。

二、适用5级超额累进税率。适用按年计算、分月预缴税款的个体工商户的生产、经营所得和对企事业单位的承包经营、承租经营的全年应纳税所得额划分级距，最低一级为5%，最高一级为35%，共5级。

三、比例税率。对个人的稿酬所得，劳务报酬所得，特许权使用费所得，利息、股息、红利所得，财产租赁所得，财产转让所得，偶然所得和其他所得，按次计算征收个人所得税，适用20%的比例税率。其中，对稿酬所得适用20%的比例税率，并按应纳税额减征30%；对劳务报酬所得一次性收入畸高的、特高的，除按20%征税外，还可以实行加成征收，以保护合理的收入和限制不合理的收入。

但是现在中国出现两种倾向：中低收入者纳税、缴费不少并且一个也跑不了，而偏低主要偏在暴富者、高收入者身上并且偷税漏税现象既严重又普遍。统计数据显示的，我国个税征收工薪阶层贡献最大就是例证。因此，减税是现阶段税改主基调，但从调节贫富悬殊、调控房地产市场等方面讲，应是对多数人减税、对少数人增税。如收入分配的税收调节，首先要对个人所得税涉及的多数人减税，其次是对富裕人口、特富人口增加新的调节税种。

财政赤字：影响国家经济的债务

财政部发布的2008财政收支情况显示，财政收入增速为19.5%，财政赤字1110.13亿元。专家认为相比西方国家赤字率，我国依然较低。

2008年1~12月全国财政收入累计为61 316.9亿元，同比增长19.5%。这低于2007年32.4%的增速水平。其中10、11两个月，财政收入出现多年不见的负增长。10月同比下降0.3%，11月下降至3.1%。以绝对值来看，四季度各月接连下降，延续了全年收入增幅前高后低、逐月快速下降趋势。

2008前11个月，我国实现了1.224万亿元的盈余，并且2007年也有财政盈余。但为刺激经济，去年年底我国实行积极财政政策。12月份，全国财政支出16 601.69亿元，同比增长30.8%。综合统计，去年全国财政支出执行初步统计数为62 427.03亿元，同比增长25.4%。据此计算，去年我国出现了1 110.13亿元的财政赤字。

财政赤字指的是什么呢？它对我国整体经济有什么影响呢？

所谓财政赤字，是指一个财政年度中，政府财政收入入不敷出，出现了收支差额。为什么叫赤字呢？了解会计常识的人都知道，这种差额在进行会计处理时，需用红字书写，这也正是"赤字"的由来。赤字的出现有两种情况，一是有意安排，被称为"赤字财政"或"赤字预算"，它属于财政政策的一种，而另一种就是预算并没有设计赤字，但执行到最后却出现了赤字，也就是"财政赤字"或"预算赤字"。

当一个国家财政赤字累积过高时，就好像一间公司背负的债务过多一样，对国家的长期经济发展而言，并不是一件好事，对于该国货币亦属长期的利空，且日后为了要解决财政赤字只有靠减少政府支出或增加税收，这两项措施，对于经济或社会的稳定都有不良的影响。一国财政赤字若加大，该国货币会下跌，反之，若财政赤字缩小，表示该国经济良好，该国货币会上扬。

而当国家出现了财政赤字，就会通过政府的开支，对整个宏观经济产生影响。这种影响有两个方面：一是财政赤字的规模，赤字规模越大，给宏观经济带来的影响也越大；另一方面，同样规模的财政赤字，采用不同的弥补方式，对宏观经济产生的影响也不一样。

我们知道，一国政府的财政收入，主要来自税收、国有资产经营收益、政府收费和国债。自然，政府可以用新增的税收、收费或国有资产经营收益，来消除赤字。但是，这些方式或者远水解不了近渴，或者实行起来会受到种种条件的制约。

那么最可行的消除赤字的方法有哪些呢？

第一，动用历年结余。动用历年结余就是使用以前年度财政收入大于支出形成的结余来弥补财政赤字。

财政出现结余，说明一部分财政收入没有形成现实的购买力。在我国，由于实行银行代理金库制，因此，这部分结余从银行账户上看，表现为财政存款的增加。当动用财政结余时，就表现为银行存款的减少。因此，只要结余是真实的结余，动用结余是不会存在财政向银行透支的问题。但是，财政结余已构成银行的信贷资金的一项来源，随着生产的发展而用于信贷支出。

财政动用结余，就意味着信贷资金来源的减少，如果银行的准备金不足，又不能及时通过适当的收缩信用规模来保证财政提款，就有可能导致信用膨胀和通货膨胀。因此，财政动用上年结余，必须协调好与银行的关系，搞好财政资金与信贷资金的平衡。

第二，增加税收。增加税收包括开增新税、扩大税基和提高税率。但它具有相当的局限性，并不是弥补财政赤字稳定可靠的方法：

首先，由于税收法律的规定性，决定了不管采用哪一种方法增加税收，都必须经过一系列的法律程序，这使增加税收的时间成本增大，难解政府的燃眉之急。

其次，由于增加税收必定加重负担，减少纳税人的经济利益。所以，纳税人对税收的增减变化是极为敏感的，这就使得政府依靠增税来弥补财政赤字的意图往往受到很大的阻力，从而使增税可能议而不决。

最后，拉弗曲线标示增税是受到限制的，不可能无限地增加，否则，必将给国民经济造成严重的恶果。

第三，增发货币。增发货币是弥补财政赤字的一个方法，至今许多发展中国家仍采用这种方法。但是增发货币并不是让印钞厂加班加点，多印些钞票就能搞定。而且从长期来看，通货膨胀在很大程度上取决于货币的增长速度，但是过量的货币发行必定会引起通货膨胀，将带来恶性后果。因此，用增发货币来弥补财政赤字只是一个权宜之计。

第四，发行公债。通过发行公债来弥补财政赤字是世界各国通行的做法。政府发行国债，政府成了债务人，企业和个人成了债权人，这样做，只是资金使用权发生了转移，流通中的货币总量并没有增加，所以，一般不会引发通货膨胀。

从债务人的角度来看，公债具有自愿性、有偿性和灵活性的特点；从债权人的角度来看，公债具有安全性、收益性和流动性的特点。因此，从某种程度上来说，发行公债无论是对政府还是对认购者都有好处，通过发行公债来弥补财政赤字也最易于为社会公众所接受。但是政府发行公债对经济并不是没有影响的：首先，大多数经济学家认为在货币供给不变的情况下，公债发行会对私人部门投资产生"挤出效应"；其次，当中央银行和商业银行持有公债时，通过货币乘数会产生通货膨胀效应。因此，政府以发行公债来弥补财政赤字并不意味着一国经济由此而避免了通货膨胀压力。

总之，赤字无法避免，但赤字不能像滚雪球一样，无限增大，需要掌握一个度。这个限度既取决于自身状况，如国家的经济状况、财政实力，也要依据经验数据，进行科学分析。目前，国际上评价财政赤字的常用指标有两个：一是赤字率，即赤字在GDP中的比重；一是负债率，也就是国债余额占GDP的比例。经验表明，赤字率在3%以内，负债率控制在60%以内，财政赤字就基本是安全的。

金融统计：为宏观经济"把脉"

福州金融业是近代史上较为发达的行业之一。其统计产生也较早。清道光年间（1821~1850年）金融业之一的典当开始兴盛，统计随之建立。福建官钱局有光绪二十六年至三十四年（1900~1908年）每年发行银元票数量统计。

民国二年有保险业统计。据私营保险统计，私营保险公司有外商在福州设的26家，其中英国16家，美国3家，日本4家，荷兰、挪威、丹麦各1家。民国四年，华商保险公司还经营财产保险、人寿保险。其他保险分类统计，有保户花名册及收付登记。

上面列出的都是金融统计，或者说是金融统计的雏形。那么金融统计有什么意义呢？

金融统计是国家统计体系中的一个重要组成部分，它以其综合、灵敏、及时、准确、系统的特点，为国家宏观调控、制定货币政策、促进国民经济协调发展提供了可靠的金融统计数据。

当经济出现明显波动时，人们在日常生活中很容易感觉出来。比如遇到通货膨胀，什么东西都变贵了，钞票不值钱了；当有通货紧缩时，什么生意都不好做了，工作不好找了。但当经济异常只是刚露出苗头时，人们的感觉就不那么灵敏了，昨天的菜价跌了，今天东边的楼盘又涨了，您怎么判断这就是通货膨胀或是通货紧缩？这时金融统计的作用就显现出来，它把成千上万个微观主体的经济活动分门别类地加以整理、记录、统计和汇总：这个月全国增加了多少存款，发放了多少贷款，货币供应量有多少……人们通过这些数据的变化，以及它们之间的关联性的分析，就能够判断当前的经济运行状况，能对未来较短时期内的经济走势有一个相对明确的预期。

中央银行制定政策，要以金融统计数据作为依据。举例来说，2003年，统计数据显示货币供应量明显增长偏快，中国人民银行开始发行央行票据，提高法定存款准备金率，回笼基础货币、冻结商业银行的流动性。2006年，统计数据显示信贷投放过快，商业银行在第一季度三个月内就完成全年信贷投放计划的一半，这引起相关部门的高度重视。中国人民银行在2006年4月27日召开"窗口指导"会议，在4月28日上调贷款基准利率，在8月19日再次上调人民币存贷款基准利率，出台这些政策的意图就是为了控制贷款投放节奏，适度抑制过度投资。

那么，金融统计数据是怎样形成的呢？

每年全国各地不知有多少人去银行开户、存款、贷款，不知有多少企业在与银行发生着资金往来。但用不了几天，全国存款规模、贷款规模、货币供应量等指标的年度数据就摆在决策者的案头。别小看那些小小的数字，它们就是金融统计数据的初始来源。中国人民银行要得出最后数字，首先需依靠各类金融机构为它报送以各种实际业务为基础的数据。数据只有标准一致才方便汇集加总，中国人民银行为此专门建立了通行的统计制度，统一科目，统一数据指标，规范数据源，制定编码规则。在计算机的帮助下，各类数据被分门别类、井井有条地加工处理，最后的统计结果很快就能显示出来。

当然，中国人民银行还会开展的几项制度性统计调查：

企业景气调查。对象为5 000户工业企业，调查涉及27个行业，包括月度企业财务状况调查和季度企业问卷调查的部分内容。

储户问卷调查。中国人民银行按季度在全国50个大中城市调查约20 000名储户，内容涉及人们对未来的收入和物价的预期，当前及未来的消费、储蓄以及投资的意愿等，以此反映人们的储蓄、消费、投资行为及心理预期的变动。

银行家问卷调查。对全国各类银行机构负责人进行的季度问卷调查。

企业商品价格调查。调查对象是在国内生产并且在国内销售的物质商品，反映批发物价水平的月度变动情况。这项调查及上述几项调查，是中央银行判断经济形势从而制定金融宏观政策的重要依据。

现阶段，我国的金融统计体系还不够成熟，依然存在一些问题：

比如金融统计与地方经济统计和国民经济统计的关联度差。金融统计一向孤立地就金融数据而分析金融数据，与地方及国民经济统计相脱节，货币指标与财政指标、经济指标缺乏比照和关联，这种单一的数据能够说明的内容很少，辖内的金融运行到底是否适应当地的经济发展无从分析，地方经济对金融的制约和影响也无从预测。

再比如在日常统计工作中存在重报表、轻分析，重数据收集、轻成果运用的不良倾向。统计工作本应注重数理分析，整合孤立、零散的数据为工作服务，不幸的是，实际工作中，大部分统计人员的最终成果只是形成厚厚的统计表，日复一日，简单重复，不愿从数字中去挖掘其所代表的内涵，报表一成，万事大吉，分析报告往往是老生常谈、照搬照套，造成数据和结论两张皮，统计成果没有得到有效运用，不能发挥统计对金融运行的参照、校正、改进功能。

但是作为普通投资者，我们也应该学会去解读金融统计数据，因为几个简单的金融统计数字背后，往往隐藏了中国金融运行的真实态势。

第12章 世界财富是如何转移的
——每天学点金融中心的演变情况

三城记：金融中心变迁史

2010年7月，新华社旗下中经社控股联手芝加哥商业交易所集团（CME）指数服务公司（道琼斯指数公司），在上海共同推出"新华－道琼斯国际金融中心发展指数"（IFCD INDEX）。

IFCD INDEX通过综合66项客观指标、2 386份主观调查问卷，对全球45个国际金融中心城市的发展能力进行综合评价，其中客观指标体系主要包括金融市场、成长发展、产业支撑、服务水平和综合环境五个方面。

数据显示纽约取代伦敦位居全球第一名；IFCD INDEX共选取了45个国际金融中心城市，其中排在前10位的分别是纽约、伦敦、东京、香港、巴黎、新加坡、法兰克福、上海、华盛顿和悉尼。

那么金融中心有哪些特征呢？历史上又有哪些城市成为过金融中心呢？

从17世纪开始，国际金融中心的竞争就像一场没有硝烟的战争，从来就没有停止过。那么什么是金融中心呢？金融市场齐全、服务业高度密集、对周边地区甚至全球具有辐射影响力是国际金融中心的基本特征。目前，公认的全球性国际金融中心是伦敦、纽约。除此之外，世界上还存在许多区域性的国际金融中心，如欧洲的法兰克福、苏黎世、巴黎，亚洲的香港、新加坡和东京等。

在17世纪，荷兰阿姆斯特丹成为真正意义上的第一个国际金融中心。阿姆斯特丹是荷兰最大的城市和第二大港口，优越的区位优势使其成为东方贸易的重要港口，并推动金融业务的创新发展。1609年成立的阿姆斯特丹银行是历史上第一家取消金属币兑换义务而发行纸币的银行，同时也是第一家现代意义上的中央银行。阿姆斯特丹还拥有发达的金融市场，1609年成立的阿姆斯特丹股票交易所是历史上第一个股票交易所。此后，17世纪发生的"郁金香泡沫"事件导致荷兰经济从此走向衰落，阿姆斯特丹也随之丧失了国际金融中心的地位。

19世纪，第一次产业革命成就了伦敦的国际金融中心地位。借助第一次工业革命，19世纪50年代英国在世界工业生产和世界贸易中傲视群雄，伦敦也逐渐成为全球生产中心和世界贸易中心。伴随着19世纪最后20年国际金本位制的确立，英国积累了大量黄金储备，英镑成为国际贸易最主要的结算货币和支付手段，伦敦的国际金融中心地位在第一次世界大战前得以确立，成为全球第一大国际金融中心。伦敦的国际金融中心地位与国际贸易紧密相连。英国将产品销往到世界各地，又将赚取的资金输回伦敦。国际贸易的发展进一步使伦敦将国内业务扩展到国际业务。伦敦成为资金供给方、需求方的中介，为世界贸易提供结算和融资服务，金融交易日益活跃，大小银行相继产生，银行体系日益完善。另一方面，英国开始对外输出资本，在遍布全球的殖民地进行投资，成为最大的债权国。当东印度公司和南海公司相继上市之后，股票的销售和流通更加顺畅，伦敦逐步登上国际金融中心宝座。

19世纪后半叶，美国纽约也登上了金字塔的顶端。早在17世纪中后期，无与伦比的天然优势就给纽约带来了商业和贸易的繁荣。伴随着经济的繁荣，场外股票交易逐渐在纽约的华尔街兴盛起来。美国1865年的南北战争，华尔街为北方政府提供资金支持，最终取得了战争的胜利，纽约也因此超越费城，成为美国最重要的金融中心。1914年，"一战"爆发，美国选择中立，积极发展本国经济。1913年，美国的工业生产总值占世界的31%，1929年迅速上升到48%，世界经济中心开始转移至美国。1939年，"二战"爆发，本土又一次远离战场的硝烟。"二战"之后，在经济和政治利益的驱动下，纽约的贸易和金融活动日益繁荣，美国扩张资本输出。美元也通过布雷顿森林体系彻底击败英镑，成为货币霸主，纽约与伦敦双雄对峙。美国利用政治手段和军事力量，在欧洲推行马歇尔计划,在亚非拉地区援助参战国恢复国内经济,纽约也将金融活动的触角伸向世界的各个角落,纽约国际金融中心的地位保持至今。

但是争夺国际金融中心的竞争从未停止过,特别是在20世纪70年代后,发达国家开始放松金融管制,全球开始掀起金融自由化浪潮,出现了融资证券化趋势。在国际融资活动中,债券融资超越银行融资,后来居上,股票海外上市融资也成为热点。融资证券化也掀起新一轮的国际金融中心较量和争夺,纽约、伦敦、东京相继大刀阔斧改革,以顺应趋势。

在20世纪70年代,纽约为进一步提升国际金融中心地位,进行了一场五月花革命。1975年5月1日,美国证券交易委员会决定取消固定佣金制,实现证券交易手续费的自由化,允许各经纪公司在收取佣金上自由竞争,可以按交易额的大小决定佣金的比例,相应取消交易集中于证券交易所的限制。佣金的自由化使证券公司面临收益减少的压力,一些券商就拓展服务范围和水平,推出"全套服务"进行竞争。另外,券商为了吸引小额资金,开发清算性账户。这是一次爆炸性的革命,它推动了美国金融创新,促进了券商之间的竞争,资金吸收能力增强等,为纽约作为国际金融中心创造了自由空间。

老牌金融中心伦敦也不甘示弱,于是,英国1986年10月开始实施金融大爆炸改革。改革紧紧围绕恢复伦敦国际金融中心地位展开的,改革内容涉及一系列措施,包括实现证券手续费的自由化,降低印花税率;废除证券自营商和经纪商相分离的制度,经纪人可以兼做自营买卖;伦敦证券交易所还开放外国证券商的加入,允许他们成为会员等等。可以说金融大爆炸改革获得了巨大成功,彻底巩固了伦敦最大金融中心地位。不论是银行贷款还是股票交易、外汇交易等,伦敦比纽约都略胜一筹。

加入战局的还有后起之秀东京。在20世纪90年代,日本泡沫经济崩溃,金融业受到重挫,大量的金融资产和交易活动离开东京,而伦敦、纽约却在不断发展完善,为了参与国际金融中心地位的角逐,1996年日本也实行了金融改革。改革的目标是实现日本金融业的"三化",即自由化、公正化和国际化。改革在一定程度上改变了日本僵化的金融体系,扩大了金融机构的活动范围,增强了各种市场上的竞争,巩固和提高了东京的国际中心地位。但是东京的交易规模还有国际影响力远远逊于伦敦和纽约。

这里还需要说明的是,除了以上列举的金融中心外,20世纪70年代后还出现了许多离岸金融中心。避税型离岸金融中心的特点是资金流动几乎不受任何限制,且免征有关税收;资金来源于非居民,也运用与非居民;市场上几乎没有实际的交易,金融活动局限于记账和转账。优惠的政策便于企业开展跨国经营,不论是从金融机构数量、类型还是金融机构的资产负债总量,离岸业务规模都非常庞大,已经成为这些国家的支柱产业。

离岸金融中心也削弱了纽约金融中心地位。一些"避税港",如巴哈马、巴林、开曼群岛等,用税收制度、监管制度等方面的优惠,吸引世界各地的银行。其他地区争相效仿,离岸金融中心遍布全球。

逐鹿亚洲:金融中心花落谁家

高盛发表了一个预测报告:未来10年内若实现货币自由兑换和A股市场的开放,上海将在2020年成为亚洲金融中心。这意味着以中国香港为代表的亚洲金融中心需要寻找自身适当的竞争优势。上海市政府日前也透露,"十二五"期间,浦东陆家嘴金融贸易区将释放出350万平方米的空间容量,用于打造适合金融机构办公的场所,以求更接近伦敦、纽约和香港。但对大多数金融专业人士而言,上海在10年内可以叫板香港或伦敦的想法还是过于乐观。

上海会成为未来的亚洲金融中心?它都有哪些有力的竞争对手呢?

谁会成为亚洲的金融中心?上海、香港、孟买、悉尼、东京、新加坡还有首尔都卷入了这场竞争之中。群雄逐鹿,最后谁是王者呢?

在回答这个问题前,我们先看看怎样才算是金融中心。

在纽约或是伦敦,不管你是早上刚起床、白天上班还是晚上临睡,总会有各种渠道看到或者听到来自全球各地的资讯,不仅是股市、期货、外汇这些金融信息,还有政治、社会等方方面面的最新资讯;在纽约或是伦敦的任何一家酒店或是咖啡馆,滚动播放财经新闻的都有很多电视频道,随时随地,只要你打开电视或是翻开报纸,全球的最新资讯都能即时呈现。

金融中心的地位是建立在多种资源条件的综合优势之上的，是在一系列供给和需求因素的推动下形成和巩固的，不是只要经济发达就可以做到。根据历史经验和相关研究成果，可将这些条件概括如下：强大繁荣的经济基础；安定和平的政治环境；高效健全的金融制度；分布集中的金融机构；鼓励扶持的政策取向；低廉合理的税费成本；完备齐全的基础设施。

而金融中心的发展模式大体有两种。一是大国模式，即凭借足够大的内需推动大而全的金融体系全面发展，如纽约、伦敦。金融中心的形成依赖强大繁荣的经济基础，包括大规模的经济腹地、快速增长的贸易和内需。另一种是小国模式，即专注发展有专业优势的金融业务，以建立超越本国经济实力的金融地位，如瑞士苏黎世。

那我们就来把各个有实力的竞争对手一一分析比较一下：

香港是最具优势的竞争者。香港是亚洲的一个重要的国际金融中心，也是中国的门户，目前已吸纳了370家大陆上市公司。它吸引投资者的优势在于：没有资本控制，独立的司法体系，低税率，媒体言论自由以及快捷的机场效能。香港金融最早是以银行业闻名天下。根据美国学者李德的研究，早在20世纪初，香港便位列全球"十大国际银行中心"之一。而香港作为亚太金融中心的崛起，始于1970年代末，香港解冻银行牌照，使得外资银行大举涌入。

亚洲金融风暴之后，日资银行撤退和银行间并购导致香港金融机构数量下降，1996年年底，香港包括持牌银行、有限制持牌银行和接受存款公司在内的认可机构是368家，而到2006年则减至202家。

不过，香港金融机构素质并未因此下滑，反而有所提升。谢国樑指出，目前在全球前100家大型银行中，有69家在香港设立了分支机构，而香港认可金融机构的资本背景来自30多个国家，香港仍是国际银行网点最集中的地区之一。

而香港不利的因素是过分地依赖大陆，金融兑换也限制了产品的范围，环境污染。批准外资运作的手续繁杂，如一个套利基金管理者申请开户，在新加坡最多只需2周，在香港则需4~8周。

上海是快速上升的金融明星。事实上，上海在1949年以前就是亚洲的金融中心，今天仍是国内的商业、金融及贸易中心。上海已形成较完善的金融机构和市场体系。目前，上海主要中外资金融机构近千家，并形成以资本、货币、外汇、商品期货、金融期货、黄金、产权交易和再保险市场等为主要内容的现代金融市场体系。许多全国性金融机构的主要营运中心、交易中心、票据中心、离岸业务中心、授信评审中心、数据处理中心和研发中心等纷纷迁至上海。九成以上的外资银行选择上海作为注册地,上海外资法人银行数量达14家,在沪外资银行资产占全国外资银行资产总额的近60%。

上海最强有力的优势在于雄厚的经济实力和经济辐射能力。长三角地区以占国土面积1.1%的区域形成占国内生产总值19%的经济规模,成为中国最活跃的经济一体化地区,堪称中国经济龙头。强有力的经济支持和金融需求是金融中心建设最重要的驱动力。

上海还有两个独特的优势。首先上海是中国最大的港口城市,具备良好的工业和服务业基础,上海汇集一批著名大学、研究院和培训基地,人员素质和学术水平均在国内名列前茅。其次,上海与东京、新加坡等相邻或处同一时区,可与伦敦、纽约构建连续24小时的接力营业交易。

但是要成为真正的金融中心,上海还有很多问题。

第一,中国可能会在较长时间内不会放开资本项下人民币可兑换,也很难成为像美英那样的资本输出国,这使上海金融中心难以为其他国家提供有意义的融资服务。

第二,缺乏与国际金融中心配套的诸多软硬件基础设施,如与国际接轨的法律制度、会计制度和资信评级制度,与之相应的中介服务机构也很不成熟。

第三,我国的金融管制较严格,上海的核心金融区面积也较狭小,金融机构集中度不够。

总结起来,制约上海成为国际金融中心的主要因素是:金融企业跨地区、跨领域金融活动及金融资源跨地区流动受现行政策、体制等各种因素制约,难以完全按市场规则流动和集聚;国际化金融人才缺乏,特别是既懂国内金融又懂国际金融规范运作的金融人才奇缺;金融中介机构发育很不成熟;短期内难以让市场机制充分发挥作用;金融区体量和集中度不够,无法聚集更多金融机构。

新加坡是开放国际大都会。新加坡目前已成为东南亚主要金融中心,并从该地区经济复兴中获益匪浅。它的主要发展战略是:利用具有竞争力的规章制度、低税率和严格的法律来促进民营银行、套利基金和房地产业的繁荣;另外,新加坡外资获准手续便捷,办理一只装饰品套利基金只需24小时即可完成。2006年就有24家套利基金在此落户,而与之相比,香港则只有8家。目前,至少有15家日本套利基金在新加坡运营;文化因素也是竞争成功的一个不可或缺的条件,新加坡计划引入Ⅰ级方程式大奖赛,并准备开设两个大型娱乐场所。

那么新加坡是否就是未来的金融中心呢?这可不一定,新加坡的不足之处在于本土市场太小,因此,需要依靠与中国、印度的贸易来维系其发展。

曾经风光一时的东京。日本是世界第二大经济体,拥有全球第二大股票市场,但该国对亚洲主要金融中心的角色并非十拿九稳,因为日本的注意力几乎全部都在国内——由于监管障碍,东京证交所自2004年以来只吸引了4家外国企业上市,而新加坡仅在去年便吸引了逾40家外国企业。为了解决这个问题,日本的几个政府部门正在制订计划,以期明显改变监管环境,并借此提升东京成为跨境金融领袖的机会。

虽然东京在推行改革,以吸引国际投资,但在管理环境方面既热情过度又反复无常,日本一些移居海外的人士也对东京的税收过高和教育条件不佳表示不满。

鼓励竞争的首尔。不甘落后的韩国将于本周对整个金融系统进行"大规模"重组,为了在竞争中不致出局,韩国政府发起了一场大规模的银行业重组及现代化运动,鼓励他们通过竞争、调整和创造,力争使首尔变成亚洲地区的金融中心。韩国是亚洲第四大经济体,自1997年金融危机之后已向外资敞开门户,目前,首尔证券市场资金约1/2被外国投资者掌控。

外资成为韩国金融的一个特点,根据韩国《外国人投资促进法》,外国投资者向国内企业注入资本等投资行为都得到允许与鼓励,韩国约有45%的股票由外国投资者持有,而韩国金融机构中国外投资者份额高达40%左右。

这些海外投资者,还有不少占据了大股东地位,韩国第一大银行韩国国民银行便是如此,在这个银行当中,外资持股高达85%。在这个民族主义盛行的国家,对待这种情况,也并非没有质疑的声音。不少人批评外国投资者仅追求有丰厚红利的短期投资,对外国投资者敌意收购的企图和不正当的介入管理颇为不满。

首尔的金融中心计划分为两个阶段:第一阶段在2012年前成为地区特殊化金融中心,其间强调以韩国的资产管理优势和东北亚地区开发金融的需求为基础,建立地区特殊化金融中心;第二阶段则是在2020年前谋求成为亚洲金融中心，积极吸引大型国际金融机构在首尔设立亚洲总部。

然而，由于管理政策原因，缺少讲英语的人群以及日益高涨的仇外情结，其竞争力大打折扣。

新兴的商业中心孟买。孟买是印度无可争议的第一大商业中心，随着印度近年经济增速在9%的高位运行，其地位仍在上升。它以英语为基础的成熟的资本主义经济，具有深度的流通市场，很适合欧洲人的口味，并且还有着当地培训的大量人才的优势。

然而，泛滥的官僚主义作风及糟糕的基础设施，卢比仍未能自由兑换，这些都将削弱孟买的竞争力。

此外，基础设施过于落后也制约了孟买的发展。

孟买只有一条贯穿南北的交通动脉，连接南部的商业中心和北部的机场。汽车、卡车、三轮脚踏车、电单车在崎岖不平、坑洼遍地的道路上纠缠不清，带来层出不穷的交通混乱、事故和争端。

孟买没有地铁，殖民时期的火车仍然是印度人最主要的交通工具。当地居民抱怨：在过去35年中，孟买的轨道列车变得越来越拥挤，每一节车厢通常会挤进700人，而国际安全标准是200人。为了让交通系统跟上城市的发展，1977年，孟买开始实施城市第一阶段交通项目，项目耗资3.9亿卢比。但由于将注意力过分集中在公交车网络上，建造了大量的立交桥，对于城郊铁路的建设却停留在原地，印度上班高峰期交通仍然拥挤不堪。

孟买还拥有亚洲最大的贫民窟，其人数比挪威的总人口还多。根据麦肯锡公司的报告，在孟买北部的贫民窟，平均1 300人只拥有一辆公交车，每100万人只拥有17个公共厕所。世界银行的数据显示，平均每35人就应该有一个厕所。但在容纳超过孟买一半人口的贫民窟，仅有9 000个厕所。如果所有住在贫民窟里的居民要排队上厕所，须得排上8天才能得到"方便"的机会。

紧追慢赶的悉尼。澳大利亚也期望成为一个世界顶级资产管理中心。目前，它每年掌管的资产总数约1万亿美元，居世界第四位。澳国专家有信心至2015年升为全球第二，届时所管辖的资产将高达1.8万亿美元。

悉尼经济体系里最大型、拥有最大部分在职人士的行业包括财产及商业服务业、零售业、制造业、健康及社会服务业。自1980年代起，职位从制造业迁移至服务及资讯行业。

现在，悉尼发展成澳大利亚最大的集团与金融中心，也是亚太地区的重要金融中心。悉尼是澳大利亚证券交易所、澳大利亚储备银行以及许多本国银行与澳大利亚集团的全国总部。悉尼也是不少跨国集团的地区总部。

但是在金融危机后，悉尼遭到重创，在国际金融中心排名中，从第10降至第16位。

一场金融危机让亚洲金融中心的争夺发生了微妙的变化，中国非但没有退缩，反倒更明确提出到2020年把上海基本建成国际金融中心和国际航运中心的目标。但是与伦敦和纽约这两大传统金融中心相比，上海要走的路显然还有很长一段。希望上海能够另辟蹊径走一条中国特色的国际金融中心之路。

美元贬值：毫无遮掩的抢劫

近期的美元贬值让国人议论纷纷，其实美国之前就曾做过这样的事情。1971年12月13—14日，美国总统尼克松和法国总统蓬皮杜在大西洋中的葡属亚速尔群岛举行会谈。在会谈结束后发表的联合公报中宣布，美、法双方同意，在同其他有关国家合作下，"努力通过美元贬值和其他一些货币升值来迅速重新调整兑换率"，作为尽早解决资本主义世界长期争吵不休、陷于僵局的国际货币危机问题所必须采取的一个措施。

那么美元贬值究竟意味着什么呢？它对世界经济又将产生怎样的影响？

我们说了解世界经济的关键，在于理解美国经济；理解美国经济的关键，在于理解美国国际收支平衡，以及美元走势。因为由于美元贬值，石油及央行美元正等通过主权财富基金的方式参与全球财富转移。

美元贬值是全球价格上涨的罪魁祸首，因为，一切以美元计价的产品，价格必然在美元贬值的过程中上涨。在布雷顿森林体系中，美元作为双挂钩的中间货币，确立了美元在全世界经济中的核心地位，以及在全球金融体系中的核心地位。目前,世界上唯独美国在进口产品时不需要考虑国库中有没有能够用于国际结算的货币,因为美元本身就是国际结算货币,这就奠定了美国向世界滥发货币的基础。美国可以随便向全世界征收铸币税。到目前为止,人类的财富很大一部分是用美元这种资产形式表示的。既然美元大幅贬值,就意味着以美元这种资产形式保存的财富将会大幅缩水,这就使国际上一些机构改变持有财富的美元资产形式,而转换到其他资产上去。

情况发展到了现在,这次全球性财富转移已经形成了恶性循环。为什么这样说呢?因为在包括炒作在内的各种因素作用下,世界主要产品价格已经大幅上涨,例如,原油、粮食、资源性产品等,这些产品价格的提高,必然导致全球性的通货膨胀。而通货膨胀本可以通过提高利率等手段加以控制,但偏偏在美国发生了次贷危机,这不仅牵制美国提高利率,还要美国联邦政府不断注入资金,以增加资产的流动性,帮助企业渡过危机。在美国国内通胀不能控制的情况下,必然导致美元进一步对外贬值,而美元的贬值又将进一步创造出投机空间,推高世界产品价格。这种恶性循环会帮助国际炒家不断地进行财富转移。

还有一个原因也推高了世界产品价格,全球通胀导致产油和炼油成本提高、粮食生产成本提高,可以说在通胀和美元贬值间形成了新的恶性循环。

所以,理解世界经济的关键,在于理解美国经济;理解美国经济的关键,在于理解美国的国际收支平衡,以及美元的走势。至少在新的世界性货币出现以前,这是有效的分析思路。

美元贬值将造成我国巨量的外汇储备大量缩水,也相当于美国在光天化日之下公然掏中国的腰包。目前日本存煤够日本用40年。什么导致石油价格上涨?一是世界经济增长;二是中东等主要产油国供应不稳定;三是国际游资炒作。据估算,石油价格上涨有1/3以上因素是投机造成的。金价为什么涨?一是美元贬值;二是黄金是财富保值手段。"盛世收藏乱世金"。金价的持续上涨表明,大家对世界经济的未来并不看好。

那么,美元为什么要贬值?

首先,美元是美国货币,但是世界问题。美国贸易逆差,表明美国同时要相应向外输出美元。这么多的美元充斥世界市场,导致全世界美元泛滥,供大于求,就必然有促使美元贬值的压力。除非美国的贸易逆差和经常账户逆差有所改善,美元对其他主要货币的汇率不可避免地还要进一步下降。美元贬值还与美国国内的利率和通货膨胀有关。

其次，弱美元、高油价——美国当前核心利益的现实选择，市场的力量至少与美国政府的意图形成了某种"共识"。从根本上讲，油价上升是美国解决其庞大的国家负债的重要选择。这才是美国的核心利益所在，是美国政府制定一切政策的定位点。

次贷危机以来，美国经济正在艰难地复苏。而推动经济复苏的最佳武器就是美元贬值。这样就会推高石油、农产品以及各种上游原材料的价格。原材料价格的持续强劲上涨，将会对下游产品实现一个强制性的价格传递过程，从而打破社会的通缩预期，反过来形成这样一个局面：企业必须加快投资，等待将会使得成本提高；同时增加库存，库存会带来良好收益；消费者也不会再持币观望，因为终端产品的价格将随着成本的增加而提高。设想一下美元在短期内大幅走强会是什么后果？石油和其他原材料价格会应声大幅下跌，美国立即陷入通缩恶性循环，经济复苏全面中断。

第三，美国次贷危机是全球经济长期失衡所累积的负面因素的总爆发。问题的实质是，美国过度消费，不储蓄，通过滥发美元毫无节制地膨胀其债务，美国政府及家庭都债台高筑，个人储蓄率下跌至接近零，国家及家庭的总负债相当于GDP的350%。故此，如果按照一个经济的自然调整逻辑应该是，美国政府要大幅削减其开支，房价下跌使得居民消费需求萎缩，逐步减少其对外债务的比重，这样美元重新获得支撑，资金才可能真正回流美国，摆脱其信用高度紧缩的状态。

第四，美国的资产和货币配置方式，决定了美元贬值可以增加美国财富。一项统计数据显示，布雷顿森林体系解体以后的30年间（1973~2004年），美国持有的外国资产平均回报率为6.82%，而外国持有的美国资产回报率只有3.50%，两者相差3.32个百分点。以目前10.4万亿美元的资产大置换规模来算，美国每年得到净收益3450亿美元。这个来自金融渠道的财富增加值，已经远远超过了实体经济渠道的GDP增加值。

这意味着，仅从这一点讲，美国的财富增加手段已经发生了质变，扬弃了实体经济手段，金融手段已经占据主导地位。

当前资产置换的规模高达10.4万亿美元，这就意味着：美元如果贬值10%，美国持有的海外资产相对于外国持有的美国资产就升值10%，国民财富相应地增加1.04万亿美元，相当于美国GDP的7.9%。美国要想踏踏实实创造出这么多GDP增量，起码要用三年以上的辛勤劳动，但有了美元贬值这个"增加财富的便巧机制"，就可以坐享其成，不费吹灰之力。

再追问一句，美元持续贬值，会不会威胁它世界货币的霸权地位？答案是不仅不会，反而会强化。

就商品市场而言，黄金、石油这两大战略物资的定价权都控制在美国手中，美国还以超过8 000吨的储备成为世界最大的黄金储备国。黄金是世界各国央行应对通胀维持货币稳定的重要工具，一旦世界经济出现风吹草动，各国央行就会购买黄金规避风险。石油则是现代经济发展的命脉。美国乐于用美元贬值来推动这两大商品价格大幅上涨的理由是，在价格上涨时，其他国家必定耗费巨额美元外汇来购买，美元需求上升，美元地位也随之强化，顺便还可以消化部分美国国债。

这还不算完，美国拥有全球实力最雄厚，设计最复杂的金融市场，当黄金和石油价格涨到一定程度，泡沫堆积足够疯狂之后，美国只要轻轻戳破这个泡沫就能大把大把地赚钱：美国抛售黄金套取大量美元，并使国际金价暴跌；同时利用金融杠杆大肆做空石油，致使油价暴跌。就这样，世界财富重新又回到了美国。

国际炒家抢夺财富

1997年，在泰铢波动的影响下，菲律宾比索、印度尼西亚盾、马来西亚林吉特相继成为国际炒家的攻击对象。8月，马来西亚放弃保卫林吉特的努力。一向坚挺的新加坡元也受到冲击。印尼虽是受"传染"最晚的国家，但受到的冲击最为严重。10月下旬，国际炒家移师国际金融中心香港，矛头直指香港联系汇率制。10月23日，香港恒生指数大跌1 211.47点；28日，下跌1 621.80点，跌破9 000点大关。面对国际金融炒家的猛烈进攻，香港特区政府重申不会改变现行汇率制度，恒生指数上扬，再上万点大关。接着，11月中旬，东亚的韩国也爆发金融风暴，17日，韩元对美元的汇率跌至创纪录的1 008:1。21日，韩国政府不得不向国际货币基金组织求援，暂时控制了危机。但到了12月13日，韩元对美元的汇率又降至1 737.60:1。韩元危机也冲击了在韩国有大量投资的日本金融业。1997年下半年日本的一系列银行和证券公司相继破产。于是，东南亚金融风暴演变为亚洲金融危机。

这是一场由国际炒家掀起的金融风暴。那么国际炒家到底是一些什么样的机构？他们又是怎样抢夺财富的呢？

什么是国际金融炒家呢？用郎咸平的话来说：他们是非常非常非常聪明的一群人，他们的操控手段之复杂是你无法想象的，动用资金能力之强大更是你不可想象的。更可怕的是，他们与政府关系之暧昧，也是你不可想象的。再进一步将他们的特征细化就是他们要么是犹太人，或者是通通的白种人，通常在美国沃顿商学院金融系学习，非常讲究门第出身，就像我们魏晋南北朝一样讲究门派。

这些国际金融炒家在国际金融市场上翻手为云、覆手为雨，大肆抢夺他国的财富。国际金融炒家有3个特性：调动资金能力强大（他们可以短期调动上千亿美元的资本）；和有的国家的政府关系暧昧；资金操作手法非常复杂。

国际炒家们发动金融战争的目的就是取得定价权。你可能感受不到他们的存在，事实上，无论大米石油铁矿等价格飞涨的物品都是供大于求的，他们上涨的原因就是国际金融炒家"炒"高的。

国际金融炒家通过对定价权的操控，大幅拉抬能源价格，而中国企业误判能源价格的上升源于需求上升，以为是常态。为了确保原料来源，避免进一步损失，从而被国际金融炒家误导进行国际收购以及签订各种形式的套期保值合同，最后，能源价格大跌。可以说国际金融炒家的最高战略指导思想就是取得定价权，以后可以不要用供需关系原理来判断国际大宗货物的价格，因为这些价格往往都为国际金融炒家所操纵。

那么国际金融炒家又是怎么影响我国的物价呢？以大豆为例，东北黑土地上生长的黄金大豆原来是全中国最好的，现在美国大豆进来了，美国大豆比中国大豆好，因为出油量高达23%，而且价格比我们东北大豆便宜12%。刚开始的时候，因为美国大豆便宜，所以大豆油也便宜了，拉低了其他品种食用油的价格。但从此以后，我们的大豆失去了定价权，而由国际炒家取得了定价权。最近，国际粮价大涨，所以逼得我们食用油价格不得不上涨，造成进口通货膨胀！举例而言，我国今年全年农产品供应量10 000亿斤，而需求高达10 350亿斤，其中供不应求的350亿斤要靠进口，而进口的主要农产品就是大豆。

说完了国际炒家操纵价格的方法，再来说一下其利用游资攻击他国金融体系的手法。我们知道财富转移的一般性做法：如果一国的国际收支状况严重恶化，利率水平过低，存在严重的通货膨胀，并且这些症状还有进一步恶化的趋势，这个国家就可能成为被攻击的对象。另外，一般还要满足两个条件：一是这个国家金融自由化程度较高，资金可以自由进入，金融市场发达，有多种衍生品。二是实行固定汇率制度。

一般情况下，国际炒家会在多个市场同时运作，包括货币、期货、外汇、股票市场。进场时，在目标国的货币市场大量借入当地货币。当机会来临时，炒家会倾其所能攻击目标国外汇市场，大量抛售本币买入美元，以促使本币迅速大幅贬值，被选中国存在巨额收支逆差，很难抵挡巨额抛售。当本币贬值后，炒家再拿外汇到市场上去套购本币，以还清所借当地机构的债务。随着金融市场联动，外汇市场的振荡又会导致股票市场大幅波动。

让我们以索罗斯为例来看一下国际炒家的操作过程。1992年，索罗斯看出英镑的汇率偏高，并决定对其发起进攻，最后导致英镑大幅度贬值，脱离欧洲汇率稳定机制。那么他是怎么做的呢？

索罗斯首先买进德国马克，抛出英镑。因为欧洲货币从1987年开始就盯住德国马克，而只能在非常狭窄的范围内波动，可这些国家的经济发展速度却往往落后于德国，特别是1992年欧洲经济衰退以后，造成英镑的定值过高。索罗斯等相信，英国要想重振它的经济，就必须降低利率，但是，一旦利率下降，英镑汇率就一定会疲软，超过欧洲汇率稳定机制所容许的限度。为了不让英镑汇率下跌，英国只能要求英格兰银行买进英镑，将英镑汇率维持在1∶2.7780马克上，英国财长拉蒙特宣称英镑决不退出欧洲汇率稳定机制。索罗斯决定放空70亿美元的英镑，买进60亿美元的德国马克，同时也买进5亿美元的英国股票。他在纽约利用量子基金会的钱，借50亿英镑，按2.97汇率换成马克。在英镑已经承受巨大的下跌压力的情况下，英国要求德国降低利率，然后，它可以相应降低利率，而不改变英镑对德国马克的汇率，却未能得到德国同意。1992年9月16

日，英格兰银行只能从它的440英镑（788亿美元）的外汇存款中动用150亿英镑（269亿美元）金额买进英镑，但是，仍然止不住英镑下跌的势头。英国政府将利率提高2个百分点，使其达到12%，希望以次阻止资本外流，来缓解英镑汇率下跌的压力，却未能获得预期的效果。英国政府只能在同一天第二次将利率提高到15%。但是，英镑仍然跌势不减。这天下午，英国政府被迫宣布暂停其在欧洲稳定汇率机制中的会员资格，英镑兑马克随即下跌3%。第二天，英镑利率回到10%，英镑却停留在2.65马克上，比以前的欧洲稳定货币机制中的下限下跌了5%。西班牙和意大利货币也大幅度贬值。

从上面的故事中我们就可以看出国际炒家的操作习惯。在发现目标国后，国际炒家就开始布局。在布局之前先制定极其详尽的炒作计划，并且常要到目标国进行实地考察，觉得周密安全后才执行。这个布局按行话来说就是建仓。建仓的时间一般较长。这是有原因的：因为资金量大，还要把动作幅度减小，做到人不知鬼不觉。索罗斯在对英国、泰国、中国香港展开金融攻击时，所建的一般是空头仓位。所谓空头仓位，就是市场看跌，准备要卖出的仓位。一般情况下，国际炒家会在多个市场同时运作，包括货币市场、期货市场、外汇市场、股票市场等。他们会从境外携大量资金进入目标国，兑换为本币后，在期货市场或股票市场建仓。比如索罗斯在英国时是在股票市场建仓，建多头仓位；在泰国时是在期货市场建仓，建空头仓位；在外汇期货市场上都是建空头仓。炒家除了自带资金入场外，往往要在目标国的货币市场上大量借入当地货币，借得越多越好，这些资金就是他们日后展开攻击的弹药。建仓完毕后，炒家就静静地等待时机出现。

当机会来临时，炒家会倾其所能攻击目标国外汇市场，大量抛售本币买入美元，以促使本币迅速大幅度贬值。由于目标国实行固定汇率制，因此中央银行会尽力买进本币，卖出外汇，以维持汇率稳定。被选中的目标国往往存在巨额国际收支逆差，因此很难抵挡国际炒家的巨额抛售。更何况面对这种情况，许多机构也会跟风抛售本币，因此最终结果往往是目标国政府宣布本币自某日起贬值多少，并实行自由浮动汇率。英国和泰国等国家无一不是出现这样的局面。当本币贬值后，炒家再拿外汇到市场上去套购本币，以还清所借当地机构的债务。由于本币已经大幅贬值，炒家便可以通过原先建的外汇期货空头仓位赚取大笔财富，在还清借款时既能大量节约成本又能赚取大笔差价。这还没有结束，因为金融市场的联动，外汇市场的振荡又会导致股票市场的大幅波动。在东南亚金融危机中，索罗斯还通过股指期货的空头仓位再一次赚取了大笔财富。在1992年狙击英镑时，索罗斯又通过股票市场的多头仓位获取了大笔财富，赚了10亿多美元。当然毫无疑问，英国人损失了同样多的美元，财富被转移走了。

上面讲的只是局部性的财富转移，从2002年到现在，还没结束的财富转移是全球性的。在这次财富博弈中，炒家是否能成最后的赢家，尚难定论。

这次国际炒家是在全球布局，广泛利用全球外汇市场、商品期货市场和股票市场，在全球战略指导下有节奏地调动资金。这是一次持续时间最长、涉及金融产品最多，而且娴熟地应用做多与做空手法的财富转移。

这次全球性财富转移的主逻辑，是坚定不移地促使美元顺着既有的贬值通道继续走下去。这样就可以一直改变国际市场资产的相对价格，为炒作创造空间。我们应当去思考，次贷危机为什么会出现？他们为什么要逼迫人民币不断升值，并扩大浮动空间？

最后还要强调一点：参与财富转移的主体是国际性炒家，他们可以是各种各样的基金，可以是私募股权公司、国际投行等。一般情况下，石油美元、央行美元不参与这种转移，他们往往以美国国库券的形式保有财富。这里面存在一个法律和体制问题，以及转换资产的技术问题。但是有一个现象必须注意：由于美元贬值，石油美元以及央行美元等通过成立主权财富基金的方式，已经参与到全球的财富转移当中来了。

第13章　从梧桐树下开始的证券买卖
——每天了解一点世界著名的证券交易所

纽约证券交易所：从"梧桐树协议"起家

1792年5月17日，24位证券交易商在华尔街68号门口的一棵梧桐树下签订了一个协定，史称"梧桐树协议"。他们商定，以后每周用几个上午在这棵树下聚会，规则有三条：只在会员间进行交易，不准外人参加，交易按规定收取佣金。一般都将这个根本不起眼的事件，作为纽约股票交易所诞生之日。而这三条规则也成为后来交易所的基本规则。当天按照这个规则进行交易的，是美利坚银行的股票。这家银行就算纽约证券交易所的第一家上市公司。

直到1817年，在这里交易的证券经纪人成立了第一个正式的交易组织——纽约证券交易委员会，也租了一座房子，到屋子里面交易。纽约交易所开始登堂入室。1865年，纽约交易所建起了自己的大楼。而坐落在纽约市华尔街11号的大楼是纽约证券交易所从1903年启用的。交易所内设有主厅、蓝厅、"车房"等3个股票交易厅和1个债券交易厅，是证券经纪人聚集和互相交易的场所，共设有16个交易亭，每个交易亭有16~20个交易柜台，均装备有现代化办公设备和通讯设施。交易所经营对象主要为股票，其次为各种国内外债券。除节假日外，交易时间每周5天，每天5小时。自20世纪20年代起，它一直是国际金融中心，这里股票行市的暴涨与暴跌,都会在其他资本主义国家的股票市场产生连锁反应,引起波动。现在它还是纽约市最受欢迎的旅游名胜之一。

20世纪20年代,纽约股票交易所战胜了所有挑战者,成为美国首屈一指的交易所,成交量占美国上市证券交易的75%。90年代,纽约证券交易所经历了又一次辉煌,上市公司股份达到20亿股,而1886年时仅为100万股。纽约证交所目前有上千会员,美国著名的投资银行都在证交所场内拥有自己的经纪人。目前有来自全球的2 800家公司在纽约证券交易所挂牌交易,总市值达13.5万亿美元。其中来自国外的企业有470家。

交易所起源于1653年,荷兰移民为抵御英国人和印第安人的进攻,在曼哈顿城下筑起了一道高达4米的木栅。32年后,他们沿木栅建起围墙,围墙旁边的街道便被称为"围墙街"。1790年,美国证券市场在这里诞生。美国政府为支付军费,发行了8 000万美元的公债,债券可以在证券市场中交易。

纽约证券交易所最开始时,租下一幢建筑办公,1835年,一场大火席卷了曼哈顿,700幢建筑毁于一旦。我们今天所看到的交易所大楼是在20世纪初设计建造的,新交易所于1903年4月举行了隆重的落成典礼,正面矗立着6根考林辛式立柱,华丽壮美。墙体均为大理石镶面,天花板上绘有纷繁复杂的图饰,交易所内还安装了空调系统,这在当时可是个新鲜事。如今的纽约证券交易所可谓先进技术的典范。后来随着经济以及科技的发展,交易所的计算机系统不断更新,每年用于技术更新的费用高达4亿美元。

证券交易所共有1 366个交易席位,这样的席位行市可是非常高,因为它使你可以直接买卖股票,无须通过中间人。据说交易席位市价最高时达到62.5万美元,这一纪录是1929年创下的。

交易所工作人员的人事体系相当复杂。简单地说,工作人员可分为两类:一类为经纪人,他们是交易所的"战斗主力"。经纪人又分为内部经纪人、佣金经纪人和自营经纪人。另一类是交易专员,他们既是拍卖人和经纪人交易指令的承办人,也扮演着确保市场正常运转的"交警"角色,同时,他们还承担着确保市场流动性的做市商的职能。在纽约证交所,可以看到经纪人在场内以走动叫喊的方式找寻最佳买主或卖主,他们本身不左右价格,买方与卖方是一种直接交易的模式,投资人可经由电视画面看到经纪人精彩的手语战。而在纳斯达克,则看不到这样的场面,取而代之的,是冷冰冰的电脑屏幕,投资人买卖股票只能通过电话交谈或是利用电脑下单,交易员可随意开价,买卖双方无从得知他的成本。纽交所曾在电视上播映过一个广告,口号为:我们不仅是一个交易所,更重要的是,我们代表了一种做生意的方式。

纽约证券交易所是世界上最大的证券交易所,在这里挂牌上市通常意味着企业规模达到国际水准。当然,企业要想进入可不容易。需要满足许多非常苛刻的要求,而且要交不少钱。初始费用为36 800美元,再加上每100万股还要交一定的费用。

作为世界性的证券交易场所,纽约证交所也接受外国公司挂牌上市,上市条件较美国国内公司更为严格,主要包括:

社会公众持有的股票数目不少于250万股;

有100股以上的股东人数不少于5 000名;

公司的股票市值不少于1亿美元;

公司必须在最近3个财政年度里连续盈利,且在最后一年不少于250万美元、前两年每年不少于200万美元或在最后一年不少于450万美元,3年累计不少于650万美元;

公司的有形资产净值不少于1亿美元;

对公司的管理和操作方面的多项要求;

其他有关因素,如公司所属行业的相对稳定性,公司在该行业中的地位,公司产品的市场情况,公司的前景,公众对公司股票的兴趣等。

纳斯达克证券市场:
设在屏幕上的证券交易所

纳斯达克证券市场(NASDAQ),由全美证券交易商协会(NASD)创立并负责管理。它是1971年在华盛顿建立的全球第一个电子交易市场。它所采用高效率的电子交易系统(Electronic Communication Networks,简称ECNs),没有、也不需要设置证券交易大厅,只需要电子计算机屏幕。因此，纳斯达克证券市场可谓是设在屏幕上的证券交易所。这种电子计算机屏幕交易系统使证券交易市场可以进行高效的即时证券交易。

建立纳斯达克的初衷在于规范美国大规模的场外交易，所以纳斯达克一直被作为纽约证券交易所（NYSE）的辅助和补充。先进而庞大的电子信息技术已经使纳斯达克成为世界上最大的无形交易市场。

纳斯达克实际上并非平常意义上的二板市场。由于吸纳了众多著名的高科技企业，而这些高科技企业又成长迅速，因此，纳斯达克给人一种扶持创业企业的印象。

纳斯达克是我们耳熟能详的一个名词，它是非常有影响力的证券交易中心之一，那么，关于纳斯达克你了解有多少呢？

纳斯达克共有两个板块：全国市场（Nasdaq National Market，简称NNM）和1992年建立的小型资本市场（Nasdaq Small Cap Market，简称NSCM）。纳斯达克在成立之初的目标定位在中小企业，但因为企业的规模随着时代的变化而越来越大，所以到了今天，纳斯达克反而将自己分成了一块"主板市场"和一块"中小企业市场"。

1997年，SEC同意NASDAQ实行1/16报价，既凡是交易额在10美元以上的交易，每当交易额有1/16以上的变动都要报一次价。做市商制度是NASDAQ市场的核心，也是NASDAQ不同于其他交易所的主要区别所在。所谓"做市商"制度，是一些独立的股票交易商，为投资者承担某一只股票的买进和卖出。按照规定，凡在NASDAQ市场上市的公司股票，最少要由两家以上的"做市商"为其股票报价；一些规模较大、交易较为活跃的股票的"做市商"往往达到40~45家；平均而言，NASDAQ市场每一种证券有12家"做市商"。

为确保每只股票在任何时候都有活跃交投，每个"做市商"都承担所需资金，以随时应付任何买卖。许多做市商向投资者提供全方位的服务，包括所交易股票的研究报告、通过零售网寻找交易方和机构投资者，并且向投资者提供建议。

纳斯达克拥有自己的做市商制度，它们是一些独立的股票交易商，为投资者承担某一只股票的买进和卖出。这一制度安排对于那些市值较低、交易次数较少的股票尤为重要。这些做市商由NASD的会员担任,这与TSE的保荐人构成方式是一致的。每一只在纳斯达克上市的股票,至少要有两个以上的做市商为其股票报价,一些规模较大、交易较为活跃的股票的做市商往往能达到40~45家。这些做市商包括美林、高盛、所罗门兄弟等世界顶尖级的投资银行。NASDAQ现在越来越试图通过这种做市商制度使上市公司的股票能够在最优的价位成交,同时又保障投资者的利益。

纳斯达克在市场技术方面也有很强的实力,它采用高效的"电子交易系统"(ECNs),在全世界共装置了50万台计算机终端,向世界各个角落的交易商、基金经理和经纪人传送5 000多种证券的全面报价和最新交易信息。由于采用电脑化交易系统,纳斯达克的管理与运作成本低、效率高,增加了市场的公开性、流动性与有效性。相比之下,在纳斯达克上市的要求是最严格而且复杂的,同时由于它的流动性很大,在该市场上市所需进行的准备工作也最为繁重。主要包括:

超过4百万美元的净资产额。

股票总市值最少要有美金100万元以上。

需有300名以上的股东。

上个会计年度最低为75万美元的税前所得。

每年的年度财务报表必需提交给证管会与公司股东们参考。

最少须有三位"市场撮合者"参与此案,每位登记有案的市场撮合者须在正常的买价与卖价之下有能力买或卖100股以上的股票,并且必须在每笔成交后的90秒内将所有的成交价及交易量回报给美国证券商同业公会(NASD)。

纳斯达克对非美国公司提供可选择的上市标准:

选择权一:财务状况方面要求有形净资产不少于400万美元;最近一年(或最近三年中的两年)税前盈利不少于70万美元,税后利润不少于40万美元,流通股市值不少于300万美元,公众股东持股量在100万股以上,或者在50万股以上且平均日交易量在2 000股以上,但美国股东不少于400人,股价不低于5美元。

选择权二:有形净资产不少于1 200万美元,公众股东持股价值不少于1 500万美元,持股量不少于100万股,美国股东不少于400人;税前利润方面则无统一要求;此外公司须有不少于三年的营业记录,且股价不低于3美元。

伦敦证券交易所：从咖啡馆开始的交易所

伦敦证券交易所是世界第三大交易中心，也是世界上历史最悠久的证券交易所之一。但又有谁想到最初是在一个咖啡馆起家的呢？

它的前身为17世纪末交易街的露天市场，是当时买卖政府债券的"皇家交易所"。1760年因吵闹行为被皇家交易所开除的150名经纪人在乔纳森咖啡馆成立了一个俱乐部，买卖股票。1773年俱乐部会员投票决定改名为证券交易所。1802年，交易所获得英国政府正式批准。最初主要交易政府债券，之后公司债券和矿山、运河股票陆续上市交易。此后，在英国其他地方也出现过证券交易所，高峰时期达30余家，1967年，英国各地交易所组成了7个区域性的证券交易所，1973年，伦敦证券交易所与设在英国格拉斯哥、利物浦、曼彻斯特、伯明翰和都柏林等地的交易所合并成大不列颠及爱尔兰证券交易所，各地证券交易所于20世纪80年代后期停止运作，1995年12月，该交易所分为两个独立的部分，一部分归属爱尔兰共和国，另一部分归属英国，即现在的伦敦证券交易所。

作为世界第三大证券交易中心，伦敦证券交易所是世界上历史最悠久的证券交易所。伦敦证券交易所曾为当时英国经济的兴旺立下汗马功劳，但随着英国国内和世界经济形势的变化，其浓重的保守色彩，特别是沿袭的陈规陋习严重阻碍了英国证券市场的发展，影响了市场竞争力，在这一形势下，伦敦证券交易所于1986年10月进行了重大改革。例如，改革固定佣金制；允许大公司直接进入交易所进行交易；放宽对会员的资格审查；允许批发商与经纪人兼营，证券交易全部实现电脑化，与纽约、东京交易所联机，实现24小时全球交易。这些改革措施使英国证券市场发生了根本性的变化，巩固了其在国际证券市场中的地位。

作为世界上最国际化的金融中心，伦敦不仅是欧洲债券及外汇交易领域的全球领先者，还受理超过2/3的国际股票承销业务。伦敦的规模与位置，意味着它为世界各地的公司及投资者提供了一个通往欧洲的理想门户。

在保持伦敦的领先地位方面，伦敦证券交易所扮演着中心角色。伦敦证交所运作国际性最强的股票市场，其外国股票的交易超过其他任何证交所。

来自63个国家和地区的大约500家外国公司在伦敦上市和交易。2000年，伦敦的外国证券交易总额达到约5亿美元。世界上没有其他证交所可与此等数字媲美或在为国际发行者服务方面有如此悠久的历史。

超过550家外国银行和170家全球证券公司在伦敦设有办事处，伦敦可为来自世界各地的发行者提供它们的专业技术服务。

伦敦的外国股票交易额始终高于其他市场。这反映了外国公司在伦敦证交所业务中的中心地位——在伦敦证交所交易的外国股票远远超出英国本土的股票，这种情形是独一无二的。在伦敦，外国股票的平均日交易额达到195亿美元，远远高于其他任何主要证交所。伦敦市场的规模、威望和全球操作，意味着在这里上市和交易的外国公司可获得全球瞩目和覆盖。

外国公司在伦敦证交所上市时，有权在交易起始日或其前后举办一个上市仪式。此等仪式不仅是为了庆祝公司在伦敦证交所上市，而且还可以用于启动公司的IR活动。此外，在伦敦市场上市的外国公司还可以利用伦敦证交所精良的金融城媒体中心向媒体发布新闻，确保媒体不仅是在英国，而且——可能还更重要——在其本土市场对其被批准在伦敦上市有全面报道。

东京证券交易所：第二大证券交易市场

2005年12月8日上午，在日本瑞穗证券公司发生了一桩"乌龙指"丑闻。一位交易员不可思议地将客户的"以61万日元卖出1股J-COM公司股票"指令打为"以每股1日元卖出61万股J-COM公司股票"。瑞穗证券是日本四大金融集团之一瑞穗金融集团下属的公司。

随后，瑞穗的错单全部成交。由于J-COM实际发行股票数量只有1.45万股，瑞穗证券必须不断买卖J-COM股票，以使大量被认可的购股交易得以完成。J-COM股价立即出现上蹿下跳，随后引发的投资者抛售银行类股票使日经指数重挫超过300点，瑞穗证券因此损失超过400亿日元。

东京证券交易所（Tokyo Stock Exchange, TSE）随后表示，事情是因瑞穗的人为疏失所造成。但是，经过查证后的结果，却使TSE脸面尽失。瑞穗在卖出3 000股时已发现失误，曾四度在电脑系统上取消下单，但是系统不予回应。瑞穗认为，如果当时交易所电脑系统正常反应，损失至少可以减少到20亿日元以内。

随后11日傍晚，TSE在紧急召开的记者招待会上，就此向有关方面表示道歉。TSE同时表示，他们将会同证券交易系统的生产厂商富士通公司尽早查明具体原因，避免类似事故再次发生，努力维护市场信誉。这是这家全球第二大证券交易所有史以来发生的最大丑闻。

这是关于东京证券交易所的一则小新闻。东京证券交易所是日本最大的证交所，那么它的运营状况如何呢？

东京证券交易所发展的历史虽然不长，但却是世界上最大的证券交易中心之一，日本最大的证券交易所。它的股票交易量最大，占日本全国交易量的80%以上。如果按上市的股票市场价格计算，它已超过伦敦证券交易所，成为仅次于纽约证券交易所的世界第二大证券市场。

东京证券交易所的股票有两种方式：

一种是在股票交易大厅里对第一部的250种大宗股票和外国股票进行的交易。交易大厅中有六个"U"形交易台，其中五个为国内股票交易台，一个为外国股票交易台，站在台外边的是正式会员公司派驻的交易员，站在台里边的是中介人会员。交易时，正式会员公司的交易员根据场外公司传来的指令，向台里边的中介人会员征询，谈判买卖。中介人会员的任务是把各正式会员移交的买卖委托，按交易规则加以撮合，使买卖成交，成交结果由计算机储存处理。

第二种方式是通过电脑成交。除在第一部交易的股票外，所有的上市股票都是用这种方式成交。各会员公司通过电脑的指令输入装置向交易所内的中央处理机发出指令，通过电脑的交易室内的专用终端装置，由交易所经纪人按照显示的报价情况加以撮合成交。

东京证交所有4个市场：市场1部、市场2部、外国部和保姆部（创业板），后两个市场对外国公司开放。

东京证券交易所是会员制的证券交易所，有资格成为交易所会员的只限于达到一定标准的证券公司。现拥有会员证券公司100余家，其中约1/5为外国的证券公司。

外国部上市标准为：上市股票数2万交易单位以上；成立3年以上；日本国内股东数为海外已上市1 000人以上，海外未上市2 000人以上；利润额：申请前两年1亿日元以上，申请前一年4亿日元以上，上市时市价总值20亿日元以上。

巴黎证券交易所：法国第一交易所

2008年8月25日，在国际奥委会全体委员的投票选举中，在莫斯科、纽约和马德里先后出局后，在第四轮投票中，巴黎败给了伦敦，再一次无缘于第30届奥运会。这一消息无疑让市民很受打击。可不凑巧的是在伦敦胜出消息传出的瞬间，巴黎交易所股票价格随之下跌，CAC40种股票的价格指数下降到4282.75点。建筑业和旅游业股票受到重创。法国酒店集团阿科尔股票指数跌幅1.3%，跌至40.23欧元。万喜和布伊格两家建筑公司的股票也分别下跌至69.25欧元和34.70欧元。这真是雪上加霜，屋漏偏逢连夜雨，让巴黎市民不仅伤心而且还伤财啊！

巴黎证券交易所的地位如何呢？

巴黎证券交易所是法国最大的证券交易所，1724年正式建立。其经纪人由法国财政经济部指定，共有99人，其中巴黎71人，外省28人。证券经纪人的工作是接受客户买卖证券的委托，掌握买卖双方供求数量和要求的价格幅度，代客户进行买卖，从中收取佣金。

法国从1961年开始，所有交易所实行"单一价格"。巴黎证券交易所发行全国性、国际性和外国证券，7家外省交易所经营地区证券买卖，并划分了各自的管辖区，但有时一种证券也同时在几个交易所买卖，标价统一。巴黎所买卖的证券，在官方牌价表上约有经济部门的1 300个发行者，其中180多个来自外国。交易所的客户是证券持有者，除其本国法人如保险公司、退休金金库、存款及信托金库、可变资本投资公司、共同投资基金、银行、工业发展局和地区发展公司外，外国人（含外国企业）也持有各种证券。交易所在进行现货交易的同时也进行期货交易，期货交易的绝大部分在巴黎所进行。此外，不属于官方牌价表上的一切证券可以进行场外交易，但只能是即期买卖。

巴黎证券交易所是法国唯一的全国性的证券交易所。长期以来，巴黎证交所一直以债券交易为主。不过20世纪80年代以来，法国实行了一系列金融改革政策，巴黎证交所的股票和债券发行量大大增加。

巴黎证券交易所以往一直由法国财政部直接管理，1967年以后改由证券交易业务委员会管理。该委员会作为国家机构，对交易所的交易活动进行监督，并对重大问题作出决定。

1986年，巴黎证交所开办了金融期货市场，它以债券为主要对象，并从事长期和短期的所有金融商品的交易。自1991年5月起，巴黎证券市场的结算交割作业全部纳入了电脑系统，交易效率得到了很大的提高。

香港联合交易所：亚洲的金融霸主

2006年，继交通银行和建设银行在香港上市之后，中国银行（3.25，-0.02，-0.61%）和工商银行（4.18，-0.03，-0.71%）也登陆香港股市。这些大型内地红筹股在香港的上市，给香港股市注入了新的动力。特别是工商银行在内地、香港共筹集资金191亿美元，刷新全球首次公开募股的纪录，同时也令香港去年全年首次公开招股集资额超过3 000亿港元，超越纽约，成为全球排名第二的证券市场。

以市值计算，眼下香港交易所在全球排名第7位，亚洲排名第2位；以融资金额计算，香港交易所在全球排名第3位，亚洲排名第1位。

那么今天的香港联合交易所是怎样形成的呢？

香港的证券交易最早出现在19世纪中叶。然而，到1891年香港经纪协会成立时，香港始有正式的证券交易市场。该会于1914年易名为香港经纪商会。

1921年，香港又成立了第二家证券交易所——香港证券经纪人协会，1947年，这两家交易所合并为香港证券交易所有限公司。当时的香港证券交易所主要由英国人管理，上市公司也多属英资企业。1960年代末，香港经济起飞，华资公司对上市集资的需求越来越大，促成更多以华资拥有及管理的交易所开业，远东交易所、金银证券交易所及九龙证券交易所先后创立。一个城市拥有4家交易所，在世界上甚为罕见，而且也带来行政与监管上的困难。在香港政府的压力下，四家交易所合并势在必行。

1973—1974年的股市暴跌，充分暴露了香港证券市场四会并存局面所引致的各种弊端，1986年3月27日，四家交易所正式合并组成香港联合交易所。4月2日，联交所开业，并开始享有在香港建立、经营和维护证券市场的专营权。

1980年，香港联合交易所有限公司注册成立，经过多年筹备，1986年4月2日，四会正式合并，联合交易所开始运作，并成为香港唯一的证券交易所，香港证券市场进入一个新时代。联交所交易大堂设于香港交易广场，采用电脑辅助交易系统进行证券买卖。1986年9月22日，联交所获接纳成为国际证券交易所联合会的正式成员。

经历过多次牛市、股灾，与1998年亚洲金融风暴，香港证券市场渐趋成熟。1999年，当时的财政司司长曾荫权公布，为香港证券及期货市场进行全面改革，以提高香港的竞争力及迎接市场全球化所带来的挑战。建议把香港联合交易所（香港联交所）与香港期货交易所（香港期交所）实行股份化，并与香港中央结算有限公司合并，由单一控股公司香港交易及结算所有限公司（香港交易所，港交所）拥有，当时联交所共有570家会员公司。2000年3月6日，三家机构完成合并，香港交易所于2000年6月27日以介绍形式在联交所上市。

第14章　谁也逃不掉的金融危机
——每天了解一点金融危机的真相

1929年大崩盘：十年萧条的序幕

1929年10月29日，星期二，对于美国的经济以及股民来说，都是最黑暗的一天。上午10点，纽约证券交易所刚一开市，猛烈的抛单就席卷而来，"抛！抛！抛！"所有股票成了烫手的山芋，不计价格、不计成本，只要抛掉就好，经纪人被"抛"得发晕，交易大厅一片混乱，随之而来的就是道·琼斯指数一泻千里，股指从最高点386点跌至298点，跌幅达22%。这是纽约交易所112年历史上"最糟糕的一天"，以这个被称作"黑色星期二"的日子为发端，美国乃至全球进入了长达10年的经济大萧条时期。

10月29日，股市彻底崩溃。当天美国钢铁公司的65万股股票以每股179美元出售，却找不到一个买主，于是其股价开始下跌，就像传染病一样，紧接着一个接一个公司的股票都开始下跌，大崩盘终于来临。股票成为废纸，数字全无意义，一个煤炭公司的老板看着正在下跌的指示板，倒地死在了他经纪人的办公室里。无数昔日的"百万富翁"一觉醒来便一贫如洗。一些开船出海游玩的富人们回来后发现，他们已变成了身无分文的贫民。当时跳楼的绝不仅仅是股价。

那么，这次股市崩盘是怎样引起的呢？

1929年，美国股市发生大崩盘，随即发生了"经济大萧条"，这是一场持续了10年之久的经济衰退，并扩展到了所有工业化国家。股市崩盘仅仅是萧条的序幕，但却给当时的投资者留下了最深刻的烙印。

无论股票还是房地产、艺术品的价格都有一个循环往复的过程：当乐观情绪及其市场效应成为常规，价格会涨得很高，然后因为种种原因跌到谷底。价格的下跌总比上涨更加迅猛。

20世纪20年代对美国来说是值得回味的美好岁月，但是没有人能预见到暴风骤雨的悄悄逼近——

人人都认为形势一片大好，盲目乐观，包括美国总统先生；

房地产市场的过度投机导致房地产市场的炙手可热与虚假繁荣；

美国联邦储备系统的放松银根导致大量资金流入股市，从而推动股票价格的上涨；

大人物们对股市的推波助澜；

胡佛总统的当选进一步使股市大热；

保证金交易制度使越来越多的资金流向华尔街。

在股市上涨的荣景中，整天都将股票经纪人的办公室挤得满满的，大家宁可留在屋里注意股价的变动，也不去关心都发生了什么。

那么当时有没有人预感到这场风暴的来临呢？答案是有。

普尔出版社出版的《商业投资周刊》在1928年秋天就曾提及股票大骗局，而《商业金融时报》也一改往日作风，开始大幅报道坏消息。《纽约时报》也刊登股价已涨得太高，股市必会崩盘的报道，并多次宣布股市其实已经崩盘。美国股市分别在1928年6月、12月及1929年2月休市过几次。但不幸的是，对股市走势存疑的投资人，仍无法从中嗅出任何蛛丝马迹，因为股价仍持续走高。

此外在1929年，美国的经济已经开始走入困境，工业生产、货物运输和房舍建筑的效益均逐渐下降。但是，这种萧条的情况并不算太严重，若在股市崩盘前说经济会有所好转，这倒是合理的假定。加尔布雷斯指出，股市崩盘时，大家都未预测到经济大萧条即将来临。

1929年9月20日，大家发现英国企业家哈崔原来就是一个一流的大骗子，他伪造股票、发行未经授权的股票。有些人认为这项丑闻危机了投资大众对纽约股市的信心，同时也是股票大崩盘的导火线。另一解释则是，公用实业麻州分部，在10月初驳回波士顿。艾迪生公司股票分割的申请，并对外宣称股价已飙得太高，引发投资大众的恐慌。

但是这种种迹象和时间都未能充分解释股市大崩盘的起因。事实上股市大崩盘如何开始并不重要，因为任何事情都有可能让投资荣景破灭，这正是投资荣景的本质。

尽管股市"回档"，但在9月和10月间，并未出现任何崩盘的明显迹象。在9月间，经纪人融资给顾客的金额暴增了6.7亿美元，创下单月增加金额的新高。隐遁的金融专家克鲁杰接受《周六晚报》访谈，令投资大众相当振奋，但后来大家才知道原来这一切都是大骗局。同年10月15日，费雪教授发表著名演说，指出"股市已上涨到相当平稳的状态，我预期股市在几个月内，还会创下新高、成交量会比现在更好。"

尽管如此，几天以后股市又传出另一项坏消息。像《纽约时报》这类对股市现状持悲观看法的媒体，不断小心地提醒投资大众股市即将崩盘。同年10月21日，星期一股市交易量略微超过600万美元，是历年来美国股市单日成交量的第三大。连续几天的庞大成交量后，股市行情板无法显示即时的价位，在中午时仅能报出1个小时前的股价，到当天收盘前，差异已拉大到仅能报出1小时40分钟前的股价。在股价大涨的多头市场，这种时间差异倒还不打紧，但在股价开始下跌时可就不一样了。这种无法显示即时行情的缺失，不但让投资人更为紧张，也促使投资人加速抛售股票。

最终，灾难还是到来了，纸上富贵付诸东流。

现在我们回过头来对过去进行反思，在1929年初，股市大热时，最现实的选择就是有意识地策划股市下跌，如果听之任之，日后将会发生严重灾难——

①当时的美联储采取了两种收效甚微的传统的控制手段：在公开市场上出售政府证券，收进现金。但是收效甚微。主要原因：各商业银行不在此列，可以照旧为股市提供现金；无法长期坚持抛售等。

提高再贴现率（各商业银行向所在辖区的联邦储备银行借款利率），由于各方反对，一直拖到1929年夏天，错过最佳时期。

②联邦储备系统本身不作为。出于谨慎的目的，它未要求提高保证金比例；对火爆行情，它关心的不是限制投资，而是推卸责任。

③由于联邦储备委员会的沉默，市场恐慌情绪蔓延。1929年3月26日，股市

大跌。米切尔的国民城市银行的出尔反尔，招来一片批判声。从而让美国政府与联邦储备当局全选择了不干预政策。

现在回过头再去看看，导致1929年股市崩盘的原因是什么呢？

(1) 金本位放松了银根，刺激了投机

从股市的角度看，1927年是具有历史意义的一年。根据一种长期被接受的观点，就是在这一年播下了末日性灾难的种子。责任在于一次慷慨但又愚蠢的国际主义行动。英国恢复实行以前或者说第一次世界大战以前维系黄金、美元和英镑之间关系的金本位制。接着，黄金便从英国和欧洲源源不断地流入美国。政府大量买进发行在外的证券，其必然的结果就是使抛售政府证券的银行和个人持有了备用现金。因联邦储备系统放松银根而变得可利用的资金不是投资于普通股，就是帮助别人融资购买普通股（而这点更加重要）。这样，人们就有了资金，并匆匆投入股市。

关于联邦储备当局在1927年采取的行动是随后投机与股市崩盘的罪魁祸首的观点从来也没有被真正动摇过。这种观点具有吸引力的原因就在于它简单易懂，并且为美国人民和美国经济开脱了一切重大罪责。但是，这种解释显然是假设，只要能够筹集到资金，人们总会进行投机。这种解释仅仅证明了人们在经济问题上重新偏信那些不可思议的胡话。

(2) 投资信托放大了投机热

20世纪20年代末，最著名的投机品种就是投资信托或投资公司股票，它们的发行方案更能满足公众对普通股的需求。投资信托不是创办新的企业或扩大已有企业，而只是一种旨在通过成立新公司来让股民持有已有公司股票的安排。

在投资信托中，杠杆是这样发挥作用的：通过发行债券、优先股和普通股来购买品种不同的普通股组合。当采用这种方法购进的普通股价格上涨（总是这样假设股价走势）时，信托中债券和优先股的价格基本不变。因为债券和优先股的价格是固定的，派生于一个特别规定的回报率。投资信托所持有的证券组合因增值而产生的利润，全部或大部分分配给投资信托的普通股。结果，投资信托普通股的价格奇迹般地上涨。

次贷危机：风起于青萍之末

2007年是黄金大涨的一年，是美元快速贬值的一年，同样也是世界经济遭受沉痛打击的一年，这一年美国次贷危机爆发并开始泛滥。在2008年9月份的第二个星期，次贷危机第五波风暴席卷而来，有着158年历史的美国第四大投行雷曼兄弟再也挣扎不下去了，当地时间9月14日宣布申请破产保护，15日道指暴跌504点。

那么次贷危机是怎样产生的呢？它对美国经济又有什么样的影响呢？

"巴西雨林一只可爱的花蝴蝶，轻轻拍打它的翅膀，就有可能在美国佛罗里达州引发一场风暴。"这是著名的蝴蝶效应，而在2006年，美国金融界的一次蝴蝶效应直接打开了金融危机的大门，进而拖累了全世界。

从2006年年底开始，随着美国房价增速趋缓和放贷违约率的小幅升高，美国出现了对房地产泡沫的零星质疑声音。这种质疑声音在2007年年初开始放大，并开始获得媒体和社会的关注。

当时美国社会的主流声音并不否认房地产出现了泡沫。他们认为，美国房地产价格可能高估了15%~20%，但这是正常的，宏观经济向好的情况下这种泡沫也是在可控范围内的，受需求影响难以出现楼市崩盘的情况。当时观察人士普遍没有考虑到房价下跌可能产生的对美国投行的冲击，他们认为，即使房地产市场价格下跌，也主要是影响到建筑领域和部分房贷提供商。

2007年3月13日，美国房地产市场的问题第一次引发了股市的恐慌，道琼斯指数下跌242.7点。经营次级房贷的新世纪金融公司于当日被纽交所紧急终止交易，理由是美国证监会认为其面临巨大的流动性危机。自此，次级房贷的风险开始为人们所认识，但人们仍然没有意识到这会为各大投行带来危机。

随着标准普尔和穆迪调低次级债评级，以及美国新屋销售量的下滑，美国次贷危机愈演愈烈。2007年7月开始，人们对次贷危机的关注焦点转移到投资银行领域。

投资银行贝尔斯登旗下对冲基金可能大面积亏损和房贷商亏损的预期是2007年6月25、26日美国股市大跌的主要原因。这些预期都变为了现实，贝尔斯登最终被JP.摩根收购。那么作为中央银行的美联储采取了什么样的挽救行动呢？美联储自2007年9月18日开始了降息行动，但这并不能挽救美国股市的趋势。道琼斯指数于2007年10月9日见顶于14164点，随后进入漫漫熊市。

那么，次贷危机因何而起？这次危机到底是怎样形成的呢？

我们知道如果个人从银行获得贷款买房，对于银行来说，这些贷款就是未来获得收益的资产。近年来美国的银行进行所谓的"金融创新"，把很多个这样的贷款"打包"，定制成债券，命名曰"次级债券"，出售给其他的金融机构或者投资者。因为一旦出售这些债券之后，这些贷款的风险就分担给了其他投资者，所以银行就更有动力贷款给个人买房。一定程度上，因为贷款变得更容易了，所以贷款买房的人也就更多了，所以房价就往上涨。

在一个房价上涨的市场里，那些以房贷为背景的债券的风险也就变小了。因为就算有人还不起贷款，投资者也可以把房子轻松地处理掉。所以在这样的背景之下，这些金融机构和投资者就很乐意持有这样的债券。所以银行也就更加大胆地放贷款，房价也就继续涨，投资者就更喜欢这种"次级债券"。

除了这种循环之外，对于银行来说，按照会计准则本来贷款是需要计提准备金的，因为贷款毕竟是有风险的。这些准备金就减少了银行可用的资金，影响了银行的利润。可是，如果对于同样的贷款，银行持有的是对应于这些贷款的次级债，则不需要计提准备，这样银行可以运用的资金就大大增加了。所以这些由银行发放的债券，最后又回到了银行自己手上。

本来次级债的逻辑是，如果把很多人的贷款打成一个包，那么其中某个个体违约的风险就被其他人分散了，于是次级债降低了直接面对借款人的风险。可是，因为前面说过的逻辑，正因为银行可以以此把风险转嫁给其他投资人（或者自己），所以银行的风险控制不像过去那么强，即使可以分散个体的风险，但是整体的风险是没法用这种伎俩减少的。而且，对于同样的贷款，原来需要计提准备金预防风险，现在通过债券化便不用计提准备金，难道仅仅通过债券化，原来打算违约的借款人就会不违约了吗？

2006年年底，上规模的房贷违约开始出现。很多时候是借款人在银行或者其代理机构的销售代表的"半哄半骗"之下（可想而知，当时这些销售代表有多么大的动力去完成销售任务），签署了以他们的收入根本无法还清的房贷。这时候起，两个自然的结果导致了后来的金融危机：①面对这些大量违约的房贷，银行当然只能收回这些房产然后在房地产市场里出售，于是大幅增加了房地产的供给；②银行开始对房贷更加审慎，审批更加严格，于是获得新的房贷的人就变少了，这样对房产的需求就变小了。

与此同时，因为物价上涨，一部分是因为油价高企，美联储开始提高利息来打压物价。可是同时，提高后的利率也让供房的借款人很难过，以及减少大家借钱买房的动力。很有可能这也促成了后来的危机。

一些不良效应产生了：一些处在还贷与否边缘的借款人，开始觉得原来的借款协议不再有含义：为什么我要为现在只值18万元的房子还25万元的贷款呢（原来房价可能值28万元）？于是这些人选择违约，而不是继续供房，这当然继续增加房产的供给，打压房地产价格；其他房产的所有者，本来是用信用卡等工具从银行获得贷款大量消费，银行之所以肯借钱给他们正是看到他们不断升值的房产，但是一旦他们的房产的市场价值开始下降，银行就不再愿意借那么多钱给他们消费，于是消费者手上的现金变少；回到金融危机上来，那些建立在房贷基础上的次级债券，在房地产价格大幅下降和违约率不断攀升的背景下，开始被信用评级机构从AA降到CC，再降到"垃圾债券"，所以这些次级债券的市场价格就开始跳水！

在次级贷款的安排下，借款人买房的首付金额可以低于20%，甚至降至零首付，而且利息也非常优惠，在最初的2~3年中仅需要按照很低的利率支付利息，或者头几个月免息，在随后的年份中支付浮动的贷款利息。在这样的优惠政策下，低收入者大都拥有了住房，使得美国政府倡导的居者有其屋的目标得以有所保证，也满足了美国政府的政治需求。由于房价不断攀升，使得低收入者都以为可以通过房屋的增值来偿还贷款利息。对于放贷机构而言，次级贷款的利率水平比普通贷款要高，可以弥补房贷机构承受的更大风险。在房地产市场持续繁荣、房产价格持续上升的情况下，即使贷款者无法偿还贷款，房贷机构仍可以出售抵押物即房产获得收益。正是在这种看似安全的策略指引下，房贷机构发放了大量的次级贷款，在随后房地产市场繁荣发展的时间里，这一策略确实运行良好，居者有其屋，放贷者也能够顺利收回贷款。

更糟糕的是面对房地产市场的繁荣景象，华尔街上的投资银行、对冲基金等其他金融机构也想从次级贷款的买卖中分一杯羹。投资银行与商业银行不同，不开展吸收存款、发放贷款的业务，它们的业务活动主要是证券经纪、一级市场上的证券承销和二级市场上的证券交易。20世纪80年代开始盛行的资产证券化技术为投资银行进入次贷市场提供了有效的途径。它们从房利美、房地美和其他大银行处买入次级贷款证券化后的债券，又以此为基础发行新的债券，一部分自己持有，一部分出售给投资者获得买卖价差收益。这些由次级贷款衍生出来的债券，包括两房、商业银行发行的和投资银行发行的在内，我们都称之为次级债。这样一来，次级贷款市场进一步扩大，不仅仅包含了次级贷款本身，还包括了市场上其他的与次贷相关的衍生产品。

终于，美国楼市开始萎靡，房价下跌，购房者难以将房屋出售或通过抵押获得融资。由于贷款不能按期收回，放贷机构以及购买次贷债券的投行和对冲基金等开始出现大额亏损。随着2007年8月2日，贝尔斯登表示，美国信贷市场呈现20年来最差状态，欧美股市全线暴跌开始，次贷危机全面爆发，并迅速席卷美国、欧洲和日本等世界主要金融市场。

那么，这次次贷危机对美国经济产生了哪些影响呢？

次贷危机对美国经济的影响要大于上次的互联网危机。由于互联网产业并不是影响国计民生的核心产业，因此互联网泡沫破灭较少冲击到实体经济。而次贷危机由于涉及美国的金融业，因此不可避免地蔓延到实体经济领域。

房价涨势停止和现房存货的增加，将使得建筑商不愿开始新的工程，在现有工程结束后，他们将解雇工人。受在建工程工期的影响，这一现象将滞后于房价疲弱3~6个月。随着失业率的上升，美国居民对未来收入预期降低，耐用品订单将出现显著下滑。耐用品订单的下滑，将影响到上下游企业，并引发进一步的非农就业人口下降。

伴随耐用品需求疲软的是服务业需求的疲软。美国服务业不仅是GDP贡献的主要部门，也是边际资本创造就业最多的部门。服务业就业数据不佳，将使得美国居民收入进一步降低。

遭遇次贷冲击的金融部门的存货灭失（次贷资产减计），产生了迫切的融资需求，这吸收了经济体内的很多货币资本。这些资本本可投向其他产业产生新的就业，但现在却用于弥补金融部门资产亏空。这使得美国经济创造就业的能力大幅降低，失业人口节节攀升。

回眸日本金融危机

  20世纪80年代后期,日本的股票市场和土地市场热得发狂。从1985年年底到1989年年底的4年里,日本股票总市值涨了3倍。土地价格也是接连翻番,到1990年,日本土地总市值是美国土地总市值的5倍,要知道美国国土面积是日本的25倍!两个市场不断上演着一夜暴富的神话,眼红的人们不断涌进市场,许多企业也无心做实业,纷纷干起了炒股和炒地的行当——全社会都为之疯狂。

  幸福来得太快了。正当人们还在陶醉之时,从1990年开始,两个市场迅速走向崩溃,股票价格和土地价格像自由落体一般往下猛掉,许多人的财富一转眼间就成了过眼云烟,上万家企业迅速关门倒闭。经济繁荣如同昙花一现,人们形象地称其为"泡沫经济"。

  那么,日本的经济泡沫是怎样产生又是怎样破灭的呢?

  20世纪80年代是日本经济发展的黄金时期,不仅低端产品在国际上有很强的竞争力,就连钢铁、摩托车、家电、汽车等行业也因为物美价廉而在世界上有极强竞争力,并且还在不断扩大在世界贸易中的份额。但是一场突然而至的经济危机却毁了这一切。

  第二次世界大战后,日本经济开始了缓慢的恢复,而带来经济发展契机的是1950年的朝鲜战争,这次战争让日本成为所谓联合国军的战略后方,大量战略物资源源不断运往日本,而如果运输成本太大的物资则在日本就地生产,就这样日本经济的机器日夜不停地运转了起来,比如大家熟悉的电器厂商三菱重工,就是当年生产坦克大炮的,至今日本人还保留了这些生产线。

  同时日本的消费市场也火爆起来。各国军人在日本吃喝玩乐,也带动了当地巨大的消费需求,由此日本经济一发不可收,到1960年代,日本经济的元气已经基本恢复,且发展神速,1980年代的时候,日本经济已经发展到相当高的阶段,一个可以叫板美国、和美国争霸的阶段,日本对美国的统治地位形成了威胁。当时日本GDP达到了美国GDP的一半，这是历史上从来没有过的事情，而个性张扬的日本人则开始到处收购，比如收购好莱坞，收购洛克菲勒帝国大厦，要知道那个时候美国资本主义的象征不是在911事件中倒下的世贸大厦，而是洛克菲勒帝国大厦，这个华尔街的标志性建筑。日本人坚定地认为超过美国是指日可待的事情。美国的贸易逆差达到创纪录的1 000亿美元，美国感受到来自日本的强大经济威胁。这使得美国人惊呼，日本要和平买下整个美国。

这个时期，日美贸易顺差加大，而美国面对日益增长的贸易赤字，忧心忡忡，坐立不安。焦躁的美国人希望通过美元贬值来加大出口，减少进口，以此达到贸易平衡。于是美国利用对日本的控制能力（日本在二战后，作为战败国，被为美国从军事，政治上控制，也就间接地控制了日本的经济）制订了一个现在来看完美的打击日本经济的行动。

在当时看来，美元兑日元贬值的要求很合理，于是在美国的强大压力之下，1985年9月，美国财政部长詹姆斯·贝克、日本财长竹下登、前联邦德国财长杰哈特·斯托登伯、法国财长皮埃尔·贝格伯、英国财长尼格尔·劳森等五个发达工业国家财政部长及五国中央银行行长在纽约广场饭店举行会议，达成五国政府联合干预外汇市场，使美元对主要货币有秩序地下调，以解决美国巨额的贸易赤字。这就是有名的"广场协议"。"广场协议"后，日元对美元的比价在三个月内就从263日元降低到200日元，再降低到1986年的152日元和1987年的121日元。

日本人只看到了贸易平衡，却没想到，日元不断升值带来了一个副产品，大量国际资本流入日本，预期日元升值。热钱进入日本后，根据热钱赢利稳定，变现方便的特点，分别进入日本的股票、房地产、实体企业（主要以对赌形式进入）、古董文物。导致日本房地产、股市大幅度上涨，资产泡沫化开始严重起来。

这还只是第一步，接下来美国政府又要求日本政府自动约束出口——1989年日美《维持市场秩序协定》签订后，日本被迫采取对美出口的自动限制措施，日美彩电摩擦才平息下来。

与此同时，美国通过各种手段，限制、打击日本的出口企业。1985年达成协议，禁止日本的9种钢铁商品进入美国市场。

这时日本经济终于出现了问题，怎么办呢？美国建议日本通过扩大内需来刺激经济的发展，于是日本开始降低利率，加大国内建设。日本政府为了刺激内需，大幅降低利率水平，给予房地产行业很多优惠政策。热钱大量进入房地产、股票而开始抬高日本房屋价格，股票也不停上涨；日本企业因为企业利润下滑和房地产、股票市场的赚钱效益显现，也大量涌入。日本老百姓在存钱利息下降和房屋价格不停上涨的局势下，让曾经藐视虚拟经济的日本人民的投资欲望空前高涨（过半日本家庭加入股票市场），理财成为日本的时髦。于是，股票和房屋价格直线上涨，日本土地价格也飞涨。

在1987年10月19日星期一，美国股市创下当时的历史最大暴跌纪录。为了保持美国市场的吸引力，避免陷入危机，美国政府要求日本继续保持低利率和宽松的金融政策，日本从而放任了泡沫的膨胀。

这之后，美国金融界大量潜入日本，赚取日圆升值利润，利用金融杠杆对赌等。

股市房市的上涨迫使日本央行实行宏观调控，不得不推行货币紧缩政策，日元利率上涨到6%，大量热钱开始撤离日本股市房市，日本股市房市应声下跌。在1997年的时候，日本股市已经开始从40000多点下跌，步入经济萧条阶段。自从1990年开始，日本股市见高点以来一直处于漫漫熊市。然而即使此时已经跌了7年，日本股市的平均市盈率仍然达到惊人的150倍。比2008年中国股市6124点时候股市平均70倍市盈率，还多了2倍多。股市的下跌使得日本大量中产阶级破产，而房地产的下跌则使得日本资产阶级破产。

1991年日本经济正式步入崩溃，直到2003年才开始在中国经济强劲带动之下走出低谷，这段时间被日本人称为"失去的10年"。（其实总时间跨度远不止10年。）

美国的泡沫经济

18世纪末，22岁的时候就被选为下院议员的亨利·桑顿注意到，无论哪个时期，在过了几年相对繁荣的好日子之后，经历一场恐慌似乎都是不可避免的。回顾他所处的那个世纪的历史，他看到英格兰经历了以下年份的经济危机：1702年、1705年、1711~1712年、1715~1716年、1718~1721年、1726~1727年、1729年、1734年、1739~1741年、1744~1745年、1747年、1752~1755年、1762年、1765~1769年、1773~1774年、1778~1781年、1784年和1788~1791年。在这18次经济危机中，每一次都是经济自我复苏，而且多数时候经济在复苏后都会上升到更高水平的稳定状态。但是，每一次复苏都只有几年时间，随后又会发生新的危机，并再次摧毁经济。

亨利·桑顿发现的也就是所谓的经济周期，经济危机是经济周期的低谷阶段，经济繁荣是经济周期的高峰阶段。

那么经济周期是怎样变化的？普通民众应该怎样应对经济周期呢？

经济周期也称商业周期、商业循环、景气循环，它是指经济运行中周期性出现的经济扩张与经济紧缩交替更迭、循环往复的一种现象，它是国民总产出、总收入和总就业的波动。人人都讨厌的经济危机就是和经济周期的波动密切相关。

说到经济周期，表现最典型的就是美国。1783年，美国建国后，分别于1825年、1837年、1847年、1857年、1866年、1873年、1882年、1890年、1900年、1907年、1920-1921年、1929-1933年、1937-1938年、1948-1949年、1957-1958年、1969-1970年、1974-1975年、1980-82年、1990-1991年多次发生过经济危机。而其中又以1857年和1929-1933年美国经济危机对世界经济影响最大。我们就主要说一下这两次经济危机。

1857年经济危机在资本主义历史上是第一次具有世界性特点的普遍生产过剩危机。这次危机也是第一次在美国、而不是在英国开始的危机。由于英国对美国铁路建设进行了大量的投资，故美国铁路投机的破产对英国也造成了很大的震动。1847年经济危机结束后，从1850年开始的周期性高涨的最重要的特点是世界贸易急剧扩大，19世纪50年代世界贸易的年平均增长额比前20年提高了2倍。机器工业的发展，运输业的革命，新兴国家和新兴部门卷入国际商品流通，以及加利福尼亚和澳大利亚金矿的发现都促进了世界市场的迅速扩大。

1848年至1858年，美国建成的铁路约达33 000公里，超过了其他国家所建铁路的总和。而英国在40年代的建设热潮中，所铺设的铁路却只有8 000公里。

美国铁路事业的蓬勃发展，按道理应会带动其冶金业的大发展，然而，实际情况却不是这样。而且，这一时期，美国生铁产量长期停滞不前，棉纺织业的增长速度也不快。与此同时，铁轨、生铁、机车、棉布和其他英国制成品的进口却增长得十分迅速，英国产品充斥美国市场阻碍了美国冶金业和棉纺织业等当时的重要工业部门发展。

随着危机的爆发，美国的银行、金融公司和工业企业大量倒闭。仅1857年一年，就有近5 000家企业破产。粮食生产过剩，粮价和粮食出口下降，加上英国工业品的激烈竞争，促使了美国经济危机的加深。反过来，英国的经济发展也受到美国危机的打击。由英国向之提供资金的美国银行、铁路、商业公司纷纷破产，也使英国的投资者持有的有价证券急剧贬值。

1857年秋季，美国还爆发了货币危机，整个银行系统瘫痪了，美国的货币危机在10月中旬达到了顶点，当时纽约63家银行中有62家停止了支付，贴现率竟然超过了60%，股票市场行市则下跌了20%~50%，许多铁路公司的股票跌幅达到80%以上。美国的经济危机迅速蔓延到英国和欧洲大陆，引发了一阵又一阵的破产浪潮。

1857年经济危机波及面很广，之后，爆发了美国的"南北战争"。其后，奴隶制的消灭、宅地法的实施、重工业的发展，为美国资本主义的加速发展创造了十分有利的条件。

1864年2月25日，联邦国会通过了《国民银行体系法》，使美国历史上第一次出现了统一的通货，初步建立了一体化的金融体制，改善了之前由于各地滥设私立和州立银行而导致通货混乱、储蓄缺乏保障、信用不良、资金不稳的状况。

1869年以后，美国银行的资本积累率高达45%~60%，吸收外国资本也从1869年的15亿美元增加到1897年的34亿美元，有力缓解了美国经济高速发展所带来的资金紧缺。而从那之后，由于美国经济也进入了一段相对平稳的经济增长期，而正是在这段平稳期内美国的工业生产总值逐渐超过了英国，美国也取代英国成为世界第一经济强国。但这种局面到了20世纪20年代又被彻底打破。

1920年，资本主义世界爆发了第一次世界大战后首次经济危机。危机过后，美国经济在股票、债券等"经济泡沫"的影响下迅速增长，创造了资本主义经济史上的奇迹。从1923年直到1929年秋天，每年的生产率增长幅度达4%。与此同时，整个美国社会的价值观念都在发生变化。

20世纪20年代的繁荣虽然造就了一个资本主义发展的黄金时期，但这一繁荣本身却潜伏着深刻的矛盾和危机。首先是美国农业长期处于不景气状态，农村购买力不足。1919年时农场主的收入占全部国民收入的16%，而在1929年只占全部国民收入的8.8%，农场主纷纷破产。此时农民的人均收入只有全国平均收入的1/3左右。

其次，是美国工业增长和社会财富的再分配极端不均衡。工业增长主要集中在一些新兴工业部门，而采矿、造船等老工业部门都开工不足，纺织、皮革等行业还出现了减产危机，大批工人因此而失业。

这一时期兼并之风盛行，社会财富越来越集中在少数人手中。全美最大的16家财阀控制了整个国家国民生产总值的53%，全国1/3的国民收入被占人口5%的最富有者占有；另一方面，约60%的美国家庭的生活还挣扎在仅够温饱的每年2 000美元水平上下，更为严重的是，有21%的家庭年收入不足1 000美元。此外，国际收支中的潜在危机也加深了美国经济的潜在危机。美国日益增长的经济力同消费品供应大大超过国内外有支付能力的需求。这一切都预示着一场大危机的到来。

1929年上台的总统胡佛是一位靠个人奋斗起家的"美国英雄"。他在竞选演说中对人民许诺，"美国人家家锅里有两只鸡，家家有两辆汽车"。但由于胡佛在经济领域顽固奉行自由资本主义经典理论，在随后到来的经济危机中应对无力，从而使他的诺言成为一张永远无法兑付的空头支票。当年10月24日，一场经济危机风暴席卷美国。这次危机使生产下降的幅度之大，波及范围之广，失业率之高，持续时间之长，都是前所未有的。

从10月29日开始的一周内，美国人在证券交易所内失去的财富达100亿美元。为了维持农产品的价格，农业资本家和大农场主大量销毁"过剩"的产品，用小麦和玉米代替煤炭做燃料，把牛奶倒进密西西比河，使这条河变成"银河"。到1932年，钢铁工业下降了近80%，汽车工业下降了95%，至少13万家企业倒闭，占全国劳工总数1/4的人口失业。城市中的无家可归者用木板、旧铁皮、油布甚至牛皮纸搭起了简陋的栖身之所，这些小屋聚集的村落被称为"胡佛村"，意在讽刺胡佛总统。除此之外，流浪汉的要饭袋被叫做"胡佛袋"，由于无力购买燃油而改由畜力拉动的汽车被叫做"胡佛车"，甚至露宿街头长椅上的流浪汉身上盖的报纸也被叫做"胡佛毯"。纽约大街上流行这样一首儿歌："梅隆拉响汽笛,胡佛敲起钟。华尔街发出信号,美国往地狱里冲!"

但后来,由于"二战"的爆发,美国成功把经济危机的影响转移到欧洲,这次危机之后,美国不但没有冲进地狱,反而借助"二战"为同盟国提供军事供应而一举奠定了自己全球经济霸主的地位。

但"二战"过后,美国还是多次经历经济危机的冲击,而这次的金融海啸更被誉为1929年"经济大萧条"以来百年难遇的一次经济危机就是最好的例证。透过这次金融海啸,我们不难发现,不管在"非理性繁荣"的包装下,美国经济看起来有多么光鲜,但实际上美国经济模式的本质还是"从泡沫中来到泡沫中去"的"泡沫经济"。

无法逃开的经济周期

一些经济学家认为,美国上一次金融危机是2000年的科技股泡沫的破灭。当时,纳斯达克从1998年10月的1569点上升到2000年3月的5132点后,就开始暴跌。从2000年3月暴跌到2002年10月,从5132点暴跌到1108点。跌幅超过八成,下跌时间为2年半。

由此看来,美国经济上一次高潮是在2000年,离目前大约八年。也就是说,大约八年为一个经济周期。危机、萧条、复苏、繁荣,平均2年一个发展阶段。

这里所说的经济周期的阶段是怎么回事呢?经济周期都有哪些类型呢?

经济周期理论在金融界十分引人瞩目,从19世纪中叶至"二战"前这段时期,西方经济学家提出了数十种经济周期理论。鉴于这些理论的数量如此之多,国际联盟(联合国前身)特意指定当时著名学者哈伯勒撰写了《繁荣与萧条》一书,来对以往的各种理论进行总结。此后,仍有很多学者关注这一理论的发展,并将其应用到经济生活的很多领域。

经济学家将经济周期分为四个阶段：衰退、复苏、过热和滞胀。每一个阶段都可以由经济增长和通胀的变动方向来唯一确定。有趣的是，经济学家们发现每一个阶段都对应着表现超过大市的某一特定资产类别：债券、股票、大宗商品或现金。

在衰退阶段，经济增长停滞。超额的生产能力和下跌的大宗商品价格驱使通胀率更低。企业盈利微弱并且实际收益率下降。中央银行削减短期利率以刺激经济回复到可持续增长路径，进而导致收益率曲线急剧下行。债券是最佳选择。

在复苏阶段，舒缓的政策起了作用，GDP增长率加速，并处于潜能之上。然而，通胀率继续下降，因为空置的生产能力还未耗尽，周期性的生产能力扩充也变得强劲。企业盈利大幅上升、债券的收益率仍处于低位，但中央银行仍保持宽松政策。这个阶段是股权投资者的"黄金时期"。股票是最佳选择。

在过热阶段，企业生产能力增长减慢，开始面临产能约束，通胀抬头。中央银行加息以求将经济拉回到可持续的增长路径上来，此时的GDP增长率仍坚定地处于潜能之上。收益率曲线上行并变得平缓，债券的表现非常糟糕。股票的投资回报率取决于强劲的利润增长与估值评级不断下降的权衡比较。大宗商品是最佳选择。

在滞胀阶段，GDP的增长率降到潜能之下，但通胀却继续上升，通常这种情况部分原因归于石油危机。产量下滑，企业为了保持盈利而提高产品价格，导致工资—价格螺旋上涨。只有失业率的大幅上升才能打破僵局。只有等通胀过了顶峰，中央银行才能有所作为，这就限制了债券市场的回暖步伐。企业的盈利恶化，股票表现非常糟糕。现金是最佳选择。

那么经济危机都有哪些类型呢？100多年来，经济学家们根据各自掌握的资料提出了不同长度和类型的经济周期。

基钦周期：短周期。短周期是1923年英国经济学家基钦提出的一种为期3~4年的经济周期。基钦认为经济周期实际上有主要周期与次要周期两种。主要周期即中周期，次要周期为3~4年一次的短周期。这种短周期就称基钦周期。

朱格拉周期：中周期。中周期是1860年法国经济学家朱格拉提出的一种为期9~10年的经济周期。该周期是以国民收入、失业率和大多数经济部门的生产、利润和价格的波动为标志加以划分的。

康德拉季耶夫周期：长周期或长波。长周期是1926年俄国经济学家康德拉季耶夫提出的一种为期50~60年的经济周期。该周期理论认为，从18世纪末期以后，经历了三个长周期。第一个长周期从1789年到1849年，上升部分为25年，下降部分35年，共60年。第二个长周期从1849年到1896年，上升部分为24年，下降部分为23年，共47年。第三个长周期从1896年起，上升部分为24年，1920年以后进入下降期。

库兹涅茨周期：另一种长周期。这是1930年美国经济学家库涅茨提出的一种为期15~25年，平均长度为20年左右的经济周期。由于该周期主要是以建筑业的兴旺和衰落这一周期性波动现象为标志加以划分的，所以也被称为"建筑周期"。

熊彼特周期：一种综合。1936年，著名的经济学家熊彼特以他的"创新理论"为基础，对各种周期理论进行了综合分析后提出的。熊彼特认为，每一个长周期包括6个中周期，每一个中周期包括三个短周期。短周期约为40个月，中周期约为9~10年，长周期为48~60年。他以重大的创新为标志，划分了三个长周期。第一个长周期从18世纪80年代到1842年，是"产业革命时期"；第二个长周期从1842年到1897年，是"蒸汽和钢铁时期"；第三个长周期从1897年以后，是"电气、化学和汽车时期"。在每个长周期中仍有中等创新所引起的波动，这就形成若干个中周期。在每个中周期中还有小创新所引起的波动，形成若干个短周期。

被捏碎的非理性投机泡沫

当郁金香开始在荷兰流传后，一些机敏的投机商就开始大量囤积郁金香球茎以待价格上涨。不久，在舆论的鼓吹之下，人们对郁金香表现出一种病态的倾慕与热忱，并开始竞相抢购郁金香球茎。1634年，炒买郁金香的热潮蔓延为荷兰的全民运动。当时1 000美元一朵的郁金香花根，不到一个月后就升值为2万美元了。1636年，一株稀有品种的郁金香竟然达到了与一辆马车、几匹马等值的地步。面对如此暴利，所有的人都冲昏了头脑。他们变卖家产，只是为了购买一株郁金香。就在这一年，为了方便郁金香交易，人们干脆在阿姆斯特丹的证券交易所内开设了固定的交易市场。正如当时一名历史学家所描述的："谁都相信，郁金香热将永远持续下去，世界各地的有钱人都会向荷兰发出订单，无论什么样的价格都会有人付账。在受到如此恩惠的荷兰，贫困将会一去不复返。无论是贵族、市民、农民，还是工匠、船夫、随从、伙计，甚至是扫烟囱的工人和旧衣服店里的老妇，都加入了郁金香的投机。无论处在哪个阶层，人们都将财产变换成现金，投资于这种花卉。"1637年，郁金香的价格已经涨到了骇人听闻的水平。与上一年相比，郁金香总涨幅高达5 900%！1637年2月，一株名为"永远的奥古斯都"的郁金香售价高达6 700荷兰盾，这笔钱足以买下阿姆斯特丹运河边的一幢豪宅，而当时荷兰人的平均年收入只有150荷兰盾。

就当人们沉浸在郁金香狂热中时，一场大崩溃已经近在眼前。由于卖方突然大量抛售，公众开始陷入恐慌，导致郁金香市场在1637年2月4日突然崩溃。一夜之间，郁金香球茎的价格一泻千里。虽然荷兰政府发出紧急声明，认为郁金香球茎价格无理由下跌，劝告市民停止抛售，并试图以合同价格的10%来了结所有的合同，但这些努力毫无用处。一个星期后，郁金香的价格已平均下跌了90%，而那些普通的品种甚至不如一颗洋葱的售价。绝望之中，人们纷纷涌向法院，希望能够借助法律的力量挽回损失。但在1937年4月，荷兰政府决定终止所有合同，禁止投机式的郁金香交易，从而彻底击破了这次历史上空前的经济泡沫。

我们常听到经济泡沫的说法，那么经济泡沫是怎样定义的呢？它与经济危机又有怎样的联系呢？

什么是经济泡沫呢？最常用于经济研究中的泡沫的定义是，无法解释的那部分资产价格运动，它建立在我们称之为基本面的基础之上。基本面是各种变量的集合体，我们认为这些变量应该驱动资产价格的变化。在一种特殊的资产价格定义的模型中，如果我们对资产价格的预测产生了严重的偏差，那么，我们可能就会说存在着某种泡沫。

泡沫位于金融学、经济学和心理学的结合处。对大规模的资产价格运动的最新解释倾向于将心理学排在第一位，这不仅受到惨淡的过去所发生的故事的影响，而且受到在1997年、1998年和1999年这些危机年份里发生的大多数事件的影响。早期产生的泡沫大多是由基本面因素驱动的，它们源自金融学与经济学这些更基本的因素的结合处，心理学因素不过是其背景而已。比如荷兰郁金香狂热、密西西比泡沫和南海泡沫，它们均被看作是私人资本市场疯狂的范例。

金融行为学家发现，有这样几种心理问题在泡沫时期最容易发生：其一，"锚定效应"。大多数泡沫具有的典型特征是，在最后一个阶段到来前，价格和增值效应通常都会延续相当长时间，这使得投资者改变了预期，认为高价格是合理的。其二，"羊群效应"。即便很多精明的专业投资人，也总是试图"与泡沫一起膨胀"，而不是努力避免泡沫，在价格上涨过程中，他们通常认为随大溜比采取与众不同的方法更安全，循规蹈矩比特立独行犯错误的可能性更小。其三，认知失调。人们总是倾向选择那些"可以坚定我们选择"的观点，比如，市场在疯狂时期的特征之一是，人们对定价过高的预警，总是不感兴趣，甚至很愤怒。其四，灾难忽略与灾难放大。对于发生概率较小的负面事件，投资者总是侥幸的认为"很难发生在我身上"，而灾难一旦发生，他又总是担心"祸不单行，更大的灾祸在后面"。

在经济过热与市场恐慌中，货币因素十分重要。芝加哥学派认为，当局总是愚蠢的，而市场总是聪明的，只有当货币供应量稳定在固定水平或以固定增长率增加时，才能避免经济过热和市场恐慌。然而，现实的悖论是，银行家只把钱借给不想借钱的人。当发生经济崩溃时，银行体系必然受到冲击，除了货币数量的变动外，将导致银行对信贷进行配额控制，这势必造成某些资本运行环节当中的信用骤停和流动性衰竭。

尽管如此，著名货币学派理论家欧文斯通坚决反对在危机时扩大货币供给，而赫伯特·斯潘塞的表述更为尖锐："保护人类免尝愚蠢行为的苦果，其结果只会让全世界都变得愚蠢。"

对此，金德尔伯格认为，长期来看，货币供应量应该固定不变，但在危机期间它应当是富有弹性的，因为良好的货币政策可以缓解经济过热和市场恐慌，也应该可以消除某些危机。其依据主要是对1720年、1873年和1882年的法国危机，以及1890年、1921年和1929年的危机的研究。这几次危机中都没有最后贷款人出现，而危机后的萧条持续久远。

金融危机的完整过程：首先在经济的发展过程中，人们经过种种努力，终于抓住了新的利润机会，并开始追求这一新的利润，而在追求利润的过程中，繁荣阶段的过剩本质就会真正体现出来，这时，金融体系将经历一个"痛苦"的阶段，在这一阶段，人们急于扭转经济扩张的过程，这一扭转方式就像爆发了市场恐慌。在过热阶段，人们手中的钱都用来购买不动产或流动性较差的金融资产，没有钱的人则借钱从事这一行为。但随之而来的经济恐慌阶段正好与此相反，财富从不动产或金融资产转向货币，或转而偿还债务，这种行为终于导致商品、房屋、土地股票和债券价格的崩溃，也就是说，任何成为经济过热的投资对象的东西，其价格都将崩溃。

我们观察历史上的金融危机，类似于上述过程的金融危机有30多次，基本上是10年出现一次。其获取利润的对象早年从硬币到花卉到房地产或土地，近年则从债券到基金到股票乃至于衍生产品，举凡能带来利润的，都是投资（投机）的对象。但这种投资要转化成危机，还要经历一个理性的非理性过程。

经济过热：谁是最后一个贷款人

小孩子喜欢玩一种扔爆竹的游戏，但是，如果A小孩向B小孩脚下扔的是一个哑炮，B小孩拣起这个哑炮扔给了C小孩，C又扔给了D，依此类推，直至Y小孩扔给了Z，这个哑炮终于在Z的脸上炸开并炸瞎了Z的双眼。这里，A是远因，Y是近因，中间还有从B到W的一系列连接点。那么，谁该对这件事情负责呢？

这个小小的比喻可以看成是金融危机发展的一个过程，金融危机是在种种因素的传递累积中爆发的。那么谁该对金融危机负责呢？

金融危机原因是投机行为和信用扩张，近因则是某些不起眼的偶然事件，如一次银行破产、某个人的自杀、一次无关宏旨的争吵、一件意想不到的事情的暴露或是拒绝为某些人贷款以及仅仅是看法的改变。这些事情使市场参与者丧失了信心，认为危机即将来临，从而抛出一切可转换为现金的东西诸如股票、债券、房地产、外汇和商业票据。当所有需要货币的人都找不到货币了，金融领域中的崩溃便会传导到经济中的各个方面，导致总体经济的下降，金融危机的来临。

投机要成为一种"热"，一般都要在货币和信贷扩张的助长下才能加速发展，有时候，正是货币和信贷的最初扩张，才促成了投机的狂潮。远的如举世皆知的郁金香投机，就是当时的银行通过发放私人信贷形成的；近的如1930年代大萧条之前，纽约短期拆借市场扩张所促成的股票市场繁荣。事实上，在所有的从繁荣到危机的过程中，都有货币、或者是银行信贷的影子，而且，货币的扩张也不是随机的意外事件，而是一种系统的、内在的扩张。

那么，问题就出来了：一旦启动了信贷扩张，规定一个停止扩张的时点是否现实呢？并且，这能否通过自动法则完成呢？

对历史事件进行类聚研究后可以看出，只要当局稳定或控制一定数量的货币M，不管是控制货币的绝对量，还是根据既定趋势控制货币的供应量，都会导致经济更加过热。这是因为：如果货币的定义以特定的流动资产形式被固定下来，并且经济过热后以该定义之外的新的方式将信贷"货币化"，那么，虽然以旧的方式定义的货币不会增长，但其流通速度会加快；现代经济中，人们很难确定各层次的货币供应量。因此，货币扩张不太可能通过货币稳定政策稳定下来，再推而广之，货币还是会推动"热"之更热，危机还是不可避免。

从人类进入市场经济以来，人类总是在不断重复着同样的错误，而且，这些错误的开头，都是无可指责的理性的行为方向。

关于市场金融，各经济学派分别持有不同观点，而金德尔伯格教授在书中，就对各派观点进行了详尽的考察和评述。

货币主义者很乐观，他们认为不可能存在导致不稳定的投机。理由是，投机者往往在价格上涨时买进、下跌时售出，由于其高买低卖，必将导致亏损，因此他们很难生存下去。而金德尔伯格认为，投机与贪婪是形成欺诈的人性基础，从精神病学的角度来看，欺诈者与受害者的关系是一种被捆绑在一起相互满足并相互依赖的共生关系。欺诈是由需求决定的，它遵循着凯恩斯的需求决定供给的法则，而非萨伊的供给自动创造需求的理论。在经济繁荣时期，财富被不断创造出来，人们的贪婪欲望也随之增大，欺诈者便应运而生。这种状况就像很多绵羊等着人们来剪毛一样，欺诈者一旦出现，它们就献出自己作为牺牲品。毕竟，没有什么事比眼看着一个朋友变富更困扰人们的头脑与判断力了。

众所周知，在经济过热与市场恐慌中，货币因素十分重要。芝加哥学派认为，当局总是愚蠢的，而市场总是聪明的，只有当货币供应量稳定在固定水平或以固定增长率增加时，才能避免经济过热和市场恐慌。然而，现实的悖论是，银行家只把钱借给不想借钱的人。当发生经济崩溃时，银行体系必然受到冲击，除了货币数量的变动外，将导致银行对信贷进行配额控制，这势必造成某些资本运行环节当中的信用骤停和流动性衰竭。

尽管如此，著名货币学派理论家欧文斯通坚决反对在危机时扩大货币供给，而赫伯特·斯潘塞的表述更为尖锐："保护人类免尝愚蠢行为的苦果，其结果只会让全世界都变得愚蠢。"

长期来看，货币供应量应该固定不变，但在危机期间它应当是富有弹性的，因为良好的货币政策可以缓解经济过热和市场恐慌，也应该可以消除某些危机。其依据主要是对1720年、1873年和1882年的法国危机，以及1890年、1921年和1929年的危机的研究。这几次危机中都没有最后贷款人出现，而危机后的萧条持续久远。

但是，将这种观点简单理解为设立一个最后贷款人也是肤浅的。如果市场知道它会得到最后贷款人的支持，就会在下一轮经济高涨时期，较少甚至不愿承担保障货币与资本市场有效运作的责任，最后贷款人的公共产品性会导致市场延迟采取基本的纠正措施、弱化激励作用、丧失自我依赖性。因此应该由一个"中央银行"提供有弹性的货币，但是，责任究竟落在谁的肩上还不确定。这种不确定性如果不使市场迷失方向的话是有好处的，因为它向市场传递了一个不确定的信息，使市场在这个问题上不得不更多地依靠自救。适度的不确定性，但不能太多，有利于市场建立自我独立性。

这也就产生了两类投机者的问题，即内部人和外部人的问题。一般来说，内部人往往采用投机手段驱使价格不断上涨，并在价格最高点将投机物品出售给外部人，从而导致了市场的不稳定。而外部人则在价格最高点购进商品，又在内部人采取措施使市场价格下跌时在谷底卖出商品。外部人的损失等于内部人的收益，市场整体没有变化。

一般情况下，每一个具有不稳定性的投机者，必有另一个具有稳定性的投机者与之对应，反之亦然。但职业性的内部人一开始通过加速价格的上升及下跌来扰乱市场，而高买低卖的业余外部人与投机热的牺牲者相比，对价格的操纵能力较低，前者只是在投机的后期才影响到后者。损失以后，他们又回到其正常的工作中，继续储蓄以备另一次赌博。

另一个有关高买低卖、具有不稳定性的外部投机者的例子是依萨克·牛顿（Isaac Newton）具有启迪意义的历史故事。作为一个伟大的科学家，他应该是理性的。1720年春，他写道："我可以计算天体的运动，但无法计算人类的疯狂。"因此，他于4月20日出售了持有的南海公司股票，获得了100%的高额利润，约为7 000英镑。不幸的是，进一步的冲动随即又抓住了他，受那一年春季和夏季风靡全球的投机热传染，他在市场最高点时买入了更多的股票，最后损失了20 000英镑。许多经历过这类灾难的人都有这种非理性的习惯，最终他将这段经历抛诸脑后，在其一生余下的时间里，他甚至不能再听到南海之名。

但是，即使每一个参与者的行为看起来都是理性的，各个阶段的投机或是内部人和外部人的投机仍可能导致经济的疯狂扩张和恐慌。这就是所谓的组成谬误，即总体与各部分之和不等。每个人的行动都是理性的——或应当是理性的，但并不等于其他人以同样的方式行动。如果某人行动十分迅速，先于他人买进并卖出，他可能会做得很好，就像内部人所做的那样，即使这个时候总体的情况看起来很糟。超过资本实际价值的任何增长都仅仅是想象中的事情；不管普通算术如何延伸，1加1永远都不会等于3个半，结果，任何虚拟价值都将是某些人或另一些人的损失。对此，唯一的阻止办法是及早出售，让魔鬼抓住最后一个人。

第15章 警惕，金融衍生品惹的祸事
——每天学点金融衍生品知识

金融衍生品创新，是天使还是魔鬼

这是一条来自CNN的报道。受金融衍生品拖累，巴菲特掌控下的伯克希尔保险公司第二季度财报利润下滑40%。尽管巴菲特强调公司很少做需要预先抵押的交易，但联邦政府还是要求伯克希尔为所有衍生品合同提供担保。

季报报告，第二季度公司纯收入19.7亿美元，折合A股每股1.195美元。去年同期公司纯收入为33亿美元，合每股2.123美元。

2007年，伯克希尔在各项金融衍生品上获得15亿美元的增益，2008却下滑了14亿。算下来，这两年公司相当于在原地踏步。

金融衍生品是指什么？它们在金融危机中又扮演了什么样的角色呢？

巴菲特曾经很形象地把金融衍生品称为"大规模杀伤性武器"，当然我们理解这种说法，因为股神刚刚在金融衍生品上吃了大亏。但是也有学者认为，金融衍生品只是一种市场投资工具，本身并不是金融危机的罪魁祸首。

2008年一场席卷全球的金融危机使得很多人都把金融衍生品归类为"危险品"，也让人对金融创新有了更全面的认识。人们认为美国房市的跌幅，应不足以击倒贝尔斯登、雷曼、AIG以及"两房"等这些金融巨头。这其中，过度膨胀的金融衍生品无疑起到了推波助澜的作用，扮演了"巨人杀手"的角色。那么，金融衍生品是此次全球金融危机的罪魁祸首吗？中国应吸取哪些教训来更好地发展金融衍生品市场呢？

回答这个问题之前，我们先明确一下金融衍生品的定义：金融衍生产品是指以货币、债券、股票等传统金融产品为基础，以杠杆性的信用交易为特征的金融产品。

金融衍生产品的共同特征是保证金交易，即只要支付一定比例的保证金就可进行全额交易，不需实际上的本金转移，合约的了结一般也采用现金差价结算的方式进行，只有在满期日以实物交割方式履约的合约才需要买方交足贷款。因此，金融衍生产品交易具有杠杆效应。保证金越低，杠杆效应越大，风险也就越大。

金融衍生产品可以规避风险。价格发现，它是对冲资产风险的好方法。但是，任何事情有好的一面也有坏的一面，风险规避了一定是有人去承担了，衍生产品的高杠杆性就是将巨大的风险转移给了愿意承担的人手中，这类交易者称为投机者，而规避风险的一方称为套期保值者，另外一类交易者被称为套利者，这三类交易者共同维护了金融衍生产品市场上述功能的发挥。

金融衍生品确实可以成为防范风险的避风港，但若交易不当将导致巨大的风险，有的甚至是灾难性的，比如国外的有巴林银行事件，宝洁事件，信孚银行，国内的有国储铜事件，中航油事件。

那么是什么使得金融衍生产品风险加大了呢？以巴林银行为例说明一下。

首先是内部控制薄弱，对交易员缺乏有效的监督，这是造成金融衍生产品风险的一个重要原因。例如，内部风险管理混乱到了极点是巴林银行覆灭的主要原因。首先，巴林银行内部缺乏基本的风险防范机制，里森一人身兼清算和交易两职，缺乏制衡，很容易通过改写交易记录来掩盖风险或亏损。同时，巴林银行也缺乏一个独立的风险控制检查部门对里森所为进行监控；其次，巴林银行管理层监管不严，风险意识薄弱。在日本关西大地震之后，里森因其衍生合约保证金不足而求助于总部时，总部竟然还将数亿美元调至新加坡分行，为其提供无限制的资金支持；再者，巴林银行领导层分裂，内部各业务环节之间关系紧张，令许多知情管理人员忽视市场人士和内部审检小组多次发出的警告，以致最后导致整个巴林集团的覆没。

此外，过度的激励机制激发了交易员的冒险精神，也增大了交易过程中的风险系数。金融监管不力也是造成金融衍生产品风险的另一主要原因。英国和新加坡的金融监管当局事先监管不力,或未协力合作,是导致巴林银行倒闭的重要原因之一。英国监管部门出现的问题是:第一,负责监管巴林等投资银行的部门曾口头上给予宽免,巴林将巨额款项汇出炒卖日经指数时,无需请示英格兰银行。第二,英格兰银行允许巴林集团内部银行给予证券部门无限制资金的支持。新加坡金融监管当局存在的问题是:首先,新加坡国际金融交易所面对激烈的国际竞争,为了促进业务的发展,在持仓量的控制方面过于宽松,没有严格执行持仓上限,允许单一交易账户大量积累日经期指和日债期货仓位,对会员公司可持有合约数量和缴纳保证金情况没有进行及时监督。其次,里森频繁地从事对倒交易,且交易数额异常庞大,却竟然没有引起交易所的关注。如果英格兰银行、新加坡和大阪交易所之间能够加强交流,共享充分的信息,就会及时发现巴林银行在两个交易所持有的巨额头寸,或许巴林银行不会倒闭。

即使是在这次美国金融危机中,成为导火索的金融衍生品——CDS(信用违约互换)也有资格喊冤枉。

信用违约互换(CDS)是目前全球交易最为广泛的场外信用衍生品。所谓场外交易,就是指不在有形的交易场所内进行交易,交易双方私下沟通,从而受到的监管更少,整个市场缺乏透明度。在雷曼兄弟申请破产保护后,许多人指责CDS市场对雷曼的打压是造成雷曼走投无路的原因,导致了随后作为保险公司的美国国际集团的巨额亏损,从而造成了整个市场信心的崩溃。CDS究竟是什么?为什么有这么大的杀伤力使得深陷次贷危机的金融机构雪上加霜?

简单说来,在CDS合约中,CDS买方定期向CDS卖方支付一定的费用,可以视为是一种保险费的支付。如果不出现信用主体违约事件,则CDS卖方没有任何现金流出;而一旦信用主体出现违约,CDS卖方有义务以现金形式补偿债券面值与违约事件发生后债券价值之间的差额,或者以债券面值购买CDS买方所持债券。这样,CDS的买方相当于为自己手中的债券购买了一份保险。假设现在有一个购买了雷曼兄弟发行的债券的投资者,为了给自己手中的债券保险,他从AIG(美国国际集团)处购买了针对雷曼偿付能力的CDS。雷曼破产后,无法偿付债券本息,这一偿付责任就落到了AIG身上。问题是发行针对雷曼偿付能力CDS的机构不止AIG一家,面临损失的也就不仅仅是AIG。在场外交易的情形下,究竟有多少与雷曼相关的CDS无法统计,由此带来的连锁反应也就无法估计。根据国际互换与衍生品协会的统计数据，截至2007年年底，CDS的市场规模达到了62万亿美元，相当于当年美国GDP的4.5倍。

CDS是在1990年代中期由摩根大通首创的，相当于一种金融资产的违约保险合约。债权人通过该合约将债务风险出售，合约价格可以视作保费。购买信用违约互换的一方被称为买家，承担风险的一方被称为卖家。双方约定如果标的金融资产没有出现违约情况，则买家向卖家定期支付"保险费"，而一旦发生违约，则卖方承担买方的资产损失。当前，在62万亿美元的CDS市场中，最大的部分是企业债，而MBS（抵押支持债券）仅占20%。

在经济良好时，CDS的风险很低，能够为贷款和债券避险，是一种良好的投资手段。但在危机发生后，它却因保证金杠杆交易放大了虚拟需求成为众矢之的。

以期货、期权、远期、互换等为代表的金融衍生品都是有效管理和降低市场参与者的风险的工具，金融衍生品设计的初衷绝不是为了扩大风险。事实上，金融衍生品作为风险转移工具，其良好运作离不开投机者的参与。因为，投资者正是风险的承担者。

在实际操作中，由于金融衍生产品的杠杠性会放大投机风险，需要监管部门严格控制。在次贷链条中，CDS因属于场外交易产品而被疏于监管，才导致市场扩大和反复转让后的权责混乱，违约率上升。因此，我们认为，次贷危机不是金融衍生品惹的祸。相反，如果次贷链条中有充足的风险转移工具，危机发生的可能性就大大降低了。

远期合约：最简单的金融衍生品

假设一位投资者进行远期合约交易，买入1 000美元卖出欧元，从今天起60天后得到1.0700美元对1欧元的汇率。那么这位投资者承担风险的资金为200欧元，止损价位是1.0900。

让我们用不同的汇率来看看交易结束时会发生什么：

欧元/美元的汇率在交割期前达到1.1000。在这种情况下，交易会在投资者设定的止损价位1.0900处就已结算,这样一来投资者损失了200欧元。

在交割日期,欧元/美元的汇率为1.0800。在这种状况下,投资者只损失100欧元。

在交割日期,欧元/美元的汇率为1.0200。投资者获利500欧元。

这就是远期合约。那么远期合约是怎样操作的?它与期货又有什么不同呢?

远期合约是20世纪80年代初兴起的一种保值工具,它是一种交易双方约定在未来的某一确定时间,以确定的价格买卖一定数量的某种金融资产的合约。合约中要规定交易的标的物、有效期和交割时的执行价格等项内容。通常是在两个金融机构之间或金融机构与其公司客户之间签署该合约。它不在规范的交易所内交易。

当远期合约的一方同意在将来某个确定的日期以某个确定的价格购买标的资产时,我们称这一方为多头。另一方同意在同样的日期以同样的价格出售该标的资产,这一方就被称为空头。在远期合约中的特定价格称为交割价格。在合约签署的时刻,所选择的交割价格应该使得远期合约的价值双方都为零。这意味着无需成本就可处于远期合约的多头或空头状态。

远期合约在到期日交割。空头的持有者交付标的资产给多头的持有者,多头支付等于交割价格的现金。决定远期合约价格的关键变量是标的资产的市场价格,正如以上提到的,签署远期合约时该合约的价值为零。其后,它可能具有正的或负的价值,这取决于标的资产价格的运动。例如,如果合约签署之后不久该标的资产价格上涨很快,则远期合约多头的价值变为正值而远期合约空头的价值变为负值。

远期合约是现金交易,买方和卖方达成协议在未来的某一特定日期交割一定质量和数量的商品。价格可以预先确定或在交割时确定。

在远期合约签订之时,它没有价值,支付只在合约规定的未来某一日进行。在远期市场中经常用到两个术语:

如果即期价格低于远期价格,市场状况被描述为正向市场或溢价;

如果即期价格高于远期价格,市场状况被描述为反向市场或差价。

那么远期价格怎样计算呢？原则上，计算远期价格是用交易时的即期价格加上持有成本。根据商品的情况，持有成本要考虑的因素包括仓储、保险和运输等。

远期价格=即期或现金价格+持有成本

根据基础资产划分，常见的金融远期合约包括四个大类。

（1）股权类资产的远期合约

包括单个股票的远期合约、一揽子股票的远期合约和股票价格指数的远期合约三个子类。

（2）债权类资产的远期合约

主要包括定期存款单、短期债券、长期债券、商业票据等固定收益证券的远期合约。

（3）远期利率协议

是指按照约定的名义本金，交易双方在约定的未来日期交换支付浮动利率和固定利率的远期协议。

（4）远期汇率协议

是指按照约定的汇率，交易双方在约定未来日期买卖约定数量的某种外币的远期协议。

远期合约较近期合约交易周期长，时间跨度大，所蕴含的不确定性因素多，加之远期合约成交量及持仓量不如近期合约大，流动性相对差一些，因此呈现远期合约价格波动较近期合约价格波动剧烈且频繁，风险性较大。

那么远期合约与期货合约有什么区别呢？期货合约与远期合约虽然都是在交易时约定在将来某一时间按约定的条件买卖一定数量的某种标的物的合约，但他们存在诸多区别。

举个例子：A公司和B公司约定在10月23日，A公司以100万美元购买B公司9 000万日元。这就是远期合约。

如果是期货合约呢，A公司就不用找交易对手了，而是直接在期货交易所卖出一定份数的10月份交割的日元期货。这里首先份数是要与交易所的规定匹配，比如交易所规定一份日期期货是100万日元，那么就以90的价格卖出90份日元期货，其次是交割日期可能不会是正好23日，而是10月的前两周，这与交易所的规定有关。

具体来说有三点：

标准化程度不同。远期合约遵循契约自由原则，合约中的相关条件如标的物的质量、数量、交割地点和交割时间都是依据双方的需要确定的；期货合约则是标准化的，期货交易所为各种标的物的期货合约制定了标准化的数量、质量、交割地点、交割时间、交割方式、合约规模等条款。

交易场所不同。远期合约没有固定的场所，交易双方各自寻找合适的对象；期货合约则在交易所内交易，一般不允许场外交易。

违约风险不同。远期合约的履行仅以签约双方的信誉为担保，一旦一方无力或不愿履约时，另一方就得蒙受损失；期货合约的履行则由交易所或清算公司提供担保。

掉期：灵活有效的避险工具

某企业生产的商品成品用于出口，而原材料则需要进口。某日该企业收到国外进口商支付的出口货款100万美元，这笔货款要用于企业下一轮生产支出需要结汇成人民币，但是该企业原材料又大都是进口的，3个月后需要支付100万美元的原材料货款。如果该企业将现在收入的100万美元结汇，3个月后再以到时的即期汇价跟银行买100万美元支付给原材料进口商，除了需要面对汇率波动的风险外，来去两笔外汇买卖，需要支付给银行两笔手续费。

此时，该企业就可以与银行办理一笔即期对3个月远期的人民币与外币掉期业务，即期卖出100万美元，取得相应的人民币，3个月远期以人民币买入100万美元。通过上述交易，该企业可以轧平其中的资金缺口，达到规避风险的目的。

这里描述的就是一次完整的掉期操作。那么掉期有什么意义呢？

掉期是指在外汇市场上买进即期外汇的同时又卖出同种货币的远期外汇，或者卖出即期外汇的同时又买进同种货币的远期外汇，也就是说在同一笔交易中将一笔即期和一笔远期业务合在一起做，或者说在一笔业务中将借贷业务合在一起做。在掉期交易中，把即期汇率与远期汇率之差，即升水或贴水叫做掉期率。

从掉期的定义中我们就可以看到其明显的避险功能。没错，这种金融衍生工具，是当前金融界用来规避由于所借外债的汇率发生变化而给企业带来财务风险的一种主要手段。比如美国一家银行某日向客户按US=DM1.68的汇率，卖出336万马克，收入200万美元。为防止将来马克升值或美元贬值，该行就利用掉期交易，在卖出即期马克的同时，又买进3个月的远期马克，其汇率为US=DM1.58。这样，虽然卖出了即期马克，但又补进了远期马克，使该家银行的马克、美元头寸结构不变。虽然在这笔远期买卖中该行要损失若干马克的贴水，但这笔损失可以从较高的美元利率和这笔现汇交易的买卖差价中得到补偿。

在国际金融市场一体化潮流的背景下，掉期交易作为一种灵活、有效的避险和资产负债综合管理的衍生工具，越来越受到国际金融界的重视，用途日益广泛，交易量急速增加。近来，这种交易形式已逐步扩展到商品、股票等汇率、利率以外的领域。由于掉期合约内容复杂，多采取由交易双方一对一进行直接交易的形式，缺少活跃的二级市场和交易的公开性，具有较大的信用风险和市场风险。因此，从事掉期交易者多为实力雄厚、风险控制能力强的国际性金融机构，掉期交易市场基本上是银行同业市场。现在西方国家的商业银行之间进行商业交易时，很少使用远期交易合同，大多都采用掉期协议的办法。比如说，美国的大通曼哈顿银行现在需要英镑，它可以与英国的巴克莱银行达成掉期协议，先在大通曼哈顿银行依据即期汇率把美元付给巴克莱银行，巴克莱银行把英镑付给大通曼哈顿银行，3个月后交易逆转，大通银行根据当时合同规定的远期汇率再把英镑支付给巴克莱银行，从它那里收回美元。

掉期交易中较为常见的是货币掉期交易和利率掉期交易，让我们来看两个例子：

1981年，IBM公司和世界银行进行了一笔瑞士法郎和德国马克与美元之间的货币掉期交易。当时，世界银行在欧洲美元市场上能够以较为有利的条件筹集到美元资金，但是实际需要的却是瑞士法郎和德国马克。此时持有瑞士法郎和德国马克资金的IBM公司，正好希望将这两种货币形式的资金换成美元资金，以回避利率风险。在所罗门兄弟公司的中介下，世界银行将以低息筹集到的美元资金提供给IBM公司，IBM公司将自己持有的瑞士法郎和德国马克资金提供给世界银行。通过这种掉期交易，世界银行以比自己筹集资金更为有利的条件筹集到了所需的瑞士法郎和德国马克资金，IBM公司则回避了汇率风险，低成本筹集到美元资金。这是迄今为止正式公布的世界上第一笔货币掉期交易。通过这项掉期交易，世界银行和IBM公司在没有改变与原来的债权人之间的法律关系的情况下，以低成本筹集到了自身所需的资金。

1982年德意志银行进行了一项利率掉期交易。德意志银行对某企业提供了一项长期浮动利率的贷款。当时，德意志银行为了进行长期贷款需要筹集长期资金，同时判断利率将会上升，以固定利率的形式筹集长期资金可能更为有利。德意志银行用发行长期固定利率债券的方式筹集到了长期资金，通过进行利率掉期交易把固定利率变换成了浮动利率，再支付企业长期浮动利率贷款。这笔交易被认为是第一笔正式的利率掉期交易。

最后我们再说一下掉期交易的交易形式，相信这也是很多投资者都比较关心的问题：

第一种，即期对远期的掉期交易

即期对远期的掉期交易，指买进或卖出某种即期外汇的同时，卖出或买进同种货币的远期外汇。它是掉期交易里最常见的一种形式。这种交易形式按参加者不同又可分为两种：①纯粹的掉期交易，指交易只涉及两方，即所有外汇买卖都发生于银行与另一家银行或公司客户之间。②分散的掉期交易，指交易涉及三个参加者，即银行与一方进行即期交易的同时与另一方进行远期交易。但无论怎样，银行实际上仍然同时进行即期和远期交易，符合掉期交易的特征。进行这种交易的目的就在于避免风险，并从汇率的变动中获利。

第二种，一天掉期交易

一天掉期又可分为今日掉明日、明日掉后日和即期掉次日。今日掉明日掉期的第一个到期日在今天，第二个掉期日在明天。明日掉后日掉期的第一个到期日在明天，第二个到期日在后天。即期掉次日掉期的第一个到期日在即期外汇买卖起息日（即后天），第二个到期日是将来的某一天（如即期掉1个月远期，远期到期日是即期交割日之后的第30天）。

第三种，远期对远期的掉期交易

远期对远期的掉期交易，指买进并卖出两笔同种货币不同交割期的远期外汇。该交易有两种方式，一是买进较短交割期的远期外汇（如30天），卖出较长交割期的远期外汇（如90天）；二是买进期限较长的远期外汇，而卖出期限较短的远期外汇。假如一个交易者在卖出100万30天远期美元的同时，又买进100万90天远期美元，这个交易方式即远期对远期的掉期交易。

股票指数期货：最主流的非主流投资

中国股指期货至2010年4月16日上市至今已经8个多月了，期间股指期货开户数突破5万户，个人投资者占98%；11月底，开户数为5.6万户，个人客户占比在95%以上。上述数据也表明，个人投资者是目前股指期货市场的最大参与者，每天参加交易的客户约为30%到60%。换而言之，大约有1.5万到3万户参与每天的交易，投资人换手频率非常高。以沪深300期货日成交量约为30万手，等于双边成交60万手来看，每个参与交易的账户每日平均交易约20手至40手。

那么股指期货是一种怎样的投资工具呢？它的主要特点是什么呢？

股票指数期货是一种以股票价格指数作为标的物的金融期货合约。与外汇期货、利率期货和其他各种商品期货一样，股票指数期货同样是顺应人们规避风险的需要而产生的，而且是专门为人们管理股票市场的价格风险而设计的。

我们知道投资者在股票市场上面临的风险可分为两种。一种是股市的整体风险，又称为系统风险，即所有或大多数股票的价格一起波动的风险。另一种是个股风险，又称为非系统风险，即持有单个股票所面临的市场价格波动风险。那么怎么避险呢？你可能会说不要把鸡蛋放在一个篮子里，多买几种股票。不错，通过投资组合，即同时购买多种风险不同的股票，是可以较好地规避非系统风险，但是却不能有效地规避整个股市下跌所带来的系统风险。

进入20世纪70年代以后，西方国家股票市场波动日益加剧，股票投资者迫切需要一种能够有效规避风险，实现资产保值的金融工具。于是，股票指数期货应运而生。它的兴起，一方面给拥有股票和将要购买或抛出股票的投资者提供了转移风险的有效工具，另一方面也给了期货投机者以投机的机会，使得股票指数期货迅速得到了不同投资者的青睐。

在股指期货的运用策略上，股票指数期货市场具有套期保值功能、价格发现功能、市场套利功能和指数化投资功能。这些功能从规避风险、价差投机、风险投资和资产组合的层面上形成了有效的投资及风险控制网。

股票的价格总是要上下波动的。期权如果使用得当，可以减少这种波动性。在套期保值方面，同样是衍生品，同期货相比，期权的杠杆力较小，因而投机性也较小，对个体投资者来说，它们就更有吸引力。对机构投资者来说，期权提供了一个可以用来建立和解脱大宗头寸的工具。同时，如果使用得当，在一个疲软的市场里，训练有素的期权交易还可以增进股票投资者的收入。

因此，我们知道了股票指数期货交易的实质，就是投资者将其对整个股票市场价格指数的预期风险转移至期货市场的过程，通过对股票趋势持不同判断的投资者的买卖，来冲抵股票市场的风险。由于股票指数期货交易的对象是股票指数，以股票指数的变动为标准，以现金结算为唯一结算方式，交易双方都没有现实的股票，买卖的只是股票指数期货合约。

不过股指期货在发展的过程中也遇到一些波折。1987年10月19日，美国华尔街股市单日暴跌近25%，从而引发全球股市重挫的金融风暴，即著名的"黑色星期五"。虽然事过十余载，对如何造成恐慌性抛压，至今众说纷纭。股票指数期货一度被认为是"元凶"之一，使股票指数期货的发展在那次股灾之后进入了停滞期。尽管连著名的"布莱迪报告"也无法确定期货交易是唯一引发恐慌性抛盘的原因。事实上，更多的研究报告指出，股票指数期货交易并未明显增加股票市场价格的波动性。

后来，为了防范股票市场价格的大幅下跌，包括各证券交易所和期货交易所还是采取了多项限制措施。如纽约证券交易所规定道琼斯30种工业指数（相关，行情）涨跌50点以上时，即限制程式交易的正式进行。期货交易所则制定出股票指数期货合约的涨跌停盘限制，借以冷却市场发生异常时恐慌或过热情绪。

我国的股指期货从4月16日上市至今，也曾被少数人误认为是大盘下跌的元凶。然而，通过研究显示，股指期货有着优异的价格发现功能，并不是砸盘的工具。一个合约总值不过300亿元的市场，怎么可能撬动数以万亿为单位的现货市场。而首批投资者对该品种的适应能力也值得称道：他们不仅保证了股指期货市场的顺利运行，创造上市以来从来没有投资人被强制平仓的纪录，更令股指期货市场发挥了优异的价格发现功能。

那么股指期货交易有哪些特点呢？

首先，股指期货合约的交易对象既不是具体的实物商品，也不是具体的金融工具，而是衡量各种股票平均价格变动水平的无形的指数。合约的交易单位是以一定的货币与标的指数的乘积来表示，以各类合约的标的指数的点数来报价的。股指期货的交易主要包括交易单位、最小变动价位，每日价格波动限制、合约期限、结算日、结算方式及价格等。以香港恒生指数交易为例，交易单位是50港元×恒生指数，最小变动价位是1个指数点（即50港元），即恒生指数每降低一个点，则该期货合约的买者（多头）每份合约就亏50港元，卖者每份合约赚50港元。

其次，一般商品和其他金融期货合约的价格是以合约自身价值为基础形成的，而股指期货合约的价格是股指点数乘以人为规定的每点价格形成的：股指期货合约到期后，合约持有人只需交付或收取到期日股票指数与合约成交指数差额所对应的现金即可了结交易。比如投资者在9000点买入1份恒生指数期货合约后，一直将其持有到期，假设到期日恒生指数为10000点。则投资者无须进行与股票相关的实物交割，而是采用收取5万元现金［(10000-9000)×50］的方式了结交易。这种现金交割方式也是股指期货合约的一大特点。

最后，期货具有套期保值功能。利用股指期货进行套期保值的原理是根据股票指数和股票价格变动的同方向趋势，在股票的现货市场和股票指数的期货市场上作相反的操作来抵消股价变动的风险。股指期货合约的价格等于某种股票指数的点数乘以规定的每点价格。各种股指期货合约每点的价格不尽相同，比如，恒生指数每点价格为50港元，即恒生指数每降低一个点，则该期货合约的买者（多头）每份合约就亏50港元，卖者每份合约则赚50港元。

我们假设某投资者在香港股市持有总市值为195万港元的10种上市股票。该投资者预计东南亚金融危机可能会引发香港股市的整体下跌，为规避风险，进行套期保值，在13 000点的价位上卖出3份3个月到期的恒生指数期货。随后的两个月，股市果然大幅下跌，该投资者持有股票的市值由200万港元贬值为150万港元，股票现货市场损失45万港元，这时恒生指数期货亦下跌至10 000点，于是该投资者在期货中场上以平仓方式买进原有的3份合约,实现期货市场的平仓盈利45万港元〔(13 000-10 000)×50×3〕,期货市场的盈利恰好抵消了现货市场的亏损,较好地实现了套期保值。同样,股指期货也像其他期货品种一样,可以利用买进卖出的差价进行投机交易。

举足轻重的金融衍生品期权

请看这样一个案例:1月1日,标的物是铜期货,它的期权执行价格为1 850美元/吨。A买入这个权利,付出5美元;B卖出这个权利,收入5美元。2月1日,铜期货价上涨至1 905美元/吨,看涨期权的价格涨至55美元。A可采取两个策略:

行使权利——A有权按1 850美元/吨的价格从B手中买入铜期货;B在A提出这个行使期权的要求后,必须予以满足,即便B手中没有铜,也只能以1 905美元/吨的市价在期货市场上买入而以1 850美元/吨的执行价卖给A,而A可以1 905美元/吨的市价在期货市场上抛出,获利50美元/吨(1 905-1 850-5)。B则损失50美元/吨(1 850-1 905+5)。

售出权利——A可以55美元的价格售出看涨期权、A获利50美元/吨(55-5)。

如果铜价下跌,即铜期货市价低于敲定价格1 850美元/吨,A就会放弃这个权利,只损失5美元权利金,B则净赚5美元。

这是期权交易的一种——看涨期权。1973年,当芝加哥期权交易所开始交易期权时,16个股票的期权只有911手合约的交易。但是经过30余年的发展,今天,世界上有50多家交易所挂牌交易期权,每年的交易量高于60亿手合约。那么,使得期权迅猛发展的原因是什么呢?

期权是在期货的基础上产生的一种衍生性金融工具,说白了就是一种选择权。当期权的买方向卖方支付一定数额的权利金后,就获得这种权利,即拥有在一定时间内以一定的价格(执行价格)出售或购买一定数量的标的物(实物商品、证券或期货合约）的权利。期权的买方行使权利时，卖方必须按期权合约规定的内容履行义务。相反，买方可以放弃行使权利，此时买方只是损失权利金，同时，卖方则赚取权利金。总之，期权的买方拥有执行期权的权利，无执行的义务；而期权的卖方只是履行期权的义务。

期权发展得非常迅速，到目前为止期权已经从股票期权发展到了债券期权、商品期权、能源期权、股票指数期权、掉期期权、信用期权等几乎所有有期货的基础市场并从第一代标准期权发展到了有特殊目的和用途的第二代甚至第三代期权，成为交易所交易和柜台交易衍生产品的重要组成部分。近年来期权交易增长速度超过了相应的期货。根据国际清算银行2003年的数据，全球交易所交易的期权合量从2002年以来超过了相应的期货交易量，而持仓总量从1999年就超过了相应的期货持仓量。期权已经成为国际交易所交易的衍生产品的生力军。

期权交易作为期货交易基础上产生的一种全新的衍生产品和有效的风险管理工具，它具有独特的经济功能和较高的投资价值。一是期权更有利于现货经营企业的套期保值，他们通过购买期权，可以避免期货交易中追加保证金的风险。二是期权有利于发展订单农业及解决"三农"问题。美国政府就通过向农场主提供期权权利金的财政补贴及支付交易中的手续费等形式，以引导、鼓励农民进入期权市场，这方面的经验值得我们借鉴。三是期货投资者可以利用期权规避市场风险。期权可以为期货进行"再保险"，二者的不同组合，可以构造多种不同风险偏好的交易策略，为投资者提供了更多的交易选择。因此，期权是一种有效的风险管理工具。

按执行时间的不同，期权主要可分为两种：欧式期权和美式期权。欧式期权，是指只有在合约到期日才被允许执行的期权，它在大部分场外交易中被采用。美式期权，是指可以在成立后有效期内任何一天被执行的期权，多为场内交易所采用。

期权主要有如下几个构成因素：①执行价格（又称履约价格）。期权的买方行使权利时事先规定的标的物买卖价格。②权利金。期权的买方支付的期权价格，即买方为获得期权而付给期权卖方的费用。③履约保证金。期权卖方必须存入交易所用于履约的财力担保。④看涨期权和看跌期权。看涨期权，是指在期权合约有效期内按执行价格买进一定数量标的物的权利；看跌期权，是指卖出标的物的权利。当期权买方预期标的物价格会超出执行价格时,他就会买进看涨期权,相反就会买进看跌期权。

前面我们已经举过看涨期权的例子,现在再来看一个看跌期权的案例。

1月1日,铜期货的执行价格为1 750美元/吨,A买入这个权利付出5美元;B卖出这个权利,收入5美元。2月1日,铜价跌至1 695美元/吨,看跌期权的价格涨至55美元/吨。此时,A有两个选择:

行使权利——A可以按1 695美元/吨的中价从市场上买入铜,而以1 750美元/吨的价格卖给B,B必须接受,A从中获利50美元/吨(1750-1695-5),B损失50美元/吨。

售出权利——A可以55美元的价格售出看跌期权。A获利50美元/吨(55-5)。

如果铜期货价格上涨,A就会放弃这个权利而损失5美元权利金,B则净赚5美元。

从这个例子中我们可以看到:①作为期权的买方(无论是看涨期权还是看跌期权)只有权利而无义务。他的风险是有限的(亏损最大值为权利金),但在理论上获利是无限的。②作为期权的卖方(无论是看涨期权还是看跌期权)只有义务而无权利,在理论上他的风险是无限的,但收益是有限的(收益最大值为权利金)。③期权的买方无需付出保证金,卖方则必须支付保证金以作为必须履行义务的财务担保。

下面我们再具体说一下投资者们最关心的期权合约。每一期权合约都包括四个特别的项目:标的资产、期权行使价、数量和行使时限。

标的资产。每一期权合约都有一标的资产,标的资产可以是众多的金融产品中的任何一种,如普通股票、股价指数、期货合约、债券、外汇等。通常,把标的资产为股票的期权称为股票期权,如此类推。所以,期权有股票期权、股票指数期权、外汇期权、利率期权、期货期权等,它们通常在证券交易所、期权交易所、期货交易所挂牌交易,当然,也有场外交易。

期权行使价。在行使期权时,用以买卖标的资产的价格。在大部分交易的期权中,标的资产价格接近期权的行使价。行使价格在期权合约中都有明确的规定,通常是由交易所按一定标准以减增的形式给出,故同一标的的期权有若干个不同价格。一般来说,在某种期权刚开始交易时,每一种期权合约都会按照一定的间距给出几个不同的执行价格,然后根据标的资产的变动适时增加。

至于每一种期权有多少个执行价格,取决于该标的资产的价格波动情况。投资者在买卖期权时,对执行价格选择的一般原则是:选择在标的资产价格附近交易活跃的执行价格。

数量。期权合约明确规定合约持有人有权买入或卖出标的资产数量。例如,一张标准的期权合约所买卖股票的数量为100股,但在一些交易所亦有例外,如在香港交易所交易的期权合约,其标的股票的数量等于该股票每手的买卖数量。

行使时限(到期日)。每一期权合约具有有效的行使期限,如果超过这一期限,期权合约即失效。一般来说,期权的行使时限为一至三、六、九个月不等,单个股票的期权合约的有效期间之多约为九个月。场外交易期权的到期日根据买卖双方的需要量身定制。但在期权交易场所内,任何一只股票都要归入一个特定的有效周期,有效周期可分为这样几种:①一月、四月、七月、十月;②二月、五月、八月和十一月;③三月、六月、九月和十二月。它们分别称为一月周期、二月周期和三月周期。

第16章 搅动世界的那些人
——每天了解一点国际金融巨头

富过八代的罗斯柴尔德家族

滑铁卢战役真正的赢家是谁？不是拿破仑！也不是威灵顿公爵！而是梅耶·罗斯柴尔德！滑铁卢战役是拿破仑与反法联军之间的战役，战争的时候，拿破仑因为指挥出错，而且士兵不足，反法联军又来了支援，必败无疑。这个时候，没有人看见有一个人从战场上离开，那个人马不停蹄地前往内森·罗斯柴尔德居住的小镇，把战况说给内森·罗斯柴尔德听。马上，持有大部分英国国债的内森·罗斯柴尔德抛出所有的英国国债，其他人也跟着抛出，不到半日，英国国债跌到低谷。第二天，内森·罗斯柴尔德用最低价购进绝大部分国债，并稳稳地持有。大约几天后，反法联盟胜利的消息传来，英国国债的价格呈几何倍数上升。从中，内森·罗斯柴尔德赚了很多钱，而后才有了众所周知的60万亿美元的家产。

以上是罗斯柴尔德家族发迹史的一个小片段。罗斯柴尔德家族是欧洲乃至世界久负盛名的金融家族，号称欧洲"第六帝国"。那么这个家族是怎样搅动世界金融风云的呢？

一部《货币战争》让很多人都知道了罗斯柴尔德家族，今天罗斯柴尔德家族已经是第八代了,尽管财富与权势相对而言不如19世纪时,但仍然是一个超级富豪家族。

罗斯柴尔德家族是19世纪欧洲最富有、最神秘的家族。当时德国诗人海涅就说:"金钱是我们时代的上帝,而罗斯柴尔德则是上帝的导师。"可是,250年前第一代罗斯柴尔德开始创业的时候,他只不过是法兰克福的一个普通犹太商人,仅仅用了不足100年的时间,罗斯柴尔德家族控制了整个欧洲的金融命脉,在其鼎盛时期,势力范围遍布欧美,所控制的财富甚至占了当时世界总财富的一半,达到50万亿美元,相当于目前美国全年GDP的四倍,世界主要经济体的国债由他们发行,每天黄金交易的开盘价由他们来确定,世界各国的股市都随着罗斯柴尔德资金的走向而波动,他们被称为当时欧洲凌驾于英国、法国、德国、俄国和奥地利之上的第六帝国,他们五箭齐发的族徽也成了世界金融权力的象征。

19世纪初,罗斯柴尔德家族建立了自己的战略情报收集和快递系统。就像我们在前面小故事中提到的,滑铁卢大战中,罗斯柴尔德家族在公债投机上一天狂赚20倍,一举成为英国政府最大的债权人,获得的财富甚至超过了拿破仑和威灵顿在几十年战争中所得到的总和。

主宰英国金融业后,罗斯柴尔德家族并没有停下征战的脚步,他们随后便征服法兰西,问鼎奥地利,甚至把持德意的财政。其家族产业不仅遍布欧洲,甚至通过扶植摩根财团牵制美国,并力图全面控制美国。此外,当时的花旗、摩根、美国第一、第二国民银行都处于罗斯柴尔德家族的间接控制下。"一战"时期,罗斯柴尔德家族达到了自己的最高峰——控制了全球金融命脉。

但是罗斯柴尔德家族还是衰落了。在"一战"和"二战"中它的许多位于德国、法国和意大利的资产被摧毁了,其中位于法国的办公室甚至于"二战"结束后被国有化了。作为犹太人家族,罗斯柴尔德在纳粹统治下受到的打击是惨重的,虽然英国总部基本没有损失,但欧洲大陆的家族势力基本被消灭了。冷战期间,罗斯柴尔德家族在东欧的许多资产又被苏联接管了,结果可想而知,这些资产是不会退回来的。

当然,导致衰落的原因还有经营上的错误:首先,罗斯柴尔德家族在1865年出现战略判断失误,认为美国经济不会大幅度发展,于是把它在美国的分行都撤销了。这是一个致命失误,直接导致了摩根家族的兴起;其次,罗斯柴尔德坚持家族产业，也阻碍了它的继续发展。从1960年代开始，欧美的大银行纷纷上市，筹集了大量资金。罗斯柴尔德则还是用自有资金发展，速度缓慢，逐渐落伍了。

可能很多人更关心罗斯柴尔德家族现状如何。

现在罗斯柴尔德银行集团的业务主要是并购重组，就是帮助大企业收购兼并其他的企业，或者对其资产结构进行重组。罗斯柴尔德的并购重组业务主要在欧洲，在2006年世界并购排行榜上可以排到第13位。而罗斯柴尔德银行集团一年的营业额不到100亿美元，利润不到30亿美元，估计其资本总额不会超过300亿美元，不到欧美大银行的一个零头。罗斯柴尔德在亚洲有一个办公室——香港，不过，这个办公室的正式名字叫做"荷兰银行—罗斯柴尔德"，因为它在亚洲的业务处于荷兰银行的控股之下，自己的发言权不大。甚至某些人事权，都是由荷兰银行主管的。

但如果你据此认为怀疑罗斯柴尔德家族已经沦为明日黄花了，那你就错了。在金融海啸来袭时，正因为保守稳健的投资风格，罗斯柴尔德家族却毫发无伤，在金融新时代再度书写传奇。无论是固定资产还是投资，罗斯柴尔德家族都没有受到任何损失。而正当国际投行们疲于应付金融海啸"后遗症"之时，罗斯柴尔德却协助吉利完成了对沃尔沃的收购。这也是中国最大一宗海外汽车业收购案。事实上，根据汤森路透数据，除了吉利收购沃尔沃的交易，罗斯柴尔德在过去12个月中共承接了总价值高达892.5亿美元的汽车业并购交易，远超其他银行。近期客户包括大众汽车、宝马和英国、美国政府。

而吉利收购沃尔沃，对于罗斯柴尔德来说，既不是一个开始也不是一个结束。媒体信息显示，中海油收购优尼科、南京汽车和上海汽车的合并，都有罗斯柴尔德的参与。在中国接手财务项目时，罗斯柴尔德还不吝于接手来自各行业的项目，几乎是"大小通吃"。就像我们看到的，就算褪去了金融帝国的光环，罗斯柴尔德家族仍然不容小视。

最后，还有一点小趣闻要和大家分享：罗斯柴尔德家族不仅在财富上登峰造极，而且在其他方面也同样优秀。有153种或次种类昆虫、58种鸟、18种哺乳动物、14种植物、3种鱼、3种蜘蛛和2种爬行动物冠以"罗斯柴尔德"之名。爱好红酒的人当然都知道拉菲，这种酒出自罗斯柴尔德名下的拉菲葡萄庄园。

打上世界财富标记的洛克菲勒财团

洛克菲勒家族到底多有钱？1975年，尼尔森·洛克菲勒在得克萨斯州购买了1.8万英亩土地，仅仅是作为"室外活动场地"。在他的另一处山庄，随时待命的各类家政工人，包括清洁工、保安、厨师和园丁等超过500人，位于哈伯的一所度假庄园备仆45人，尼尔森一所私宅雇仆人15人。不完全的统计中洛家仆人已超过2 500人。洛家人人爱旅行，行踪随意不定，因此所有庄园场所都保持在随时可以使用的完美状态，预备任一位主人兴之所至大驾光临。

而洛克菲勒财团经营的投资资产就更多了：股票类有价值8 500万美元的加利福尼亚标准公司，7 200万美元的IBM，另外超过1 000万美元的公司股票计有：大通曼哈顿银行、美孚石油、通用电气、得克萨斯仪器、明尼苏达矿业制造等。

洛克菲勒财团声名显赫，一度成为财富的象征。那么洛克菲勒家族史怎样发迹的呢？

当人们谈论金融史或者是当代美国史时，很难避开洛克菲勒这个家族的姓氏：标准石油公司、洛克菲勒基金会、大通银行、现代艺术博物馆、洛克菲勒中心、芝加哥大学、洛克菲勒大学，还有令美利坚合众国悲伤的在"9·11"中倾倒的双塔。

而当我们在回顾洛克菲勒家族的发家史时，发现正是由于这个家族几代人的不懈努力才成就了辉煌的洛克菲勒财团。

第二次世界大战结束不久，战胜国决定成立一个处理世界事务的联合国。可在什么地方建立这个总部，一时间颇费思量。地点理应选择在一座繁华的城市，可在任何一座繁华都市购买可以建立联合国总部这样庞大楼宇的土地，都需要一笔巨资，这笔款项从何而来？这令各国首脑感到十分为难。洛克菲勒家族听说了这件事，立刻出资870万美金在纽约买下了一大块地皮，无条件地捐赠给了联合国。这令世人大感惊诧。

联合国大楼建起来后，四周的地价立即飙升起来，而洛克菲勒家族在买下捐赠给联合国的那块地皮时，也买下了与这块地皮毗邻的全部地皮。洛克菲勒家族的慷慨这时才表现出其深谋远虑的超人智慧：凭借毗邻联合国的地皮，它获得了不知多少个870万美金。

洛克菲勒财团的创始人约翰·洛克菲勒（1839-1937）最初在俄亥俄州克利夫兰的一家干货店干活，每周挣5美元。后来他创建了标准石油公司，实际上就是美国石油业的开始。

1910年，当约翰·洛克菲勒在发现自己名下的财富已经达到近10亿美元时，他开始考虑如何运用这笔财富。由于他对购买法国庄园或苏格兰城堡没有兴趣，又不屑于购买艺术品、游艇或中世纪韵味的西服以及所有富人们所津津乐道的东西，他就把自己收入中的很大部分投资于煤矿、铁路、保险公司、银行和各种类型的生产企业，其中最出名的是铁矿生意。

如果约翰·洛克菲勒现在还在世，他的身价折合成今天的美元约有2 000亿——根据2003年的《福布斯》亿万富翁排行榜，当时世界首富比尔·盖茨的身价为407亿美元。

70年前，劳伦斯·洛克菲勒在华尔街开始了自己的职业生涯，他成为现代风险投资的开拓者，也把从洛克菲勒家族继承来的财富成功翻了数倍。在纽约证券交易所数10年供职期间，他经常用他与生俱来的商业本能作出下一个重要决定。他不满足于单纯赚更多钱，而是希望能让金钱生产出具有长久意义的东西。小约翰·洛克菲勒现在唯一健在的儿子大卫·洛克菲勒这样评价他的哥哥："我很佩服他在生意场上表现出来的非凡才能，在风险资本领域我总是跟着他做事。他在这一领域确实是真正的先锋。"

大卫·洛克菲勒，1915年6月12日出生于一个具有两个世纪以来最有影响力的姓氏之家——洛克菲勒家族。他是这个经济帝国的第三代掌门人。作为美国第一家族的后代，大卫有其他人没有的机会，可以接触全世界最有影响力的经济学家、最有权势的家族、影响整个欧美政局的政治家、每一届美国总统，参与了很多改变世界格局的重要访问。他在冷战时期造访苏联，跟赫鲁晓夫和戈尔巴乔夫都有过直接而锋利的面对面交流，他也是第一批在中美关系开始解冻后的1973年到访中国的资本家，还是在改革开放之初跟中国密切接触，并成功开展商务活动的国际金融家。

　　1931年，小约翰·D.洛克菲勒不顾笼罩在北美和西美上空经济萧条的乌云，决定要实施久已怀抱的宏图：要在曼哈顿中心建造一群建筑，使之成为经典娱乐中心。洛克菲勒中心是一个包括19幢大楼、占地22英亩的建筑群。全国电视节目播送基地大都在这儿，国际许多公司的总部也设在这儿。地下的商店和餐馆，把各个大楼连在了一起。地下广场引人瞩目，那是城市的和平绿洲，飘扬着联合国的159面彩旗。小广场的周围有带状街心花园，供人们小憩，并经常举办各种展览。中心的各个建筑物之间都有地下通道连接。建筑群的主体是GE大厦，70层，高259米。外观强调垂直线条，是板式高层建筑的雏形。整组建筑群布局紧凑，建筑密集有序。这里有NBC新闻网总部，时代华纳等美国主要出版社，以及全世界最大的新闻中心——美联社。

　　每天在这里上班的总人数达65 000人。这里的餐厅、药店、理发店、银行、电影院、书店等设施样样齐备，俨然是一个浓缩的小社会。由于工作、休闲功能建筑的综合搭配，晚上10点，这里的夜生活才刚刚开始。从1932年起，每年圣诞节前夕，洛克菲勒中心广场都要竖立一棵纽约市最大的圣诞树，这里的圣诞夜景是来纽约的游客必看之处。

　　如今，老洛克菲勒的遗产依然支配着世界石油产业，他本人也堪称今天无所不在、无所不能的西方石油工业的人格化象征。

　　1973年能源危机以后，石油输出国组织国家同美国垄断资本展开了针锋相对的斗争，给洛克菲勒财团以沉重打击。该财团采取各种措施挽回这种不利的局面。首先参与美国国内石油的开发，争取国内沿海地区近海油田的租赁权，1976年获得阿拉斯加和大西洋沿岸中部的石油租赁地130万英亩。又与英荷壳牌石油公司共同开发英国北海油田。它还渗入能源工业的其他有关部门。此外，还大力向石油化学工业发展。

　　洛克菲勒财团不但在经济领域里占统治地位，在政府中也安插了一大批代理人，左右着美国政府的内政外交政策。它还通过洛克菲勒基金会、洛克菲勒兄弟基金会等组织，向教育、科学、卫生以至艺术和社会生活各方面渗透，以扩大其影响。

　　经历了一个多世纪的洛克菲勒家族，仍在续写着辉煌的历史，约翰·D.洛克菲勒的后代们没有整天躲在房间里计划如何守住自己的财富，不让金钱落入别人口袋，而是积极地参与文化、卫生与慈善事业，怀着富有的负罪感将大量的资金用来建立各种基金，投资大学，医院，让整个社会分享他们的财富。

金融海啸背后的操纵人高盛公司

在敌意收购在美国刚刚开始出现的时候，有一天高盛的合伙人弗莱德曼在一家律师行和人讨论一个案子。这个时候那家律师行的一个工作人员拿着第二天《纽约时报》的小样走了进来请自己的老板过目，那上面印着某个敌意收购方第二天准备用来启动针对盖洛克纸业公司的要约收购的广告。弗莱德曼得知后，匆忙走出会议室，打电话告诉自己的同事："给盖洛克打电话，告诉他们两件事：第一，他们明天将被敌意攻击；第二，我们准备好了帮助他们。"从那以后，高盛负责并购业务的团队每天晚上10点都会有人专门打出租车到离《纽约时报》印刷点最近的地方，等待新鲜出炉的第二天的报纸。在他们看来，一个交易是交给自己还是让给自己的竞争对手，可能差的就是这先人一步的几十分钟。

这就是高盛，从小故事中我们已经看到了高盛强韧的一面，可以说高盛由弱到强就是这样一步步走来的。如果你对高盛的"发家史"感兴趣，那就和我们一起来吧！

大名鼎鼎的高盛也曾经无比弱小，也曾经作为一家由犹太人所经营的公司因而只能在很狭窄的范围内开展业务，也曾经是一个有很多弱点，仅仅在大宗交易、商业票据以及风险套利这三个独立业务上拥有明显优势的二流企业，也曾经在多项投资和决策中失误并且付出高昂代价……但是，最终，这家起源自地位卑微家族的家族型企业，却发展成为了世界上最著名的投资银行以及现在的金融业巨头。

1869年，48岁的德国犹太人后裔马库斯·戈德曼在纽约曼哈顿南部松树街一间狭窄的小屋里挂出了"马库斯·戈德曼公司"的招牌。这就是高盛的前身，主营业务是倒卖商业本票。当时，一些缺钱的企业会从富裕的珠宝商和皮革商那里借钱，并立下借款字据，到还款期限时再凭字据还钱。这种字据是可以转让的，到期时，谁手中持有字据，企业就把钱还给谁。这种字据就是商业本票。

渐渐地，戈德曼开始意识到，本票倒卖这种不起眼的经营手段远比不上股票和债券承销业务所能创造的利润。为了把公司做大，1882年，戈德曼邀请女婿塞缪尔·萨克斯加入公司，成为公司合伙人，并将公司更名为"戈德曼和萨克斯公司"，即高盛。3年后，他的儿子亨利·戈德曼也进入公司并成为合伙人。当时的高盛，是一家以血缘和姻亲关系为纽带、实行合伙人制度的小型家族企业，即由家族中的几个人合伙并共同拥有公司股份、分享经营利润。比高盛更早成立的罗斯柴尔德金融集团、摩根公司以及雷曼兄弟公司等，也都是采用这种合伙人经营机制。

20世纪初期的美国，投资银行业务迅猛发展，在经济甚至政治领域都扮演着非常重要的角色。以摩根为代表的大财团，影响力甚至一度与美国总统平起平坐。处于相对弱势的高盛，没有错过难得的发展机遇，30年里联合雷曼兄弟公司，为56家企业完成了114次证券承销业务。

值得注意的是，高盛公司一直实行合伙人制，在高盛的等级体制中，能成为合伙人是升迁的重要步骤。高盛的等级体制中，能成为合伙人是升迁的重要步骤。在高盛全球2万多员工中，只有200多人能成为合伙人，他们年薪可达60万美元以上，并可参与公司分红。合伙人每两年就重新评选一次，竞争非常激烈，大多数合伙人的任期都很短暂。这一竞争正在加剧。在20世纪80年代，高盛合伙人平均任期达10年，而现在仅有8年。激烈的竞争使得高盛职员工作起来格外卖力。往往是当华尔街其他银行想到要拜访某客户时，高盛早就拜访过了。

在这样的制度下，两年一次的合伙人选拔就成为了一件非常严肃的事情，往往一选就是7个月。2.4万名员工都想成为1 200名中层中的一员，而1200人又个个想成为300名合伙人之一。而这300人，年薪60万美元以上，还可以参与公司分红。这一机制的特点，很好地保证了所有高盛员工一面努力赚钱，一面对共同利益进行高度监督。

一位合伙人曾经这样解释高盛的合伙人制度："高盛公司看起来就像有五六十个小部门在运营，并且他们有充分的自由去做他们想做的事情，在这个组织里，获得声望的唯一途径就是业务上的成功，得到经济利益和精神利益的手段则是相互合作。"

就这样，高盛在合伙制下成功地运转了很多年。但是，1998年，当金融市场的合并使高盛处于不利的竞争地位，而高盛业务的发展需要更多的资金、需要更好的融资渠道时，高盛适时地放弃了合伙制而转变成为上市公司。

但是近几年来高盛为人所熟知，大多是因为各种麻烦与控诉，比如今年美国证券交易委员会向高盛提出控告，指控后者在金融危机中扮演了一个不光彩的角色，在次级债金融衍生品交易中涉嫌欺诈投资者，造成投资者损失约10亿美元。高盛欺诈案也与证交会达成和解。

最终高盛同意，向美国财政部和几家潜在受害方支付5.5亿美元的罚款和赔偿，以了结美国证券交易委员会（SEC）对其提出的"欺诈门"指控，这也创下了华尔街单个公司领受罚单的新纪录。对高盛来说，5.5亿美元只能算是"小钱"，更值得担心的其实是，高盛的商业模式受到压力。对利益冲突的密集调查将导致该公司无法像从前一样在客户和自身利益之间游刃有余，因为它不再能一方面作为客户的顾问、金融家和做市商，一方面又为自己积极投资。美国金融改革法案中关于证券化利益冲突的条款就是为高盛量身定做。

在2008年9月22日，美国联邦储备委员会采取了一项非同一般的措施，批准摩根士丹利和高盛集团从投资银行转型为传统的银行控股公司。这是华尔街，也是全球金融市场一个历史性的转折点——这意味着，全球排名第一与第二的独立性投资银行，也将变成一个混业经营的银行机构。高盛作为投资银行百年的辉煌，在2008年的这个多事之秋成为一段历史。近期，高盛很低调地购买了伦敦金属交易所（LME）的认证仓储公司，新一轮的反扑正在酝酿？且让我们拭目以待！

摩根财团：华尔街的"拿破仑"

1861年，美国爆发南北战争，老摩根乘机向政府大肆推销各种枪支弹药，大捞了一笔钱，这些积累成为摩根财团日后四处扩张的资本。在第一次世界大战中，摩根公司利用其在国会中的关系，独家包办了美国对西欧的金融业务。摩根公司先后为英法政府筹措战债30亿美元，仅此一项的佣金就获利3 000万美元。在第二次世界大战中，摩根财团是政府最大的军火承包商。

正是由于以摩根财团为首的军火商在国会的游说，才最后促成了美国政府通过对盟国的"租借法案"。"二战"中，美国依据租借法案向盟国提供了本息总计近万亿美元的武器和资源，谁又能知道，摩根财团在其中的进项有多少？"二战"后，摩根财团也从来没有停止过军火生意。美国政府战后在世界各地发动的大小战争中，到处都有摩根财团经手买来的武器，在越南战争爆发后，摩根财团下属的通用电气公司仅1967年一年就接受了14亿美元的订单。

之所以选择这样的故事开场，是因为这样的事情在摩根财团的发展史中多次出现。

权力和财富的关系从来就密不可分，摩根财团的政治冲动也总是和有利可图的机会完美地结合在一起。

摩根财团的创始人老摩根出生于一个金融世家，祖父和父亲都一直从事银行和保险业。150年来，老摩根和他的后代都是极善于利用政治和权术来达到经济上目的的，从而使得摩根财团的规模得以迅速膨胀，成为主宰华尔街乃至全球的金融霸主；在两次世界大战中，摩根成为超脱交战双方的通吃赢家；在两次毁灭全球的经济危机中，摩根两度使美国经济起死回生；直至今日，在2008年全球金融风暴中，摩根扩张了自己的势力范围……

摩根让全球众多的总统和亿万富豪成为他们的棋子与工具；摩根开创了由家族成员之外的人担任CEO的先河，成为家族企业基业长青的范本；作为世界上第一个用电灯照明的家庭，装灯泡的电工是爱迪生本人；而老字号摩根总部，则一直无比低调地坐落在华尔街拐角处，至今连招牌也没有。

20世纪初，老摩根把西奥多·罗斯福捧上总统宝座。为了报恩，这一届罗斯福政府处处遵从摩根财团的指示。伍德罗·威尔逊总统也是得到摩根财团支持才得以压倒对手上台的。摩根财团后来促使这届美国政府参加了第一次世界大战。赫伯特·C.胡佛是摩根财团用钱推上政治舞台的，最终也成为摩根财团的代言人兼美国总统。20世纪50年代，在杜鲁门政府中，先后的三个国务卿都与摩根财团有瓜葛。艾森豪威尔政府的三个国防部长都与摩根财团有密切关系。由于摩根财团在20世纪上半叶牢牢地控制了政府，才得以受到种种经济保护，并拿到源源不断的政府订单，从而牟取暴利。

摩根财团的主要势力集中在西欧和加拿大，但在19世纪及20世纪上半叶的殖民主义时代，摩根财团也将扩张的步伐迈进了那些落后的亚非拉国家。比如在我国清政府时期，它曾经取得广州至汉口的铁路建筑权，后因为我国群众发起声势浩大的抗议运动而作罢。但摩根财团还是乘机向清政府索取了600多万美元的赔偿。它属下的公司在旧上海设立的爱迪生灯泡厂、慎昌洋行、钢车公司，都是当时上海滩上赫赫有名的企业。当然，摩根财团在中国的经济利益和种种特权，随着1949年新中国的成立而烟消云散。

摩根财团利用1893年的经济危机，取得通往美国西部铁路的修筑专营权，从而控制了美国铁路总长度的30%。1901年，它又收购了13个钢铁企业，组成了世界上最大的钢铁工业垄断组织，当时世界上最大的一些钢铁公司（如美国钢铁公司）都在摩根财团的控制之下。到第二次世界大战前，它已经统治了美国的金融业和钢铁、电气、运输、电讯等部门，总资产达300亿美元之多，占当时美国最大八家财团总资产的一半，堪称巨无霸财阀，其势力发展到顶峰。

"一战"结束后，伴随着美国成为大债权国，企业合并的浪潮又高涨起来。到1923年，这种浪潮更迅猛推进，在世界大恐慌开始的第一年（1929年），摩根体系金融资本又是怎么分配的呢？摩根家族体系包括银行家信托公司、保证信托公司、第一国家银行，总资本34亿美元。

摩根同盟总资本超过48亿美元，由国家城市银行、契约国家银行构成，摩根同盟与摩根家族系被总称为摩根联盟。摩根联盟中，以摩根公司为轴，进行董事连锁领导，五大金融资本以下，超过20万的主力金融机构互相联结，这样就构成结构庞大、组织严密的"摩根体系"。这一金融集团占有全美金融资本的33%，总值竟至200亿美元！还有125亿美元保险资本，占全美保险业的65%。

事实上，在摩根财团的发展史上，也曾经遇到数次经济危机，但是摩根财团不断恐慌中寻找"机遇"，结果不但安然度过危机，甚至还从中找到了牟利机会。

美国在1837年、1857年、1873年、1893年连续发生"经济恐慌"，就是由于"银行家们有规律地放松银根，等待经济过热产生严重泡沫后又收缩银根"制造的结果。金融寡头们在精确计算这次金融危机的时间和预计成果："首先是必须能够震撼美国社会，让事实说明，没有这样的中央银行，美国社会是多么的脆弱；其次能够挤垮和兼并中小竞争对手，特别是令人侧目的信托投资公司；第三就是得到垂涎已久的企业或行业。"

1907年危机爆发前的几个月，纽约的"摩根系"一直在伦敦与巴黎之间度假，会晤各大国际银行家。等他们回到纽约，即1907年10月，有关"几个重要投资公司破产"的流言迅速像病毒一样蔓延，出现"挤兑风潮"，现金严重短缺，银行也要求投资公司立即还贷，危机开始爆发，到10月24日，纽约交易所几乎停盘。

这时摩根以救世主的身份出现。纽约证交会主席来到摩根的办公室，祈求他出手帮助解决资金困难，否则关闭股票市场，别无他路。经过开会，16分钟筹集2 500万美元，以"高息发放借款，解决资金短缺"，挽救了"纽约证券交易所"。但是有8家银行和信托公司倒闭。摩根又到纽约清算银行，以"发放票据"作为临时货币，应对严重的现金短缺。

随后的11月2日以同样的手法，"摩根"为拯救风雨飘摇中濒临倒闭"摩尔斯莱"公司（是田纳西矿业和钢铁公司的主要债权人，拥有田纳西、佐治亚、亚拉巴马周的铁矿和煤炭资源）提出"一揽子方案"，这将大大加强摩根控制下的"美国钢铁公司"垄断地位。但这个方案必须得到总统的批准，逃脱垄断法案的制约。于是11月3日（星期日）晚上，摩根派人到华盛顿，劝说"对反垄断一点都不含糊"的总统老罗斯福："务必在11月4日纽约股票市场开盘之前，批准"拯救莫尔斯莱公司一揽子方案"生效。摩根的态度很明确，也就是必须按时批准。

结果，总统在巨大金融危机面前，并顾及政治危机对总统宝座产生的危机，离周一开盘前5分钟被迫签署城下之盟。当天股市闻讯大振。

每一次金融危机都是蓄谋已久的精确定向爆破，崭新金融大厦总是建筑在成千上万的破产者的废墟之上。当时摩根以4 500万美元超低价吃下"田纳西公司"，其实际市值在10亿美元以上。

现在的摩根财团在金融业方面依然拥有雄厚的基础。其主要支柱是J.P.摩根公司。摩根公司是世界最大跨国银行之一，在国内有10个子公司和许多支行，还有1 000多个通信银行。在国外约20个大城市设有支行或代表处，在近40个国家的金融机构中拥有股权。其经营特点是大量买卖股票和经营巨额信托资产。它控制着外国37个商业银行、开发银行、投资公司和其他企业的股权。此外，还有制造商汉诺威公司、纽约银行家信托公司（也称美国信孚银行。1998年，德国最大的商业银行——德意志银行经美国联邦储备委员会批准，出资102亿美元兼并美国信孚银行）以及西北银行公司（1998年与富国银行合并）、谨慎人寿保险公司以及纽约人寿保险公司等。在工矿企业方面主要有国际商业机器公司、通用电气公司、美国钢铁公司以及通用汽车公司等；在公用事业方面则有美国电话电报公司（AT&T）和南方公司。

生产事业方面，全美35家主力企业中有摩根公司的47名董事。包括US钢铁、GM（通用汽车公司）、肯尼格特制铜公司、德州海湾硫磺公司、大陆石油公司、GE（奇异电器）等。

摩根公司在铁路上的渗入已是尽人皆知了，同时，服务业方面它还拥有联合公司、ITT（国际电话电信公司）、全美电缆、邮政电缆、AT&T（美国电话电信公司）等。

摩根同盟的两大银行——国家城市银行和契约银行有510亿美元总资产，它们下属的亚那科达铜山、美国香芋、古巴及美国的砂糖、西屋电气、联合金属炭化物等主要托拉斯企业也属于摩根联盟。

花旗集团：无限风光的全能金融超市

20世纪70年代初的《美国银行控股法》禁止银行通过控股公司的形式从事证券业和保险业以及"与金融业无必然联系的业务"。但该法也有意无意留下一个漏洞，即并未将只拥有一家银行的所谓单一银行控股公司列入监管范围。花旗银行迅速在美国特拉华州成立了单一银行控股公司——花旗公司，而把花旗银行置于该控股公司控制之下。这个花旗公司纯粹是块招牌，但花旗银行通过它却实现了向证券、保险及"与金融业无必然联系的业务"的渗透，绕过了1934年大萧条时期美国仓促通过的G-S法所严格分业经营的隔墙，这本身已是一项了不起的制度创新。瑞斯顿更是再接再厉，发动全体员工为拓展银行业务范围献计献策，共征集到可进一步开展的业务建议数十项。随即，花旗银行向联储局提出大量的新业务申请，有时甚至多达每天一项。花旗银行从此脱颖而出，成为了美国银行业的带头人。

那么，花旗银行近些年来的发展又如何呢？

2004年年底，英国《金融时报》公布的一项对全球1 000名首席执行官的调查显示，花旗集团是全球最受尊崇的金融服务公司。

接受调查者普遍认为花旗集团庞大的规模及其在金融领域的辉煌成就最为引人瞩目。

作为一个无比庞大的金融集团，花旗在全球一百多个国家有近两亿客户，包括个人、机构、企业和政府部门，提供广泛的金融产品服务——从消费银行服务到信贷、企业和投资银行服务，以至经纪、保险和资产管理，非任何其他金融机构可以比拟。

数十年来，花旗集团一直以其在借贷、交易和盈利方面咄咄逼人的进攻性策略而自豪。它比竞争对手更乐于接受新科技、引入新产品。2003年时，作为当时世界最大的银行，花旗在全球六大洲100多个国家营业，总收入为774亿美元，实现利润180亿美元，是美国盈利最多的企业之一。

当我们提到花旗银行时，就不得不说起沃尔特·瑞斯顿。沃尔特·瑞斯顿生于1919年。他的父亲亨利·瑞斯顿是颇具影响的历史和政治学专家，曾担任过美国长春藤名校之一布朗大学的校长，奇怪的是，这位历史学教授和他的妻子露丝，在新生儿沃尔特的摇篮旁边放着一部装帧考究的亚当·斯密的《国富论》。如果他们有心要儿子继承父业，放在摇篮边的更适合的书应该是希罗多德的《历史》才对。沃尔特没有辜负父母的期望，他一生的成就是在美国的银行业，而且他效力的是美国一家古老而华贵的银行——花旗银行。

当年轻的瑞斯顿刚刚涉足美国银行界时，金融财东们都是势力强大的白种人，他们社会地位举足轻重。架子十足又老派保守，怕冒风险，缺乏企业家的魄力和远见卓识，这些构成了当时银行业的主要特征。就是在这样的情况下，瑞斯顿锐意进取，极富创新精神，他的才华很快得到了管理层的赏识，被先后调入信贷部门和海外部，均做出不俗业绩。于是在不到20年间，瑞斯顿跃升为花旗总裁。

沃尔特·瑞斯顿在他的壮年居然执掌一家这样的银行达17年之久，而且具有决定意义地提升了花旗的国际地位和品牌价值，不仅为美国银行业所瞩目，也经常是全球关注的焦点。瑞斯顿过去长时期内是美国与世界无法绕开的风云人物。

在贷款业取得的成就成为瑞斯顿的职业生活生计开辟了另一条施展才华的辉煌门路：花旗把获利最丰的海外营业部花旗银行网站交给了瑞斯顿来掌管。

当时的花旗海外部比国内各部掉队十年，虽有所获利但获利甚微，当时只能用"原始"二字来形容，但倒是建立了美国银行业在海外最大的银行机谈判网络。花旗的海外营业是从在拉丁美洲铁路贷款起头的，后来成长到菲律宾、日本和欧洲。

瑞斯顿到任后，以非凡的胆魄和智慧在非洲建立了第一家外资银行——非洲南部分行，后来在非洲遍设分行，形成了花旗非洲海外部，又路程经过过程政治、外交、经济等各类渠道千方百计而又史无前例地在冷战期间的前苏联和对垒的伊朗开设了分行，他恢复了花旗在神州的分行，用十年的时间使欧洲的分行网络遍及欧洲各国，澳洲的分行也获利颇丰。这些个成绩的取患上使瑞斯顿信赖，花旗的使命是在全世界每一个可以获利的处所提供一符合法的银行服务。这是"现代马可波罗花旗银行杭州分行"——花旗前所未有的理念。

作为美国最主要的房贷企业之一，花旗在2006年第四季度共发放贷款506亿美元，在美国房贷企业中排名第三。次贷危机爆发后，花旗集团资产水平也因此遭受重创。

由于坏账的影响，2007年第三季度花旗集团盈利比上年同期大跌57%。当年7月至9月，花旗盈利23.8亿美元，远低于上年同期的55.1亿美元。此外，由于9月份住房抵押贷款坏账加速增长，花旗第三季度抵押贷款债券业务损失15.6亿美元，高于此前市场预期。与此同时，随着消费信贷状况进一步恶化，花旗还增加了22.4亿美元的坏账准备金，这一支出也高于原先预期。这些因素导致普林斯随后引咎辞职。花旗集团股东还于此时期向曼哈顿联邦法院提起诉讼，控告普林斯及其他数位高管在次贷相关债券投资问题上不计后果，导致集团出现巨额损失。

2007年11月，花旗集团宣布，阿联酋主权基金阿布扎比投资管理局（ADIA）

将投资75亿美元购入该集团4.9%的股权，以提高资本充足率。花旗集团表示，这笔资金将用来冲抵集团此前因抵押贷款和其他投资项目造成的损失。该笔资金的注入将使集团的资本充足率在2008年上半年重新回到监管目标之上。

而此后花旗仍未能摆脱次贷的"噩梦"。花旗集团2008年第三、四财政季度连续亏损28.1亿、82.9亿美元。去年全年，花旗净亏损187.2亿美元。

自金融危机以来，美国政府已三次对花旗伸出援手，购买了大量的花旗优先股，投入总计450亿美元资金及超过3 000亿美元的资产担保。但至今为止，花旗的经营业绩尚无起色。

集团拆分后，一部分命名为花旗银行，将专注于花旗集团在100多个国家的银行业务；另外一部分则为花旗控股，业务将包括资产管理和消费融资。花旗控股将主要集中于对风险和损失进行严格管理。

能否走出金融危机的泥淖，重现往日光彩，让我们拭目以待！

伦敦塔上的瑞士再保险公司

英国的瑞士再保险总部大楼是一座精心设计的环保智能型建筑，是一个优美而讲求高科技的杰作。

瑞士再保险塔位于英国伦敦"金融城"。绰号"腌黄瓜"，是一座玻璃外观的尖顶摩天大厦，也是福斯特勋爵名作之一。这个子弹模样的房子，盖在伦敦内城，也就是伦敦金融城的中心地带，由赫赫有名的福斯特勋爵Lord Norman Foster设计，就盖在他老人家业务上最大的竞争对手罗杰斯勋爵Lord Richard Rogers 20年前设计的劳埃德大厦Lloyds Building旁边。

2004年建成开业，引起了伦敦市民的相当矛盾的兴趣。"腌黄瓜"，位于伦敦圣玛丽阿克斯大街30号的瑞士再保险总部大楼，高179.8m，楼层50层，螺旋式外观，获得2004年的RIBA斯特林大奖，被誉为21世纪伦敦街头最佳建筑之一。

那么瑞士再保险公司主要是从事什么业务的呢？

对于很多人来说，瑞士再保险公司恐怕还没有它的办公大楼伦敦塔出名，但是在金融界，瑞士再保险公司却是声名显赫无人不知。瑞士再保险公司于1863年成立于苏黎世，现有员工（全球范围）约9 000人，苏黎世总部有2 500人左右，在世界上30多个国家设有70多家办事处。公司总资产达1 426亿瑞士法郎（约合8 556亿元人民币），其核心业务是为全球客户提供风险转移、风险融资及资产管理等金融服务。

瑞士再是世界领先的再保险公司之一，亦是世界上最大的人寿与健康险再保险公司。成立至今一直经营再保险业务，并设有三个主要的业务部门：财产及意外险部；人寿与健康险部；金融服务部。

目前瑞士再保险公司已发展成为一家世界领先的具有雄厚财务实力和偿付能力的再保险集团企业，并被公认为是风险转移组合最多元化的全球再保险公司，跻身于世界四大再保险公司之列。瑞士再保险的人寿与健康险部是世界上最大的经营人寿与健康再保险的子公司，其保费收入约占集团总保费收入的30%。瑞士再保险集团的另一部分——瑞士再保险新市场部向顾客提供非传统的风险转移方式，如对巨灾和大规模的风险提供承保服务。

140年的商业旅程中，瑞士再保险只遇到过两次"险情"。一次是上个世纪初的1906年，旧金山大地震共造成500人死亡，2.5万间房屋被毁坏，导致瑞士再保险削减当年的红利，第二次，则是911引发的巨额保险赔付，更主要的是世界资本市场的整体大萧条，让瑞士再保险在2001年和2002年相继发生1.65亿瑞士法郎和9100万瑞士法郎的亏损，以至于不得不有史以来第二次削减当年的红利。但是也许正如另一句中国的古话"祸兮福之所伏"所言，2002年以及2003年全球保险市场的高速反弹，也让瑞士再保险"有惊无险"迅速地恢复了元气。

瑞士再保险公司一度股价高达每股92美元，由于受经济危机严重冲击，公司去年在证券交易中损失60亿美元，并宣布将消减部分银行业务，关闭部分金融市场包括证券交易业务。截至2008年12月31日，瑞士再保险公司的股东权益资本估计为190亿-200亿瑞士法郎。2008年1月23日沃伦-巴菲特收购瑞士再保险公司3%的股权，并管理其财产及人身意外伤害保险部门的部分业务。依据协议，巴菲特掌控下的这一投资工具将在今后5年内承担其财产及人身意外伤害保险部门20%的保险责任。而到了2009年2月5日全球保险巨头瑞士再保险宣布，公司2008财政年度预计亏损10亿瑞士法郎，将从美国知名投资者巴菲特的伯克希尔公司获得30亿瑞士法郎（合26亿美元）的注资。

巴菲特的注资提高了瑞士再保险公司的资本充足率，这也将帮助他们继续赢得客户的信任。

瑞士再保险公司对中国市场非常感兴趣，根据中国加入世贸组织的承诺，中国的再保险市场将是开放最彻底的一个领域。外资再保险公司可以在华设立全国性分公司，没有经营地域和业务范围的限制。中国还承诺在加入世贸组织后的4年内逐年降低法定再保险比率，直至最后取消法定再保险。

在外资巨头没有进入之前，中国只有一家再保险公司——中国再保险。而现在，瑞士再保险都已经实质性地进入了中国市场，角逐这块全球最热市场的号角已然吹响。

从收购中起家的苏格兰皇家银行

苏格兰皇家银行首席执行官弗雷德爵士是一位电工的儿子，出生于格拉斯哥郊区的佩斯利。在他的领导下，苏格兰皇家银行在收购的道路上快步前行。

苏格兰皇家银行是一家拥有骄傲传统和较小资产负债表的银行——1727年，该银行获得了乔治一世国王颁发的皇家特许。但当竞争对手苏格兰银行向规模更大的Natwest发起敌意收购时，弗雷德爵士受到触动，觉得应该作出回应。经过一场旷日持久的竞购战，苏格兰皇家银行最终胜出。这笔交易让苏格兰皇家银行一举跻身银行业顶级阵营之列。它还让弗雷德爵士得以发挥自己的强项，由于在担任规模较小的克莱德斯戴尔银行首席执行官期间在削减成本方面的成功，他得到了一个绰号："剪刀手弗雷德"。通过亲自负责苏格兰皇家银行承诺的111项成本削减计划，弗雷德爵士节省下来的成本超出了该银行的预期。投资者为此欢欣鼓舞，该银行股价随之飙升，这为苏格兰皇家银行收购英国保险集团和美国零售银行美隆金融公司扫清了道路。

作为一家国际银行，苏格兰皇家银行目前的发展状况如何呢？

苏格兰皇家银行集团建于1727年，总部设在英国的爱丁堡，是英国最古老的商业银行之一。经过自身不断地发展和收购，到1969年，苏格兰皇家银行成为拥有700家分行、40%当地市场份额的英国苏格兰地区的最大银行。该银行在英国的法人、个人及海外银行业中排名第一，在零售银行业及私人汽车保险业中排名第二。苏格兰皇家银行集团在英国和爱尔兰拥有2 000多家分行，服务于1 500多万客户。

在2000年以前，苏格兰皇家银行还是一个总部设在英国北部城市爱丁堡的地区性银行，在世界银行排名中处于200名以后。但到2004年6月30日时，苏格兰皇家银行的资本市值已达到了490亿英镑，总资产增加到5190亿英镑，使该行成为拥有2 200万客户和12.5万名员工、AA信用评级、英国和欧洲的第二大商业银行，世界上排名第五的大商业银行。从苏格兰皇家银行发展的历史可以看出，该行虽然是一个百年老店，但它的观念和思想并不保守，它不仅能够及时适应时代的变化，而且还能成为市场的领导者。1969年，苏格兰皇家银行通过兼并苏格兰商业银行，使自己成为苏格兰地区最大的商业银行；1980年代，它先后创立了汽车保险公司、电话银行、网上银行，使苏格兰皇家银行成为英国最具活力的银行之一；1990年代，它通过后台业务集中处理工程的实施，不仅降低了银行的经营成本，而且提高了该行的盈利能力和市场竞争力。

2000年2月，苏格兰皇家银行一举成功收购了比自己资本规模大3倍的国民西敏寺银行，使苏格兰皇家银行完成了跨入世界著名商业银行的关键一步。由于该项收购涉及金额达210亿英镑，创下了英国历史上银行业收购的最高金额记录。从这次成功收购的案例中，也可以看出苏格兰皇家银行的勇气、智慧以及创造性和执行力。

实际上，最早提出收购国民西敏寺银行的并不是苏格兰皇家银行，而是英国另外一家位于苏格兰的地区性银行——苏格兰银行。苏格兰银行与苏格兰皇家银行的共同特点就是资本规模较小，但经营管理非常好，费用收入率特别低。在1993~1998年的5年间，苏格兰皇家银行的费用收入率由原来的56%下降至52%，苏格兰银行的费用收入率则一直保持在48%，而同期国民西敏寺银行的费用收入率则由66%上升至68%。因此，两家银行都认为，收购国民西敏寺银行将成为自己银行的进一步发展拓宽空间。

起初，两家银行准备共同收购国民西敏寺银行，但由于在收购流程及收购成功后的管理等方面未达成一致意见,苏格兰皇家银行决定单独收购国民西敏寺银行。

苏格兰皇家银行作出这一大胆决定后,该行通过自上而下的收购总体益处分析、自下而上的分业务线盈利测试及管理人员能力分析,提出了一套发展战略清晰、操作细节可行的收购方案。由于收购方案准备得充分、详细、可行,苏格兰皇家银行不仅在收购国民西敏寺银行的竞标中一举获胜,而且在收购成功后,收购方案中的各项措施(如领导人员配备、职责分工、内部风险控制、报告制度、绩效评估等)迅速到位,并得到很好的贯彻执行。完成收购后的苏格兰皇家银行,实际成本降低额和收入增加额均远远超过了收购前的预期。

苏格兰皇家银行在收购国民西敏寺银行后,在公司和金融市场等服务公司、机构客户的业务方面,实行的是统一品牌战略,即将原来国民西敏寺银行的公司与机构业务统一用苏格兰皇家银行的品牌;在零售业务方面,为了减小对国民西敏寺银行原有个人客户的震动,在实现了零售业务产品统一、财务统一、风险管理统一的前提下,实行了多品牌战略,即保留了原国民西敏寺银行零售业务的品牌,形成了独特的多品牌零售业务架构。

但是在2008年,由于信贷和金融市场环境进一步恶化,苏格兰皇家银行在2008年全年出现70亿到80亿英镑(约118亿美元)的损失。如果算上商誉损失,亏损可能增加150亿到200亿英镑,后者主要与该行对荷兰银行的收购交易有关。

这也意味着,苏格兰皇家银行的累计亏损总额可达280亿英镑,约410亿美元,一举创下有史以来英国公司年度亏损的新纪录。此前,这一不光彩的纪录由电信巨头沃达丰保持,后者在2006财年遭遇了220亿英镑的巨额亏损。

索罗斯:尽管老了,还是条"鳄鱼"

1973年,埃及和叙利亚大举入侵以色列,由于武器落后以色列惨败。从这场战争中,索罗斯联想到美国的武器装备也可能过时,美国国防部可能会花费巨资用新式武器重新装备军队。于是索罗斯基金开始投资那些掌握大量国防部订货合同的公司股票，这些投资为索罗斯基金带来了巨额利润。

乔治·索罗斯是一位具有高知名度的富有传奇色彩的金融投资大师。他是全球最大的投资者，与"商品大王"吉姆罗杰斯（Jim Rogers）合伙成立了"量子基金"，曾获利20多亿美元，被称为"打垮英格兰银行的人"，索罗斯个人收入达6.8亿美元，在1992年的华尔街十大收入排行榜名列榜首。

1930年，乔治·索罗斯在匈牙利布达佩斯出生。1947年，17岁的他移居到英国，并在伦敦经济学院毕业。1956年，去美国，在美国通过他建立和管理的国际投资资金积累了大量财产。1979年，索罗斯在纽约建立了他的第一个基金会，开放社会基金。1984年他在匈牙利建立了第一个东欧基金会，1987年建立了苏联索罗斯基金会。现在他为基金会网络提供资金，这个网络在31个国家中运作，遍及中欧和东欧，前苏联和中部欧亚大陆，以及南非、海地、危地马拉和美国。这些基金会致力于建设和维持开放社会的基础结构和公共设施。索罗斯也建立了其他较重要的机构，如中部欧洲大学和国际科学基金会。索罗斯曾获得社会研究新学院、牛津大学、布达佩斯经济大学和耶鲁大学的名誉博士学位。1995年意大利波伦亚大学将最高荣誉授予索罗斯先生，以表彰他为促进世界各地的开放社会所做的努力。

索罗斯的独特之处在于，在一种股票流行之前，他能够透过乌云的笼罩看到希望，他很清楚为什么要买或不买。当他发现自己处境不利时，他能走出困境。

卖空是索罗斯公司特别喜爱的招数。索罗斯承认他喜欢通过卖空获胜而赢利，这给他带来谋划后的喜悦。公司把赌注下在几个大的机构上，然后卖空，最后当这些股价猛跌时，公司就赚到了大量的钱。虽然在别人看来，卖空是太大的冒险，但因为索罗斯事前做足了研究和准备工作，因此，他的冒险十有八九都会以胜利而告终。

在20世纪90年代初期，东南亚国家的经济出现了奇迹般的增长，为了加快经济增长的步伐，各国纷纷放宽金融管制，推行金融自由化。但是繁荣之中也酝酿着危机，东南亚各国的经济增长主要依赖于外延投入的增加。在此基础上放宽金融管制，就等于将各自的货币无任何保护地暴露在国际游资面前，极易受到来自四面八方的国际游资的冲击。

东南亚出现如此巨大的金融漏洞,自然逃不过"金融大鳄"索罗斯的眼睛。

在东南亚各国中,以泰国问题最为严重。因为当时泰国在东南亚各国金融市场的自由化程度最高,泰铢紧盯美元,资本进出自由。同时,泰国经济的"泡沫"最多,泰国银行大多将外国流入的大量美元贷款移入了房地产业,从而导致银行业大量的呆账、坏账,资产质量严重恶化。

1997年3月,当泰国中央银行宣布国内一些财务公式存在流动资金不足问题时,索罗斯发动了攻击:索罗斯及其他套利基金经理开始大量抛售泰铢,泰国外汇市场立刻动荡不安。泰铢一路下滑,5月份最低跌至1美元兑26.70铢。泰国中央银行在紧急关头采取各种应急措施,如动用120亿美元外汇买入泰铢,提高隔夜拆借利率,限制本国银行的拆借行为等。这些强有力的措施使得索罗斯交易成本骤增,一下子损失了3亿美元。但是索罗斯并没有平掉原来的头寸,甚至还增加了头寸。3亿美元的损失根本无法吓退索罗斯,对狙击泰铢他志在必得。

1997年6月下旬,索罗斯筹集了更加庞大的资金,再次向泰铢发起了猛烈进攻,各大交易所一片混乱,泰铢狂跌不止,交易商疯狂卖出泰铢。泰国政府动用了300亿美元的外汇储备和150亿美元的国际贷款企图力挽狂澜。但这区区450亿美元的资金相对于天量级的国际游资来说,犹如杯水车薪,无济于事。

7月2日,泰国政府由于再也无力与索罗斯抗衡,不得已改变了维系13年之久的货币联系汇率制,实行浮动汇率制。泰铢更是狂跌不止,7月24日,泰铢已跌至1美元兑32.63铢的历史最低水平。泰国政府被国际投机家一下子卷走了40亿美元,上至政要富豪,下至平民百姓,许多泰国人的腰包也被掏个精光。

但是无往不利的索罗斯最后还是在香港遭遇了一次重大失利。索罗斯和他的量子基金对东南亚金融市场经历了一场暴风骤雨的袭击,首先泰铢全面失守,紧接着,菲律宾比索、马来西亚林吉特、印尼盾兑美元的汇价也狂跌不止,而索罗斯选定的下一个目标就是香港。

1997年的香港回归,被索罗斯视为一个绝佳的暴利机会。他联络了全球各国的几家大型基金,秘密地开始买入香港股票,使得港股从1996年的低点开始不停地上涨,引发香港人疯狂地追随,恒生指数一再突破新高。

索罗斯在1997年上半年不断推升股市,接近最高点时,分散隐蔽,但不断地开了大批六月底交割的股指期货的空单。港府一直紧密监视着这股神秘的力量，越临近7月1日，港府对于对方的动机和操作策略越是一清二楚，一场金融大决战即将开始了。

到了1997年的上半年最高点，恒生指数达到了16 000点之上的历史新高。而随着回归日的临近，索罗斯指挥着他的联合军团，开始了有步骤地股票高位出货。其股票的出货是不以赚钱为主要目的的，他的策略是以股指期货的空单收益来赢利的。

决战的日子是6月28日，在此之前，恒指已经被压到了大约在万点之下。而此时的散民已是一片悲哀。港府的高明之处在于不露声色，不托盘，任由索罗斯打压并主宰市场，麻痹对手。

28日一早，索罗斯的股票抛货就开始不断地稳步释出，压迫恒指持续加速下跌，引发崩盘的恐慌心理，加入逃命的散民无数，帮助他压跌指数。而当跌到了令人胆战心惊的4 000多点时，散民已经是欲哭无泪了。索罗斯眼看胜利在望，却发觉开始有一股神秘的资金，不声不响地把无数的抛盘照单全收了。他开始紧张起来，发动了盟友们的全部股票存货狂砸（不记成本地抛，绝对是赔本在卖出），可是神秘资金还是不动声色地收下，却绝不拉高。还不到收市，港股成交就已经创了历史天量。当他的存货几乎抛光后，恒指却在4 000点之上死活不退。而当他向交易所借股票意欲再继续抛空时，得到的回答却是不借。

到了下午，大盘开始反攻，神秘资金将股指持续推高，而索罗斯的联合军团内部开始出现反水的，背着他加入了多方。到收市时，港股几乎全部收复了当天上午的失地，索罗斯没想到港府出手，大意失荆州，股票损失加上股指期货损失惨重。

1998年5月，索罗斯带领国际投机资金再次扑向香港，并放言要将香港变成其提款机。

1998年8月28日，这也许是香港自从有股市以来最漫长的一天。上午10点整，交易正式开始。开市后仅5分钟，股市的成交额就超过了39亿港元。半小时后，成交金额就突破了100亿港元，到上午收盘时，成交额已经达到400亿港元之巨，接近了1997年8月29日创下的460亿港元日成交量历史最高纪录。

下午开市后，抛售有增无减，港府照单全收，成交量一路攀升，而恒指和期指始终维持在7 800点以上。随着下午4点整的钟声响起，显示屏上不断跳动的恒指、期指、成交金额最终分别锁定在7 829点、7 851点和790亿三个数字上。

香港特区财政司司长随即宣布：在打击国际炒家、保卫香港股市和港币的战斗中，香港政府已经获胜。

香港一战后，坏运气好像一直没有离开索罗斯。在2002年，"量子基金"亏蚀了1.7%。竞争对手在此际则大赚：中东战争的威胁和美元贬值都为索罗斯所代表的"环球宏观基金"——根据对全球经济趋势的评估进行投资或投机买卖（尤其针对利率和货币变化）的一种大规模对冲基金——超越股票投资型基金提供了难得的机会。瑞士信贷第一波士顿对冲基金指数显示，在2002年，"环球宏观基金"的平均投资回报率是14.66%，普通的对冲基金则只有3.04%。

不仅如此，索罗斯本人的声誉也面临严重挑战：2002年年底，法国检察官表示，索罗斯14年前获得法国兴业银行可能被收购的内幕消息，而买入大量法兴股票，从中获取近200万美元的利润。法国法院由此对索罗斯处以220万欧元的罚款。索罗斯的律师表示，当时的法国法律对内幕交易的定义比现在窄得多，即使在现行法律下，索罗斯所得的资料也不足以构成内幕交易。索罗斯本人则表示指控毫无根据，对裁决感到"震惊及失望"——"会上诉到底"。多年来，索罗斯一向以"走在曲线前面"的投资策略为后辈所推崇，但是现在，73岁的他好像失去了对投资市场的敏锐嗅觉。

股神巴菲特的财富人生

在2010年，"股神"巴菲特做了一个捐赠誓言：他将把至少99%的个人财富捐献给慈善事业，回馈社会。随后，巴菲特和身家过亿的美国首富比尔·盖茨，联手掀起了一股慈善风暴，邀请美国最富有的人和家庭参与，承诺捐出半数财产，用于慈善事业。盖茨和巴菲特已经计划把行动推至海外，两人同年9月出征中国与当地富豪举行晚宴，一时间关于劝捐的议论无所不在。媒体更是惊呼：巴菲特来了，一场巴菲特"旋风"登陆中国！

除了"股神"的称号外，其实很多人对巴菲特的了解也并不多，那么巴菲特是怎样获得了了巨额的财富，并且赢得了投资者的尊重的呢？

1930年8月30日，沃伦·巴菲特出生于美国内布拉斯加州的奥马哈市，沃伦·巴菲特从小就极具投资意识，他钟情于股票和数字的程度远远超过了家族中的任何人。他满肚子都是挣钱的道儿，五岁时就在家中摆地摊兜售口香糖。稍大后他带领小伙伴到球场捡大款用过的高尔夫球，然后转手倒卖，生意颇为红火。上中学时，除利用课余做报童外，他还与伙伴合伙将弹子球游戏机出租给理发店老板，挣取外快。

巴菲特是有史以来最伟大的投资家，他依靠股票、外汇市场的投资，成为世界上数一数二的富翁。他倡导的价值投资理论风靡世界。价值投资并不复杂，巴菲特曾将其归结为三点：把股票看成许多微型的商业单元；把市场波动看作你的朋友而非敌人（利润有时候来自对朋友的愚忠）；购买股票的价格应低于你所能承受的价位。"从短期来看，市场是一架投票计算器。但从长期看，它是一架称重器"——事实上，掌握这些理念并不困难，但很少有人能像巴菲特一样数十年如一日地坚持下去。巴菲特似乎从不试图通过股票赚钱，他购买股票的基础是：假设次日关闭股市、或在五年之内不再重新开放。在价值投资理论看来，一旦看到市场波动而认为有利可图，投资就变成了投机，没有什么比赌博心态更影响投资。"

巴菲特无愧于股神的称号，他是第一位靠证券投资成为拥有几百亿美元资产的世界顶级富豪。伯克希尔·哈撒韦公司的股票在1964年的账面面值仅为每股19.46美元。在巴菲特接手之后，一度濒临破产的伯克希尔·哈撒韦公司不仅很快起死回生，而且已成长为资产达1350亿美元的"巨无霸"。如今，伯克希尔·哈撒韦公司旗下已拥有各类企业约50家，其中最主要的产业系是以财产保险为主的保险业务（包含直接与间接再保）。此外，伯克希尔·哈撒韦公司还生产从油漆、毛毯到冰激凌等一系列产品，该公司同时持有诸如沃尔玛和宝洁等许多大型企业的股票。而到1999年年底，每股交易价格达到了51 000美元，1998年6月，其每股价格更达到创记录的80 900美元，尤其难能可贵的是，伯克希尔已经是一家资产总额高达1 300多亿美元的巨型企业。

那么巴菲特在投资方面有哪些经典之作呢？

巴菲特用了70年的时间去持续研究老牌汽车保险公司。该企业的超级明星经理人，杰克·伯恩在一个又一个的时刻挽狂澜于既倒。1美元的留存收益就创造了3.12美元的市值增长，这种超额盈利能力创造了超额的价值。

华盛顿邮报公司：投资0.11亿美元，盈利16.87亿美元。70年时间里，华盛顿邮报公司由一个小报纸发展成为一个传媒巨无霸，前提在于行业的垄断标准，报纸的天然垄断性造就了一张全球最有影响力的报纸之一，水门事件也让尼克松辞职。从1975年至1991年，巴菲特控股下的华盛顿邮报创造了每股收益增长10倍的的超级资本盈利能力，而30年盈利160倍，从1 000万美元到17亿美元，华盛顿邮报公司是当之无愧的明星。

吉列：投资6亿美元，盈利是37亿美元。作为垄断剃须刀行业100多年来的商业传奇，是一个不断创新难以模仿的品牌，具备超级持续竞争优势，这个公司诞生了连巴菲特都敬佩的人才，科尔曼·莫克勒，他带领吉列在国际市场带来持续的成长，1美元留存收益创造9.21美元市值的增长，14年中盈利37亿美元，创造了6倍的增值。

在巴菲特经营的保险业中，由于竞争引发的周期性降价使80年代前5年的保险费率一直不够高。这使保险业的利润出现了衰退。巴菲特对这种衰退的反应与众不同。当别的公司为保住市场份额而纷纷降低保险费时，巴菲特宁愿少签发保单，从1980年到1984年他的保险业收入从1.85亿美元降到1.34亿美元，但巴菲特坚信，总有一天那些降价的保险公司会受不了亏损而退出的。果然，在1985年保险业遭受了巨大损失，许多公司不得不缩小承保范围。也有的公司不得不退出竞争。保险费率于是又扶摇直上了。巴菲特现在可以从以前的保守行动中获取双倍的利益了。

巴菲特的投资嗅觉也非常灵敏，这让他比别人更早地嗅到危机的气息。1986年，伯克希尔的保险金收入达10亿美元，是前两年的7倍。这为它提供了8亿美元可用于再投资的预备金。到1987年，伯克希尔有的是钱了。但当时正是牛市的全盛时期。巴菲特所做的只是静静地卖掉了大多数股票，只保留了永久的三种：大都会公司、GEICO和《华盛顿邮报》。按照他的原则，他很难找到可以重新投资的地方。

就在巴菲特卖空股票的第四天——10月16日，道·琼斯指数跌了108点，10月19日星期一，市场里堆满了出售表，30种道·琼斯平均工业股票中有11种在交易开始后一小时不能开盘。巴菲特所有的市值损失达到了3.42亿美元。他可能是全美为数不多的没有随时关注经济崩溃的人。他本来可以连三种都不保留的，但那不是他的作风，其实也没有那个必要，那三家公司依然业务稳定，收入增长，没有丝毫的价值损失。

不过近些年来，巴菲特的投资出现了失利。《福布斯》杂志公布了2009年全球富豪排行榜，比尔·盖茨重回榜首之位。在过去一年，由于投资不利，"股神"巴菲特损失惨重，个人资产缩水40%，从2008年的620亿美元锐减至今年的370亿美元。他不再是世界首富。

2008年也是巴菲特旗下的伯克希尔·哈撒韦公司44年来业绩最差的一年。根据《福布斯》数据，在过去12个月，伯克希尔公司股票下挫45%。在其最新发布的"致伯克希尔全体股东公开信"中，巴菲特承认，2008年公司净资产缩水115亿美元。

热点篇
与金融大事面对面

我们所生活的这个世界，已经与金融密不可分了，一些金融大事会直接影响我们的生活，成为生活中你无法不去关心的热点问题：国家调控开始了，那么我们是买房还是租房？物价上涨了，这会不会演变成为严重的通胀？人民币升值了，我们手里的钱变多了吗？热钱疯狂来袭，我们的股票是涨是跌？……因此，如果你希望抓住财富创造与积累的生活主线，掌控自己的生活，就一定要懂点金融学，一方面避开金融陷阱，一方面主动去分享社会财富急剧膨胀的"蛋糕"。

第17章 昔日可买一房，今日只抵一瓶酒
——关注通货膨胀要学的金融学

通货膨胀与我们的生活

33年前，四川的汤婆婆往银行里存了400元钱，当年这笔钱能买1套房子、400斤猪肉、1 818斤面粉、727盒中华香烟或50瓶茅台酒。今天，汤婆婆取出这笔钱，连本带息835.82元，仅够买420斤面粉、69斤猪肉、40盒中华香烟。

通货膨胀在无形中侵吞着我们的财富，影响着我们每个人。那么，就我们所能感觉到的通货膨胀对我们的日常生活产生了哪些影响呢？

说起通货膨胀，大家都不会陌生。在传统的教科书中，关于通货膨胀的描述一定是这样的：通货膨胀是纸币流通条件下特有的一种社会经济现象，当纸币的发行量超过商品流通中所需要的货币量时就会发生通货膨胀，而这时货币会贬值，物价会上涨。

阿根廷曾经是繁荣兴旺的代名词，阿根廷的名字原意为"白银之地"，或许这是因为它的首都布宜诺斯艾利斯坐落在拉普拉塔河岸，而拉普拉塔河在西班牙语中是"白银之河"。尽管河水的颜色是浑浊的，可是河水上游沉淀着大量的白银。1913年，阿根廷成为当时世界上最富有的10个国家之一，甚至连总统在访问中央银行时也发出过这样的抱怨："这里的金子实在太多了，过道都无法

通行了。"

然而短短的60年后，阿根廷人的生活发生了变化。20世纪80年代末，阿根廷通货膨胀率一度达到20 000%，通胀使得每个人都战战兢兢，经济活动的主要目的就是为了避免通胀吞噬一切，社会陷入极度混乱……阿根廷的一个省甚至决定发行自己的货币——帕特隆，尽管很多人都担心这种货币不被企业接受，当地麦当劳别出心裁地推出了"帕特隆堡"的套餐：两个芝士汉堡、一份炸薯条、一杯饮料。这个昔日富裕的国家逐渐被新加坡、日本赶超，甚至是邻国智利。

纸币是一种纯粹的货币符号，没有价值，只是代替金属货币执行流通手段的职能；纸币的发行量应以流通中需要的金属货币量为限度，如果纸币的发行量超过了流通中需要的金属货币量，纸币就会贬值，物价就要上涨。因此，纸币发行量过多引起的货币贬值、物价上涨，是造成通货膨胀的直接原因。

通货膨胀的一个重要特点是具有十分迅速的传导性。任何一部分的商品的涨价，将会很快地通过各种渠道推动其他商品的涨价。以此次正在中国发生的通货膨胀为例，先是食品价格的上涨，紧随其后的必然是工资的上涨。而工资在各种商品的生产成本中占有重要的权重，这一成本的上升必然会带动中国物价的进一步上涨。

货币的增加不等于财富的增加，使我们富有的是商品，而土地、劳动力、资本等资源的稀有限制了商品的充裕性。让钱币加倍无法使这些资源突然出现，或许我们一时间会感觉自己更富有了，但显然我们所做的一切只是在稀释货币供给，由于大众急着花掉他们新发现的财富，于是商品价格也会上涨一倍，或者至少涨到供需平衡，不会出现拿着货币却买不到商品的情况。

显然我们知道，当货币供给增加时，会使其价格下跌，而这样的改变不像其他商品那样会为社会带来好处，社会大众不会因此而更富有。新的消费或资本可以提高生活水平，但是新货币只会使物价提高，换句话说，我们的购买力被稀释了。

事实上，理解这个问题的本质在于，货币的用途只在其交换价值，其他商品则有各种"实质"用途：商品的供给增加能满足更多消费者的欲望，但货币只能用于未来的交换，它的用途在于交换价值或"购买力"。

要知道通货膨胀表现出来的危害不只是物价上涨那么简单，通货膨胀是我们个人投资者的敌人，日常或波动性的股价改变虽然惊心动魄，最让投资人担心，却不是个人投资者最大的忧患。通货膨胀的侵蚀力量才真的令人害怕，以5%的通货膨胀率来说，你的钞票的购买力在不到15年内，就会少掉一半，在随后的5年内，又会再少一半。通货膨胀如果是7%，只要经过21年，也就是从61岁"提早"退休，到82岁为止，你的钞票购买力就会降到只有目前的1/4。然而现在82岁却是日渐常见的平均寿命。这点显然是严重的问题，特别是个人已经退休，没有办法再增加资本，抵消通货膨胀对购买力可怕的侵蚀。

通货膨胀刺激经济的故事就如同上帝愚弄人们的花招，它让就业机会看上去更加诱人，诱使人们接受工作，这就好像一场全民参加的赛跑，它表面上创造了经济的繁荣，实际上损害了广大人民的生活。如果人们对经济形势多了解一些的话，人们是不会接受的。米尔顿·弗里德曼说过这样一段有名的话："通货膨胀开始的数月或数年，就像饮酒刚开始的几口，感觉很不错。每个人都有足够的钱花，物价的上涨跟不上金钱的增加。只有当物价迎头赶上的时候，其后遗症才开始显现。"

美国耶鲁大学的经济学家罗伯特·希勒曾经作过关于通货膨胀的调查，结果显示：有77%的民众认为通货膨胀会让自己变得越来越穷，而只有12%的经济学家认同这样的观点。当被问到，如果工资和物价以同等的比率上升，能否让你更加满足。结果有49%的民众认为可以，然而对此只有8%的经济学家赞同。

通货膨胀对社会从来没有好处，只是牺牲一群人的利益来造福另一群人。通货膨胀是用欺诈的方式侵占他人财产，在自由市场中，价格是市场经济的核心，是资源配置的最主要手段。而通货膨胀恰恰会打乱市场价格反映给经济体的正常信号，一旦这个信号失真，很多企业和个人的行为会出现明显的非理性，导致经济体的混乱，甚至经济危机。就如同美国达拉斯联储主席理查德·W.费舍尔所说："通货膨胀是一股非常可怕的力量，不管它看起来多么诱人，但最终都将以灾难收场。"

世纪回眸：我国的通货膨胀

据美国商务部公布的数据，2007年10月份美国CPI涨幅达到3.5%，

10月份欧元区CPI涨幅达到2.6%，比前一个月上升0.5个百分点，连续两个月超过欧洲央行2%的预期目标。在新兴市场经济国家和地区，物价快速上涨，俄罗斯、南非、阿根廷、越南CPI超过8%。

据国际货币基金组织和世界银行的统计数据显示：2006年，全球食品价格比上年上涨了9.8%，其中，中低收入国家食品价格上涨了9.7%。2007年一季度，全球食品价格同比上涨了11.6%，其中，中低收入国家上涨了8.7%。应该说，全球的通胀压力都在增大。

通货膨胀是一个世界性的难题，它在很多国家都曾发生过或者正在发生。那么，我国之前是否也曾出现通货膨胀呢？这些通货膨胀是怎样发生的呢？

目前，我国物价持续上涨，居民消费价格指数、生产者价格指数等各种物价指数居高不下，通货膨胀已经初露端倪，社会上关于通货膨胀的关注也不断增强。通货膨胀对我国老百姓来说其实算不上新鲜事物，从20世纪80年代到现在我们已经几次经历过了。

第一次通货膨胀发生在1980年，从1980年开始，我国实行改革开放政策，经济开始快速增长，而在经济增长的同时，我国也经历了改革开放后的首次通货膨胀。在宏观经济运行上，主要表现为经济增长速度迅猛，投资规模激增，财政支出的加大致使出现较严重的财政赤字，以及盲目的扩大进口导致我国外汇储备迅速接近于零，外贸赤字严重。

在广义货币供应量（M2）上，1980年比1979年新增货币384.8亿元，而从1970到1979年每年平均新增货币仅为90多亿元。在价格指数方面，1979年、1980年物价出现了明显上涨，1980年通货膨胀达到7.5%，其中农产品生产价格指数同比上涨7.1%，在CPI的上涨中占了很大比重。但值得注意的是，生产者价格指数PPI在这次通货膨胀中并没有伴随CPI同时上涨。

针对此次通货膨胀，我国主要采取了严厉的宏观调控手法：比如压缩基本建设投资、收缩银根和控制物价等办法。结果这次通货膨胀从1979年出现萌芽，到1981年基本得到遏制，历时两年多时间。

第二次通货膨胀发生在1984年。这是中国经济快速发展时期，通货膨胀的原因就是固定资产投资规模过大引起社会总需求过旺，工资性收入增长超过劳动生产率提高，引起成本上升导致成本推动。我们从广义货币供应量（M2）和价格指数就可以看到。1981—1983年，每年平均新增货币400多亿元。货币增长速度为22%，1984年比1983年新增货币竟高达1071.3亿元；在价格指数方面，1985年，生产者价格指数PPI同比上涨8.7%，消费者价格指数CPI同比上涨9.3%，其中农产品生产价格指数同比上涨8.6%。这次通货膨胀在国家的宏观调控下历时3年才消除。

第三次通货膨胀发生在1988年。可能很多人对1988年的抢购风潮还记忆犹新，那可算得上是新中国历史上少有的一幕：大到百货大楼，小到街边的杂货铺，都挤满了疯狂抢购的人。什么东西都抢着买，珠宝首饰、电视机，甚至是肥皂、大白菜，不管是否用得着，也不管一时能用得了多少，买到手再说，有的人家抢购的肥皂几年后还没用完。CPI创造了新中国成立近40年以来上涨的最高纪录，同比上涨高达18.8%。在如此之高的CPI背后，农产品生产价格指数同比竟然还上涨了23%，生产者价格指数PPI同比也上涨了15%。在广义货币供应量（M2）方面，从1984年到1989年，平均每年新增货币1500多亿元，到1989年货币存量已达11949.6亿元，应该说，货币供应量的大规模增加是形成此次通货膨胀的重要因素。

这次通货膨胀从1987年到1989年持续了3年时间，在治理上取得了明显成效，到1990年物价水平普遍下降。

第四次通货膨胀发生在1993年。1993年和1994年的中国经济就如同吃了兴奋剂，开发区热得冒烟，股票在疯涨，期货被热炒，资金涌动，泡沫泛起。许多人按捺不住暴富的诱惑，"下海"经商成了一时潮流。社会上流通的货币多了起来，物价也涨了起来，连平常吃的大米白面、菜肉蛋奶的价格也一个劲儿地往上蹿。日常花销增加许多，工资却没涨多少，人们感觉钞票又不值钱了，不少人又在抢购囤积值钱的东西。1993—1994年3年间生产者价格指数PPI、消费者价格指数CPI、农产品生产价格指数年均同比上涨分别为19.5%、18.6%、24.4%，与前三次通货膨胀相比，这次通货膨胀各种指标上涨尤为严重。以农产品为代表的基础价格上涨所形成的成本冲击型通货膨胀，是此次通货膨胀的主要特征。

那么这一次通胀是怎样降温的呢？首先，货币政策总体上打出了适度紧缩的信号，开出的"药方"大致如下：一是控制基础货币供应。1994年，汇率并轨后，买入外汇成了中国人民银行投放基础货币的主要渠道，中国人民银行同时收回对商业银行的再贷款（再贷款是指中央银行对商业银行的贷款），从而对冲抵消过多的货币，实现基础货币的稳定供给。二是强化信贷控制。商业银行的政策性业务和商业性业务开始"分家"，中国人民银行强化了对固定资产投资贷款的监控，同时整顿金融秩序，制止违规拆借资金，整肃金融机构。资金流动受到有效约束，犹如釜底抽薪，固定资产投资自然迅速降温。三是提高存贷款利率，保护储户利益，鼓励储蓄。

  从1993年到1996年，各项政策逐渐发挥作用，通货膨胀率成功地降了下来，经济增长率回落到一个合适的水平，国家经济避免了大起大落的震荡，因此人们形象地称其为"软着陆"。

  今天，我们遇到的物价上涨面临着一些与以往不同的新情况。比如我国当前物价上涨的特点在于出现了居民消费物价指数、房地产价格和金融资产价格的同时上涨，因此，仅仅采用单一的货币政策来抑制当前的物价上涨是行不通的。不仅如此，本次物价上涨较之前4次通货膨胀面临着更为复杂的外部经济环境。首先，由于2004年6月以后美联储连续17次调高基准利率，导致2007年次贷危机的产生，该危机向物价的转嫁导致全球物价上涨，同时利率的调高使美国国内面临严重的流动性不足；此后美联储的不断降息，使我国通过加息抑制物价上涨的空间越来越小。其次，国际市场粮、油等农产品价格的普遍上涨使我国物价上涨的压力加大。最后，国际原油价格持续高位运行，推动了原材料价格的大幅上扬，国内成品油一旦受之影响大幅提价，这个"工业粮食"涨价将带动一大批工业消费品生产成本推动下的涨价。

  剧烈的货币政策对经济的冲击如果没有别的政策来抵消，将得不到预期的效果，我们应该采取多种政策相互配合的策略，有效地治理通货膨胀，抚平经济周期的波动。

通货膨胀从何而来

  1921年1月德国每份报纸的价格为0.3马克，随后上升为1922年5月的1马克、1922年10月的8马克、1923年2月的100马克直到1923年9月的1 000马克。在1923年秋季，价格实际上飞起来了：一份报纸价格10月1日2 000马克、10月15日12万马克、10月29入100万马克、11月9日500万马克直到11月17日7000万马克。

另外还有一些故事讲通货膨胀下的德国：

一个小偷去别人家里偷东西，看见一个筐里面装满了钱，他把钱倒了出来，只把筐拿走了；德国街头的一些儿童在用大捆大捆的纸币马克玩堆积木的游戏；一位妇人用手推车载着满满一车的马克，一个小偷趁她不注意，掀翻那一车纸币，推着手推车狂奔而逃；一位家庭主妇正在煮饭，她宁愿不去买煤，而是烧那些可以用来买煤的纸币。

这些夸张得让人心酸的小故事就是通货膨胀的真实写照，严重的通货膨胀会损害我们的幸福和希望，那么通货膨胀从何而来呢？

大家都知道通货膨胀是个侵蚀财富的大问题，物价总水平的持续、全面的上涨，就是所谓的通货膨胀。作为一种货币现象，大家所熟知的它的导因之一就是印的票子太多了，使货币供给的增长率远远高于经济体整个产出量的增长率，而让更多的货币在市场的供求中追逐和竞购较少的物品。

为了弄清通货膨胀的成因，经济学家们进行了很长时间的探索。关于通货膨胀的原因，奥地利学派先提出了颇具争议的观点，他们把通货膨胀的罪魁祸首指向政府，冯·哈耶克曾经指出，政府控制货币史造成货币体系不稳定的原因，他严厉的批评说，政府控制的货币政策是导致通货膨胀的主要原因，不论何时何地，通货贬值都是政府行为的后果。为什么不能依靠市场自发力量来提供人们所需要的交换媒介呢？

紧接着，奥地利学派的新领袖路德维希·冯·米塞斯更严厉的指出："只有政府这个机构，既能把白纸印成钱来花费，又能滥印纸币而让其变得一文不值。"也认为："要说历史大部分是通货膨胀的历史，我认为这毫不夸张，一般而言，通货膨胀就是政府为了自身的利益而精心炮制出来的。"

下面是经济学家们罗列的几个主要理由：

①通货膨胀使得我们的国债更便于管理，因为我们可以用更便宜的美元偿还之。

②在一个全民负债的民主国家，政府自然是选择有利于债务人的货币政策，以期赢得选举的胜利。

③通货膨胀有助于缓解政府的财政压力，以实现选民所要求实行的社会项目，从而避免了不利于政治选举的选项，如提高税收等。

④通货膨胀容易与经济增长相混淆，而经济增长又容易与经济健康发展相混淆。当然，从理论上讲，GDP是考虑了通货膨胀的，但通货膨胀数字是否被人为操纵，那就不得而知了。

⑤通货膨胀导致名义资产价格上涨，比如说股票和房地产价格，从而给选民制造一种创造财富的假象，即便是他们手中资产的实际购买力已经下降。

所以，出于对自身利益的考虑，政府一方面在制造通货膨胀，另一方面又在掩盖通货膨胀。由货币供给扩张而造成的通货膨胀之所以能够处于无形之中。最后让我们记住艾伦·格林斯潘则在1966年撰写的《黄金与经济自由》中对通货膨胀的描述吧："将财富秘密充公的计划"。空穴不来风，比如伯南克就曾在华盛顿特区全国经济学家俱乐部发表演讲。在这次演讲中，他打了一个从直升机上撒钱的比喻，表示美国经济可以通过政府财政（降低税收）和货币政策（印刷钞票）来实现高速增长。这就是有名的"直升机理论"，从根本上讲，这就是在鼓吹通货膨胀。

好了，还是让我们回到本来的问题上：通货膨胀产生的原因是什么？

成本推动的通货膨胀：这种观点认为，由于生产成本增加而引起的通货膨胀。资源价格上涨后生产率没有相应地提高，那么最终将导致产品价格提高。比方说，对一家汽车制造商来说，钢铁的成本便是钢铁制造商出售钢铁的价格，而当钢铁价格上升时，那么汽车生产的成本就会增加，由此带来整个价格水平的上升。

需求拉动的通货膨胀：这种观点认为，由于总需求过大而引起的物价水平上升，通货膨胀是由于总需求过度增长所引起的，由于太多的货币追逐过少的产品，或是由于产品和劳务的需求超过了现行价格条件下可能的供给而导致物价水平上升。

货币主义者认为，在一个稳定的经济体内，货币供给与商品和服务的数量总体上是一种平衡关系。当然，在这一框架内，如果某一商品或服务的需求发生变化，那么其价格也将发生变化。不过，这种变化会被系统内的其他变化所抵消。也就是说，总需求和总价格仍将保持不变。

导致总价格上涨的唯一原因就是货币供给的扩张，或者说商品和服务供给的紧缩，这实质上是一个问题的两个方面。政府把价格上涨归咎于需求，实际上就等于把通货膨胀解释为经济增长。也就是说，我们成了我们自身成功的受害者。但事实上，真正意义的经济增长将导致消费价格下降，因为经济增长意味着生产性产出增加，也就是说商品和服务的数量增加。这样，在货币供给未发生变化的情况下，消费价格自然是下降的。

简单打个比方，当人们解释为什么会被淋湿时，都会说因为下雨，而不是说由于高气压南下与冷气流相遇等，同样，人们在面对通货膨胀时，也只是知道成本增加，需求拉动，人们并不知道货币增长的根本原因。而大家都知道，现代社会只有政府才有权印刷钞票，所以，通货膨胀的成因，就是政府发行了过量的钞票。这是通货膨胀的成因，也是通货膨胀的唯一成因。

与通货膨胀对决

津巴布韦2008年7月的通胀率写下天文数字：2.31亿%。2009年1月，央行发行100万亿津巴布韦元的大钞，1的后头有14个0，也算是一项世界纪录。为了抑制犹如脱缰野马的通胀，津巴布韦政府在4月正式废掉国币，宣布以美元和南非币为流通货币，不过旧津巴布韦元还是在民间继续流通。

在津巴布韦，一旦出了大都市，强势货币一文难求。城市的巴士司机有小额美元或南非币可找零，乡下商店虽然没有，但山不转水转，店家会给顾客糖果、巧克力，或是在收据上注明下次消费可享折扣。首都哈雷拉，一位大妈抱着总值3万亿津巴布韦元的钞票搭公车，只为了支付约合3.5元人民币的车费。更有意思的是，司机大叔根本懒得清点，收下就对了。

通货膨胀是目前我们日常生活中不得不面对的问题，那么我们该如何对抗通货膨胀呢？

通货膨胀是一个世界性的难题，多少年来经济学家们一直为解决通货膨胀苦苦思索，当然也为理清这一问题作出了巨大的贡献。

在20世纪的经济学界有一位伟大的与凯恩斯齐名的经济学家，他也是"二战"以后至今世界上最具影响力的经济学家。他也是一位货币主义者，他的思想对现代货币经济理论的直接和间接影响无法估量，他的名字叫弗里德曼。

虽与凯恩斯齐名，但弗里德曼的经济学理论却与凯恩斯的背道而驰，在当时的经济学界，凯恩斯的主张政府干预经济的理论正如日中天，而弗里德曼的理论却恰恰相反，他反对政府干预经济，认为政府的干预常常加剧了经济波动。

弗里德曼建立了货币主义学派，他认为，无论扩张和紧缩的货币政策不仅不会使就业和价格稳定，反而会使情况更加恶化，价格和就业有可能大幅度震荡，因此通过控制货币数量来稳定价格就可以消除经济波动。一句话总结，通货膨胀仅仅是一种货币现象。

那么如何对抗通货膨胀呢？弗里德曼开出的药方是，只有货币增长速度与产能增长速度一致，才不会出现通货膨胀。经济发展多少，货币就增长多少，只要控制货币供应量，就不会有通货膨胀。弗里德曼甚至提出，由电脑取代中央银行的功能反而更好，只需在电脑上设定货币数量能有稳定的成长率即可。他曾经这样嘲笑凯恩斯主义者的货币政策："我们可以用一匹马来代替联邦储备当局，在每年的第一天，这匹马会站在联储局总部门口回答有关货币政策的问题。"记者会问："今年的货币供给将如何发展？"这匹马跺了4次蹄，结果第二天报纸新闻就会登出："联储局又要增加4%的货币供给了。"

1973年，智利军事政变以后，皮诺切特开始当权，当时的智利混乱不堪，大范围的失业和通货膨胀严重并存，皮诺切特政府邀请弗里德曼为智利的经济病痛出谋划策，弗里德曼实施了休克疗法，大量削减政府开支降低货币总量，尽管这样的措施有效地抑制了通货膨胀，但是智利也经历了严重的衰退，国民收入下降了13%。今天，关于智利改革的讨论仍在继续，但是无论如何，弗里德曼一生都在捍卫他的自由主义思想，这一点足以让全世界的人记住他。

好了，现在我们已经知道了一个对抗通胀的方法：控制货币供应。而为了降低通货膨胀，政府必须做的就是，让增加货币供给的速度慢于经济的增长，这正是撒切尔夫人经济政策的基础，而这种方法却最终被放弃了。被放弃的原因是，政府从来不能达到其货币供给增长率的目标。

这虽然是一个简单易行的遏制通货膨胀的方法，但却很少有人敢用，这个方法就如同阻断通货膨胀这个发动机运转时所需要的燃料，并以此来放慢货币增长。但遗憾的是，由于高通胀带来的高货币需求，那么骤然减少货币供给的企图会使得利率陡然上升，进而激发一次严重的经济紧缩。

除此之外，还有其他一些方法也可以改变或改善通胀：

第二个方法，通过货币政策进行调整。比方说，央行为了减缓通货膨胀采用升息的政策，以引导市场利率上升，使企业融资的成本增加，承担较多的利息支出，从而降低了投资的需求。另一方面随着更多的资金会流到银行体系，有助于抑制消费从而缓和过渡期的经济。在格林斯潘就任期间，这个目标的实现过多的是依靠个人判断而不是制度保证。毫无疑问，美联储的政策对产量和就业有实质影响，但这些影响是暂时的。

但是事情却不是这样发展的。1979年，时任美联储主席的保罗·沃尔克开始彻底治理通货膨胀。一时间，美国的利息率达到了20%以上，国家经济陷入衰退，尽管在这之后全球通胀这个幽灵就销声匿迹了。可是沃克尔，这位后来普林斯顿大学的教授，至今回忆起那段经历仍然是非常痛苦的，他似乎永远不愿意再提起那段时光。

沃克尔实行的高利率使得1982年的实际GDP下降了约2%，而当年的失业率接近10%。据说当时愤怒的农民给沃克尔送去了一袋袋腐烂的食物，情绪激动的群众甚至在美联储的会议室里挥舞弯刀，一名美国参议院的共和党候选人甚至说沃克尔的"高利率政策正在扼杀美国经济并导致了上百万的美国人失业"，人们担心这种日益严重的衰退会演变成经济萧条，直到1983年，货币增长速度逐渐开始改善，一起都慢慢变好了，尽管沃克尔最终因消除了两位数的通货膨胀而在今天广受赞誉，但当时他所采取的行动却遭到广泛的抨击。

事实上，近年来，全世界的许多中央银行都采用了通货膨胀目标制的战略。它们选择一个特定的通货膨胀目标，比如2%，然后根据需要提高或降低利率使得通货膨胀维持或者接近在目标水平上。通货膨胀目标制的众多优点之一是它可以防止经济陷入通胀的怪圈。如果央行在以利于击退任何微小的高于目标的通货膨胀方面具有完全的可信度，那么它根本不必担心对抗一次严峻的通货膨胀，因为这样的通货膨胀永远不会出现。

第三，废除中央银行制度，允许私人发行货币。奥地利学派继承了弗里德曼的衣钵，他们坚定地维护传统的自由放任的经济政策。他们认为，由于政府的货币垄断权的存在，私人部门自由活动的条件受到限制，从而妨碍了市场机制的有效运转。他们的代表人物哈耶克认为，如果货币发行权被征服垄断，必然会带来市场的不稳定，引起失业和通货膨胀，因此，奥地利学派最先明确地提出了解决通货膨胀革命性的意见：废除中央银行制度，允许私人发行货币。

这种方法看起来未免过于走极端，但是奥地利学派相信，竞争的过程将会发现最好的货币。这些绝对的自由主义者坚持认为，货币非国家化的本质是剥夺国家的铸币权，转而将这种铸币权完全交给市场约束下的金融机构，以此完全消除国家可能从金融资本全球化中获得的对世界经济和政治的影响。

第四，回归金本位制度。现代金融体系通过部分准备金在创造信用的同时，必然会创造通货膨胀，因此奥地利学派提出的又一个方法是，回归金本位制度。这种做法主张，恢复美国1933年以前那样的金本位制，即美元价值由法律规定一定的含金量，政府铸造金币发行流通，所有纸币和银行存款都可以随便兑换金币。

金本位制度的优势在于，它不依赖于任何形式的政府手段去实现货币流通的平衡，它所带来的问题就是试图达到一个国家收支平衡的同时，忽略了这种平衡给国内经济带来的损害。

拥护者们认为，政府或者私人银行有可能进行欺诈，而黄金兑现的威胁抑制了欺诈行为。恢复金本位制能使联邦储备委员会控制货币数量有所依据，可以限制委员会管理货币的权力。金本位制度更重要的意义在于，只有使美元重新恢复金本位制，才能消除人们的看涨心理，增强人们对美元的信心，保证物价稳定，利率下降。但是除非以切合实际的金价回到古典金本位制，否则国际货币制度会在固定和浮动汇率之间来回摇荡，每个制度都会有一堆无法解决的问题，而后运作不良直至解体。

CPI不完全等于通货膨胀

马先生是纺织相关行业的民营企业家，近来因为工人工资上涨还难以请到合适的工人,他有意缩小了业务量,从中抽出300万元投入了股市。他的理论是,近来CPI不断上涨,通胀马上要来了,自己只要捉住一两个涨停就可以抵御通胀了。而此前,他只买风险低到可以忽视的固定类收益的理财产品。

另一位胡先生没有这么大手笔,但他还是努力凑了60万元,大部分投资于黄金,以此来保值。

还有更多客户,一到银行就很焦急地问理财师,"怎么办啊,钱都不值钱了,我是买房还是买股票,要么买点黄金?"一副不把钱拿来投资,钱就马上会变成纸的样子……

是这些人过于焦虑,还是通胀真的要来了?CPI上涨就意味着通货膨胀开始了吗?

前面已经说过CPI上涨对经济的影响,因为CPI是经济运行中最敏感指标——它的涨跌直接关系着社会民生。但是请注意一点,CPI虽然可以称得上是通货膨胀的风向标,其涨跌幅度会成为对通货膨胀初步判断的尺度,但却不能简单地将CPI上涨等同于通货膨胀。

我们知道CPI通常是世界各国判断是否出现通货膨胀的重要衡量标准之一,但各国的判断标准并不一致。一般而言,当CPI持续地普遍地上涨,比如半年、一年以上时间,且其上涨的品种又达到60%以上,CPI的涨幅大于3%左右,就有可能出现通货膨胀,国家就会相继出台一些紧缩的或从紧的财政和货币政策。反之,当CPI的涨幅小于0.5%左右,有可能出现通货紧缩,国家又会出台一些积极的或扩张性的财政和货币政策。比较良性的运行状态下CPI的涨幅大约控制在0.5%~3%。

因此很多我们通常认定的概念"CPI=通胀"是错误的。其实从通货膨胀这个词的词义本身就可以看到,所谓通货,就是货币的意思,通货的膨胀,没有别的意思,就是货币供应增加了,这也就是老百姓常说的"钱毛了"。而商品价格的上涨,包括日常消费价格、房价、股价、原材料价格、人工工资等资产价格的上涨,只不过是越来越多的货币竞相购买这些物品和服务的结果。

还有一点就是我们前面提到过的,CPI的计算过程中对商品和服务进行了分类,又从中选取了有代表性的商品,把他们的价格波动进行加权平均。所以,权重大的商品其价格波动对CPI的波动有更大的效果，权重小的则效果小。这样一来就可能出现下面这种情况：很多权重小的商品和服务的价格在小幅度下跌，而有一两种权重大的商品和服务的价格在大幅度上涨，最终导致CPI是上涨的。那么，此时根据CPI涨幅为正数就不能得出社会上商品和服务的价格普遍在上涨的结论，那就不能根据CPI涨幅为正数来论定经济出现通货膨胀。这和股票市场上某几个权重股下跌或上涨导致股市指数下跌或上涨的状况是类似的。

CPI指数往往会高估通货膨胀。如果我们想比较2010年与2000年的物价水平，必须用某种方法比较今天电脑的价格与10年前打印机的价格，由于电脑比打印机昂贵，这些新物品的出现倾向于使CPI大于通货膨胀。汽车、CD等许多物品都是一年比一年好，这些物品部分价格上升是为质量改进的支付而不是通货膨胀，而CPI把价格上升算作通货膨胀，因此，现在又有一种观点认为，关注CPI指数是否意味着通胀应该更关注核心CPI。所谓核心CPI是指一般用整体通货膨胀指标扣除一些价格容易波动的项目来衡量，扣除项目通常包括食品、能源、间接税、住房抵押贷款成本（一般以住房抵押贷款利率表示）等，最常见的是食品和能源。在这种情况下，如果没有工业消费品和服务价格联动上涨，就不会出现严重的通货膨胀。而数据显示，在CPI连续大幅度上升的同时，核心CPI始终稳定在1%左右的水平。

无论如何，CPI涨幅太大对民生是一个严重的伤害。不管是真的"狼来了"还是假的"狼来了"，作为普通的个人，我们都只能提醒自己打起精神警戒，并且合理投资，以此来抵御物价不断上涨的压力。

反膨胀斗士：通货膨胀的缘起缘灭

20世纪70年代美国进入滞胀阶段，1979年保罗·沃尔克临危受命担任美联储主席。凭着正直的品格、非凡的勇气与专业智慧，他顶住了来自各方面的压力，成功地制服了高达两位数的通货膨胀，为美国经济此后长达20余年的平稳增长奠定了基础，也改写了经济周期在美国每隔几年就发生一次的传统格局。

按照诺贝尔经济学家得主约瑟夫·施蒂格利茨的说法，沃尔克实际上是最为华尔街憎恨的人，因为这位沃克尔不愿大力支持里根总统放松监管的政策。既然为财阀们所不容，沃尔克自然赚不到大钱，以致生活就过得比较清苦了。80多岁的沃尔克，在纽约出门还是坐地铁。他本人似乎并不在意，一直都淡定自若。沃尔克家在纽约，在去华盛顿任美联储主席期间，租的房子也只有一室一厅，小得简直就像学生宿舍。沃尔克曾长期照看患病的妻子，在妻子离世10年之后，方才续弦，而且只是订婚，还有待举行婚礼。他也没去找花样年华的貌美女郎，而是与他的一位女助手共度晚年。

那么沃克尔是怎样抑制通胀的呢？

20世纪70年代是经济混乱的时期。这10年是从决策者力图降低60年代遗留下来的通货膨胀开始的。尼克松总统实行了对工资和物价的暂时控制，而美联储通过紧缩性货币政策引起了衰退，但通货膨胀率只有很少的下降。当工资与物价控制取消之后，控制的影响也结束了，而衰退又如此之小，以至于不能抵消在此之前繁荣的膨胀性影响。到1972年，失业率与10年前相同，而通货膨胀高出了3个百分点。

在1973年年初，决策者不得不应付石油输出国组织（欧佩克）所引起的大规模供给冲击。欧佩克70年代中期第一次提高油价，使通货膨胀率上升到10%左右。这种不利的供给冲击与暂时的紧缩性货币政策是引起1975年衰退的因素。衰退期间的高失业降低了一些通货膨胀，但欧佩克进一步提高油价又使70年代后期通货膨胀上升。

整个20世纪80年代是美国经济政策发生根本性变化的时代。这些变化受以下因素的影响：80年代初始的经济条件、罗纳德·里根总统的风格和政治哲学以及经济学家和行政官员中新的社会思潮倾向。70年代末惊人的高通货膨胀率和迅速增长的个人税赋以及六七十年代庞大的政府支出，已引起公众普遍的不满。罗纳德·里根1980年当选为总统反映了这样一种公众情绪，人们期待新总统降低通货膨胀、降低税率以及削弱政府对经济的干预。

沃尔克就是在这种情况下，临危受命，登上了美历史舞台。1979年沃尔克就任美联储主席，强力提升美元利率。高息的强势美元政策，吸引了大量的外国资本流入美国,将美国推入强势美元时代。沃克尔执掌美联储的前几年,因为布雷顿森林体系的垮台,通胀达到了13.5%(1981年),沃克尔成功把它降到了3.2%(1983年)。

他是怎么做到的呢?1979年联邦基金利率(federal funds rate,美国的同业拆借利率)是11.2%,1981年被沃克尔抬到了20%,银行基准利率跟着涨到了21.5%。但是利率飙升极大损害了美国的农业,愤怒的农民们开着拖拉机闯进华盛顿街区,堵住了埃克尔斯大楼(美联储所在地)的大门。

尽管付出了惨重的代价,但是事实证明,沃克尔的这一政策非常成功,三年后通胀被抑制,到1983年,美国的通货膨胀率降到了3.2%,并在此后一直将其保持在低水平上。最重要的是,即使在1982年出现经济衰退期间,美联储也坚持实行高利率,这种在面临通货膨胀威胁时大力加息、在通货膨胀比较温和时才下调利率的做法为美联储赢得了声望。

不过,沃克尔最被人所诟病的也正是他紧缩的货币政策。因为这一政策,美国失业率直逼30年代的经济大危机,并陷入一场经济衰退中,直到里根时代才有根本改观。然而此后,美国经济出现了前所未有的连续25年高增长,这充分证明了其政策的有效性。

按照我们的想象,沃克尔从美联储的位置上下来之后,会有很多肥缺,可离职后的沃尔克大部分时间处于赋闲状态,因为那是一个格林斯潘等保守派得意的年代。奥巴马上台之后,为了平衡,重新起用沃尔克,但给他的还是一个闲职,大多数时候沃尔克仍然被冷藏。

沃尔克离开联储之后,曾接受了主持一个犹太团体和瑞士银行联合委员会的艰巨任务,帮助解决大屠杀受害者无人认领的银行账户问题。他时常面对的是情绪激动、剑拔弩张的场面,一种失败几率极高的情形。然而,沃尔克临危受命,监督了对瑞士银行记录的大规模查账,迫使瑞士银行签署了价值12.5亿美元的补偿协议。

值得一提的是,沃尔克还是中国人民的朋友。无论是在他担任美联储主席期间,还是在卸任之后,沃尔克都对中国的金融改革开放给予了密切关注和热情支持。他曾经多次访问中国,就金融改革中的重大问题,向中国政府坦陈己见。

第18章 汇率上升，对我们的生活有影响吗
——关注国际贸易要学的金融学

汇率：博弈乱局中的焦点

2005年7月21日，中国人民银行宣布，我国开始实行以市场供求为基础，参考一篮子货币进行调节、有管理的浮动汇率制度。根据对汇率合理均衡水平的测算，7月21日起，人民币对美元升值2%，即1美元对8.11元人民币。

人民币汇率升值的消息传出后，国内外议论纷纷。那么汇率为什么如此牵动人心呢？浮动汇率与固定汇率又有什么不同呢？

汇率说白了就是一国货币兑换另一国货币的比率，是以一种货币表示另一种货币的价格。由于世界各国货币的名称不同，币值不一，所以一国货币对其他国家的货币要规定一个兑换率，即汇率。

各国货币之所以可以进行对比，能够形成相互之间的比价关系，原因在于它们都代表着一定的价值量，这是汇率的决定基础。在金本位制度下，黄金为本位货币。两个实行金本位制度的国家的货币单位可以根据它们各自的含金量多少来确定他们之间的比价，即汇率。如在实行金币本位制度时，英国规定1英镑的重量为123.27447格令，成色为22开金，即含金量113.0016格令纯金；美国规定1美元的重量为25.8格令，成色为900‰，即含金量23.22格令纯金。根据两

种货币的含金量对比，1英镑=4.8665美元，汇率就以此为基础上下波动。在纸币制度下，各国发行纸币作为金属货币的代表，并且参照过去的做法，以法令规定纸币的含金量，称为金平价，金平价的对比是两国汇率的决定基础。

但是纸币的情况就不同了，它不能兑换成黄金，因此，纸币的法定含金量往往形同虚设。所以在实行官方汇率的国家，由国家货币当局（财政部、中央银行或外汇管理当局）规定汇率，一切外汇交易都必须按照这一汇率进行。

那么影响汇率变动的因素都有哪些呢？

进出口的差额是主要因素。出口是把本国的商品或服务卖给国外，是收入外汇（创汇）的过程；进口则是用外汇购买国外的商品或服务，是付出外汇的过程。如果一个国家的商品和服务的出口额比进口额多，出现贸易顺差，相应这个国家挣的外汇就多，花的外汇就少，也就是外汇供给多，需求少，这时，外汇的价格——汇率自然要下跌，该国货币也就相应升值。这几年，我国面临持续的巨额贸易顺差，人民币因此也面临着升值的压力。相反，如果一个国家商品和服务的出口比进口少，出现了贸易逆差，相应挣得外汇少，花的外汇多，外汇供给少，需求多，这时，外币汇率自然会上升，该国货币可能就不怎么值钱了，面临着贬值的压力。

资本的流出流入差额。当一个国家的资本流入多于资本流出时，这个国家就会出现资本项目顺差，也就是外汇供给多，需求少，外币汇率自然会下跌。相反，如果一个国家的资本流出多于资本流入，这个国家就会出现资本项目逆差，外币汇率就有上升的趋势。

利率差异也是重要因素。随着世界经济的一体化，各国之间的资本流动越来越自由。如果一个国家的利率比其他国家的利率高，就会有大量的资本涌进来，兑换成这个国家的货币以获取更高的利息，这样，就会推动这个国家的货币升值。反之，如果这个国家的利率比其他国家的利率低，其货币就有贬值的压力。

通货膨胀率的高低也会影响汇率。如果一个国家的通货膨胀率较高，就意味着这个国家的货币购买力下降，相对于通货膨胀率较低的国家，其货币自然有贬值的压力。反之，如果一个国家的通货膨胀率比其他国家低，其货币就有升值的趋势。

人们的心理预期也是影响短期汇率波动的重要因素。如果人们认为某个国家的经济发展令人担忧，或者政治局势不稳定，预测其货币不久会贬值，就会纷纷抛售该国货币，结果，该国货币雪上加霜，大幅贬值甚至爆发货币危机。

政府对汇率的干预行为也在很大程度上影响着汇率。比如1985年，美国正承受着高额的财政和贸易赤字，而美元升值又加剧了其贸易赤字，于是美国联合西方强国达成了著名的"广场协定"，各国政府联手拿出200亿美元投入外汇市场购买日元，结果美元大幅贬值，日元大幅升值。

再来说说我们现在执行的浮动汇率体制。浮动汇率制的正式采用和普遍实行，是20世纪70年代后期美元危机进一步激化后开始的。

当一个旧的体系破裂时，并不意味着一个完善的新体系就已在眼前。在20世纪70年代初，国际货币基金组织的主要成员国举行了一次又一次的会议，试图建立一个新的体系来替代布雷顿森林体系，但是未能达成协议。在没有人能设计出一个新体系的情况下，金融世界自然而然地走进了浮动汇率体系阶段。从1971年史密森协议到1973年浮动汇率体制确立，这是一段充满了尝试与失误的时期。当时几乎所有人都在摸索恰当的汇率水平，而且所有人都尽力想在这种新的和陌生的环境中维持稳定。就在史密森协议不久之后，世界曾一度竭力支持这一新的平价关系，该关系被称为"中心汇率"。但这次这种体系缺少黄金支持下的美元这一必要的基石。只要主要经济大国的重要经济变量之间的差异没有消除，为恢复固定平价体制、中心汇率或不论其他什么称号的体制所做出的努力实际上都终将归于失败。

在这种情况下，20国委员会的新论坛为重建一个可持续的汇率体制做出了切实的努力，但国家利益的冲突粉碎了所有达成一个早期协议的希望。1973年秋，第一次石油危机改变了全球资金流动，世界各国逐渐认识到在现实生活中没有哪种制度可以替代浮动汇率体制，而且在可预见的未来没有重返固定汇率体系的希望了。

浮动汇率将通过没有政治意义的供求法则解决这些问题。没有哪个国家将必须放弃其国家特权去选择某一汇率。一个国家也没有通过采取干预行动来支持自己的货币的义务，这样就可以避免清算问题了，因为市场力量将强迫经济自行调整。因而只要修改国际货币基金组织协议，使浮动汇率体制合法化即可。黄金必须摆脱其官方价格的束缚，而在国际货币基金组织内部必须建立起一种实施国际监督的机制，以防止浮动体系被滥用于获取不公平的竞争优势。

不断加剧的通货膨胀和1973年晚些时候的石油冲击交织在一起，持续了很长时间，才使以浮动汇率通货为特征的国际货币运作体系建立起来。到20世纪70年代中期，国际货币基金组织协议条款的修改又给浮动通货披上了一层神圣的外衣。而在70年代末，它更是深深地影响着学术思想、政府政策以及银行的实际操作，以至于那些渴望在更大范围内或更普遍的基础上实行固定汇率的说法统统被否定了。

然而，人们对实际运作的满意程度并未随着改革的进展（指由固定汇率制变为浮动汇率制）而有所提高。恰恰相反，20世纪70年代中期的经济衰退在战后是最为严重的，通货膨胀率也高得惊人。道路崎岖不平，所有货币指数都显示出不详的信号：汇率波动巨大，世界储备和各国货币供应的快速增加，以及高水平的利率。那种人们所常常期望的，当世界适应了浮动汇率后，汇率和经济状况都会稳定的希望开始变得越来越渺茫了。

一路走来的汇率决定理论

2008年4月10日有这样一条新闻：来自中国外汇交易中心的最新数据显示，4月10日，人民币对美元汇率中间价"破7"，以6.9920改写了汇改以来的新高纪录。在全球关注的目光中，人民币汇率毫无悬念地进入了"6时代"。

以2005年汇改前的人民币对美元比价8.2765：1计算，目前人民币对美元累计升值超过18%。而2008年以来短短的3个多月中，人民币汇率升幅也达到4.27%。

那么，汇率为什么这么重要？汇率决定理论又是怎样发展的呢？

汇率决定理论是国际金融理论的核心内容之一，主要分析汇率受什么因素决定和影响。汇率决定理论都是在不同的历史时期，在特定的经济、金融和政治背景下对当时的汇率机制的最充分、最有效和最接近的描述。汇率决定理论主要有国际借贷学说、购买力平价学说、利率平价学说、国际收支说、资产市场说。资产市场说又分为货币分析法与资产组合分析法。货币分析法又分为弹性价格货币分析法和黏性价格货币分析法。不过在这里我们不做讨论，重点要讲的是汇率决定理论的演化史。

在中世纪，各国商品经济有了很大发展，货币制度也比较健全，货币兑换开始经常化，于是人们就开始关注汇率问题。从那时到现在，货币制度经历了贵金属本位制、金属汇兑本位制及信用纸币本位制，从中我们也可以追踪汇率理论发展的轨迹。

1642年又一位学者卢果提出，汇率是由货币内在价值即含金量决定，而其变动则受外在价值影响，外在价值主要取决于货币供求。中世纪的学者们对汇率决定及其变化的解释主要有两点：一是汇率的决定是以铸币平价为基础的；二是汇率的变动受货币稀缺或丰裕程度的影响。

18世纪法国启蒙运动的代表人物孟德斯鸠对货币的兑换比率问题做了细致分析。他给出了货币的绝对价值和相对价值概念。他认为君主可以规定以下几个方面的关系：作为金属的银与作为货币的银两者之间数量的比例；用作货币的各种金属的比例；每个货币的重量与成色；赋予每个货币上面所说的想象价值。他把货币在这四种关系上的价值叫做绝对价值。每个国家的货币同其他国家的货币相比较时的价值叫做相对价值，相对价值以绝对价值为依据，通过兑换而建立，依据是商人最广泛的估价。因此货币的兑换率确定了货币当前的暂时性价值。他还分析了汇兑平价，指出，如果法国的同成色、同分量的银币能够在荷兰换到同数量的银币，就叫汇兑平价。高于平价，本币汇兑价高，反之则汇兑价低。

到此为止，所介绍的汇率理论所处的时代都是各国普遍实行贵金属本位制，其中以金本位制最为典型。在这种制度下，两国货币之间的含金量之比即铸币平价被普遍认为是两国货币汇率的基础。这一时期的汇率理论几乎就是铸币平价论，各理论派别之间的差异，仅仅表现在对汇率变动的解释上。

从19世纪后期到20世纪30年代，资本主义经济大体上经历了两个阶段，前一阶段是经济持续增长，后一阶段是两次世界大战期间，这也正是资本主义由自由竞争向垄断阶段过渡时期。这一时期的汇率研究，结合了从金本位制到不兑换纸币制度的实际，有5位经济学家的研究值得重视。他们是戈森、瓦尔拉、阿夫塔里昂、卡塞尔和凯恩斯。比如瓦尔拉就运用一般均衡方法分析了汇率决定问题。通过分析发现，汇率是据以作出的汇款的反比，两者互成倒数。这是因为，汇率实质上是任何一个地区的货币的一个单位或货币的某一定量在其他各个地区照付时的价格。他还指出，汇率有一个固定限度，即单位黄金的运输成本。他给出了汇率的一般均衡条件，当任何一个地区对任何另一个地区的外汇率等于这两个地区各自对任何第三个地区的外汇之间的比率时，就可以实现汇率之间的全面平衡，当全面平衡受到干扰时会通过套汇活动使其恢复均衡。

利率平价思想可以追溯到中世纪，但利率平价理论真正形成的标志是凯恩斯1923年完成的《论货币的改革》。当时频繁的汇率波动与货币贬值、金本位制的变化，使国际货币发生了很大变化。凯恩斯抛开了传统的金本位制下汇率决定理论，研究新形势下的汇率问题。他把汇率本质看成是两国货币（资产）的相对价格。一笔资金可以投资于国内，也可以投资于国外，对外币需求是因为对外投资。投资是利益比较的结果，投资产生了国际资本流动，汇率取决于不同国家不同时期的利率收益比较。这样凯恩斯建立了古典利率平价理论，即远期汇率理论，远期汇率决定于短期存款利差，并围绕利率平价上下波动。

后来经其他经济学家发展，利率平价理论逐渐成熟起来，其基本思想是：在没有交易成本的情况下，远期外汇水平必定等于利差。这是因为人们可以无风险地购买外国债券。因此当投资者在本币债券与外币债券之间选择时，一旦远期汇率升水小于利率差额，人们就会抛售外币债券而购买本币债券，资金流入国内而使利率降低；反之则相反。因此，人们的套利行为使资金自由流动，最终消除各地利率偏差，使实际利率均相等。

根据利率平价理论：如果国内外利率相等，则远期汇率与即期汇率相等，即远期差价（升水或贴水）等于零；如果国内利率高于外国利率，则远期外汇差价必为升水；如果外国利率高于国内利率，则远期外汇差价必为贴水。

这一时期其他几位经济学家的研究也值得重视。瑞典经济学家魏克塞尔的汇兑平价说是建立在金本位制度上的黄金平价说。他认为当对外债权和债务接近相等时，到期外国汇票的价格将大致等于本国货币和外国货币含金量的比率。汇率围绕这个平价，受供求关系影响上下波动。马歇尔是第一个区别了国内因素和国外因素引起货币贬值不同的人。他指出，一国货币汇率定值是偏高还是偏低，应当用两国货币的购买力对比关系来衡量，并不是所有的货币贬值都能刺激出口，只有当诸如因政治恐慌引起的资本外逃而使汇率下跌进行时，汇率定值高低才会刺激出口。一旦资本外逃停止，汇率立即调整，恢复到两国购买力对比的基础上。俄林则认为，影响外汇供求的任何事情都能影响汇率，包括基本条件、货币政策、资本转移等方面的变化。

参透购买力平价的奥秘

《The Economist》推出的"巨无霸指数"，就是一个很经典的案例。如果麦当劳的巨无霸汉堡包在美国值2.00美元一个，而在英国1.00英镑一个，那么根据购买力平价理论，汇率为1英镑兑2美元。如果当前市场汇率是1英镑兑1.7美元，那么英镑就被称为低估通货，而美元则被称为高估通货，且此理论认为未来汇率将趋向于2美元兑1英镑的平价汇率变化。

这个小故事简单地解说了购买力平价的意思，那么购买力平价是怎么出现的呢？

在经济学上，是一种根据各国不同的价格水平计算出来的货币之间的等值系数，以对各国的国内生产总值进行合理比较。作为一种重要的国际经济比较方法，购买力平价是指不同国家商品（货物和劳务）的价格比率，也就是基准国单位通货所能购买的商品数量，在对比国购买时需要该国通货的数额。

购买力平价说出现得很早。瑞典学者卡塞尔于1922年对其进行了系统的阐述。购买力平价的基本思想是：货币的价值在于其购买力，因此不同货币之间的兑换率取决于其购买力之比，也就是说，汇率与各国的价格水平之间具有直接的联系。

购买力平价是通过价格调查收集对比国家150多类、2 000多种代表规格品（商品和劳务）的价格资料，并利用支出法计算的各国国内生产总值作基础，用国内生产总值按150多类划分的支出构成作为权数，进行加权平均，计算出的国内生产总值的购买力平价。

例如，购买相同数量和质量的一篮子商品，在中国用了80元人民币，在美国用了20美元,对于这篮子商品来说,人民币对美元的购买力平价是4:1,也就是说,在这些商品上,4元人民币购买力相当于1美元。购买力平价实质上是一个特殊的空间价格指数,与比较某一国家两个时期价格水平的居民消费价格指数(CPI)不同,它是比较某一时期内两个国家的综合价格水平。因此,用购买力平价作为货币转换因子,能满足GDP国际比较三个条件的要求。

但是,购买力平价论却存在局限性,主要是它在现实操作上较为困难,实用性有限。购买力平价的汇率,可以有绝对购买力平价和相对购买力平价两种形式。就绝对购买力平价的汇率而言,由于它是以两国货币在同一时期各自在国内购买力水平之比来决定的,因而要受两国物价水平的影响,然而这所谓物价水平,究竟是以什么物价为依据,是以批发价为依据呢,还是以零售价为依据?等等,就是难以确定的问题不同国家的人对于同一种商品的估价是不同的。例如一种在甲国是奢侈品的商品,在另一个国家可能只是一般日用品。而购买力平价不管这种情况。

即使使用正确的购买力平价,人均国内生产总值也只能表明一个国家经济的整体产出值,而不能直接作为普通人的生活水平的尺度。其他的指标,如住宅和校舍的质量、公共服务的质量和水平、污染程度、消费者保护法的力度等,很难测定,并且未在国民生产总值中反映出来。所以即使是用购买力平价调整过的人均国民生产总值也要谨慎使用,因为它只是生活质量的众多标准之一。例如2002年日本的人均国内生产总值是40 000美元,购买力平价调整后是27 000美元,美国是35 000美元,调整后为36 000美元。但是美国的犯罪率比日本高,贫困人口和地区比重比日本大,而日本的人均国土面积比美国小,国民享有的个人自由据称比不上美国。而且生活质量还依赖于主观判断和个人好恶。最后,平均国内生产总值并不能表明财产分配是否平等。

人民币汇率升值意味着什么

1997年是个多事之秋,东南亚各国相继爆发了严重的金融危机,泰国货币泰铢承受不住贬值的压力,一夜间一泻千里,此后,东南亚各国的货币包括日元竞相贬值，一时间，东南亚的经济金融形势风雨飘摇。各国对人民币的前景也十分悲观，而中国政府郑重宣布：人民币不贬值。中国的承诺增强了东南亚和世界各国的信心，中国为战胜金融危机作出了贡献。

但是从2002年后，美、日等国却不断地要求人民币升值，那么人们不禁要问：人民币汇率升值到底意味着什么呢？

我们知道汇率是一种货币表示一种货币的价格，它的重要性就在于它影响着国内生产的商品在国外销售的价格和本国购买商品的成本。

汇率的表示方法有直接标价法和间接标价法。比如2006年4月20日直接标价法下人民币兑美元的汇率是8.0126元/美元，意思是说这一天1美元可以换8.0126元人民币。2006年4月20日间接标价法下人民币对美元的汇率是0.124803美元/元，意思是说这一天1元人民币值0.124803美元。我国的外汇报价采用的都是直接标价法，也就是1元外币值多少元人民币的标价方法。

在直接标价法下，如果汇率数值增加，意味着1单位的外币值更多的本国货币（本币）了，称为本币贬值，或外币升值。相反则是本币升值或外币贬值。比如2005年7月20日人民币兑美元的汇率是1∶8.2765，7月21日调整为1∶8.1100，说明人民币升值了，美元贬值了。

那么人民币升值意味着什么呢？最通俗的说法就是中国人的钱值钱了，比如在国际市场（只有在国际市场上才能体现出人民币购买力增强了）上原来一元人民币只能买到单位商品，人民币升值后就能买到更多单位的商品了，人民币升值或贬值是由汇率直观反映出来的。人民币升值用最通俗的话讲就是人民币的购买力增强。换句话说就是你以前用一美元能换8.27元人民币，现在只能换6.62元人民币。

汇率对一个国家的重要性自不待言，而人民币升值对中国的影响也是多方面的。

升值将对不同行业产生影响：

一方面，因人民币升值所导致的资本成本和收入的提升将在长期内改变我国的经济结构，重新赋予行业不同的成长速度，并使不同行业的企业业绩出现分化。

另一方面，人民币升值在短期内改变行业内企业的资产、负债、收入、成本等账面价值，通过外汇折算差异影响其经营业绩。人民币升值将对进口比重高、外债规模大，或拥有高流动性或巨额人民币资产的行业是长期利好；而对出口行业、外币资产高或产品国际定价的行业冲击较大。人民币小幅升值，还有助于中国经济增长方式的转变。推进人民币汇率形成机制改革，是缓解对外贸易不平衡、扩大内需以及提升企业国际竞争力、提高对外开放水平的需要。有利于充分利用"两个市场"，提高对外开放的水平。

①银行业。人民币汇率上升，会提高资金的吸引力，大量资金流入国内银行体系，将对银行业务的发展产生积极影响。人民币升值预期将促使人民币贷款趋于减少，外币贷款趋于增加；人民币存款趋于增加，而外币存款趋于减少，从而使银行资产负债的币种结构发生调整。

②航空业。人民币升值将使外币负债水平高的航空公司，以支付较少的人民币完成原先等额的外币债务支出。

③通信业。人民币的升值，也就产生了资金的升值，对各大运营商在外国的投资产生扩大效应，对运营商在国外市场的基站、铺线、组网等基础设施的建设有积极的推动作用。

④煤炭行业。人民币升值影响较大的是企业外债，部分大型企业采购的高档采煤和洗选设备大多进口，在支付方式采取买方或卖方信贷的形式，因此人民币升值将减轻公司的外债压力，减少每年的财务费用支出。

⑤化工工业。人民币升值有利于国际市场高附加值产品增强在国内市场的竞争力，同时也会削弱资源类化工产品在国际市场的价格竞争优势。

⑥医药行业。医药行业的产生汇兑优势，有利于药品的进口，降低市场的价格。

⑦纺织行业。人民币升值在短期内必然会给行业中的出口型企业带来一定的压力，使成本增加、获利减少，人民币升值，就使得纺织出口企业的压力更大。内销产品的利润率上升外销产品利润率的下降会导致销售的"外转内"。

⑧电子制造业。电子业高价值产品由于其原材料主要依赖于进口，因此其投入成本将随着人民币升值而有所降低。

⑨房地产行业。人民币升值使居民的收入水平将得到较大的提高，房地产将作为消费升级的主要聚焦点将得到大家的追捧，从而提升对房地产的有

效需求。

人民币升值对我们的生活消费也将产生一定影响。比如人民币的升值意味着人民币的国际价值上升,对于人民币储蓄居民来说增加了储蓄收入。而对于外币储蓄居民来说就表示储蓄减少。因而对百姓来说就会抛外币买人民币保值。而对于出国留学的家庭来说,人民币升值使居民能够兑得更多外币,有利于促进出国留学。

人民币升值对旅游业来说也是一种促进。人民币升值对我国国内旅游业来说有着两重影响。对于国内居民,由于相对收入增加旅游成本下降,促进了旅游业的发展。对于吸引国外旅客来说就存在压力。由于外币的相对贬值,增加了旅游成本,抑制了旅游经济发展。

人民币的升值使国内汽车生产的进口部件或整车的成本下降,价格下降,加上居民生活水平上升,将会带来汽车消费增长。在房地产方面,购买原材料更便宜,推动房地产业发展,拉动购房消费,同时也可能导致泡沫经济的出现。

人民币升值对生产与就业也有一定的影响。这一点不难理解,一方面,汇率上涨人民币升值有可能扩大生产设备的投资,节约生产成本,有利于企业的资金周转,增加经济效益。但是另一方面,升值加大了进口,抑制了出口,这就使国内的产业调整生产规模。出口型产品生产减少,内销型的产品增加。国内市场上的商品供过于求再度促使价格下降,企业的利润减少,工人的工资收入减少,在某个行业部门可能会出现失业人员增多,增加了社会的就业压力。

人民币升值可以抑制通货膨胀。在升值条件下,国内的产品价格并没有受到影响,而进口产品因为汇率下降而价格下降,最终将带动整个社会的价格下降,进而达到紧缩通货的目的。在通货膨胀期间,本币升值无疑是避免恶性通货膨胀的有力武器。

人民币升值还可以消化过剩的外汇储备。对于我们这样的发展中国家,适当的外汇储备是必需的,大量增加的外汇储备则是一种资源闲置,无疑是极大的浪费。通过升值提高人民币在国际市场的购买力,无疑是消化过剩外汇储备的重要途径,不仅有利于吸收海外资源,而且能缓解国内资源瓶颈。

最后,人民币升值可以减少贸易摩擦。中国积累的巨额贸易顺差,经常会受到美、欧、日国内政治和利益集团的抨击,贸易纠纷呈现越来越多之势,中国近年来及今后频繁遇到的反倾销诉讼和其他贸易争端均和这一背景有关,而且越来越集中于人民币汇率定价过低之上，致使人民币升值与否成为减少贸易摩擦的关键。

有利就有弊，那么人民币升值的弊端有哪些呢？

①国家的外汇储备随着升值幅度多少，相应损失。

②国家的出口产品会因为人民币升值受到一定的影响，就是出口因为人民币升值，相对于外国进口商来讲是成本增加，出口的数量有所减少。可因为中国商品的劳动力成本很低，20%~30%的人民币升值，不会很大地影响中国商品的竞争力。可以说因升值而减少的出口额（还不一定）会由因升值而回收的外汇额填补，我国的外贸情况不会有很大的改变。

③会一定程度地影响我国的劳务输出，很小程度地影响外国投资（同样的投资会因为人民币升值而增加投资成本）。

④因人民币升值，增强了人民币的购买力，会导致进口增加，缩小我国的贸易逆差额。（这正是我们需要的）

⑤银行坏账上升，带来失业问题，FDI（外国直接投资）下降，农村地区发生通货紧缩，人民币的对外作用削弱，中国对WTO的承诺难以实现，进而带来东南亚地区的金融不稳定，以及亚洲经济的放缓。

⑥人民币升值会抑制我国出口。而我国的主要出口对象是美国。而近几年美国属于贸易逆差。升值会减缓这种情况。相对而言，我国货币价值上升会刺激国外对我国的进口。

⑦易受金融冲击。金融市场不完善，用来对冲风险的金融工具较少；央行没有在灵活汇率下实施货币政策的经验，其能力还有待检验；国内金融机构不良资产巨大，金融体系脆弱。所有这些，都说明我们尚不具备针对人民币汇率波动预期下大量"热钱"对金融体系进行冲击的抵御能力。

人民币为什么会持续升值

人民币实行的是盯住美元汇率制。人民币近10年都处于升值趋势中，人民币升值是以人民币汇率下降形式反映出来的，即1美元兑换的人民币金额减少。1994年人民币平均汇率为8.6212，1995年为8.3490，1996年为8.3143，到2003年为8.2770（国家统计局，2004），人民币汇率近10年下降了4.1%。从2001年开始连续3年人民币汇率相对稳定在8.2770，2004年1~5月人民币汇率累计平均仍为8.2770。2003年以来，人民币再一次面临升值压力，国际上要求人民币升值的呼声一浪高过一浪，美国、欧盟、日本等不断施压，希望迫使人民币升值。国内外理论界也有人依据各种模型估算出人民币"应升值的幅度"，高的估计达到50%以上，低的估计也有15%以上。

前面已经分析过人民币升值的利弊，那么为什么人民币会持续升值呢？

人民币汇率上升意味着人民币的升值，它有两大方面的含义：一方面，同样多的人民币兑换外币的面值增加，人民币的市场购买力增强。另一方面，同理，从相反的角度分析的话就是等数额的外币兑换人民币的数额减少，相对外币来说就是贬值，外币相对人民币的购买力减弱。

人民币汇率上升的根本起因是美国巨额的双赤字，其中的贸易赤字使美国政府的目光转向了经济和贸易调整发展的中国，中美贸易逆差的迅速增长成为布什政府的替罪羊。美国对人民币汇率施压要求上民币升值目的在于减少中国的进口。从国际贸易理论上不难分析得出人民币升值后中国向美国出口商品该减少。原因在于进口到美国的商品经美元标价后价格上升，从而削弱了市场竞争力抑制了进口。

人民币升值的趋势是无可避免的，近几年来中国经济长期保持良好的发展势头。高速的经济发展带来了巨额的贸易顺差，外汇储备大量增加，然而人民币的汇率始终盯住美元保持8.28的汇率不变。从购买力平价理论来说人民币升值是应该的，也是合理的：长期的经济增长使人民币的购买力增强，人民币汇率的上调能够改善贸易条件；抑制通货膨胀；消化过剩的外汇储备；促进资源的合理配置；降低外汇占款对货币政策自主性的干扰；减少贸易摩擦。但是，如果人民币短期大幅升值是不可取的，要保持稳健的汇率机制才能保证经济的健康发展。

人民币升值的原因来自中国经济体系内部的动力以及外来的压力。内部影响因素有国际收支、外汇储备状况、物价水平和通货膨胀状况、经济增长状况和利率水平。从1994年至今，中国国际收支中的经常项目均为顺差，中国的外汇储备2002年达到2864亿美元，比1994年增长了5.55倍。从人民币购买力平价（PPP）看，中国的物价水平只相当于美国的21%（世界银行，2002）。从通货膨胀率差异看，美国自1998年以来的平均通货膨胀率为2.23%，中国同期的平均通货膨胀率（CPI）为-0.3%，比美国低2.53%。1978—2003年，我国国内生产总值（GDP）年均增长9.3%。这25年间，我国的经济增长无疑是世界上最快的。从中美两国的利率差异看，中国同业银行拆借利率2002年年底为2.7%，美国联邦基金利率为1.25%。中国的短期利率比美国利率高1.5个百分点。在国内，人民币存款利率也比美元存款利率高1.4个百分点。此外，2002年上半年开始，美元由强走弱，人民币跟着美元一起贬值，和人民币升值的趋势相背离。在中国相对劳动生产率快速增长的情况下（1993—1999年中国制造业劳动生产率增长速度至少比同期美国制造业高1.5个百分点），人民币反而随着美元贬值，使得贸易逆差国的贸易逆差越来越大，这些都构成了人民币升值的外部压力。

从经济学上讲，人民币升值可能主要有以下几个方面的依据：

①人民币汇率自1994年以来已近10年没有进行调整，而这10年中国经济和国力已经发生了深刻的变化。

②20世纪90年代以来，一些权威的国际机构和贸易伙伴一直就认为人民币存在不同程度的价值低估。

③按照国际经济学的理论，外汇节余过多本身就表明外币定价过高，本币定价过低，本币有升值压力。

④从2001年以来，世界各主要货币包括东南亚国家的货币对美元都大幅度升值，只有人民币对美元的汇率一直没有调整，即人民币实际上也跟随美元对其他货币大幅度贬值。且不说20世纪90年代人民币是不是过度贬值或定价过低，单说近年来其他国家的货币对美元都大幅度升值，只有人民币对美元的汇率没有动，仅此一条，就可以判断人民币对美元的价值有可能低估。

人民币汇率问题不仅是经济问题，也是国际政治问题。有学者特别指出，一些西方国家频频呼吁人民币升值，背后还另有原因。有的是出于嫉妒，有的是为了转移国内对当局的指责，有的则是为了争取国内制造业的选票。如西方国家简单地将人民币币值水平与其本国制造业的衰退联系在一起，试图强迫人民币升值。造成美国就业机会减少的因素不是中国,而是全球化竞争的无形之手。国外鼓噪人民币升值的原因不外乎以下几点:一是人民币汇率过低。有人提出应将人民币汇率确定在1美元兑4.2元人民币左右的水平。二是中国外汇储备过高,中国入世以来,并没有出现进口激增,相反贸易顺差大幅增加。三是中国廉价商品大量出口造成世界通货紧缩。有人认为,近年来,中国廉价产品大量出口导致日本和欧美通货紧缩,中国应使人民币升值,在世界经济中担负相应责任。

美国之所以施压人民币升值,是认为中国实行的"盯住美元汇率"政策,使美元贬值的积极效用没能全面发挥,只是"极大地增强了中国企业的出口竞争力,刺激了中国产品的出口",尤其是2002年美元贬值的同时,美国外贸逆差却创出了4 352亿美元的历史峰值,对华贸易逆差达到1 031亿美元。实际上美国外贸逆差剧增的原因不在于中国的人民币汇率政策本身,而是美国产业结构调整、对外直接投资扩大、个人消费支出的增长以及美元贬值的J曲线效应等多种因素综合作用的结果。

金融霸权作为军事霸权和经济霸权的延伸,美国凭借其在国际货币体系中的主导地位,随意按照自己的意志强制性地推行其政策,不断获取霸权利润,维护其"金融霸权国"地位。美国通过美元贬值,既能减轻其外债负担,每次美元大幅贬值都能使美国债务减少1/3,又能刺激其产品的出口,还能转嫁其各种经济危机,成为其对其他国家进行剥削的主要形式。人民币汇率之争的根本目的,就是美国希望通过人民币升值,阻碍中国商品大规模进入美国。施压人民币升值与美国对华反倾销政策一起,构成了布什政府对华经贸政策调整的新内容。

近年来,中国对外经济摩擦日益加剧,但更多的还仅仅局限于微观经济摩擦。加入WTO以后,中国处于制度大调整阶段,制度性因素在中国经济发展中越来越受到关注。美日欧等国施压人民币升值,使得制度性经济摩擦在中国对外经济摩擦中的份额开始加重。

第19章　楼市调控下，房价是向左还是向右
——关注房地产走向要学的金融学

中国房改路线图

　　1980年1月，中央机关刊物《红旗》杂志发表署名苏星的文章《怎样使住宅问题解决得快些》，文章指出住宅是个人消费品的重要组成部分，应该走商品化道路。一石激起千层浪。自此，关于住宅属性、房租等问题的研讨、争论在全国理论界和实务界轰轰烈烈地展开。当北方人热衷于理论争鸣时，不太好这一口的南方人悄悄地进行了试验。这一年，同样为住房难大伤脑筋的深圳经济特区干了件未有先例之事：让特区房地产公司与香港妙丽集团合作，深圳出地，对方出钱，共同开发罗湖小区。一年后，中国第一个准商品房小区——东湖丽苑建成销售。这个小区是中国房地产业的一个"起点"：住房商品化、按揭贷款、物业管理的起点。但土地还是政府划拨的，还不是完全意义上的商品房，但是这已经是迈出了一大步。

　　中国的房改是在什么样的背景下产生的？又是怎样完成的呢？

　　当我们要谈论中国房价问题时，房改是一个无法绕开的话题。房改的全称是住房制度改革。房改的涵义从字面上看是改革旧的住房制度，建立新的住房制度。而对老百姓来说，这就意味着住房福利分配时代结束。

在房改以前，国家要花很多钱投入到盖房子这个事情上，盖了房子以后无偿分配给职工居住，收取很低的租金，低到无法维持房屋的再生产，最后成为国家的沉重负担。有统计显示，在新中国成立后的近30年间，中国累计用在住宅上的投资为374亿元，年人均住房投资不足10元。到1978年，中国城镇居民人均居住面积为3.6平方米，而这个数字在1949年是4.5。30年间，中国城镇居民的平均住宅面积不仅没有增长，反而比1949年少了0.9平方米。住房供应每况愈下的趋势，使得人们认识到，旧的公房低租金制度已到了非改不可的时候。

1982年至1984年，我国先后在常州、郑州、沙市、四平等城市进行了公房全价出售和公房补贴出售试点。万科、招商地产、保利地产、广州城建、浙江广厦、宋都集团……这些房地产企业也都同在1984年相继成立。

之后，一个标志性的事件发生了：1990年5月国务院"55号令"《城镇国有土地使用权出让和转让暂行条例》出台，1991年开始实施，推动了土地的有偿出让，土地的禁锢终于完全放开。

随之而来的是房地产业"井喷式"发展：据统计，1988年，全国房地产公司为3124家，此后3年，基本上维持在这个数量；1992年年底，这个数字一下变成了1.2万家，到1993年又变成了3万多家。1992年，全国商品房的销售额达440亿元，比上一年增长了80%。1993年前5个月，中国固定资产的投资在上一年的基础上又增长了69%。

1998年7月3日，是中国住房制度改革的一个分水岭。这一天，国务院下发了《关于进一步深化城镇住房制度改革加快住房建设的通知》。从这一刻起，原先的福利分房制度彻底被废止。市场化的"商品房"成为了城市住房建设的主题词。

因为房地产产业链很长，涉及几十个行业，对建材、化工、钢铁等都会有推动作用。朱镕基作出了一个重大决策——启动真正意义上的"房改"，激活房地产市场。在后来的经济建设中，房地产一直是拉动经济成长的"火车头"，也成了最具暴利气质的行业。就这样房地产业逐步从新的增长点，演变成"重要产业"，经济对房地产的依赖已是一个无法改变的事实。

被按揭唤醒的购房需求

29岁的丁先生最近与太太在北京六环外买了一套65平方米的房子，总价95万元。房子的首付和手续费，是汇集了自己和太太过去四年里累积的积蓄，以及双方家长的"赞助"才凑成的。丁先生笑言，房子买下了，后面还有大部分的按揭要付呢，自己的房奴生活要开始了。

近年来，在中国房地产价格涨幅领跑薪金涨幅的情况下，像丁先生夫妇这对购房新人的背后，常常有三个家庭在支撑，即：双方父母拿出首付，子女自己完成按揭，或俗称的"四加二"买房模式。

按揭买房成了绝大多数购房者的选择，正所谓花今天的钱圆明天的梦，那么按揭是怎样进行的呢？

在1999年曾经流行一个小故事，大意是说有一个中国老太太和美国老太太，中国老太太攒了一辈子的钱，到了临死前才攒够了买新房的钱，才住上了新房，而美国老太太则先贷款，住进了新房，到死贷款也还完了，她也因此住了一辈子的新房。

有了按揭贷款，就算你还没有足够财力购买一套房子，也可以凭借信用，通过个人住房贷款先圆了安居梦。下面是关于个人住房贷款的一些基本知识：

贷款金额。按照中国人民银行的规定，购房贷款最高不超过房价的80%，就是说购房者至少要准备30%的首期付款（各地要求不同）。至于在这个幅度内，如何确定贷款和首付款的比例搭配，要根据自己的现实能力、未来收入等情况综合考虑。

贷款方式。个人住房贷款有三种，分别是个人住房商业性贷款、住房公积金贷款和个人住房组合贷款。个人住房商业性贷款是银行用信贷资金发放的贷款。住房公积金贷款的资金来自于职工缴存的住房公积金存款，因此这类贷款只贷给那些住房公积金缴存人，但有金额上的限制。个人住房组合贷款是上述两种贷款的组合。

贷款利率。当基准利率有所变动时，个人住房商业性贷款利率与公积金贷款利率一般也会随之调整，理论上将使用这种利率的贷款称为浮动利率贷款。浮动利率的具体调整方式由借款人与商业银行在签订贷款合同时协商确定。近年来，一些商业银行推出了固定利率的住房贷款。所谓固定利率贷款，指的是在一定期间内，不管国家如何调整利率，贷款人只根据贷款合同中规定的贷款利率支付利息。固定利率贷款和浮动利率贷款各有利弊。如果未来利率上调，选择固定利率贷款比较划算，可少付利息；如果未来利率下调，选择浮动利率贷款更合适。若要在这两种贷款中作出选择，最好先估量一下未来一段时间内利率的走势。对于固定利率贷款，提前还款违约金要比浮动利率贷款提前还款时的违约金高出许多，这一点也需要引起注意。

还款方式。一般有三种还款方式：一是一次性还清本息，这种方式比较少见；二是等额本息，就是每月以相等金额偿还本息，每次数额明确，便于购房者安排收支，适合未来收入稳定的购房者；三是等额本金，就是每月等额偿还本金，利息按月计算，这种办法的利息总额支出比前一种方法小，但前期还款压力较大。

贷款期限。中国人民银行规定，个人住房贷款的最长期限为30年。购房者可以提前还款，不过需要向银行提出书面申请，征得银行同意。

按揭是一个具有迷惑性的购买方式。它让根本不具购买能力和不该那么早购房的人加入购房大军，促使供求不平衡。在按揭过程中，开发商完成了房屋销售，从银行拿到钱，再投到新的楼盘，再让消费者按揭……在这个循环里，开发商利益不会受到丝毫损失。而银行也没有太大的风险——消费者一旦还不起按揭，大不了收回房屋而已。这样，按揭的所有风险都归于消费者身上。尽管有了自有房，但房屋是不是自己的还难说，"房奴"因此而生。

也就是说按揭只是一种技术手段，它本身不能增加财富而只能平衡财富；或者说按揭贷款只能帮助那些具有购房能力的人提前完成心愿而不能帮助那些无购房能力的人具有购房能力。

对于一些消费者来说，按揭的迷惑性在于，他们有可能过于乐观地估计自己将来的收入会变高，进而低估还不起银行按揭的可能。于是，很多人在没有任何积蓄的情况下，甚至是刚毕业的学生，都会借钱首付，然后按揭买房。

应看到按揭过程有时长达20~30年，它不仅对家庭的目前生活造成巨大的影响,而且还将波及下一代。也正是因为"按揭"的风险蕴藏在漫长的岁月之中,所以对它的清醒认识就特别重要。

时至今日,贷款消费的观念渐渐为中国人特别是年轻人所接受。现在的购房买车族中,有相当一部分是工作不久、没有多少积累的年轻人。自己攒一点,向父母、亲戚或者朋友借一点,筹齐首付款,再向银行申请贷款,很快就能拥有一套住房或者一辆车。这在年长的一辈人看来,几乎是不可想象的事情。年轻人花明天的钱,圆了今天的梦,这正是银行贷款的功劳。

可事情都是有两面性的。贷款帮您提前圆梦,同时也让你背上了债务,承担着还款的压力。如果未来没有稳定收入作保证,当"负翁"的滋味也是不好受的。因此,对于贷款消费,要正确认识,理性对待,眼光长远,居安思危,量力而行,留有余地。

横空出世的炒房大军

2001年8月18日,第一个温州购房团共157人浩浩荡荡开赴上海,三天买走了100多套房子,5 000多万元现金砸向上海楼市。随后几年,约2 000亿元温州的资金投向各地房地产。温州炒房团逐渐形成规模效应,所到之处,当地房价一路狂飙。

这一年,28名房产开发商登上2001年福布斯中国富豪榜,今日的众多富豪正是在这一阶段收获颇丰。2001年房地产业新增加的投资中,有一半以上是新进入的企业投进的。

买进、囤积、拉高出手……在房地产投资巨额回报的诱惑下,不仅投机客规模越做越大,而且越来越多的人加入炒房大军,成为我国房地产市场的一道独特景观。调控房地产市场,遏制投机性购房已成为重要任务。

一个不争的事实是,过去几年我国房地产市场的投机色彩愈来愈浓:先有"温州炒房团",后有"山西炒房团""内蒙古炒房团","先富起来"的地方、"先富起来"的人们南征北战攻城略地……

炒房团出现的背景是什么呢?他们的出现对房市又产生了什么样的影响呢?

2001年也是股市和楼市的牛熊分水岭:股市大熊,楼市大牛。由于股票市场大幅"缩水",投资风险凸显出来,不少投资者从资本市场退出,并为资金寻找出路转而投资房地产。房地产业最现实的利润吸引了投资者和企业。

在2001年,炒房团无疑是最火爆的一支团队,他们将自己从温州炒到全国,甚至"火"及美国纽约长岛。这支近10万人的炒房大军,手中有上千亿元的资本,有消息称甚至更高,仅温州某房产投资俱乐部,会员就达6 000多人。四年来,温州炒房团先后到上海、深圳、南京、杭州等经济较发达城市炒房产,所到之处,房价骤升。那些凭微薄工资生活的市民们,惟有望房兴叹。

从一线城市到二线城市,从东部到西部,从南海到北疆,温州"炒房团"所到之处,房价飙升,各地居民的投资意识也不断被启蒙、被唤醒。正是温州人以"教父"形象,通过房地产的成功炒作,完成了房子作为投资品的观念普及;也正是从温州"炒房团"暴富的过程和速度中,中国广大居民才逐渐认识到:房子是可以投资炒作的;炒房子是非常赚钱的;投资房产的赚钱速度是很快的;迄今为止,投资房产也是只赚不赔的。

在北京、上海、深圳、杭州等城市,以几十套、几百套为单位大规模买房、囤房的现象不断出现。2009年房价上涨最猛时,北京二手房市场的成交均价几乎每天都在上涨,交易的楼盘有1/3是5年之内的新房。

房子本来是一种基本民生产品。而当百姓对住房的实际需求遭遇大规模投机活动,所产生的"繁荣"绝非社会与市场之福。楼市投机活动盛行,催生了房地产市场火暴,营造着供不应求的"繁荣"景象,但随之而来的房价飞涨、空置率不断增加、信贷风险迅速累积等一系列严重问题,让大量百姓自住性购房的希望化为泡影。

不要小看了炒房团,炒房团会对楼市造成财富效应。对于中国这个人口基数庞大的国家,不要说全民投资意识觉醒,哪怕仅仅万分之一的人投资意识觉醒,其爆发的匪夷所思的能量,以及对一个市场的颠覆式冲击和影响,就足以让人目瞪口呆。何况事实上的"全民炒房",早已悄然来临。或许这一点,正好精妙地解释了为什么中国房价会如此马不停蹄地一路狂奔、涨个无休。

那么，炒房团的财富效应是怎样延伸的呢？

首先是扩散效应。一线城市房价暴涨和炒房者投资成功的财富示范效应，不断向二三线城市、甚至更偏远处扩散波及。这些原先沉寂的房地产市场被刺激、被搅动、被兴奋、被狂热，并因此繁衍出很多成功的房地产投资者。这些成功的投资者获取财富的速度，继续刺激着、示范着周围的人群，加速推进当地"后知后觉者"不顾一切地加入房地产投资客行列，以炒房为生的专业炒房者队伍不断膨胀壮大。

其次是追涨效应。在投资市场中，民众投资向来喜好"买涨不买跌"。而且一年又一年的炒房事实也反复证明，在房子由"计划"变"商品"、由"商品"变"奢侈品"的过程中，任何时候追涨总是正确的。房价"没有最高，只有更高"的狂飙，以及"一个月一个价，甚至一天一个价"的火箭式上涨造成的恐慌，让很多原本立场不坚定、态度摇摆、处于观望阶段的购房者，迅速下定决心，大胆加入追涨队伍。这种追涨效应，到后来演变成了"一房难求"的奇观，以至于人们为了争抢房子，不惜披星戴月、通宵达旦地排队。

三是跟风效应。炒房者屡买屡赚，以及投资房地产赚钱的轻松容易与其他领域赚钱艰难的巨大反差，也让一些原本不关注房产投资或者投资于其他领域、甚至从事实业的资金，迅速向房地产市场聚集。这些蜂拥而至、赚钱欲望强烈的资金，以非理性的跟风炒作行为，推动房价从"小泡沫"快速膨胀为"大泡沫"。

四是惜售效应。房价飞涨，不仅带来了投资客对房源的囤积惜售，也带来了开发商的捂盘惜售，还带来了地方政府在推地过程中的"惜售"情绪。多股惜售力量，加剧了房地产市场上的供求失衡，助推了房价上涨，强化了财富效应。

财富效应繁荣了中国房市，财富效应也正在将中国房市推向狂热的边缘。当房市里涌动的都是胃口越来越大的热钱时，剩下的就是击鼓传花游戏的终场锣声何时敲响。谁都知道，一旦亏损效应取代财富效应，供求形势逆转下的房价将会一落千丈，但没有人相信自己就会是那个倒霉的最后接棒者。但现在看来，财富效应还在继续加温着人们的投资热情，四面八方的资金继续被深深地吸引。可是，眼前的繁华能永远挡住未来的风险吗？

从来就没有稳赚不赔的市场，房价也不会只涨不跌。无论是早些年的日本，还是上世纪90年代初我国海南的房地产泡沫,前车之鉴都说明了同样一个道理:房地产市场一旦成为投机者的乐园,投资者面对的必然是噩梦。

城市化不能为房价上涨买单

1978年以来,我国每年约有1 500万农村居民转变为城镇居民,形成了对城市房地产持续旺盛的需求。除此之外,还有大批农村剩余劳动力涌入城市。据中国农民工监测调查显示,2009年度全国外出农民工达1.4533亿人。他们虽未真正成为城镇居民,但常年居住于城市。

有人认为在房价不断上涨问题上,城市化也是一个很重要的推进因素。这种看法正确吗?城市化是否能为高房价买单呢?

房价问题引发了人们较多的讨论和关注。有人认为,城市化是助推房价上涨的重要原因。但也有人认为,城市化是我国发展的一个必然趋势,不能将房价上涨"归罪"于它。那么,城市化与房价之间有怎样的关系?城市化必然导致房价上涨吗?

我们都知道,中国是传统农业大国,向工业化国家迈进,还是近三四十年的事情,与工业化相伴随的城市化,从来就是一件任重道远之事,非常复杂,需要解决许许多多的前置性、伴生性和矛盾性的任务。将农地变成工地、将农民变成市民,完成了一次身份置换,还只是城市化进程一个小小开头,还处于名义上的城市化阶段。

一部分人认为,城市化是房价上涨的推动力,毕竟从理论机制来看,城市化对房地产价格上涨具有一定的正向促进效应。而城市化水平与商品房销售价格时序数据的计量分析也显示,城市化水平和房地产价格之间存在着长期的均衡关系。可见,从长期来看,城市化的确会带动房地产价格的上涨。

首先,城市化会增加对房地产的需求,从而拉动价格上涨。在城市化过程中,大量农村居民通过农地征用、子女考上大学及购房入户等渠道转变为城镇居民,从而带动了相当的城市住房需求。城市化还带来大量的配套商营房屋和服务用房需求，譬如，办公、机关、社会服务、医院、学校等方面的用房快速增加。伴随着城市化进程的上述因素的综合作用，必然带来城市房地产需求总量不断扩大。这在一定程度上拉动了房地产价格持续上涨。此类上涨可称为需求拉动型。

其次，快速城市化会导致城镇用地紧张，推动房地产价格上涨。城市化必然产生大量的城市基础设施建设要求，从而占用众多的土地资源，且我国城市化具有一定程度的粗放型特征，土地耗费更为突出。1996年到2008年，我国城镇人口年均增长4.1%，城市建设用地面积年均增长达6.2%，土地使用速度超过城镇人口增长速度。由于城镇土地资源总量有限，大量的用地需求自然会推动土地价格上涨。土地价格上升还会起到联动作用，使得房屋价格跟着上涨，此类上涨可称为成本推动型。

上面的看法看起来论据充分，似乎很有道理，但情况真的如此吗？是否能把当前的高房价主要归因于快速城市化呢？

恐怕答案并没这么简单。城市化从供给与需求两个方面对房地产价格产生促进效应，但是，这种效应主要表现为长期效应且较为稳定。而这两年我国房价快速攀升，这显然就不单单是城市化的作用了。

我们必须承认，这两年城市化速度非常快。按国家统计局公布的数据显示，2009年我国城市化率已达到45%，并以每年1%的速度增长，这意味着每年有将近1 300万农村人口要进入城市。确实，农民进城后存在着对住房的迫切需求，农民工能否做到"居者有其屋"，是其能否顺利实现由农民向市民身份转换的一个基本条件。但就我国城市商品房市场的现实情况看，农民工现在不是未来也不会是这一市场的需求主体。

虽然近年来随着劳动力成本上升，农民工的收入水平有了一定提高，但农民工大多为"打工族"，所从事的工作多为简单劳动，技术含量低，月收入在1 500~2 000元者较为普遍，达到3 000元甚至更高者为数寥寥。在扣除必要的自身生活成本、赡养家人支出和子女教育支出后，所余不多甚至完全没有剩余。

再看一些大城市的商品房房价，每平方米动辄上万元甚至几万元，一些地级市也在每平方米五六千元。在畸高的房价水平下，连大城市的白领乃至中等收入阶层都买不起房，农民工要买房置业岂不是太困难了？他们孱弱的购买力决定了其不可能成为城市商品房的购买者。自然，农民工进城所带动的城市化，与城市商品房的高房价也就没有必然的、本质的内在联系。无视农民工的实际购买能力，不对与农民工购买能力相适应的住房需求结构进行认真分析，仅仅依据我国城市化进程加快就肯定高房价的合理性和持续性，是没有道理的。

城市化对房价上涨可能会有一些影响，但不能把城市化视为支撑高房价的刚性需求，毕竟农民工的住房需要不等于其住房需求。农民工需要住房与有能力购买住房，这完全不是一个概念。前者是一种良好的主观意愿，后者才是实实在在的需求。

别迷恋调控，调控只是一个传说

2006年，做电子商务的小杜26岁，当时他曾盘算着要实现他的首次置业梦，那一年楼市异常动荡，国家一道道"金牌"剑指高房价，"楼市泡沫"几乎成了全国最热的话题，众多知名经济学家警示房地产泡沫，这种情况下小杜也决定搁置他的购房计划。

但随后的事情让他懊悔不已，房价不仅没有受到调控影响，反而上演了一幕精彩的"逆风飞扬"，尽管2008年的金融风暴影响了它的飞跃速度，但随后的报复性上涨让人看得目瞪口呆，小杜相中的区域，房价已经从4 500元/平方米飙升到17 000元/平方米，看着和自己收入水平相当的朋友早已经享受房子带来的巨大升值，小杜终于在2009年年初出手，但按照他的说法，当年可以买豪宅的钱，现在只能买一个小户型。

近几年来房价的调控年年有，为什么不见房价回落呢？难道调控只是个传说？

2003年以后，中国房价开始了漫长的高速增长。也从这一年开始，中国的老百姓最真实地体验着房价之苦，在疯狂上涨的房价中，望房兴叹。

从全国统计局提供的数据来看，每平方米商品住房销售价格2003年为2 197元，较1998年的1 854元上涨了342元，5年的涨幅为18.45%；2008年3 655元，较

2003年上涨了1 458元，5年涨幅为61.76%。2008年每平方米商品住房销售价格是1998年的1.97倍。北京、上海、广州、深圳这些热点城市的涨幅显然要远远大于全国的平均数据。

现在买还是等调控后下跌买？这好比一场牌局，无论政府、房产商还是购房者、持房者和租房者，每个参与方时刻察言观色，审时度势，做出自己的选择。政府支付的是自己的权威和信用，而其他选手的筹码，是真金白银。

现在房价已经成了中国老百姓最关心的问题，很多经济学家为了房价将来的走势争论得面红耳赤。但是结果呢？年年调控年年上涨：

2004年，为解决投资过热，国家将房地产作为调控的重点，采取关闭土地金融两道闸门，带来市场供应量和预期供应量将大幅减少的信号，导致当年全国房价涨幅达到14.4%，远远高于1998~2003年6年间商品住房销售年均上涨3.6%的水平。

2004年之后，在经济增长与稳定房价之间，国家开始了频繁的宏观调控。然而调控的结果并不令人满意，房价越调越高。有人称，2004年是国家宏观调控的一个拐角。在这之后，政府又出台不少政策来对房地产市场进行宏观调控，但是从市场层面来说，实际效果并不是那么理想，2004年没有收到预期的效果，房价也没能控制住。

2005年成为房地产史上的首个大举"宏观调控"之年。160天的调控大戏中，从高调出场到黯然落幕，其间带给普通购房者的欢欣雀跃，带给地产界的恐慌，留给政策制定和执行部门的反思都告一段落，但房地产市场依然要在高利润和民生需求满足、在行政干预和市场选择中前行。

从4月14日以来，调控新政接二连三，从调控姿态再度升级到坚决遏制，到国四条、国十条，再到全面叫停销售定金，一道道政策宛如一道道金牌，目标只有一个：遏制住疯狂上涨的房价。

10月份以来，一度在9月份稍显低迷的楼市因系列购房优惠政策可能于年底"到期"的猜测而再度火爆，"抢搭末班车"的心理使得不少城市的新房和二手房交易重新升温。北京五环外一楼盘推出700余套房源，竟引来6 500余人登记排号，其单价已高达每平方米13 000元以上；多个地段更佳的项目则再度推迟开盘，开发商"惜售"心理明显。

有人据此判定，今年楼市的V型反转，实际上是对2007年狂飙的房价的再度确认，高房价已经不可逆转。

于是，"一套房消灭一户中产"、"房贷将使半数白领在通胀中破产"的警示声音不绝于耳，一些热点地区房价高得离谱，两个小青年买房，双方父母掏钱，爷爷奶奶掏钱，是6个家庭支持一个小家庭买房子，实际是把三代人一生的积蓄都用来买房。

国家对于房地产调控的决心已经在不断出台的文件中显现出来，但是在调控之中，主管部门也应注重方式方法。在政策调控之时，各界对市场的预期是紊乱的，对价格的认可程度也是混乱的，这也是调控的必经阶段。主管部门对此阶段应有认识，而不要对个别、短期价格、数据信号反应过当。在此阶段，如立足长远，结合楼市的具体情况，设计好长短期调控规划，压在哪里，保在哪里，都该有序有节，在调控的同时，也该清晰、透明地公布各地的保障房规划、进展，让调控进程更加透明。

人民币升值：全球资本搅动中国楼市

央行数据表明，2009年9月末外汇储备余额攀至22726亿美元，同比增长19.26%，再创新高。三季度外汇储备增加1 410亿美元，其中9月增加618亿美元，而一季度外汇储备增加只有77亿美元。据中金公司估算，剔除投资收益和汇兑损益，同时考虑到对外投资引起的资金流出，三季度不可被解释的资本流入或超过500亿美元。

这里的不可解释资本俗称热钱，它们的涌入将搅动中国楼市，给中国的楼市带来更大的压力。那么，为什么这些热钱要布局中国呢？中国楼市又将受到怎样的影响呢？

这500亿美元大致可归为热钱或游资。它们涌入内地的目标很明确：通过投资资产品和股权获益，而且多是短线操作，股市和楼市是两个主要领域。单从楼市分析，进入的热钱主要是各类基金，这些基金在境外募集，由国际金融机构运作，包括大摩、花旗银行、瑞银等知名投行，也有中东和东南亚非著名机构；有些专注于房地产投资，有些则是多元化投资，追求绝对回报率是其天职。在当前中国国内通胀预期高涨、人民币升值压力加大以及美国二次推出"量化宽松"货币政策的背景下，"热钱"已成为对包括中国在内的多个新兴市场推波助澜的"妖孽"。

实际上，近几年热钱在内地已折腾了几番。大致从2004年开始，海外基金整栋收购成熟物业和散户炒房的规模迅速增长，为一线城市的房价高潮，出了一把力。为了抑制房价飙升，2006年国家出台了"171号文"，限制外资购房，炒房比重因此明显下降，部分资金转而进入各种房地产企业和项目的股权投资领域。但是从海外流入国内的热钱，并未因中国政府限制外资炒房而停步。一些外资仍利用政策间隙进入中国楼市。有关专家指出，若热钱持续大量流入，将给中国的货币政策操作造成巨大的困扰，并加剧国内房价水平上涨的压力。

国家统计局的一份研究报告指出，自2006年2月份起，押注人民币升值的热钱卷土重来。那么，这些热钱流动的风向标又将指向哪里？股市期货、货币汇率，还是房地产？对于仍然在赌人民币升值而进入的跨境资本来说，恐怕最大的可能还是房地产。可以说，在国内金融市场尚未放开的背景下，具有稳定高收益的房地产行业顺理成章地成为境外资本的投资平台。

外资在推高中国房价中究竟扮演什么角色、起了多大作用，确实需要进行定量分析，不应妄加评估，但外资热衷进入楼市，追逐利润之本性也是不争的事实。按照马克思的观点，如果有100%的利润，资本会铤而走险；如果有200%的利润，资本会藐视法律；如果有300%的利润，资本便会践踏世间的一切。

海外热钱进入中国后，必然推高股价和房价。其作用机制可分为直接和间接两类。直接作用很简单，需求增加了，自然使资产价格上涨。在楼市中，海外资金更喜欢购买高档物业，比如今年以来一线城市豪宅热销，其中港台客占据相当大的比重，个别上海豪宅去香港推广，获得追捧的程度出人意料；至于深圳，"近水楼台先得月"，无论2007年还是今年，楼市中投资投机比重都居全国第一。

间接作用则是制造流动性。我国流动性过剩，主要有两大源头，一是信贷量过大，比如今年前三季度人民币贷款新增量达8.67万亿元，而2006~2008年分别只有3.18万亿元、3.63万亿元、4.91万亿元。二是外汇储备增加过快，增加一美元外汇储备，必须发行等价的人民币，三季度外汇储备增加1 410亿美元，对应新增9 630亿元人民币。而2007年全年国家外汇储备增加4 619亿美元，对应新增人民币33 740亿元人民币。

其实热钱推高房价问题不止在中国存在，为给炒房地产的热钱降温，澳大利亚就规定，外国人只能买新房，不能买二手房。再譬如，我国香港日前向本地楼市投放杀伤性武器：增推"额外印花税"，据说新政推出4天后成功冻结香港炒楼之风，部分香港指标性大型楼盘出现罕见的"零成交"。

总之，楼市调控之路障碍重重，既要应对投机炒作，又要面对土地财政。尤其是流入楼市的境内外热钱，已成为当前调控最大的"拦路虎"，如何击退这只"拦路虎"是眼前迫切需要考虑的问题。

第20章 追问，中国经济被绑架了吗
——关注我国经济走向要学的金融学

小心，"热钱"疯狂来袭

数据显示，从2000年迄今，通过侨汇流入境内的外汇急速增加。外汇局公布的国际收支平衡表显示，从2000年到2008年，经常项下其他部门的经常转移数字逐年递增，从最初的67亿美元不断攀升至去年的525亿美元，相关专家分析认为，这其中相当一部分应该是热钱。

韩国《朝鲜日报》评论说，热钱的流入正推动新兴市场货币升值，出口竞争力下降，房地产等资产价格堆积泡沫等。事实上，由于热钱涌入，新兴市场资产泡沫正在形成。在今年全球十大最佳股市之中，清一色全为新兴市场。与股市一同飙升的还有新兴市场的房地产价格。巴西首都巴西利亚楼市均价一年涨幅超过120%，中国北京、上海等大城市房价平均涨幅已超过40%；中国香港涨了20%；韩国、新加坡房市都在迅速回暖。

而《马来西亚内幕者》也分析说，之所以会出现大量热钱流入亚洲地区的现象，是因为这一地区与西方市场存在着利差。美国已经将基准利率减至零，近期也没有增加的迹象。投资者简直是在以负利率借入美元，然后疯狂涌向新兴市场寻找高收益机会。有分析人士甚至指责说，美国正在绑架新兴市场。

什么是热钱？它到底对一国经济会产生怎样的影响呢？

热钱又被称"逃避资本"，是充斥在世界上，无特定用途的流动资金，忠诚度极低。国际间短期资金的投机性移动主要是逃避政治风险，而热钱即为追求汇率变动利益的投机性行为。当投机者预期某种通货的价格将下跌时，便出售该通货的远期外汇，以期在将来期满之后，可以较低的即期外汇买进而赚取此一汇兑差价的利益。

你想知道热钱的威力有多大？一个公认的事实是，热钱的大量涌入会造成一国外汇储备激增、本币大幅升值、资产市场行情火暴，而热钱流出则会导致一国外汇储备骤降、本币大幅贬值、资产价格泡沫破灭等大难题。好吧，正是靠它，20世纪90年代末国际"金融大鳄"索罗斯一手制造了亚洲金融危机，在短短半年间掀翻了整个东南亚国家金融体系。泰国在1997年前奉行高利率政策，大量"热钱"涌入；泰铢贬值后，"热钱"迅速逃逸，泰国的经济大厦轰然倒塌。

《今日美国》网站曾经报道说，对于一些新兴经济体来说，大量的热钱流入会带来如下后果：币值上升、股市泡沫膨胀、热钱一旦撤离造成的经济动荡……因此，亚洲和拉丁美洲的新兴市场已经考虑对跨境资金进行控制，防止未来的金融剧变。

一般国际热钱，主要流向两个热源：一是该国或地区的短期利率还在走高或者正处在波段高点；二是短期间内汇率蓄势待发，将要步入升值周期。只要符合以上两个要件，将被动引导热钱源源不断持续流入。与之相反，热钱流出，就是变卖所在国货币计价资产，如外资拥有的股票、国债、投机性房地产等，换成他国货币汇出。例如，当人民币汇率预期改善、利率高于外币时，"热钱"就会千方百计地流入套利。一旦这两个条件发生反方向变化，"热钱"就会迅速撤出，从而引起金融市场的动荡。热钱带来的隐患正是在流入期间就已经埋下。实践证明，在保持本国汇率基本稳定的前提下，完善外汇形成机制，使汇率真正发挥价格杠杆的作用，加大"热钱"进出的风险和成本，是抑制"热钱"流入或大规模撤离的有效手段。

近几年来，与热钱相关的词语再度被人们不断提起，事实上，热钱这几年持续大量流入中国是不争的事实，只是阶段性的或多或少。

本质上，热钱总是逐利而行。那么利从何来呢？一是人民币升值的预期或长期升值的趋势；二为新兴发展中国家包括中国等在此轮全球金融危机中经济快速恢复增长的预期及事实；三是中国资本市场的迅速发展。

让我们再追问一句，大量的热钱是怎样流入中国的呢？

第一，虚假的贸易信贷。在这一渠道中，国内企业与国外的投资者可联手通过虚高报价、预收货款、伪造供货合同等方式，把境外的资金引入国内。第二，增资扩股。外商投资进行增资扩股，外商投资企业在原有注册资金基础上，以"扩大生产规模"、"增加投资项目"等理由申请增资，资金进来后实则游走他处套利；在结汇套利以后要撤出时，只需另寻借口撤销原项目合同，这样热钱的进出都很容易。第三，货币流转与转换。收入转移，通过不同地区间进行汇款等货币转换方式进行跨地区操作，从而使大量热钱"自由进出"。第四，地下钱庄。地下钱庄是外资进出最为快捷的方式。假设你在香港或者境外某地把钱打到当地某一个指定的账户，被确认后，内地的地下钱庄自然就会帮你开户，把你的外币转成人民币了。根本就不需要有外币进来。第五，货柜车夹带现金。这种做法主要集中在珠三角地区的来料加工企业。企业以发员工工资等名义，通过货柜车夹带港币进出粤港两地。第六，赡家款。海外华侨对国内亲属汇款被称为赡家款，这几年这个数字大幅增加。此间真正用于"赡家"用途的款项堪疑，相当多的热钱是通过这种渠道进来炒股、买房。

这些热钱对中国经济的不良影响是显而易见的。

首先是热钱进来对经济造成推波助澜的虚假繁荣。从我国目前的情况看，热钱预期在人民币升值的同时，乘机在其他市场如房地产市场、债券市场、股票市场以及其他市场不断寻找套利机会。如最明显的莫过于房地产市场。最近两年来，我国房地产价格直线上升，全国房地产价格涨幅在12%以上，远远超过消费物价指数，尤其在北京、上海、杭州、南京等一些大城市，房地产价格上涨20%以上，甚至达到50%。

其次热钱大量进入，加大外汇占款规模，影响货币政策正常操作，扰乱金融体系的正常运行，加剧国内通货膨胀的压力。比如2004年全年基础货币投放达到6 600多亿元人民币，按照上文测算大约1 000亿美元的热钱流入，就有8 000多亿元人民币，因此，仅仅热钱流入就超过了全年的基础货币投放额。这迫使央行在公开市场大量运用央行票据强行冲销，仅2004年央行就发行了近1.5万亿元票据对冲，这大大增加了央行的操作成本，同时也使得我国货币政策主动性不断下降，货币政策效果大打折扣，增加了通货膨胀的压力。

最后，热钱流入，人为加大了人民币对外升值的压力。前面说过，我国现行的汇率体系，以及美元持续贬值，才能吸引热钱进来。因此，只要人民币升值预期不变，随着流入热钱的增多，人民币升值的压力就会越大。最后，热钱的流入是个祸害，热钱的流出也同样会使经济剧烈波动。随着美联储7次升息，美元利率提高增强美元吸引力，加上对人民币升值预期不确定性增加，如果热钱大规模迅速流出，就会使一些投机气氛较大的市场价格会大幅波动，如房地产价格迅速回落、债券价格以及股票市场大幅震荡等。

可热钱亦未必就是洪水猛兽，如能因势利导，控制好大量热钱的进出，有效地利用更多国际资本，那么热钱也可以用来促进本国经济的快速发展。

巨量外汇储备：被迫担负起的职责

1998年8月的中国香港，"山雨欲来风满楼"。国际金融"大鳄"调动巨额资金冲击港币，一时间香港联系汇率制度风雨飘摇。8月14日到8月28日，香港特别行政区政府先后调动1 180亿港元的外汇储备投入市场，与国际炒家展开了激烈的"白刃战"。国际金融"大鳄"们遭到迎头痛击，最终铩羽而归，香港特别行政区政府成功捍卫了香港联系汇率制度。

从上面的例子，我们看到了外汇储备在应对金融危机中的重要性。那么外汇储备到底是什么？它又能起什么样的作用呢？

外汇储备是指一国货币当局所持有的、可以用于对外支付的国外可兑换货币。我国和世界其他国家在对外贸易与国际结算中经常使用的外汇储备主要有美元、欧元、英镑等。

一般来说，外汇储备的增加主要来源于国际收支顺差。充足的外汇储备是一国干预外汇市场、维护本币汇率稳定的保障。当外汇市场上出现了大量抛售本币的情况，有可能导致本币贬值时，中央银行或者货币当局可以动用外汇储备，大量买入本币，卖出外汇，缓解本币贬值的压力。香港特别行政区政府正是因为有充足的外汇储备作保障，才赢得了港元保卫战的胜利。

外汇储备对一个国家的经济稳定来说非常重要：可以满足进口支付周转。比如，我们进口美国的飞机必须按时支付美元，如果因为种种原因我们出口货物应收的美元没有收到，这时可以动用外汇储备来支付货款进行周转。外汇储备还是偿付外债的保障。偿还国际贷款要支付美元或者其他外币，也需要拥有一定的外汇储备。这是因为，当外债到期时，如果外汇收入达不到借债时的预期收入，从而不能按时偿还外债本息时，就要动用外汇储备来偿还。20世纪80年代，拉美国家普遍发生债务危机，各国纷纷放弃偿还外债。拉美国家之所以无力偿债，外汇储备不足是一个重要的原因。

看来，拥有充足的外汇储备有助于提高国家的信誉，增强国家的抗风险能力。但是外汇储备并非越多越好，过多的外汇储备意味着资源的浪费，而且也会迫使中央银行为收兑外汇而投放过多的本币，从而造成通货膨胀压力。由此看来，外汇储备还是规模适度比较好。但多少才算适度呢？现在还没有一个公认的标准，只能由各国根据自身的具体情况来确定。

现在社会上对巨量外汇储备看法不一。一种流行的说法是巨量外汇绑架了中国经济，中国的高储蓄率和巨额外汇储备其实是一枚硬币的两面，储蓄转化不了投资的剩余，就只能以顺差的方式资本输出到美国，不过不是通过私人投资的方式，而是略带强迫性质的央行储备，以美国国债和购买美元资产的方式再循环回美国。就是把钱借给美国人使。而另一方面，也意味中国金融体系的效率低下，根本不足以将庞大储蓄转化为有效的投资，美国的金融体系实际上成了全球资金的配置中枢，当然不光是对中国的储蓄。

因此对于增量，或许我们应该更多积极考量。是否还继续往那个严重失衡的天平上加美债，去被动地托住那存量的纸上富贵。对于存量的保值增值，尽管腾挪的空间不大，但也不是消极悲观任其自生自灭，其实超越储备使用途径本身是完全可以积极作为的，出路在于推进人民币国际化格局的形成。

而反方则认为，巨量外汇储备绑架中国经济是一个伪命题。首先，中国的外汇储备是"鲸吞"来的。中国的外汇体制和日本、欧美国家不同。中国现行外汇制度决定了中国政府必须无限制地、被动地印刷人民币纸钞用以收购美元等外汇，以维持人民币汇率的稳定。结果就是，只要人民银行的"柜台"前出现了美元等外汇，人民银行就发行人民币加以收购。买入的美元等外汇则构成了中国的外汇储备。

维持人民币币值和汇率的稳定是中国外汇储备的首要任务。而要担当这个首要任务，外汇储备的形式就必须符合"安全性，流动性和保值性"这三个基本要求。安全性排第一，流动性排第二，保值或增值性排最后。这就决定了中国政府不能将大部分外汇储备用于购买黄金、石油和矿产等实物。

第二，中国的2万亿外汇储备中的大多数不是属于我们中国人自己的财产，而是属于外国政府和外国老板的。中国外汇储备含有外国商人来华投资的款项，含有中国所积欠的外债，还有大家熟知的"热钱"（国际游资），当然还有贸易顺差。但是，即使在贸易顺差中，也并不是全部是我们中国人自己的，而是有很大一部分属于跨国企业的资产。为了维护中国国家信誉，为了维持正常的经济秩序，就必须满足外商和内商的经常性兑换需求。

作为外汇投资多元化的一部分，黄金，石油，矿产甚至小麦大豆之类的期货也是可以买一些的。但是，绝对不可能替代美国国债。第一，这些战略物资的价格波动相当大；第二，这些物资容纳不下2万亿美元的巨款；第三，这些物资不符合外汇储备所要求的流动性和安全性。当国家需要外汇兑付的时候，你抛出黄金，石油和铁矿石，谁来接盘，会不会被压价？一旦中国主权基金大量买进黄金的时候，黄金价格将被人为抬高；等中国急用美元大抛黄金的时候，黄金将被狠狠地压价，导致中国手里的大量外汇化为乌有。

事实上，一国货币若要成为世界货币，必须首先成为本区域的结算货币、投资货币和储备货币，并在经济实力强大的基础上，最后成为全球的结算货币、投资货币和储备货币。至少在泛亚洲，中国正逐步取代美国，成为这个地区出口市场的最主要提供者，这也为人民币在区域内大力推进货币互换，贸易计价结算以及人民币金融服务功能的拓展奠定了基础。

因此，中国应推进人民币国际化，对美元滥发形成有效制约，改变现有"无政府规制的高度垄断性市场"，从而有可能形成"国际本位货币竞争市场"的新格局，这实际上就是对中国庞大的美元存量资产最好的保值增值。

热点：房地产绑架中国经济

最近中国社会科学院正式发布的《2010—2011住房绿皮书》显示，有些城市房价中泡沫成分占实际价格比例已经超过了50%，其中最高的福州达到了70%。泡沫估计采用的房价指标为2010年9月35个大中城市地段普通商品住宅集中成交价。估计结果显示，2010年9月，全国35个大中城市二类地段普通商品住房平均房价泡沫为29.5%。分城市看：泡沫指数很高，泡沫成分占实际价格比例在50%以上有福州、杭州等七个城市。实际价格比例在30%~50%之间的有北京、深圳等城市。

绿皮书公布的数据显示：福州、杭州、南宁、青岛等城市泡沫指数最高，超过50%；北京、深圳、武汉、上海等城市的房地产泡沫指数则处于30%~50%之间。泡沫指数最低的城市则包括南京、重庆等地。

上面的数据让人不禁联想起了网上流传的房地产绑架中国经济说，房地产真的以产业之力绑架了中国的经济吗？

从2005年开始，房地产绑架中国经济的说法就流传甚广，很多人都认为，房价之所以居高不下，是因为中国经济增长严重依赖房地产，因此直接导致了房地产调控的投鼠忌器。那么这种看法正确吗？

要说明的是：房地产行业虽然对中国经济影响巨大，但还未到房产绑架经济的地步。海关总署刚刚公布的今年上半年我国外贸进出口情况显示，1~6月我国进出口总值13 548.8亿美元，比去年同期增长43.1%，其中出口7 050.9亿美元，增长35.2%。从单月来看，6月份我国进出口总值2 547.7亿美元，增长39.2%，其中出口1374亿美元，增长43.9%，月度出口值及进出口总值均创历史新高。出口、进口贸易的高速增长，远超一些所谓专家的预测。如果中国经济整体都为楼市拖累，那6月份的进出口总值新高，又是从哪里来的？

我们再来看看那些认为房地产绑架了中国经济的观点：

首先是"房地产支柱产业论"。持这种主张的人声称房地产业联系众多上下游产业，再不放松房产调控，开发商投资意愿下降，将严重影响经济增长，甚至拿"如果楼市继续低迷，从事建筑的农民工将大量失业"来给政府施压。第二个是拿银行的房地产贷款来说事。一些人声称，如果继续调控楼市，房价有大跌危险，将导致大规模的银行坏账，使中国面临全局性的金融风险。可以说，这两方面都是对长久以来盛行的"房地产绑架中国论"的演绎。

关于房地产市场恶化会拖累经济增长的呼声，首先必须承认，房地产业确实对中国经济很重要。不仅中国如此，它对各个国家都很重要，否则也不会因为美国楼市一衰退就导致美国乃至全球经济大出血。不过，需要着重说明的是，房地产业对宏观经济的重要性主要通过投资这个过程来实现，房地产投资过程中才发生了对其他产业复杂而意义重大的关联作用。目前房地产投资占中国固定资产投资的20%左右，也就是GDP的10%左右。再考虑到对相关产业投资的影响，诸如水泥、钢材、建材、建筑、家具等等，存在很长的多达数十个的产业链，房地产对GDP的影响确实很大。然而，房屋一旦竣工到了销售环节，销售额或更具体地说房价的高低，就只对开发商的利润有影响，与其他产业发展、经济增长毫无直接关系。

其次就是来自华尔街的唱空了。查诺斯、麦嘉华、格兰瑟姆等几位华尔街赫赫有名的对冲基金经理，如今相继为中国经济"大唱崩溃"。

"中国的房地产泡沫相当于1000个以上的迪拜"。2010年1月份，华尔街当红的对冲基金经理詹姆斯查诺斯凭借这一句惊人之语再次成为"话题人物"。

以悲观预测闻名的国际投资分析师麦嘉华，又面对美国彭博新闻社发表了一番有关中国经济的高谈阔论："泡沫化的信号全都出现了，无论如何，中国经济都将放缓，甚至是在未来9~12个月内崩溃"。

杰里米·格兰瑟姆是一个靠"预见泡沫"而驰骋商界的投资家："中国经济尤其是房地产市场，已经呈现出泡沫状态，这个泡沫迟早会破裂。"

其实，这些人发表这样的言论一点也不奇怪，因为华尔街有一些人专门选择做空与中国有关的股票和债券，这些人向媒体散布"中国经济崩溃论"，一方面是为了解释其投资策略，另一方面也是希望制造相关舆论，使中国经济受到打压，以便从中牟利。

"家电下乡"背后的经济顽症

2009年2月1日,"家电下乡"工作在全国全面推广。据商务部发布的统计数据显示,截至6月21日,家电下乡产品累计已发货5900万台,登记销售1180万台,预计全年将带动1500亿元农村消费。

"家电下乡"主要内容是对农民购买纳入补贴范围的家电产品给予一定比例(13%)的财政补贴,家电下乡产品包括彩电、冰箱(含冰柜)、手机、洗衣机、电脑、空调、热水器(含储水式电热水器、燃气热水器、太阳能热水器)、微波炉、电磁炉九类。

那么家电下乡是在什么样的经济背景下出台的呢?

产能过剩是中国经济的顽症,也是危机爆发的深层次原因之一。产能过剩不仅是中国所面临的问题,也是全世界各国决策者非常苦恼的一个难题。无论是中国还是西方市场经济国家,只要是市场经济形态,都会出现周期性的产能过剩,但中国过剩的程度相对于成熟的西方国家更严重一些,表现的范围更宽一些,而且自我调节能力也相对较弱。

西方市场经济国家的自我调节能力很强,每当经济发生周期性波动时,市场自发地出现大量并购行为,企业在调整期可以实现熊彼特所谓的破坏性创新,那些没有成本优势的企业可能被一些规模强大的、技术含量高的企业收购。

有经济学家说此次金融危机的最终根源就是全球性产能过剩,而全球的最大产能在中国,因此中国如何判断和解决产能过剩就成为一个关键问题。如何既防止通缩,又防止更严重的产能过剩,特别是抑制地方政府的投资冲动,已成为学者们的热门话题。这已俨然成为了中国式的顽疾。

经济发展过于依赖投资,容易导致投资规模急剧膨胀,引发产能过剩,而经济过于依赖出口不可避免地将加大贸易摩擦。家电产品成为我国贸易顺差的重要来源,由此产生的针对我国家电产品的贸易摩擦频繁发生。这一切都与我国内需萎靡不振有关。2007年的中央经济工作会议明确将货币政策由"稳健"

直接改为"从紧",这意味着投资增速将降低。另一方面,我国主要的产品出口地美国受次级债危机影响消费需求降低,我国与美国、欧盟的贸易摩擦也不断升级。拉动内需问题比以往的任何时候都显得更为紧迫。

国家统计局为此进行过测算:农村人口每增长1元消费支出,将对整个国民经济带来2元的消费需求;农村人口对任何家电产品的普及多增加一个百分点,就可增加238万台(件)消费需求。但是,我国农村居民的消费远远低于城市。1979年至1986年,我国农村居民最终消费需求增长对GDP增长的贡献率高达37.09%,而现在已经降到10%以下。

实施"家电下乡",既可转移出口能力,减少贸易顺差和贸易摩擦,又可消化家电行业的过剩产能,扭转企业效益普遍下滑的势头。与单纯控制出口相比,这种方式符合市场经济原则,有利于企业发展,更有利于就业及和谐社会建设。这也是"家电下乡"的大背景。

产能过剩是生产过剩危机的源泉,因为尽管产品过剩一时得到了化解,但由于存在产能过剩,所以产品过剩会在产能过剩之下很快再次出现。所以产能过剩要比表现为产品过剩的生产过剩更带根本性意义。

经济危机就其自然表现性来说,应该能够淘汰落后产能,淘汰那些因能耗高、污染大而成本过高的产能,和尽管成本较低但产品品质低劣的产能。只有那些既高品质又低成本的产品,才能对抗经济危机下需求收缩的局面,才能有较强的对抗危机的能力。但为什么在经济危机之下,过剩产能问题仍然那么严重?甚至显得更加严重呢?这恐怕要与政府的救市政策不无关系。因为,刺激经济的救市政策从本质上来讲是对现行经济结构与现行经济状态的肯定,正是在既定的现行经济状态下,通过刺激手段去制造对现行经济的需求,从而使现行经济状态得以继续维持下去。单纯的需求刺激无不具有这个特征,即维持现状。因此,如果经济现状是产能过剩,那么刺激需求就是对这种过剩的维持,而对过剩的维持将会导致新的产能过剩因素的增加。比如,通过救市与刺激政策使钢铁业走出了需求不足的困境,于是这个产业内部的人就会看到,无论怎么过剩,国家终将会出手解决过剩问题的,国家不会坐看这个重要产业陷于生产过剩的严峻困境而置之不理的;同时,在许多钢铁企业里面,如果某个企业老老实实不扩张产能,那么它就有可能吃亏,而那些扩张了产能的企业,则会占便宜,既占市场份额的便宜,也占政府救市的便宜。

想解决过剩，最好的办法当然是使过剩产品不能得到市场的需求，这样才能从根本上淘汰过剩，也通过这种淘汰而为将来先进的产能让出市场空间，而有利于先进产能的形成与发展。显而易见，救市的效果却是与此背道而驰的。因此，救市虽然使危机缓解一时，但却潜藏着新的危机。产能过剩绑架中国经济？见仁见智了。

超值金版——家庭珍藏经典畅销书系

《会做人会说话会办事大全集》
29.00 元　16 开

《有效沟通大全集》
29.00 元　16 开

《人性的优点大全集》
29.00 元　16 开

《人性的弱点大全集》
29.00 元　16 开

《狼道大全集》
29.00 元　16 开

《在家就能做的 99 种网上生意》
29.00 元　16 开

《富人的理财习惯大全集》
29.00 元　16 开

超值金版——家庭珍藏经典畅销书系

《开一家赚钱的个性小店大全集》
29.00 元 16 开

《男人的弱点女人的弱点大全集》
29.00 元 16 开

《给心灵洗个澡大全集》
29.00 元 16 开

《再苦也要笑一笑大全集》
29.00 元 16 开

《世界名人情书大全集》
29.00 元 16 开

《真希望我20几岁就知道的事大全集》
29.00 元 16 开

《感恩的心大全集》
29.00 元 16 开